区域经济形势
分析浅探

Analysis of
Regional
Economic Situation

唐曙光 ⊙编著

图书在版编目（CIP）数据

区域经济形势分析浅探 / 唐曙光编著. —北京：中国发展出版社，2018.5

ISBN 978-7-5177-0852-0

Ⅰ.①区… Ⅱ.①唐… Ⅲ.①区域经济—经济分析—研究—长沙 Ⅳ.①F127.643

中国版本图书馆CIP数据核字（2018）第092114号

书　　名：区域经济形势分析浅探
著作责任者：唐曙光
出 版 发 行：中国发展出版社
（北京市西城区百万庄大街16号8层　100037）
标 准 书 号：ISBN 978-7-5177-0852-0
经　销　者：各地新华书店
印　刷　者：北京市密东印刷有限公司
开　　本：710mm × 1000mm　1/16
印　　张：24.5
字　　数：377千字
版　　次：2018年6月第1版
印　　次：2018年6月第1次印刷
定　　价：108.00 元

联 系 电 话：（010）88919581　68990692
购 书 热 线：（010）68990682　68990686
网 络 订 购：http://zgfzcbs. tmall. com//
网 购 电 话：（010）88333349　68990639
本 社 网 址：http://www.develpress. com. cn
电 子 邮 件：370118561@qq. com

科学把握区域经济形势分析的“金钥匙”

（代序）

近年来，随着区域经济的不断发展，区域经济形势分析也日益受到政府决策者和专家、学者的青睐。

区域经济形势分析是借助一定的方法和指标体系对区域经济发展态势进行详细分析，从而科学把握某个时期、某个区域的经济运行基本特点、基本规律和存在的问题与原因，并实行精准施策，采取有效措施推动区域经济发展和实现预定经济目标。

区域经济形势分析具有非常强的综合性、实践性、复杂性。本书对区域经济形势分析的指标体系和基本方法进行了一定的探索，并以长沙的经济发展实践“现身说法”，让人十分直观地了解区域经济形势分析的基本方法和基本技巧，也比较直观地呈现了长沙经济发展的状况与态势。长沙经济规模从2005年的1520亿元增加到2017年的10535.51亿元，增长了593%，是全国33个重点城市中增长最快的城市。作为内陆城市，长沙既不沿边，又不沿海，在宏观经济下行和传统产能过剩“双重压力”下，长沙经济增速为何走在全国省会城市前列?本书或许给了我们部分答案，或者说历年来准确的经济形势分析也功不可没。

政府决策者和专家、学者之所以高度重视区域经济形势分析及研究，是因为区域经济形势分析确实在区域经济工作中扮演了至关重要的角色，它是经济工作的重要手段，也是地方领导干部的一种基本功。一方面，区域经济形势分析为客观、全面地了解经济运行状况提供了依据，在区域经济形势分析过程中，通过大量的统计数据比较分析以及调查研究，分析数字、现象背后的深层次的原因，能够客观、科学地反映区域经济运行的特点；另一方面，它为地方政府决策提供了科学依据。通过区域经济形势分析，能够有效揭示区划经济发展的规律，预测经济发展趋势，从而判断现行的经济政策和举措是否切合实际，在哪些方面需要改进和完善，进而提出近、远期经济运行的调节目标和政策措施，特别是可以通过对区域经济运行的分析，及时发现经济发展中存在的“短板”和薄弱环节，“对症下药”，采取有效措施，更好地保障经济持续平稳健康发展。

本书收集的文稿，有的是长沙市人民政府主要领导在经济形势分析会议上的讲话或是汇报，有的是分析性的专题研究报告，还有的是编者唐曙光同志在长沙市人民政府研究室工作期间对长沙经济运行情况所做的一些实际性分析，以及对如何做好区域经济形势分析所做的一些理性思考，可供大家学习与借鉴。

区域经济运行，既受宏观经济环境的影响，也受每个产业甚至每个企业的影响，要分析透彻确实比较难，要把准“脉搏”、找对“药方”更不易。编者长期在长沙市人民政府研究室工作，观察长沙经济运行有着独特的视角，抓好经济工作有着自己独特的见解，看得出这些文稿都是辛苦得来，凝聚了智慧，倾注了心血，将其整理出版既可以作为一种珍贵的资料保留下来，供人学习参考，也可以为后来者分析区域经济提供一些方法借鉴和现实案例，是非常有意义的事情。特别是这些文稿实践性非常强，都是鲜活的数字或鲜明的观点，对熟悉长沙或者说是一座城市的经济情况、熟悉区域经济工作无疑是十分有帮助的。编者是一名责任感非常强的领导干部，将这些宝贵的智力成果无私地奉献出来，也是一种情怀，寄托着编者一种绵薄的期许，期许更多的人能够关注长沙或者说是城市的经济运行、关心长沙或者说是一座城市的经济发展，因为只有每个人关注、思考、参与、支持一座城市的经济发展，一座城市的发展才有源源不断的动力。静下心来，仔细研读这本书，确实可以学到许多东西，着实会让人耳目一新。我想，编者的心血是值得肯定的。

抓好区域经济发展是地方领导干部的一项重要本领，特别是当前真正懂经济的人才确实需要加大培养力度。一些领导干部虽然是学经济出身的，但抓经济工作的实践能力需要加强，其中很大一方面的原因是缺乏掌握区域经济形势分析的科学方法，不能第一时间全面掌握某个时期区域经济运行的状况，从而不能积极有效地应对复杂的经济形势。授人以鱼不如授人以渔。编者对于区域经济形势的分析并没有停留在简单的概念介绍上面，而是希望通过分享自己在长期工作实践和学习、思考、提炼出来的方法和规律，能够对读者有所启迪、有所帮助。比如说区域经济形势分析方法要注意“六看”：一看总量和结构，二看宏观和微观，三看域内和域外，四看现状和趋势，五看定性和定量，六看纵向和横向；再比如说区域经济形势分析需要高度关注“四个关键规律”：税收是经济质量的晴雨表，投资关键是水泥使用量和建安税，工业发展关键看工业用电量和企业利税，进出口关键看进口等，都是值得学习借鉴的。

当然，时有始终，世有变化。区域经济形势分析也不是一成不变的，它是一个不断完善、不断丰富的过程，新的时代，经济形势还会有新的情况、新的问题、新的状况不断出现，本书囿于数据变化、时空变迁等客观因素的影响，也许不能解答现在特别是今后所有区域经济发展中的情况以及存在的问题，但是，我们应该相信，通过后来者的再努力、再发展、再完善，区域经济形势分析必定能够更加客观、科学地反映经济运行状况和政策实施效果，为决策者提供更加精准的形势判断与政策措施。同时，也衷心祝愿编者心心牵挂的长沙经济社会发展“百尺竿头、更上层楼”，为区域经济形势分析提供更加丰富的科研素材和科研成果。

另外，说一句多余的话，编者长期在地方决策咨询单位当“参谋”，他的区域经济形势分析值得学习与借鉴。是为序。

2018年5月25日

（韩廷春，清华大学公共管理学院经济学教授、博士生导师）

目　录
CONTENTS

理论思考

综合分析案例

进度分析案例

专题分析案例

专项分析案例

比较分析案例

理论思考

辩证看待当前经济形势

2011年的长沙经济实现逆势增长，发展基础更坚实，危机应对更自如。2012年是既复杂又困难的一年，既面临诸多不利因素，也有许多有利条件，必须准确把握，科学应对，坚定逆势而上的信心。重点处理好以下几方面关系。

既要直面挑战，更要善抓机遇

当前的突出困难是生产要素瓶颈，包括银根紧缩、财政刚性支出压力增大、能源与土地供应紧张。但挑战中蕴含机遇，长沙综合配套改革包括节能减排财政政策试点等进入国家战略层面，政策优势明显。同时，国家加大文化、水利、保障性住房等民生投入，为加快发展增添强大动力。

既要稳中求进，更要进中求好

稳中求进是总基调，但长沙目前的主要矛盾仍是进。在复杂的经济形势下谋求又好又快地“进”，“稳”的重点是稳增长、稳大局，“进”的重点是促发展、惠民生，通过发展解决就业、就学、就医等民生问题。

既要加快发展，更要调整结构

实现经济的长远预期稳定，取决于经济结构与发展质量，不能简单纠结于涨与落。转方式、调结构可能会牺牲眼前的一点发展速度，但会带来长远的持续健康发展。转方式、调结构的关键是高度重视中小企业发展，引导生产要素向以工业经济为主体的实体经济聚集，夯实发展的基础。

既要适度投资，更要扩大内需

投资、出口、消费是拉动经济的三驾马车，但长沙经济增长主要靠投资和消费，出口占比少。当前和今后的重点是优化投资，实施地铁、过江通道等拉动作用大、支撑能力强、群众受惠多的重大项目；大力发展高端服务业，健全社会保障，让老百姓手头更宽裕，有钱消费、敢于消费。

既要房价理性回归，更要房地产健康发展

住房关乎每个家庭幸福。房地产拉动经济链条长、贡献大。民众可承受的合理房价与房地产可持续发展同等重要，大起大落对经济发展和民生改善都不利。必须加强保障性住房建设，加快棚户区改造，既消化住房存量又保持适当增量，确保房地产业健康有序发展。

2012年1月17日

用数据说话
——怎样做好经济形势分析

一、简要认识我国经济运行体系

开展经济形势分析，首先必须对经济运行体系有一个基本认识，即必须对分析的对象、内容有一个总体认识。我国经济运行体系，从生产的角度看，可以进行三次产业的分类；从分配的角度看，可以分为居民收入、企业利润、财政收入三大类指标；从使用的角度看，可以分为三大需求，包括社会消费品零售总额、固定资产投资和外贸出口。一般来说，在平时开展经济形势分析时，基本上是围绕国民经济常用指标来进行。

（一）GDP

考察经济增长的最常用指标是国内生产总值（GDP）及其增长速度。GDP属于每个季度核算公布一次的数据。GDP也有一定的局限性，不能反映社会成本，不能反映经济增长的方式，不能反映经济增长的效率、效益和质量，不能反映社会财富的总积累，不能衡量社会分配和社会公正，我们应该采取科学的态度对待GDP。

（二）固定资产投资

指城镇和农村各种登记注册类型的企业、事业、行政单位及城镇个体户进行的计划总投资500万元及500万元以上的建设项目投资和房地产开发投资，包含原口径的城镇固定资产投资加上农村企事业组织项目投资。该口径自2011年起开始使用。

（三）工业增加值

工业增加值分为两个部分，一个是规模以上工业增加值，另一个是规模以下工业增加值。规模以上工业增加值是指全部国有工业企业及年主营业务收入2000万元以上的非国有工业企业实现的增加值，是通过全面报表取得的，为月度公布指标。规模以下工业增加值是年主营业务收入低于2000万元的非国有工业企业的增加值，是采用抽样调查取得的，为季度公布指标。

（四）社会消费品零售总额

社会消费品零售总额每月公布一次。该指标的数据由两部分组成，对规模以上企业采用全面调查的方法取得数据。所谓规模以上企业是指：零售企业60人以上、年零售额500万元以上的企业；餐饮业40人以上、年销售额200万元以上的企业。对规模以下企业、个体户采用抽样调查的方法取得数据。这个指标基本能反映全社会对实物性消费品的消费情况。

（五）就业

目前我国主要使用城镇登记失业率来反映，属于每年抽样统计调查一次的数据，但不能完全反映就业情况。比如，外来劳动力中的失业人员、不愿进行登记的失业人员和已经登记失业但实际处于隐性就业的人员还不能得到完全反映，需要按国际通用做法，建立劳动力调查制度，调查失业率数据。就业是当前经济形势分析的重要指标，所谓的“新克强指数”包括就业、居民收入和能耗强度。

（六）价格

我国价格指数体系主要有居民消费价格指数、农业生产价格指数、工业品价格指数、固定资产投资价格指数、房地产价格指数和商品零售价格指数，每个月抽样调查统计公布一次。其中，最常用的是居民消费价格指数（CPI），反映城乡居民购买消费品和服务项目价格水平的变动情况，是分析和制定货币政策、价格政策、居民消费政策、工资政策以及进行国民经济核算的一个重要依据。我国居民消费价格的调查范围是城乡居民日常生活消费的全部商品和服务项目，主要包括食品、烟酒及用品、衣着、家庭设备及用品、医疗保健、交通和通信、娱乐教育和文化用品、居住等八大类。

（七）居民收入

居民收入通常分别用城乡居民人均可支配收入或农民人均纯收入来表示。

改革开放以来，我国主要经济指标体系不断得到改革，逐步与国际接轨，但反映新兴产业、新业态的指标还很不健全，特别是反映第三产业的指标覆盖面远远不够。这一切，需要今后进一步加以完善，尤其要更多地关注“四新”经济指标：新技术、新产业、新业态、新模式。部门也要有自己的经济指标体系。

二、简要认识经济形势分析

经济形势分析是对国民经济运行过程各个方面的描述、评价、判断、分析和预测或展望，即短期或即期的区域综合经济形势分析，是政府（综合）部门（研究机构）以统计资料和调查研究为依据，分析和预测经济运行状况，把握经济运行的走势和特点，针对经济运行中存在的矛盾和问题，提出近期经济运行的调节目标和政策措施，为经济管理服务。经济形势分析的目的是直接为政府领导提供决策判断与政策措施。

（一）经济形势分析的基本任务

一是综合说明国民经济的基本状况。主要是指从经济运行过程整体出发，反映国民经济活动结果的基本状态。二是分析国民经济的主导方面及其成因。任何一种经济活动必然有主流方面，也就是主导方面。比如，经济发展有主导部门，主导部门发展有主要因素。分析经济活动的主导方面，不仅在于解释和说明成就的形成，主要还在于说明短期经济活动的主流态势。三是对比计划目标，分析计划执行过程中的问题。比如，每半年向人民代表大会常务委员会（简称人大常委会）和人民政治协商会议（简称政协）通报的经济社会发展情况。四是分析经济运行中的热点问题。主要是分析以下几个方面：①热点问题的性质及其变化情况；②对国民经济的影响及其程度；③产生问题的原因和主要影响因素；④对策措施。五是短期预测和展望。主要是分析发展环境，对各种经济指标可能的变化趋势进行判断，有定量的，也有定性的。

（二）经济形势分析的特点

综合性、及时性、准确性、可操作性。

（三）经济形势分析的种类

从时间看，有年度、半年度、季度和月份的经济形势分析。从区域看，有国家、省、市、县（区）经济形势分析。从领域看，有对经济领域或主要经济问题展开的经济形势分析，如工业形势分析、金融形势分析、财政问题形势分析等。

三、经济形势分析的信息基础

（一）国际信息

国际经济总量、贸易总量、各行业发展形势、国际市场能源原材料以及大宗商品等的供求关系变化、国际资本流动、各主要国家和经济区经济增长率、财政和金融形势、经济调控措施等。另外，国际政治经济中的重大事件也会对国际经济产生影响，如局部战争、国际关贸谈判成果、各类绿色壁垒、行业政策及标准调整等。

（二）国内信息

主要收集两类信息，一类是国家经济形势和走向，包括国家各类月报、年报和政府机构、研究机构、专家学者等发表的相关形势分析和研究文章。一类是国家大政方针和宏观经济政策。

（三）域外信息

所在省经济形势和相关政策，其他省、市经济形势和做法。收集这类信息的主要目的：一是为比较分析提供基础；二是参考和借鉴其他省、市的先进经验和做法。

（四）本地信息

主要包括综合统计报表，各项专业报表（如金融、财税、电力、外贸等）、各部门专业性分析材料和汇报材料、各项规划和研究报告、地区政府出台的政策性文件等，这是区域经济形势分析所依托的主要信息。

（五）辖区信息

主要为各县（市）、区和园区综合经济运行报表、综合和专项分析材料，用于分析区域经济结构和经济布局。

（六）企业信息

主要包括企业景气调查情况、各类重要项目进展情况、各类大中型企业运作情况、中小企业运作情况、各大专业市场运作情况等，通过一手资料的获取，来补充和验证宏观经济报表反映的情况。

信息收集渠道分常规性渠道和非常规性渠道。常规性渠道指有一定工作机制为基础，相对稳定的信息来源。主要包括：上级文件下达，全国各地交流，区域所属各地、各部门之间的信息交流和各项例会，对内公布的报表，下级上报信息等。非常规性渠道指没有相应的制度和机制作保障，需要积极开拓和挖掘的信息来源。主要包括：各类媒体、召开专家或企业家座谈会、问卷调查、实地调研等。

四、经济形势分析的基本方法

经济形势分析方法，主要体现在数据指标分析和实际经济运行分析两个阶段。在分析中，着重把握如下原则：一是长短分析统一。对各类指标的时间序列进行分析，同时把经济运行短期目标与长远目标相对照。二是定性与定量、实践与规律统一。分析的基本过程为：以市场经济理论和模型为依据，开展定量分析，得出可能性推断，再回到经济运行现实中进行验证。三是特殊分析方法与普适性分析方法统一。在采用经济理论和方法进行专业分析的基础上，还大量采用推理、类比、归纳、演绎等普适性方法进行分析。

经济形势分析的具体要求很多，不胜枚举，强调四句话：力求分析准、敢于亮观点、成果出得早、政策措施实，就是"准、亮、早、实"四个字。

准是经济形势分析的灵魂，判断经济形势准了，才有价值，才有作用。特别是为各级党委、政府的经济决策服务，如不准，可能要贻误大事。要做到分析准，很难。准的本质是实，基础也是实，即数据实、情况实、分析实。

亮观点，重要的是敢于讲真话，主要是敢于讲问题，把问题找准、分析到位，分析有深度。一定要树立两点论，客观、辩证地进行分析和判断，好就说好，差就说差。注意把握好"热"与"冷"的关系。在形势严峻、经济偏冷时，要看到亮点，以建立信心、树立发展经济的热情。在形势越好、经济越热时，越要讲问题、越要讲"冷"话，力求保持清醒的头脑和冷静的态度。尤其是突出问题，一定要讲，不讲是工作失责。如何讲，要注意分寸，把握好角度，不能说得太过。

经济形势分析是时间性很强的工作，经济形势分析必须快，在工作安排上打提前量，在把握动向上有敏锐性，在头绪繁杂情况下抓主要矛盾，切实做到早摸情况，早分析；早抓特征，早认知；早写报告，早汇报。

政策措施实，就是提出的工作举措有针对性、有可操作性，能够解决经济运行中的问题，推动经济又好又快发展。

经济形势分析应有一套相对固定的分析流程和方法，常用的大致可归为以下六个基本方法。

（一）看总量与看结构

分析经济形势，首先需要重点考察总量情况，即总供给与总需求的状况。总需求主要是投资、消费和出口这三大需求。总供给主要是三次产业的生产。

如2015年1～8月，长沙预计完成固定资产投资4082亿元，同比增长16.5%，比1～7月上升0.2个百分点；规模工业增加值同比增长8.5%，比1～7月上升0.1个百分点；社会消费品零售总额2346亿元，同比增长12.0%，与1～7月持平；截至8月28日，完成财政总收入741.2亿元，同比增长11.35%，占全年任务的66.57%。通过量的分析，把握经济发展态势。

结构分析主要是揭示国民经济内部各主体、各部分、各环节之间的相互联系，以及对总体经济运行的影响。总量指标就像一个平均数，往往会掩盖掉一些具体的、结构性的问题。我国经济生活中的问题大量是结构性问题。一是总量正常并不意味着结构没有问题。二是总量矛盾的发生也可能由结构问题引发。三是总量增长的质量和效益在很大程度上取决于经济结构的改善。因此，结构分析是我们判断经济发展的可持续性、质量和效益的重要依据。对各方面主要经济指标，也要进行构成分析，如：工业产值结构、农业生产结构、投资结构、外贸结构、消费结构、居民收入结构、财政收支结构、金融存贷结构等。通过结构分析，可观测和发现新的经济增长点。如通过考察长沙市属9个区、县（市）及各类园区的经济指标变化，可以分析出各项主要经济指标的区域构成和地区差异。

（二）看宏观与看微观

宏观分析重点考察国民经济总量怎样形成、是否平衡、向何处发展，考察整体与局部、局部与局部之间相互依存、相互制约的关系。通过综合分析总供求之间的关系，以及消费、投资、进出口、财政收支、货币供应量等宏观经济变量，把握经济运行的总体状况和基本趋势，进而确定宏观调控政策从总体上是松是紧。因此，宏观分析是宏观调控的基本依据。

微观分析重点考察企业行为、居民行为以及一些有代表性的地区和行业。通过微观分析，可以为制定宏观经济政策提供支撑；可以为制定微观经济政策提供依据，提高政策的针对性和有效性；可以见微知著，及时发现对全局有影响的苗头性、倾向性问题。可以说，微观分析是宏观分析的基础，宏观分析对微观分析又具有指导意义。区域经济既要注意看宏观，更要注意看微观。

（三）看域内与看域外

看域内主要是序时数据分析，纵向比较及分析。形势分析最基本的依据是地区统计部门提供的综合统计报表。月度统计数据一般在次月10日左右基本汇总；季度统计数据一般在次月中旬可出数据；年度经济总量数据一般先在12月左右公布预计数，1月中旬出快报数。时间序列分析是对各月、季、年的统计指标，对各类经济指标以绝对值和增长率形式分别进行整理和分析，观察指标变化走势，分析各项指标趋势，及时发现苗头性和趋势性问题。

看域外主要是对各类经济指标进行跨区域比较分析（横向比较分析）。首先是与国家、省各经济指标增长速度和水平的比较分析，衡量本地区发展与全国、全省总体水平之间的差异。其次是与周边地区和同类城市之间的比较，主要衡量区域竞争力的变化。就长沙来讲，主要是三方面：一是与27个省会城市（包括14个副省级城市）的各项比较；二是与中部省会城市的比较；三是与省会城市首位度变化比较分析。

（四）看现状与看趋势

现状分析，要注意区分名义增长和实际增长。对投资、消费、收入、进出口等经济变量进行分析时，应当剔除价格影响因素，否则就难以准确把握真实情况，甚至会发生误判。

相对把握现状而言，把握经济发展之“势”更重要也更困难。首先，要加强环比分析。以月度分析为例，同比指标反映的是与上年同月相比的结果，体现了12个月以来经济状况的变化，但不能反映经济运行的最近变化；环比指标反映的是当月比上月发生的变化，往往具有更早反映经济运行趋势的优势。其次，要加强增量分析。增量变化是反映趋势变化的重要信号。比如要看新增贷款规模、新增就业岗位等。第三，要加强对先行指标的分析。先行指标在宏观经济总体状况发生波动前就出现变动，因而能够预示经济运行的趋势。比如货运量、用电量等，都属于先行指标。

（五）看定性与看定量

定性分析，主要是对经济运行的总体或某个经济现象的基本特征或基本态势作出判断。以现实经济运行情况为依据的定性分析包括：经济发展环境分析。与全国、全省和兄弟城市的比较分析，区域经济波动与全国、全省吻合度比较高，全国、全省的经济发展趋势分析也可作为参考。从多年的经济运行数据分析来看，长沙经济发展阶段与全国情况相似，可以参考国家的判断。定性分析还可以从经济循环角度进行系统分析，与典型调查和抽样调查的对照分析。

定量分析，可以对初步的定性分析结果进行验证和量化，从而形成精准的判断。在这个意义上，定量分析是定性分析的重要支撑。同时，定量分析又有自己独立的功能，可以揭示经济变量和经济关系的“度”，“过”或“不及”都会改变经济变量或经济关系的性质，不能为把握宏观调控的力度提供依据。

（六）看纵向与看横向

纵向分析，是“瞻前顾后”，即自己与自己比较。既可以与过去一个时点相比，也可以与选定的某个特定时期进行比较。通过纵向比较，可以考察当前的增长速度与过去相比是高还是低、是加快还是放慢，进而验证政策效果是大还是小，经济运行中的问题是在收敛还是发散，总体形势是在改善还是恶化。

横向分析，是“左顾右盼”，即自己与别人比较。既包括与其他经济主体相同指标的比较，也包括与相关经济指标的比较。通过横向比较，可以更准确地认识一个城市经济发展的水平高低、所处的阶段和差距大小。

五、经济形势分析工作的步骤

（一）确定分析对象和主要目的

实际上这是分析的选题阶段。制度化分析，要明确分析对象和主要分析任务，最好与每年的计划报告相衔接。专项、专题性分析，主要是选好题目。

（二）初步调研

这是分析工作的准备阶段。一是收集整理有关这方面的经济理论和实证分析的文献，也就是做好定性分析的准备。二是对所分析对象的现状作初步调查和了解，有一个整体认识。三是确定需要涉及的有关统计指标及资料。

（三）统计数据的收集、整理和计算

除从统计部门得到的信息外，一些部门的资料也很重要，特别是下一步工作打算。必要时，还可以组织抽样调查、意向调查或重点调查等。比如，每年与城市（农村）调查总队等单位搞一次经济形势专家调查。

（四）分析研究工作

这要求在大量统计资料基础上，对经济运行的各个环节和主要方面作出系统分析，主要包括经济运行的基本状况、问题及成因、预测与展望等内容。

（五）正式起草分析报告

一般包括：①经济运行的总体判断；②主要特点或亮点；③主要问题及其影响；④对走势的判断；⑤对策建议；⑥附表。

经济形势分析报告（讲话）的起草步骤主要是：在广泛收集信息，应用定量和定性方法进行深入分析基础上，还需要经过若干环节，才能形成正式的经济形势分析报告。主要包括以下阶段：整理观点，提出判断，拟定提纲；分工编写，统稿成文，形成报告初稿；起草组讨论修改后形成讨论稿（征求意见稿）；广泛征求意见或充分讨论，完善后形成送审稿；领导审阅，修改校对，报告定稿。

六、新形势对经济形势分析的要求

经济形势分析方法必须与经济发展阶段以及不同阶段所面临的体制、机制环境相适应，与政府宏观管理职能的变化相适应，这样才能正确把握经济运行规律，充分发挥形势分析的作用。当前的发展形势，至少从以下几方面对经济形势分析方法提出了更高的要求。

（一）经济运行调控由行政手段为主向以经济和法律手段为主转变

民营经济已经成为区域经济发展的主体，市场化改革深入推进；依法行政开始全面实施，政府职能定位逐步明确；经济运行调控主要通过经济和法律的手段，运用市场经济规律进行。形势分析的形式、内容和要求也在逐步发生变化。计划色彩进一步淡化，预测性、指导性加强。信息收集范围扩大，对信息获取的敏锐性、准确性要求大大提高，必须及时把握各类市场经济信号，善于分析其变动的深层次原因。对策、措施、建议，要能遵循市场本身的规律，利用市场的手段解决问题，促进公开、公平、公正的市场竞争氛围和良好的市场秩序，保护市场主体的合法利益。

（二）新常态成为经济社会发展的重要认识

一是经济发展的指标体系和目标要能体现经济发展的质量，体现经济素质的提高和结构合理性的增强，如科技进步贡献、经济结构调整、生态环境约束等方面的指标逐步纳入主要监测指标。二是经济发展策略要更多地从经济发展新常态出发，认真分析推动区域经济发展和竞争力提高的关键因素，切实推进经济增长方式的转变。三是以人为本，促进经济和人口、资源、环境的协调发展。在促进经济发展的同时，还要认真关注自然资源和生态环境，关注各项社会事业的发展，把提高人民的生活水平和生活质量作为衡量经济发展的最终标准。

（三）经济形势分析和决策更加需要世界战略眼光

随着区域经济逐步纳入全球经济发展的轨道，国际社会发生的绿色壁垒、局部战争、汇率波动、能源危机、资本流动、大型跨国公司战略调整等对区域经济的影响更加直接、更加显著。进行形势分析时，必须扩大视野，将区域经济的分析放到更为广阔的国际市场背景中，广泛收集各类国际经济信息，及时把握国际经济形势及其对区域经济的影响，未雨绸缪，认真应对。

（四）区域经济转型创新升级步伐不断加快

随着经济总量的不断扩大，专业化分工逐步深入，新兴产业不断兴起，经济结构进一步向纵深发展，对政府的信息收集和分析能力提出了更高要求。在统计上，要能及时、全面地反映经济发展结构上的变化；在分析中，要善于把握产业结构演变规律，分析产业之间的协调性；在制定政策和措施时，要充分考虑对产业结构调整的引导。

总之，新形势对信息收集和分析的广度、深度都提出了更高的要求。经济形势分析工作必须具备更强的信息处理能力、更规范的分析流程，拥有更多客观科学的定量分析和专题热点分析支撑，以全局的、系统的和发展的眼光，真正把握经济和社会发展的内在规律，顺势而为，在政府权限范围内，提出高效实用的对策、措施、建议。

七、目前经济形势分析工作存在的主要差距和不足

（一）对经济形势分析的重要性认识不足

不少单位未能真正认识经济形势分析工作的地位和作用，把经济形势分析作为应付汇报和为综合部门提供基础材料的一项附带性工作，通常以描述面上的数据和情况为主，缺乏深入的剖析和专业的见解，对经济社会中出现的难点和热点问题缺乏深入的专题研究，使经济形势分析和对策、建议流于表面化，没有起到应有的作用。

（二）经济形势分析所需微观层面的信息来源相对狭窄

经济形势分析不仅是统计数据分析，还要有典型的实例调查和广泛的一手材料做支撑，才能真正认识指标背后的真实经济现象，提高经济形势分析的准确度，但在实际工作中，存在以下不足：受人员配备、工作机制等多种因素制约，无法开展充分的实地调研；综合经济管理部门与政府各专业部门、下级综合经济管理部门、重点企事业单位等之间缺乏长效、稳定的信息交流机制；部门内部各专业处室之间的探讨和交流也不够；对经济管理政策执行效果的后评估工作没有很好地开展。微观层面信息掌握不足，直接影响经济形势判断的准确性和对策措施的可行性。

（三）信息的储存、整合和共享水平亟待提高

新的发展环境和发展阶段下，要正确把握经济形势需要越来越多的信息支撑，目前的信息工作手段和工作机制难以适应：信息收集和积累缺乏统筹，随意性较大，重复收集和信息遗漏现象比较普遍；各类信息储存分散，各项经济数据和文字材料都是以不同的方式分散储存在各处室和各部门，没有建立起规范、统一的信息资料保存制度；各类信息缺乏有效的分类和整合，检索和查阅方式落后，在需要时找不到所需要的信息。党政信息网和经济管理机构信息内网建成运行后，与各部门、各处室之间信息共享程度仍然较差，能够共享的内容仍然有限，信息互动欠缺。

（四）定量分析工作基础较弱，定性分析和经验判断仍居主要地位

如统计数据没有进行很好的整理和优化，目前只是把统计局公布的数据整理成 EXCEL 文件，作一些相对简单的分析，指标的时间序列没有很好地剔除不可比因素的影响，期间统计口径也有比较多的变动，制约了时间序列的有效应用；统计数据不尽完备，如区域一些新兴领域数据等积累不够。另外，对统计指标本身和统计指标之间关系的研究也缺乏相应的经验积累。

八、经济形势分析方法改进建议

为适应新形势要求，经济形势分析要围绕综合性、准确性、及时性、有效性的要求，不断改进工作手段，完善工作机制，提高形势分析质量，做到精准分析，精准提出措施，为各级政府经济发展决策当好参谋。

（一）提高经济对形势分析的认识，形成共同参与的机制

加强对经济形势分析工作的领导，在综合经济管理部门内部建立各处室经济形势分析务虚会例会制度，提倡以虚带实，以实促虚，把专项经济形势分析作为各专业处室的重要工作，提高专题分析的质量。充分发挥各方面研究力量作用，加强对即期经济社会发展中需要密切关注的重点和热点问题研究，配合综合形势分析需要，不定期布置相关课题进行深入研究。

（二）进一步规范信息交流制度，拓宽信息收集渠道

信息的及时性和全面性是经济形势分析质量的基本保障，建立完善若干项信息交流制度，保证信息交流的及时和畅通，是经济形势分析的一项重要基础性工作。一是建立各部门之间经济形势分析材料交流制度。建立综合分析处室的联席会议制度，争取在第一时间进行探讨和交流。通过各种形式，定期交流分析成果。二是区县（市）、各部门之间建立正常的资料交流制度，定期召开各区县（市）经济形势分析交流会议。依托经济管理机构纵向网，设立地区经济网上论坛。三是与国家、省等上级相关部门保持紧密的联系，形成常规性的资料交流制度。建议国家经济管理机构综合司在内网开通资料和数据整理平台，为各省、市经济形势分析工作奠定良好的工作基础。四是加强和兄弟城市的信息交流。目前杭州已经建立起网上城市数据交流平台，将北京、上海、哈尔滨、南京、宁波等43个城市纳入月度数据交流网络，值得学习借鉴。五是加强各类综合调研工作。建立区县（市）调研制度，每年对各区县（市）确定2个左右课题进行调研和交流。对各个行业，每年确定一些企业作为观测点。

（三）整合各类信息，建立专业数据库，提高信息共享程度

联合统计局、发改委、经信委、商务局、农业委、财政局、国家调查队及其专业处室、各区县（市）综合部门，依托经济管理机构纵向网和内部局域网，共同开发建立综合经济形势分析数据库，加强信息的积累、整合和共享。建议建立三大类数据库：一是基础报表数据库；二是基础信息数据库；三是分析成果数据库。

（四）完善分析方法，增强分析的科学性和说服力

主要是改进和提高定量分析技术，形成定性与定量有机结合、准确度高、科学规范的分析方法，增强预警监测能力和分析判断能力。

1. 开展基础性的定量分析研究

深入分析经济运行现状、问题和结构，着手进行专题定量分析的探索，对经济运行的主要领域进行常规性的跟踪分析，包括国民收入分配分析、消

费结构变动分析、投资需求分析等。加强对经济指标的研究。在统计数据空白多、定量分析基础薄弱的环境下，选择一系列研究条件成熟，敏感度和可信度高的指标进行专项研究，积累经验数据，分析内在机理。进行指标间关系分析的积累，研究各项指标的相关关系，运用简单的回归分析、弹性分析、因素分析等手段，测定一系列先行指标和敏感性指标，如房地产价格指数与经济增长周期、汇率变动与对外贸易等。按照经济发展的要求，研究和应用新的统计指标，如移动互联网产业发展重点监测指标主要包括“三数”：即企业家数、就业人数、融钱数量等。

2. 建立一套比较实用的定量分析方法

定量分析主要是依据统计数据建立数学模型进行分析预测。目前各类统计软件都相对成熟，EXCEL、EVIEWS、SPSS等均可以对创建的模型进行快捷的计算，我们可以从定量的角度出发，在指标研究基础上，借助数量模型，尝试开发和建立适合长沙经济发展实际情况的经济分析和预测模型。建立完善区域经济监测预警系统。做好基础数据录入工作，开展经济周期和景气研究，进一步完善企业景气问卷调查和分析，为经济形势分析提供参考。

3. 加强政策效果后评估研究

区域经济调控主要表现为各种经济政策与经济措施，对政府政策成本和执行效果进行分析和评估是经济形势分析必不可少的环节。运用定量分析，可对政策措施实行前后的情况进行比较研究，剔除不可比因素，观测政策执行的真正成效。还可以以全面可靠的经济数据为实证基础，运用定量分析工具对在相应假设条件下各种政策措施的效果进行模拟比较，得出最佳备选方案，为政府正确决策提供依据。

2016年9月24日

---

① 本文根据长沙市人民政府系统文秘人员培训班讲课录音整理。

如何分析经济形势

——经济形势专题报告会讲课提纲

一、如何通过关键指标分析经济总体走势

（一）国民经济核算与经济发展状况的关系

1. 国民经济核算体系

国民经济核算体系是对国民经济运行过程及其结果进行全面计算和描述的宏观经济信息系统；是观测宏观经济运行与进行管理的“数据库”“平衡仪”和“晴雨表”；国民经济核算及其指标体系是地区经济与国际经济交往中的“标准语”和“普通语”。

2. 国民经济核算的重要指标——国内生产总值（GDP）

GDP核算是国民经济核算中最重要的核算指标之一，是一个国家（或地区）所有常住单位在一定时期内生产活动的最终成果。

3. GDP的国际（地区）差异与生活质量之间的关系（如下表）

国别	人均实际GDP（1999年，美元）	预期寿命（岁）	成人识字率（%）
美国	31872	77	99
日本	24898	81	99
德国	23742	78	99
墨西哥	8297	72	91

续表

国别	人均实际GDP（1999年，美元）	预期寿命（岁）	成人识字率（%）
俄罗斯	7473	66	99
巴西	7037	67	85
中国	3617	70	83
印度尼西亚	2857	66	86
印度	2248	63	56
巴基斯坦	1834	60	45
孟加拉国	1483	59	41
尼日利亚	853	52	63

4. 国民经济核算的意义

GDP是20世纪最伟大的发明之一。与太空中的卫星能够描述整个大陆的天气情况非常相似，GDP能够提供经济状况的完整图像，它能够帮助总统、国会和联邦储备委员会判断经济是在收缩还是在膨胀，需要刺激还是需要控制，是处于严重的衰退之中，还是处于通胀的威胁之中。没有像GDP这样的总量指标，政策制定者就会陷入杂乱无章的数字海洋而不知所措。GDP和有关数据就像灯塔一样，帮助政策制定者引导经济向着主要的经济目标发展。

5. GDP与宏观经济运行状况的判断

（1）经济增长率——GDP增长率。

（2）通货膨胀率——消费价格指数（CPI）。

（3）失业率——奥肯定律（Okun’s law）：经济中失业率每超过自然失业率1个百分点，产出就将下降约2.5个百分点。

6. 我国宏观经济调控的主要目标

（1）促进经济平稳增长：提高经济实力。

（2）增加就业：保就业就是保民生、保稳定。

（3）稳定物价：关系到百姓生活和社会稳定。

（4）保持国际收支平衡。

（二）GDP在我国对外交往中的重要作用

1. GDP与我国承担的国际义务

联合国会费比额=一国GNI（注：GNI为国民总收入）占世界GNI比例×（1-宽减率）；

宽减率=（世界人均GNI-该国人均GNI）÷世界人均GNI×85%。

2. GDP与我国享受的优惠待遇

世界银行关于收入等级的分类及其优惠政策。

世界银行1999年关于收入等级的分类标准：

低收入国家：人均GNI在755美元以下；

中低收入国家：人均GNI在756～2995美元；

中高收入国家：人均GNI在2996～9265美元；

高收入国家：人均GNI在9266美元以上。

2002年，我国人均国民总收入首次超过1000美元，达1100美元，在世界排132位；2006年，我国人均国民总收入又超过2000美元，达2010美元，在世界排129位。按世界银行的划分标准，我国已由低收入国家步入了中等（偏低）收入国家的行列。

世界银行确定的一些优惠政策（1999年）：

人均GDP在755美元以下：享受软贷款和7.5%的土建工程招标优惠政策；

人均GDP在756～2995美元：享受17年期的硬贷款；

人均GDP在2996～5225美元：享受15年期的硬贷款；

人均GDP在5226美元以上：不再享受硬贷款。

3. 在国际组织的地位和发言权

国际货币基金组织的成员国是向基金认缴一定的份额，成员国在基金的份额决定其在基金的投票权、分配特别提款权的份额及向基金借款的份额。各成员国份额的大小由基金理事会决定，综合考虑成员国的GDP、黄金与外汇储备、进出口额、出口额占GDP的比例等。

2001年2月5日，基金组织理事会通过投票决定将中国在基金的份额由原来的46.872亿特别提款权（约合61亿美元），提高到63.692亿特别提款权（约合83亿美元），从而使中国在基金的份额由原来的第11位提高到第8位。

（三）国内生产总值的基本计算方法

主要有两种计算方法：生产核算法、使用核算法（支出法）。

1. 生产核算的基本方法

生产法国内生产总值=（第一产业+第二产业+第三产业）

增加值=三次产业×（总产出–中间投入）

2. 使用核算的基本方法

使用（支出）法国内生产总值=最终消费+资本形成总额+货物和服务净出口

最终消费=居民消费+政府消费

资本形成总额=固定资本形成总额+存货增加

货物和服务净出口=出口–进口

3. 各种方法核算的GDP都可以分为现价和不变价

（1）不变价就是扣除了价格因素的核算值。

（2）计算增长速度时，一般都是按不变价格计算的。

（四）国民经济核算的局限性

（1）不能反映经济发展对资源环境造成的负面影响。

（2）不能准确地反映一个国家财富的变化。

（3）不能反映某些重要的非市场活动。

（4）不能反映收入分配差距。

二、如何判断当前国内经济形势？

（一）中国经济增长的历史、现状与国际比较

1. 总量分析

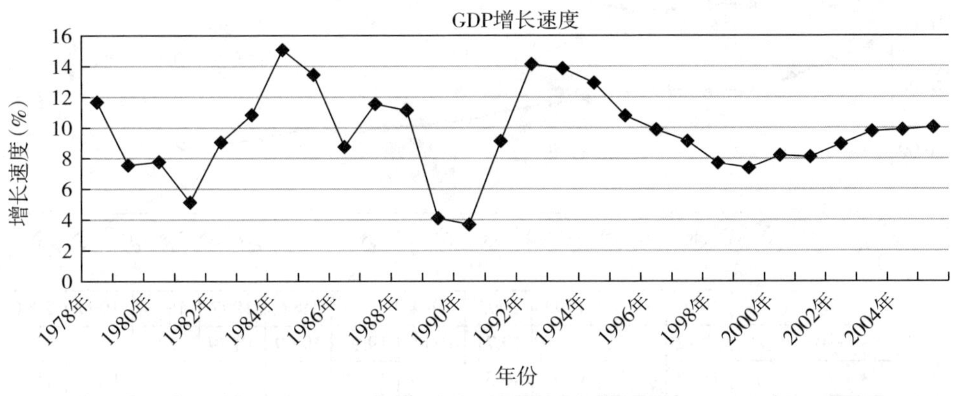

1978～2004年GDP增长速度分析

2. 经济增长速度的国际比较

国家	2000～2005年	国家	2000～2005年
中国	9.30	法国	1.99
美国	2.84	意大利	1.10
日本	1.49	印度	6.35
德国	1.17	巴西	2.55
英国	2.51	俄罗斯	6.77
世界	2.96		

（二）经济结构分析

1. 生产结构分析

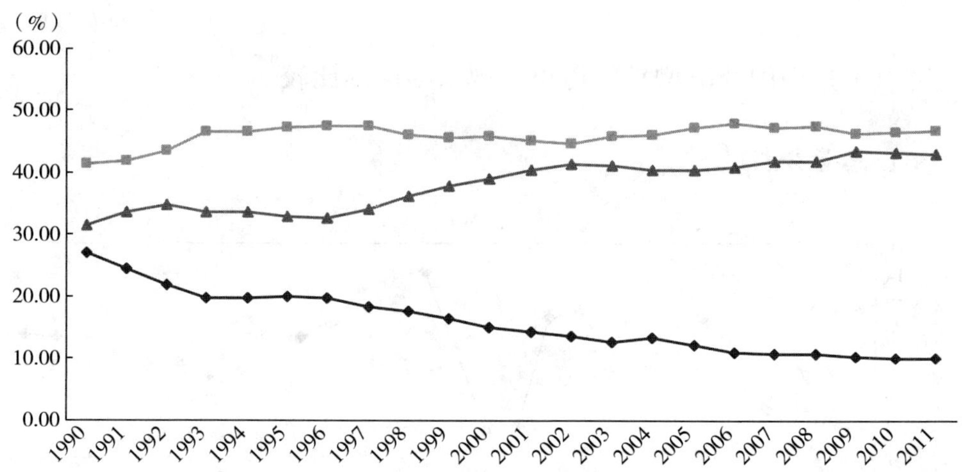

	1990	1991	1992	1993	1994	1995	1996	1997	1998	1999	2000
第一产业	27.12	24.53	21.79	19.71	19.86	19.96	19.69	18.29	17.56	16.47	15.06
第二产业	41.34	41.79	43.45	46.57	46.57	47.18	47.54	47.54	46.21	45.76	45.92
第三产业	31.54	33.69	34.76	33.72	33.57	32.86	32.77	34.17	36.23	37.77	39.02
	2001	2002	2003	2004	2005	2006	2007	2008	2009	2010	2011
第一产业	14.39	13.74	12.80	13.39	12.12	11.11	10.77	10.73	10.33	10.10	10.12
第二产业	45.15	44.79	45.97	46.23	47.37	47.95	47.34	47.45	46.24	46.67	46.78
第三产业	40.46	41.47	41.23	40.38	40.51	40.94	41.89	41.82	43.43	43.24	43.10

1990～2011年中国三次产业比重

2. 使用结构分析

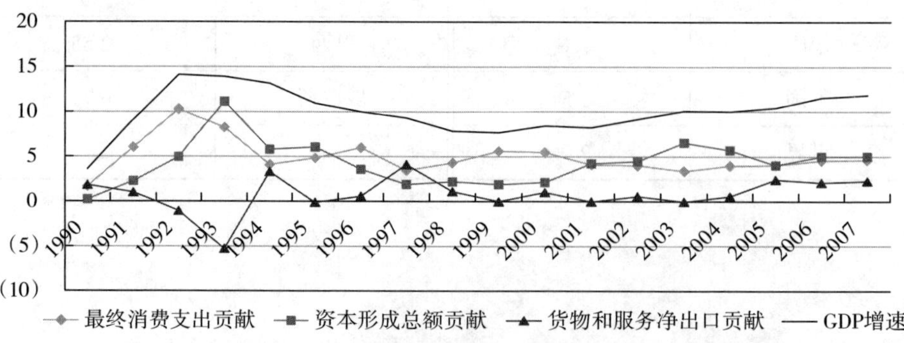

1990～2007年消费、投资及净出口对中国经济增长的拉动力比较（%）

2000～2006年我国最终需求贡献率（%）

年份	最终消费支出	资本形成总额	货物和服务净出口
2000	63.8	21.7	14.5
2001	50.0	50.1	–0.1
2002	43.6	48.8	7.6
2003	35.3	63.7	1.0
2004	38.7	55.3	6.0
2005	38.2	37.7	24.1
2006	38.9	40.7	20.4

（三）成本分析

2005年中国部分重要资源消耗占世界资源消耗的比重

	中国	世界	比重
石油（亿吨）	3.27	38.37	8.53%
原煤（亿吨标准油当量）	10.82	29.30	36.93%
钢铁（亿吨）	4.10	12.30	33.35%
铁矿石（亿吨）	5.24	17.00	30.82%
氧化铝（万吨）	1560.80	6153.40	25.36%
水泥（亿吨）	10.69	22.44	47.64%

（四）未来趋势分析

1. 长期发展趋势

就国际比较而言，中国经济未来发展优势是潜力巨大、市场巨大；但要注意产业结构的调整和缩小地区、城乡差距；影响经济发展的约束条件主要是资源。

日本、新加坡、韩国、中国香港和中国台湾的经济增长率（见下表）：

国家或地区	高速增长前期	GDP增长率	高速增长期	GDP增长率	高速增长后期	GDP增长率
中国	1952～1978	6.15	1978～2006	9.7	—	—
日本	—	—	1955～1973	9.22	1973～2000	2.81

续表

国家或地区	高速增长前期	GDP增长率	高速增长期	GDP增长率	高速增长后期	GDP增长率
新加坡	1960 ~ 1965	5.74	1965 ~ 1984	9.86	1984 ~ 2000	7.18
韩国	1953 ~ 1962	3.84	1962 ~ 1991	8.48	1991 ~ 2000	5.76
中国香港	1966 ~ 1968	2.61	1968 ~ 1988	8.69	1988 ~ 2000	4.14
中国台湾	1951 ~ 1962	7.92	1962 ~ 1987	9.48	1987 ~ 2000	6.59

2. 短期判断

（1）经济增长速度仍在可接受范围内。

——投资保持快速增长态势，中央扩大内需的政策和措施将促进投资平稳增长。

——消费需求增长速度不断加快。近两年，消费需求增长速度不断加快，增速迭创新高。

——社会消费品零售额增速不断加快。

（2）就业形势严峻。

2008年，人力资源和社会保障部公布的城镇就业登记失业率是4%左右，但是社科院调查出来的全国城镇调查失业率是9.6%，这两个数差异很大，说明就业市场发生了很大变化。

（3）物价将在低位运行，通胀和通缩的可能性都不大。

通缩分析：

——现在采取了积极的财政政策和适度宽松的货币政策，这种政策的去向肯定是价格上升的。

——从长远来看，要理顺价格形成机制，尤其是资源产品价格形成机制，2009年存在着价格上升的因素。

（4）外贸形势不容乐观。

2008年出口实际增长率明显下降，要重视出口贸易，至少不能是负增长，否则将会拖经济增长的后腿。

三、如何看待长沙的经济发展特点与发展趋势

（一）长沙经济社会发展特点

1. 经济增长速度

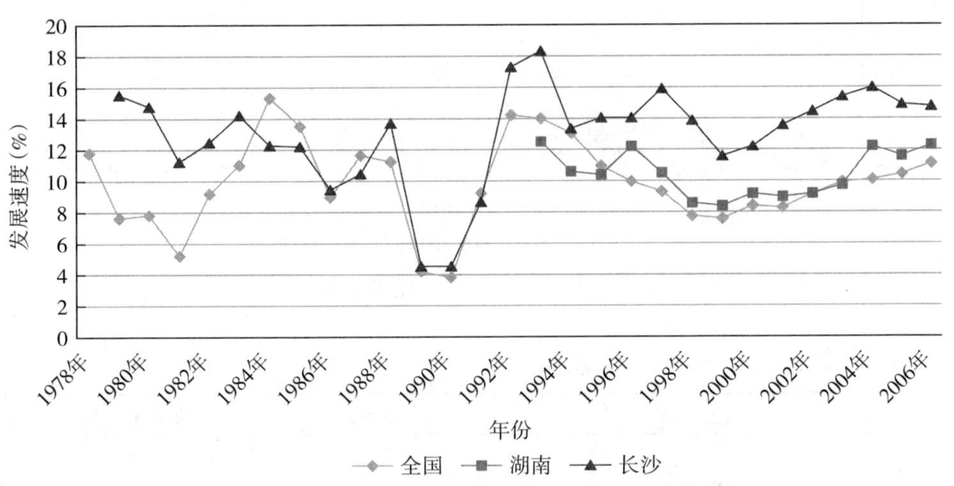

长沙—湖南—全国国内生产总值发展速度

2. 人均GDP与增长速度

全国人均GDP：2002年超过1100美元；2006年超过2000美元。

湖南人均GDP：2004年超过1100美元；2006年近1500美元。

长沙人均GDP：1998年超过1100美元；2006年3500美元。

（人均GDP以美元计算）

3. 经济结构比较

2006年三次产业构成比较。全国和湖南是二、三、一（但湖南的二、三产业比重很接近）结构，长沙是三、二、一结构。

4. 城乡人口比重

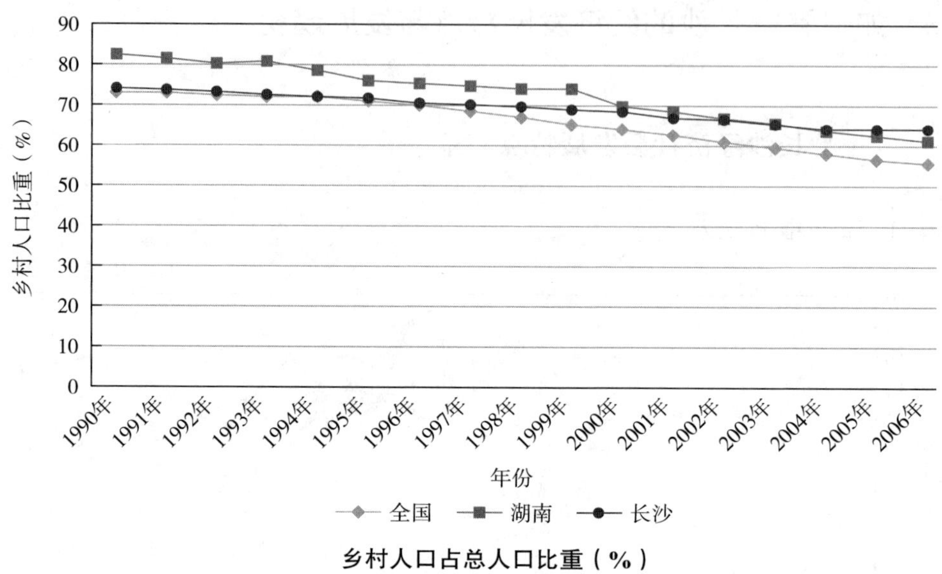

乡村人口占总人口比重（%）

5. 城乡居民收入与消费倾向

	收入（元）	支出（元）	消费率（%）
全国	11759.5	8696.55	74.0
湖南	10504.67	8169.3	77.8
长沙	13924	10679.7	76.7

6. 经济外向度

	全国（%）	湖南（%）	长沙（%）
2003年	51.89	6.64	15.71
2004年	59.76	7.98	15.67
2005年	63.59	7.55	14.46
2006年	66.85	7.74	12.99

7. 证券化率

证券化率，指的是一国各类证券总市值与该国国民生产总值的比率。

2000年，中国证券化率达50%。在主要发达国家，证券化率（股票市价总值与国内生产总值的比率）已经达到较高的程度。1995年，美国、日本和英国的证券化率分别达到95.5%、83.5%和121.7%。

（二）国内外经济大环境对长沙经济的影响

（1）房地产市场下滑，影响税收，形成银行呆坏账。

（2）增值税改革影响财政收入。

（3）因外贸依存度低，进出口受影响相对较小。

（4）因证券化率低，股市波动对长沙影响也有限。

（三）长沙经济社会发展中值得注意的问题

（1）抓住政策机遇。

（2）加强基础设施建设，扩大政府消费，拉动投资需求。

（3）提高居民收入，扩大居民消费，拉动消费需求。

（4）稳定就业市场。

（5）注意承接产业转移，优化产业结构。

（6）提高基层政府提供公共服务的财政能力，保证基层社会的稳定。

系统学　深入研　跳出看　务实用

——关于学习《人民日报》中《开局首季问大势》一文的情况汇报

按照胡衡华市长的要求，5月16日，长沙市人民政府研究室召开专题会议，组织全室工作人员认真学习了《人民日报》中权威人士《开局首季问大势》一文。会上逐字逐句研读了原文，与会领导和文秘人员先后都发了言，畅谈学习体会和心得建议。现将有关情况汇报如下：

一、对文章主要内容的梳理和认识

《开局首季问大势》是在中国经济发展遇到一些困难和矛盾，特别是在贯彻落实中央政策还有待加强的背景下的一篇访谈，对于调整中的中国经济究竟怎么看、怎么干“问诊把脉”，提出了“祛病良方”。该文文风朴实，对当前经济发展中的问题认识深刻，把握精准，提出的政策措施非常有针对性，特别是对当前有些地方在经济发展中的一些错误认识和做法具有较好的释疑、解惑作用，对统一思想、凝聚共识，更好地推动新常态下经济健康发展具有十分重要的指导意义。文章的主要内容可以概括为“两个‘一二三五’”。

（一）“两个一”

“一个判断”：我国经济运行不可能是U形，更不可能是V形，而是L形的走势。这个L形是一个阶段，不是一两年能过去的。同时分化是一种趋势，无论是地区、行业还是企业，总有一部分在“二八定律”的分化中得到“八”的好处，脱颖而出。

“一条主线”：推进供给侧结构性改革是当前和今后一个时期我国经济工作的主线，往远处看，也是我们跨越中等收入陷阱的“生命线”，是一场输不起的战争，要坚定不移地推进供给侧结构性改革。

（二）“两个二”

“两个确保”：一是确保中央已定的政策不走样、不变形；二是确保中央的政策落地生根。

“把握两点”：一是避免短期化行为。必须保持战略定力，树立信心，坚定战胜困难的决心，保持滴水穿石的耐心，多做标本兼治、重在治本的事情。二是避免不适度。无论是需求政策还是供给政策，无论是财政政策、货币政策还是结构政策，无论是发展政策、改革政策还是社会政策，都要把控好“度”，既不过头，也防不及。

（三）“两个三”

宏观政策突出“三个要求”：一是适度扩大总需求，坚持实行积极的财政政策和稳健的货币政策，注重把握重点、节奏、力度；二是坚定不移以推进供给侧结构性改革为主线，着眼于矫正供需结构错配和要素配置扭曲，全面落实“三去一降一补”五大重点任务；三是注重引导良好发展预期，增强各方面对经济发展的信心。

要发挥三个“关键少数”的积极性、主动性、创造性：即充分发挥企业家、创新人才、各级干部的积极性、主动性、创造性。

（四）“两个五”

供给侧结构性改革做到“五个搞清楚”：推进供给侧结构性改革，要搞清楚现状是什么，搞清楚方向和目的是什么，搞清楚到底要干什么，搞清楚谁来干，搞清楚怎么办。

要完成“五大任务”：去产能，要明确具体任务和具体目标，加大环保、能耗、质量、标准、安全等各种门槛准入、制度建设和执法力度，处置“僵尸企业”，该“断奶”的就“断奶”，该断贷的就断贷；去杠杆，要在宏观上不放水漫灌，在微观上有序打破刚性兑付，依法处置非法集资等乱象，切实规范市场秩序；去库存，要加大户籍制度改革力度，建立健全农民工进城的财税、土地等配套制度，稳定房地产市场等；降成本，就要把整体税负降下来，把不合理的收费取消掉，把行政审批减下来；补短板，就要注重脱贫攻坚的精准度，扎实推进科技创新和生态文明建设，完善基础设施建设“钱从哪里来、投到哪里去”的体制、机制等。

二、文章的主要论述和核心思想

（一）关于预期判断

之前一些国内主流媒体判段我国今年一季度经济形势时，认为实现了“开门红”，甚至实现了“U”“V”形反弹，对当前经济形势偏于乐观。这篇文章指出，“很难用开门红、小阳春等简单的概念加以描述”，认为对当前的经济形势“不要喜形于色，也别惊慌失措”，认为是L形趋势，L形是个阶段，不是一两年能过去的，同时指出，“经济运行的固有矛盾没有缓解，一些新问题也超出预期，成绩不能说过头，对问题不能视而不见”。

（二）关于政策变化

总体政策上，将供给侧结构性改革提到了前所未有的战略高度，认为“供给侧改革是我们跨越中等收入陷阱的生命线，是一场输不起的战争”。具体操作上，主要体现在四个方面：一是债转股问题。之前一些人士提出要大力推行债转股，这篇文章明确指出“不要动辄搞债转股，不要搞拉郎配式的重组，早晚是个包袱”。二是“三市”政策问题。明确股市、汇市、楼市要回归到各自的功能定位，尊重各自的发展规律，不能简单作为保增长的手段，特别是对于楼市去库存，这篇文章明确提出“房子是给人住的，这个定位不能偏离”，“高杠杆必然带来高风险”，认为要“通过以人为核心的城镇化去库存”。三是僵尸企业问题。对僵尸企业的处置，一些地方并未从根本上“断奶”，此文明确提出“要坚决拔掉输液管、呼吸机”，实行“保人不保企”的政策。四是货币政策问题。明确提出“避免用大水漫灌的扩张办法给经济打强心针”。

三、坚持学以致用、提高服务水平的设想

学习《人民日报》的这篇文章，对于市政府研究室而言，关键是要学其精髓，学以致用，通过弄清实情本质、把握问题导向、创新工作思路、坚持登高望远，更好地做好经济形势分析，提高参谋服务水平，让领导有更多时间、更有依据想大事、作决策。

（一）吃透政策精髓，把握政策要领

政策是指南针。研究室作为政府智库，必须始终把吃透中央、省里政策作为工作的核心，第一时间学习领会中央的路线、方针、政策，时刻与中央保持一致，将思想认识统一到中央对形势的判断上来，确保精神领会“不偏离”，政策执行“不走样”，工作落实“不过夜”。特别是要准确领会经济发展新常态的科学内涵，决不能把新常态作为一个“筐”，更不能把新常态作为一个“避风港”。同时，通过对中央、省里政策的研究，挖掘机遇，接好“地气”，真正用好、用足、用活政策红利。

（二）学习分析方法，提升分析水平

打破四平八稳的思维定势，树立“守正出奇”的思维方法，既坚持遵循市场规律、用市场理念来谋划良策，又探索政府创新之道，更好发挥政府作用。善于“见微知著”，通过税收、货物周转量、工业用电量等微观数据来比较分析，再与相关宏观经济数据相互印证，准确地判断经济运行形势。深入开展调研，根据工作需要，采取网上调研、部门研讨、解剖“麻雀”等灵活多样的方式，力求准确发现问题并找到解决问题的举措。注意把握趋势，善于挖掘经济发展中的内在规律，注重数据同比、环比、横比分析，找出短期经济的变化走势和长期的发展趋势；善于运用逆向思维，注意数据之间的逻辑性和匹配性，

防止先入为主、自相矛盾，确保分析的客观性、准确性。

（三）立足发展实际，谋划发展良策

紧紧围绕全市改革、发展和稳定的大局，着重研究经济社会发展中的重大问题，运用新观点、新方法，超前进行深入系统的研究，为政府战略决策、精准施策提供服务。结合中央对经济形势的论述，强化问题导向和短板意识，分产业、分行业对我市经济形势进行深入分析，找出符合长沙发展实践的有效路径，坚定不移地实施创新驱动战略，坚定不移地实施城市品质提升，坚定不移地优化经济环境。针对群众关心的就业、拆迁、保障等热点、难点问题，主动出击、摸清情况、拿出对策。特别是在找准工作抓手方面下功夫，出主意既注重工作思路的谋划，更注重工作抓手的探寻。同时，努力改进“文风”，力求用精炼、准确、朴实的语言来表达深刻的思想。

2016年5月16日

见微知著

——以长沙为例对城市经济形势分析须高度关注的几个微观数据

在研断经济形势时，通常看GDP增速、CPI、财政收入、投资增长、消费增长、贸易顺差、货币供应等宏观经济指标。但在实践中，通过这些指标判断一个城市或区域的经济形势并不是很有效。一方面，这些指标的同比、环比、特殊因素扰动，分析起来很不容易；另一方面，经济统计仍然存在失真现象，去伪存真确实很难。其实，一滴水能折射太阳的光辉。如果从微观经济指标入手，再与相关宏观经济数据相互印证，更能真实把握经济形势。最为典型的是"克强指数"，李克强总理时任辽宁省委书记，通常用耗电量、铁路货运量和贷款发放量三大指标来分析当时全省经济运行状况。由于现代工业生产与能源消耗密切相关，因而"耗电量"能较准确地反映工业生产的活跃度、以及工厂的开工率；铁路是承担我国货运的最大载体，"铁路货运量"可以反映经济运行现状，又可以反映经济运行效率；银行贷款在我国间接融资中占比较大，所以"贷款发放量"既可反映市场对当前经济的信心，又可判断未来经济的风险程度。那么，作为内陆城市的长沙，通过哪些微观数据可以较为准确地判断经济形势呢？

一、经济质量关键看税收收入

（一）税收是经济质量的晴雨表

税收收入水平首先取决于经济发展水平，经济发展水平主要体现在一个地区的经济总量、经济增长速度和经济效益上。其中，经济总量在一定程度上决定了该地区的税收收入规模，经济增长速度与经济效益的高低直接影响税收收入增量。从经济增长的角度来说，当一个地区的经济增长速度很快时，与之相适应，经济增长所创造的税收收入、企业利润以及其他非税收收入也将随之增加，而且保持较快的增长速度。如，长沙市2002年以来经济总量与税收的增长，除2006年、2011年两个时点，其他年份之间波动趋势、拐点均相符合。因此，从税收增长情况可以初步判断经济质量（表1）。

表1　　2002年以来长沙市经济发展与税收增长情况

年份	2002	2003	2004	2005	2006	2007	2008	2009	2010	2011	2012	2013
经济总量（亿元）	922.8	1077.2	1296.7	1783.5	2120.0	2581.1	3300.7	3744.8	4547.1	5619.3	6399.9	7153.1
经济增速（%）	14.5	15.3	16.0	14.9	15.3	15.7	15.5	14.7	15.5	14.5	13.0	12.0
税收增速（%）	11.0	14.1	30.8	23.4	16.0	76.4	18.0	12.8	22.6	24.5	18.4	12.9

（二）税收结构反映经济结构

税收收入结构一定程度上反映了经济和产业结构。不同的经济结构、产业结构决定着税收结构。分三次产业来看，长沙税收收入结构表现为二三一的产业顺序结构，与二三一的经济结构相协调。如，2013年，长沙税收结构为：0.03：60.5：39.5，经济结构为4.1：55.2：40.7。

（三）税源问题揭示发展短板

税源结构的不够合理反映了经济结构存在的问题。一是长沙税收收入对少数企业或行业的依赖程度较高。工业税收中，烟草制品、通用设备制造、专用设备制造等占比较大，如2013年上述三个行业实现税收579.83亿元，占工业税收比重达82.8%。第三产业中，房地产业税收所占份额较大，2013年房地产业税收占第三产业税收的39.9%。二是可持续增长后劲不足。长沙企业总体规模偏小，缺乏大企业、大集团，一些企业经营效益不佳，利润较低，科技含量不高，产业层次偏低，产品附加值不高，很大程度上制约了税源的进一步扩张，导致税源整体规模较小，可持续增长后劲不足，税收增长支撑乏力。

二、投资关键看水泥使用量和建安税

（一）从水泥产量来评估固定资产投资

水泥使用量用产量代替是考虑到长沙的水泥营销有外地进入的，也有外销的。

1. 灵敏度高

固定资产投资需要消耗大量的钢材、木材、水泥等建筑材料。相比其他建筑材料而言，水泥总产量中用于固定资产投资的比例较高，同时水泥的保质期较短，出厂后超过30天，水泥的粘结能力就会下降。

2. 地缘性强

水泥的销售存在一定的地域限制。就普通水泥而言，一般通过汽车运输的合理运输半径约为150 ~ 200公里，通过铁路运输的合理运输半径约为300 ~ 500公里，超过运输半径，水泥企业的利润就会降低，在运输费用、能源价格不断上涨的背景下，该半径范围还要缩小。因此固定资产投资项目一般使用“水泥半径”范围内的水泥。因此，从理论上分析，一定地域范围内，水泥产量与固定资产投资之间应该具有一定的相关性。

3. 数据高度匹配

分析长沙固定资产投资和水泥产量的有关数据，剔除固定资产投资价格因素，对固定资产投资实际增速与水泥产量增速进行一元线性回归分析，发现投资与水泥产量的增长趋势基本一致，但增长幅度存在一定差距（表2）。

表2　2000 ~ 2013年长沙固定资产投资与水泥产量情况

年份	全市固定资产投资（万元）	增速（%）	全市水泥产量（万吨）	增速（%）
2000	2023194	22.7	309.03	14.5
2001	2798029	38.3	327.31	5.9
2002	3625747	29.6	361.63	10.5
2003	4949713	36.5	441.7	22.1
2004	6680876	35.0	485.14	9.8
2005	8814166	31.9	537.37	10.8
2006	10898087	23.6	814.42	51.6

续表

年份	全市固定资产投资（万元）	增速（%）	全市水泥产量（万吨）	增速（%）
2007	14451811	32.6	1014.54	24.6
2008	18733290	29.6	1112.69	9.7
2009	24417763	30.3	1273.7	14.5
2010	31925699	30.7	1461.96	14.8
2011	35102425	26.1	1337.68	−8.5
2012	40119564	20.3	1318.91	−1.4
2013	45933871	20.1	1423.19	7.9

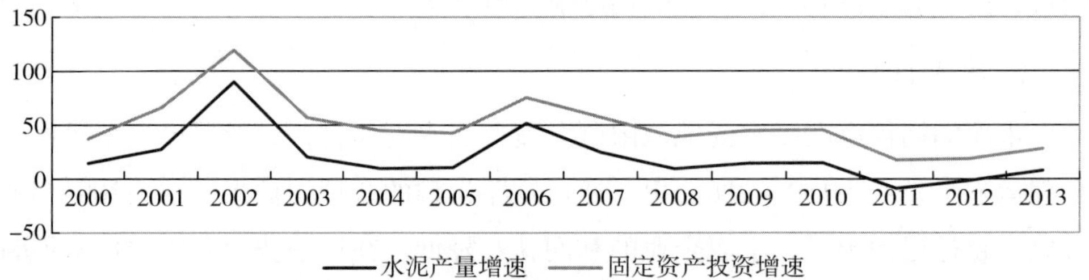

（二）从建安税看固定资产投资

建安税，全称建筑业营业税，是营业税中的一个主要行业税收，指建筑业纳税人提供建筑、安装、修缮装饰及其他工程作业等应税劳务缴纳的营业税税收。一般来说，建安税与固定资产投资具有较强的相关性，是经济决定税收、税收反映经济的表现之一。

1. 国、省用建安税评估投资增速

近年来，国家统计局更加注重用建安税来评估各省市固定资产投资增速，湖南省因此项目指标排位偏后，在全国的位次下滑幅度较大，湖南省统计局也参照国家统计局的方法，采用以建筑业营业税为主的评估体系来评估各市州数据。湖北省为了准确、真实反映全省投资发展态势，加大数据质量控制力度，还专门出台了《湖北省建设领域统计数据质量及协调性评估方案（试行）》（鄂统计文〔2010〕30号），其中规定投资增速不能超过建安营业税增速5个百分点。

2. 两者有一定的数据协调性

从长沙市2000年至2013年固定资产投资、建安营业税增长速度变动情况来看（表3），长沙市投资增减与建安营业税的变化有一定的数据协调性。

表3　　2000～2013年长沙固定资产投资、建安税增长速度情况

年份	投资增长速度（%）	建安税增长（%）
2000	22.7	–2.4
2001	38.3	9.2
2002	29.6	48.9
2003	36.5	42.3
2004	35.0	66.2
2005	31.9	29.3
2006	23.6	–16.4
2007	32.6	39
2008	29.6	13
2009	30.3	33.4
2010	30.7	36.4
2011	26.1	21.7
2012	20.3	4.1
2013	20.1	23.4

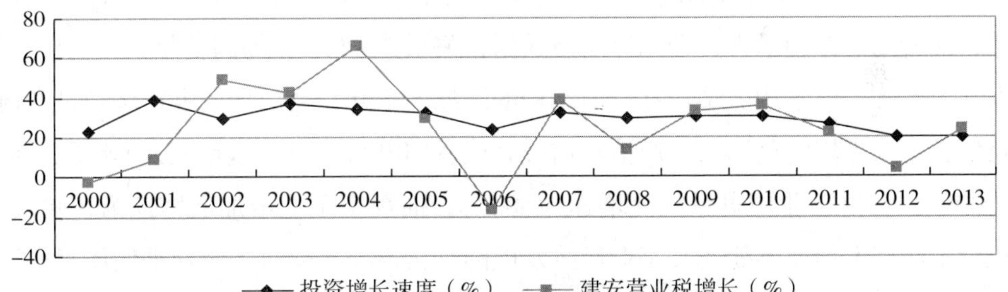

3. 实践中受一些因素影响，造成有投资无税收的现象

一是减免税政策。如按照有关规定，对单位和个人自建自用建筑物免征营业税。此外，一些地方政府擅自违规出台了建安税减免项目。二是BT融资模式影响。一些基础设施建设采用BT模式和标准化钢架厂房结构，建筑工程产生的建安税因缺少征税依据无法及时入库。三是信息不对称。部分施工方有意隐瞒工程合同，或者提供虚假合同，税务机关难以真实掌握合同及工程进度、资金结算等，造成应纳税款不能及时足额缴入国库。四是纳税人使用虚假发

票，不向税务机关真实申报纳税造成税收流失。

三、工业发展关键看工业用电量和企业利税

（一）从工业用电量看工业发展

经济发展离不开电力消费的支撑，而工业是经济发展的先行者，因此，国家统计局最近将工业用电量作为各地工业增加值统计测算的前提，用来判断整体经济运行趋势，也是判断未来经济的重要“风向标”。一般来说，工业经济的增长是与用电成正比的，即工业经济增长越多，用电量越大。工业用电量对经济增长的弹性系数约为1.55。一个城市的工业用电量，可以从一个侧面反映出这个城市工业的规模，判断该城市工业经济增长情况。同时，用电数字难以造假，因为发多少、用多少，这些是实物量，不含价格因素，更能反映经济的好坏。

1. 能看增长趋势

从长沙市2009～2012年的年度工业用电量、规模工业增加值匹配情况看，基本上呈现出同增同减的趋势，一定程度上体现了相关性，尤其是2010～2013年，两者增速差距不大，经测算两组数据相关系数为0.99，为高度相关（图1）。但在实际中，由于用电结构和产值结构的匹配度不同，会出现用电正增长、产值负增长，或者用电负增长、产值正增长，或者用电与产值增速差距大的情况。如2009年，长沙工业用电量同比增速为-8.9%，而规模工业增加值增速为19.8%，年度工业用电增速不能代表工业经济发展的真实情况，此时，应合理使用工业用电评价工业增长，不能简单使用工业用电量判断工业经济增长趋势。

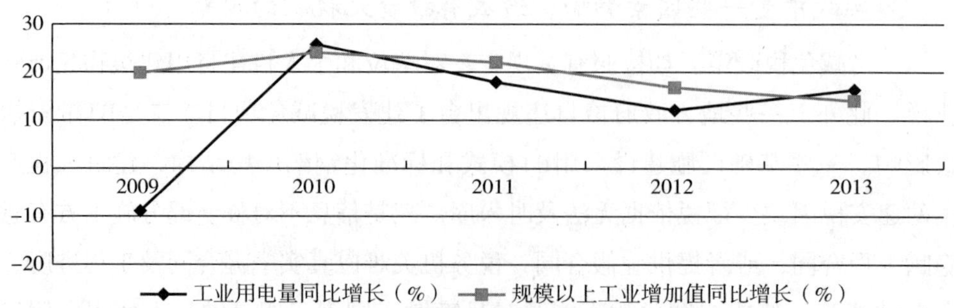

图1　2009～2013年长沙市工业用电量和规模工业增加值同比增长情况

特别是从月度数据看，2011年8月到2014年7月，长沙分月工业用电量与当月规模工业增加值增速（未剔除价格因素）比较（图2、图3），测算后发现两组数据的关联性很微弱，相关系数仅为 -0.16。造成月度数据不匹配的原因复杂：一是工业结构短期波动，当工程机械企业受市场波动影响产出减量、卷烟生产企业停产检修，长沙工业增加值受到的影响程度远远高出工业用电的变动幅度；二是节能降耗长期趋势，长沙近年细化节能降耗，控制落后产能，工业节能成效明显，2008～2012年单位规模工业增加值能耗下降率都在11%以上，2012年仍然下降了7.5%；三是电耗弹性季节变动，比如，假设夏天生产水泥的环境温度是35摄氏度，秋天环境温度是20摄氏度，将消耗提升这15摄氏度需要的电量，等等。特别是工业结构短期波动是造成不匹配的一个主要原因。据此可见，长沙存在进一步调优工业经济结构的空间，特别是加快发展低能耗、高产出的工业产业，才能使长沙经济发展适应新常态。

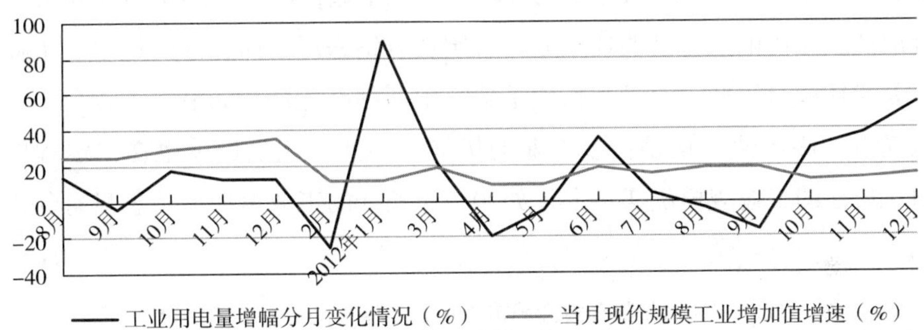

图2　2011年8月～2012年12月长沙市工业用电量与当月规模工业增加值增速（未剔除价格因素）比较

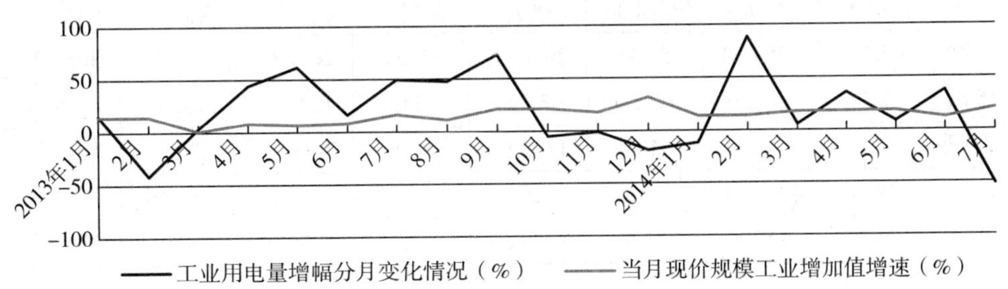

图3　2013年2月～2014年7月长沙市工业用电量与规模工业增加值增速（未剔除价格因素）比较

2. 能看转型发展

工业用电量与工业经济增长的关系密切复杂。当工业处于转型发展阶段，产品结构变化较大，高耗能行业用电量比例随之变化，特别是电解铝、钢铁等企业同样的产值而其耗电量可以“以一当十”，压缩或扩张高耗能产业，工业用电量与工业增长原有的相关关系将被打破。但是，大部分时候，通过工业用电量来判断工业发展是比较科学、真实的，若再加上“企业利税”这一指标来补强，做出综合判断将更加准确、客观。

3. 能看地区差异

与其他省会城市比较，还能看清长沙的工业结构和能耗（表4）。如2012年长沙工业增加值为3051.94亿元，超过南昌的1288.14亿元和合肥的1813.90亿元，但长沙的工业用电量为75.78亿千瓦时，比南昌的73.90亿千瓦时仅多1.88亿千瓦，少于合肥的100.14亿千瓦时。这与三个城市的工业结构紧密相关，南昌有钢铁、光伏电池等高能耗产业，合肥也有钢铁厂，而长沙的烟草、工程机械产业能耗相对较低，而且，长沙是整个中西部高能耗行业最少的省会之一，“低耗电、高产值”正是长沙工业的优势。当然，用电量少也在一定程度上说明，长沙的工业规模确实不大，如2012年长沙的工业增加值几乎只有苏州的50%。

表4　2009～2012年部分省会城市工业增加值与工业用电量比较

	2009年		2010年		2011年		2012年	
	工业用电量（亿千瓦时）	工业增加值（亿元）	工业用电量（亿千瓦时）	工业增加值（亿元）	工业用电量（亿千瓦时）	工业增加值（亿元）	工业用电量（亿千瓦时）	工业增加值（亿元）
长沙	45.68	1554.54	57.33	2020.68	67.57	2662.47	75.78	3051.94
南昌	57.74	753.20	62.24	952.75	73.08	1223.72	73.90	1288.14
合肥	52.41	840.49	64.10	1122.60	94.90	1560.40	100.14	1813.90
苏州	738.54	4265.47	855.25	4916.49	946.19	5555.33	982.66	6055.10
武汉	174.87	1772.14	213.50	2079.82	231.22	2709.02	230.13	3203.66

（二）从企业利税看工业发展

从近十年来看，除2007年、2008年外，其他年份长沙规模工业增加值和利税的增长趋势基本一致（表5）。其中2007年是由于技术进步带来工业利税强劲增长，规模以上工业企业完成新产品产值281.6亿元，增长51.3%，新产品产值率达16.3%，高新技术工业总产值增长35.9%；2008年则是由于长沙受特大冰灾等影响，工业生产成本升高，利税总额增速缓慢。

表5　2004～2013年长沙规模工业增加值和规模工业企业利税增长情况

时间	2004	2005	2006	2007	2008	2009	2010	2011	2012	2013
增加值增长速度（%）	25.9	20.3	24.1	26.4	23.0	19.8	24.0	22.0	16.8	14.0
利税总额增长速度（%）	29.4	18.2	26.3	57.0	6.1	24.3	29.4	27.9	11.7	15.3

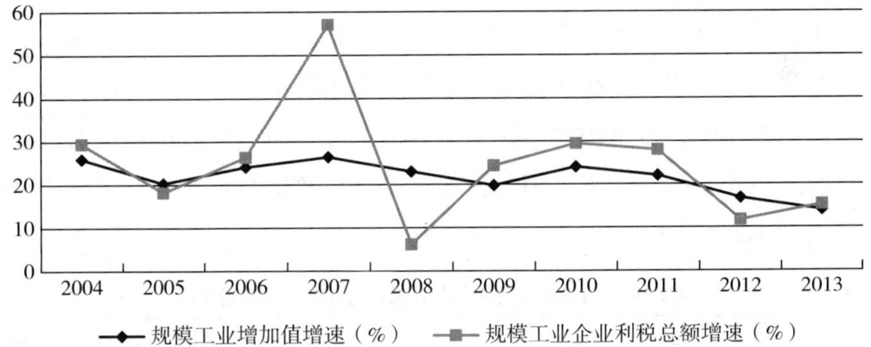

四、进出口关键看进口

为什么说进出口关键看进口，是因为出口与地区生产结构密切相关，受市场影响波动大，而进口数据相对出口数据不受一些因素的干扰，更能客观、真实地反映生产需求。

（一）出口数据干扰纷繁

首先，在内需不振、投资面临产能过剩的大背景下，一些地方保增长压力巨大，很多省市都以保外贸增长作为保增长、保政绩的核心，而一旦丢失这一块，保增长就大打折扣。其次，贸易渠道的热钱流入，也是造成贸易数据不实的重要原因。如新一届政府伊始，外资短期内做多中国经济的热情高涨，人民币汇率涨势凌厉。一个证据是，2011～2012年一度负增长的外汇占款，2013年前几个月激增，如1月外汇占款为6837亿元，比2012年新增外汇占款多四成，这一数字也创下外汇占款增长史上单月增幅新高，且2月仍高达2900多亿元。种种迹象显示，热钱在贸易数据“迷幻”当中扮演了关键角色。再次，出口补贴和优惠措施不少，不排除一些企业以虚假出口来换取退税的可能。这是老问题，特别是为了保外贸，有的地方加大出口政策优惠，进一步刺激了虚假出口产生的土壤。

（二）进口数据客观现实

进口数据以企业实际进口货物总额（即报关单上金额）计算，如果是加工贸易核销手册，则以整本手册实际进口（包括转厂等）单证金额总额为准，多种币制折算成单一币种，折算汇率以原进口单当月汇率计算，直接告知海关统计总金额。现实中，多重因素凸显出口数据造假，而进口数据相比出口数据，没有造假的现实基础和因素，因此，通过看进口数据来判断贸易情况相对更加客观、真实（表6、表7）。

表6　　2008～2013年长沙对外贸易进出口总值统计表

项目	2008年	2009年	2010年	2011年	2012年	2013年
进出口总额（万美元）	516781	411800	608928	748934	869252	989253
出口（万美元）	347939	244587	355144	408396	517382	616591
进口（万美元）	168842	167213	253784	340538	351870	372662

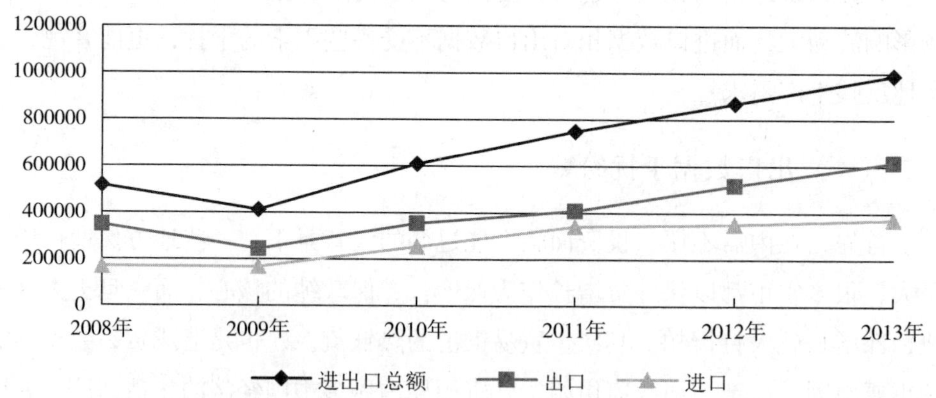

表7　　　　　　　2013年长沙外贸进出口逐月累计变动情况

指标名称	1月		2月		3月		4月		5月		6月	
	绝对数（万美元）	同比增长（%）	绝对数（万美元）	同比增长（%）	绝对数（万美元）	同比增长（%）	绝对数（万美元）	同比增长（%）	绝对数（万美元）	同比增长（%）	绝对数（万美元）	同比增长（%）
进出口总计			126533	6.4	181840	−4.0	252531	−0.5	347302	7.2	412526	4.7
1. 出口			65950	14.3	99192	8.7	144493	13.5	191221	14.7	234390	12.5
2. 进口			60583	−1.0	82648	−15.9	108038	−14.5	156081	−0.8	178136	−4.1
	7月		8月		9月		10月		11月		12月	
进出口总计	528555	13.9	620969	15.8	700179	14.8	772571	15.2	885832	20.0	989253	13.8
1. 出口	321466	29.6	386717	34.6	434916	30.1	485015	30.3	557476	34.5	616591	19.2
2. 进口	207089	−4.1	234252	−5.9	265263	−3.8	287556	−3.6	328356	1.4	372662	5.9

① （此文发表于《中国发展观察》2015年第6期，发表时标题为：《城市经济形势分析须关注的几个微观数据——以湖南省长沙市为例》）。

对建立“风向标”统计分析的思考

为适应经济发展新常态，动态监测经济发展变化，精准提供社会需要信息，切实提升统计服务能力，有必要加大改革创新力度，研究建立“风向标”统计分析方法，避免数据应用的片面性，制定一套风向标分析体系，利用现有统计数据，结合宏观经济环境、生产要素供应、发展要素、经营质量效益、重点企业运行等五类统计风向标进行分析，增强统计分析的客观性和准确性，实现统计工作从“管数”向“管事”、从“出数”向“出谋”转变。

“风向标”统计分析的基本内涵

“风向标”分析是以常规统计数据分析为基础，结合宏观经济环境风向标、生产要素供应风向标、发展要素风向标、经营质量效益风向标、重点企业运行风向标，拓展统计分析的深度、广度和维度。

1. 宏观经济环境风向标

经济发展离不开宏观大环境，分析区域经济发展，应该关注国际经济，如美国、欧盟、日本主要经济体的发展情况，结合国内经济发展形势，透过全国制造业采购经理指数、非制造业商务活动指数、全国进出口、财政等指标，以大观小，客观分析宏观环境对地域经济的影响。

2. 生产要素供应风向标

生产要素供应是推动经济发展的决定力量，全面解读经济发展，要分析用电量、货运量、金融市场、邮政电信、进出口、市场价格、投资项目供地量等生产要素供应情况，延伸统计关联数据，对经济发展进行因果探究、客观评价和分析预判。

3. 发展要素风向标

既要分析当前经济情况，又要把握本地经济发展的潜力，从分析固定资产投资总量和结构、项目达产达效、企业规模扩张等指标入手，为经济结构调整、转型升级和城镇化建设提供数据支撑。

4. 经营质量效益风向标

在当前全面注重提质、增效、升级的大环境下，要把提高经营质量和效益作为经济发展的立足点和落脚点，全面分析地方财政、税收、利润、资金周转、民营经济、节能降耗、设备开工率、新产品开发等中微观指标，为提质增效献计献策。

5. 重点企业运行风向标

重点企业是经济的中流砥柱，左右其发展形势。特别是在当前国企呈现守势和退势的大环境下，可以剖开整体，选择有代表性的重点工业、建筑业、商贸、房地产开发企业，集合生产、销售、效益多个维度，如同央视50指数、湖南卫视“马栏山指数”等，立体分析，把脉经济主体走势。

深刻把握“风向标”统计分析的现实意义

当前经济成分多元化，统计对象复杂化，信息需求社会化，风向标统计分析方法的建立，实现了不同领域、不同层面、不同主体的信息共享和决策需求。

1. 适应经济发展的时代需求

风向标统计分析方法主要是精准反映社会需要的信息，切实发挥统计信息、咨询和监督的职能，实现经济发展的动态监测。

2. 提升统计服务能力

风向标统计分析方法主要是围绕服务经济社会发展中心工作，为调查对象、统计用户、统计基层提供优质服务。

3. 发挥大数据的集合优势

风向标统计分析方法立足于现有的统计数据，辅之以专项调查和政府部门间的协同合作，充分发挥大数据的集合优势，提高政府的决策依据和决策质量。

4. 实现中微观结合，立体监测

风向标统计分析方法兼顾了宏观、中观和微观经济发展状况，突出经济发展的整体与局部、连续与阶段的立体监测。

“风向标”分析资源的获取途径

风向标分析涉及的数据种类多，信息含量大，资料来源广。它既有政府综合统计数据，又涉及部门和重点企业情况，因此，需要有效的组织方式实现数据采集、情况沟通和信息共享。“风向标”分析资源获取途径主要是三个方面。

1. 基层信息的搜集捕捉

统计工作，根在基层。基层是统计调查工作的落脚点，是经济发展和社会生活中各种矛盾、现象、问题的聚集点，是大量、直观、鲜活、真实信息的“多发地带”。为了及时掌握基层第一手信息，“接地气”，可以建立重点企业统计巡查制度和基层统计信息联络员体系，选聘重点企业管理人员作为“经济运行顾问”，把脉经济运行态势，为经济发展献言献策，以增强数据说服力，提升决策服务力，打造统计公信力。

2. 部门资源的开放共享

为充实风向标统计分析，可以建立部门会商机制，实现政府部门间信息资源以及数据应用的精确开放、透明共享。与部门以及部分重点企业联合，形成固定机制、固定人员、固定网络的会商平台，就部门统计建设、行业指标完成情况、未来走势判断、工作衔接及意见建议召开季度部门联席会，对部门数据指标的构成及成因进行相关分析，对其影响度及发展方向进行预测评估，形成政府综合统计与部门统计的协调整合，实现以开放共享部门数据推动大数据应用，以大数据应用促进产业转型升级和经济发展创新。

3. 统计数据的整合应用

为充分发挥大数据时代的集合优势，可以整合各项统计调查数据，构建涵盖各专业数据的综合信息库，实现管理、发布、查询、应用于一体，消除统计信息孤岛。通过召开季度例会，互相交流经济运行情况，图表式分析重点企业、重点项目进度情况，全面集合数据资源，实现指标间的相互关联，数据间的相互支撑，提高统计分析的科学性、客观性、全面性和权威性。

附表

长沙市2016年季度GDP核算“风向标”指标

<table>
<tr><th></th><th>相关指标</th><th>数据采集时段</th></tr>
<tr><td>1</td><td>农业增加值和速度</td><td>当期</td></tr>
<tr><td>2</td><td>建筑业增加值和速度</td><td>当期</td></tr>
<tr><td>3</td><td>规模以上工业增加值增长速度(不变价)</td><td>当期</td></tr>
<tr><td>4</td><td>批发业商品销售额增长速度(现价)</td><td>当期</td></tr>
<tr><td>5</td><td>零售业商品销售额增长速度(现价)</td><td>当期</td></tr>
<tr><td>6</td><td>住宿业营业额增长速度(现价)</td><td>当期</td></tr>
<tr><td>7</td><td>餐饮业营业额发展速度（现价）</td><td>当期</td></tr>
<tr><td>8</td><td>商品房(含期房、现房)销售面积增长速度</td><td>当期</td></tr>
<tr><td>9</td><td>规模以下工业增加值增长速度(不变价)</td><td>当期</td></tr>
<tr><td>10</td><td>财政预算支出中八项支出（现价）</td><td rowspan="5">第四季度核算取用1～11月数据</td></tr>
<tr><td>11</td><td>铁路运输总周转量增长速度</td></tr>
<tr><td>12</td><td>公路运输总周转量增长速度</td></tr>
<tr><td>13</td><td>水上运输总周转量增长速度</td></tr>
<tr><td>14</td><td>航空运输总周转量增长速度</td></tr>
<tr><td>15</td><td>邮政业务总量增长速度</td><td rowspan="6">第一至第四季度核算分别采用1～2月、1～5月、1～8月和1～11月数据</td></tr>
<tr><td>16</td><td>电信业务总量增长速度</td></tr>
<tr><td>17</td><td>金融机构人民币存贷款余额增长速度(现价)</td></tr>
<tr><td>18</td><td>股票成交额增长速度(现价)</td></tr>
<tr><td>19</td><td>保费收入增长速度(现价)</td></tr>
<tr><td>20</td><td>其他营利性服务业(含L、O、R门类)营业收入增长速度(现价)</td></tr>
<tr><td>21</td><td>房地产业单位从业人员增长速度</td><td rowspan="2">第四季度核算采用前三季度数据</td></tr>
<tr><td>22</td><td>房地产业单位从业人员劳动报酬增长速度(现价)</td></tr>
<tr><td>23</td><td>价格指数采用累计指数</td><td>当期</td></tr>
<tr><td>另：</td><td>新建住宅销售（累计）价格指数</td><td rowspan="2">第一至第四季度核算分别采用1～2月、1～5月、1～8月和1～11月数据</td></tr>
<tr><td></td><td>二手住宅销售（累计）价格指数</td></tr>
</table>

数据分析的八个步骤与七种思路

在经济运行过程中，数据分析具有极其重要的战略意义，是经济结构优化和经济发展决策的核心大脑。因此，做好数据分析是经济运行中十分重要的环节之一。

那么如何做好经济运行的数据分析呢？以下梳理出了数据分析的八步流程，以及常见的七种分析思路。新手在启动数据分析前，最好跟主管领导或数据经验丰富的同事确认每一步的分析流程。

一、关于数据分析八步骤

（一）弄清楚为什么分析

首先，弄清楚此次数据分析的目的，为什么分析？比如，每月的工业经济运行数据分析，为什么要做这个分析？所有的分析都要围绕这个“为什么”来回答，避免分析不符合工作、发展目标。

（二）明晰分析目标是谁

分析目标是谁？要牢记清楚的分析因子，如财政收支分析，统计维度是税收收入，还是非税收入，还是政府债务，还是财政支出。避免把非税收入当税收收入计算，把政府债务当财政支出计算。

（三）想要达到什么效果

通过分析各个维度的数据，找到真正的问题。例如企业研发经费的分析，全面下滑，或维持现状不动，都不符合利益最大化原则。通过分析，找到真正的问题根源，发现企业精细化运营已经非常必要了。

（四）需要哪些数据作分析

经济运行的数据，茫茫大海，数据繁多，用“海”来形容一点都不为过。如网络物流平台运营分析需要哪些源数据？付费总额？付费人数？新、老用户维度？付费次数？转移人数？留存率？用户特征？画像？先整理好思路，列一个表，避免数据部门同事今天跑一个数据，明天又跑一个数据，数据部门同事也会比较烦。

（五）如何采集需分析的数据

直接数据库调取？或者交给程序员导出？ 自己写SQL？经济形势分析的同事不妨都学一下SQL，自力更生。

（六）如何整理需分析的数据

整理数据是门技术活。不得不承认EXCEL是个强大工具，数据透视表的熟练使用和技巧，作为数据分析必不可少，各种函数和公式也需要略懂一二，避免低效率的数据整理。SPSS也是一个非常优秀的数据处理工具，特别在数据量比较大，而且当字段有特殊字符的时候，比较好用。

（七）如何分析采集的数据

整理完毕，如何对数据进行综合分析、相关分析？这个是很考验逻辑思维和推理能力的。同时分析推理过程中，需要对数据了如指掌，对产业很了解，对数据来源渠道很熟悉。看似一个简单的数据分析，其实是各方面能力的体现。首先是技术层面，对数据来源的抽取—转换—载入原理的理解和认识；其次是全局观，对季节性等层面的业务有清晰的了解；最后是专业度，对业务的流程、设计等了如指掌。练就数据分析的“洪荒之力”并非一朝一夕之功，而是在实践中不断成长和升华。一个好的数据分析应该以价值为导向，放眼全局、立足业务，用数据来驱动增长。新手比较容易聚焦在某个点上转圈走不出来。

（八）如何展现分析成果

数据可视化也是一个学问。如何用合适的图表表现？每一种图表的寓意是什么？下面列举一下常用的8个图表。

（1）折线图：适用于随时间而变化的连续数据，例如随时间收入变化，及增长率变化。

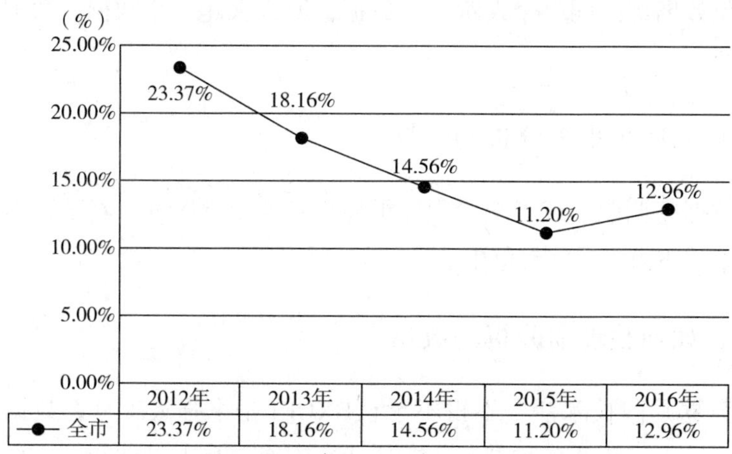

	2012年	2013年	2014年	2015年	2016年
—●— 全市	23.37%	18.16%	14.56%	11.20%	12.96%

长沙市试点公立医院近年来医疗总费用增长变化情况

（2）柱型图：主要用来表示各组数据之间的差别。主要有二维柱形图、三维柱形图、圆柱图、圆锥图和棱锥图。如支付宝与微信覆盖率差别。

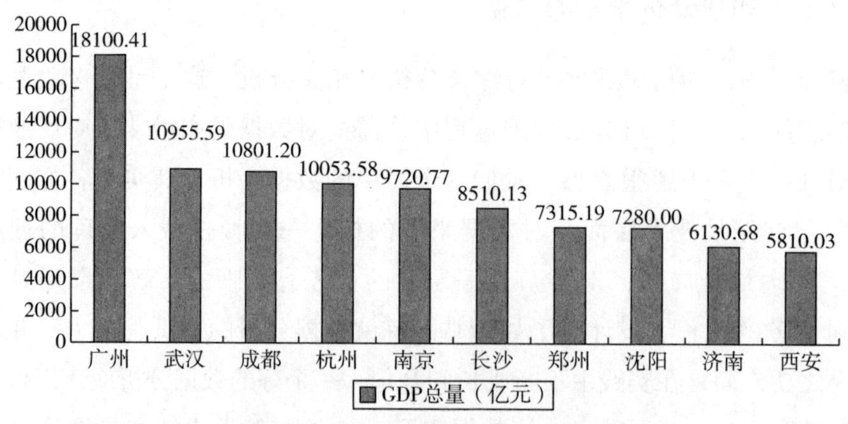

2015年全国省会城市经济总量前十排名图

（3）堆积柱形图：堆积柱形图不仅可以显示同类别中每种数据的大小，还可以显示总量的大小。例如我们需要表示各个支付方式的人数及总人数时。

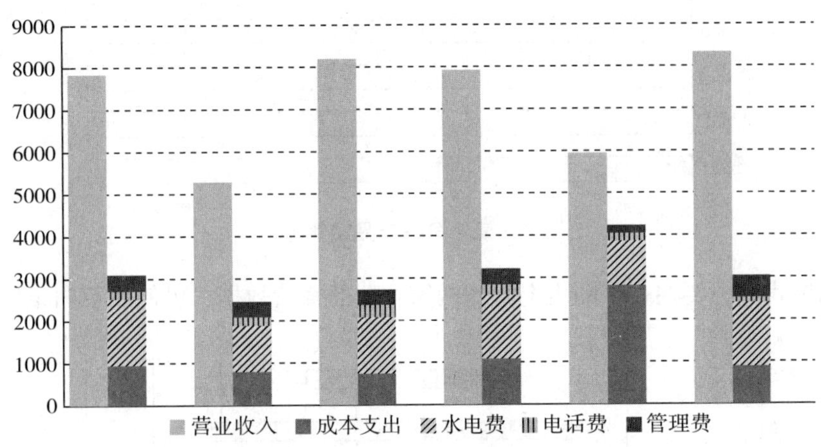

2017年上半年某公司日常收支数据统计表

（4）线柱图：这种类型的图不仅可以显示出同类别的比较，还可以显示出趋势情况。

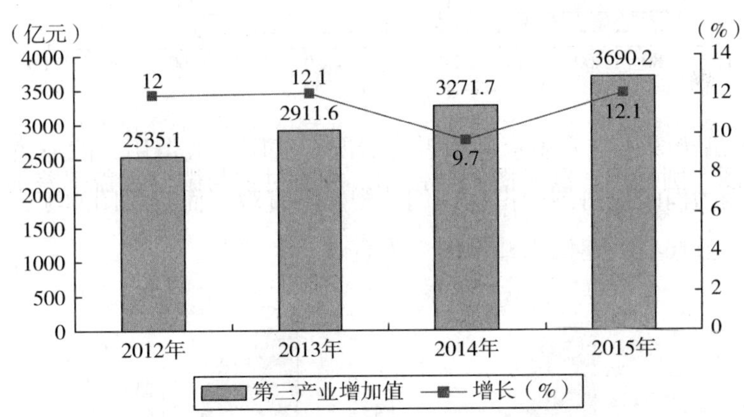

2012～2015年长沙市第三产业增加值统计图

（5）条形图：类似于横向的柱状图，和柱状图的展示效果相同，主要用于各项类的比较。

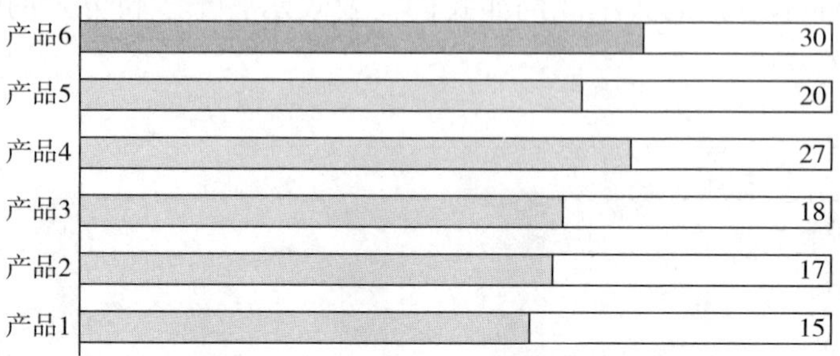

某公司各产品销售额

如果我们想要在一张图表上对比两家企业的经营数据，可使用双向条形图。

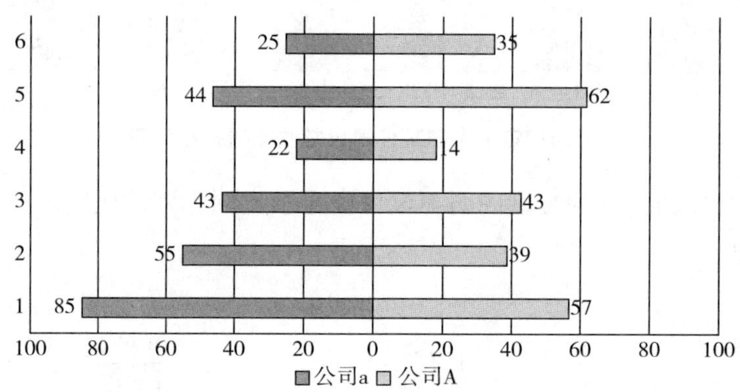

（6）饼状图：主要显示各项占比情况。饼图一般慎用，除非占比区别非常明显。因为肉眼对饼图的占比比例分辨并不直观；而且饼图的项，一般不要超过6项。超过6项后建议用柱形图更为直观。

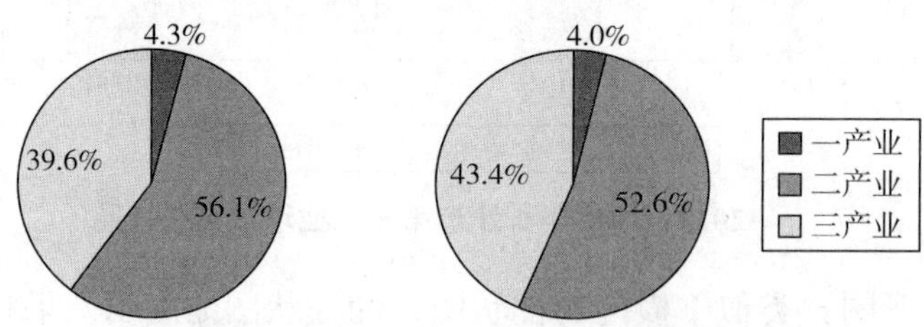

2012～2015年长沙市三次产业结构发展对比

（7）复合饼图：一般是对某项比例的下一步分析。

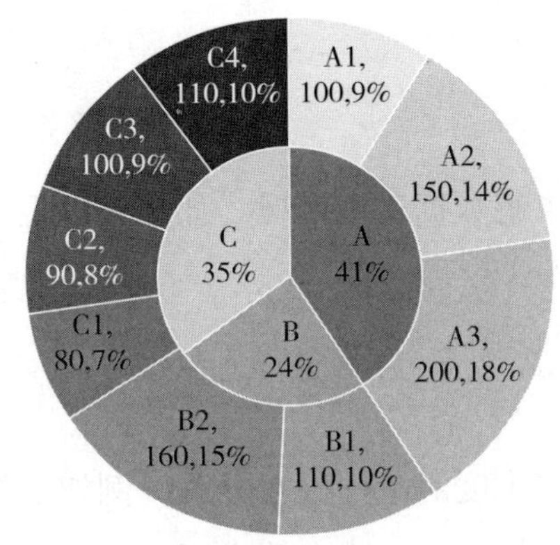

2017年某公司三大产品销售额基本结构图

（8）母子饼图：可直观地分析项目的组成结构与比重。例如某数据占比之中，再按百分比来进行划分形成一个子饼图等。

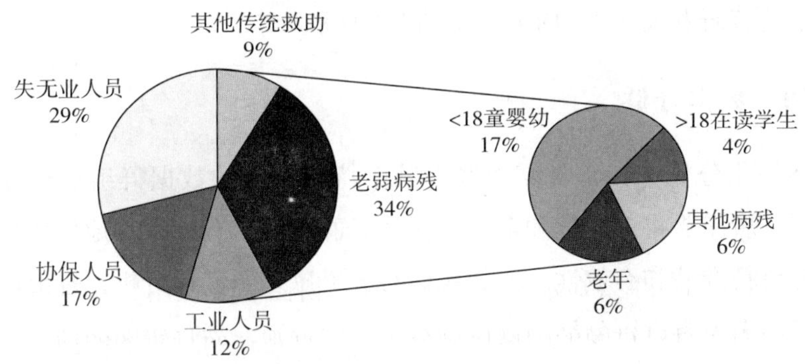

2017年某市低收入家庭基本结构

图表不必太花哨，一个图表说明一个问题就好。用友好的可视化的图表，节省阅读者的时间，也是对阅读者的尊重。

有一些数据，辛辛苦苦做了整理和分析，最后发现对结论输出是没有关系的，虽然做了很多工作，但不能为了体现工作量而堆砌数据。

在展现的过程中，请注明数据的来源、时间、指标说明、公式算法，不仅体现数据分析的专业度，更是对报告阅读者的尊重。

二、关于数据分析的七种思路

（一）简单趋势

通过实时访问趋势了解数据进度情况。如规模以上工业增加值月增量及月增速等。

（二）多维分解

根据分析需要，从多维度对指标进行分解。例如农村居民收入，既可以用人均纯收入，也可以用人均可支配收入等维度。

（三）转化漏斗

按照已知的转化路径，借助漏斗模型分析总体和每一步的转化情况。常见的转化情境有研发投入占GDP比重，即R&D等。

（四）数据分群

在精细化分析中，常常需要对有某个特定行为的数据群组进行分析和比对；数据分析需要将多维度和多指标作为分群条件，有针对性地优化数据，提升数据分析精准性和有效性。例如我们对进出口总额进行分析，进出口包括进口和出口，需要再进行分群的分析。

（五）细查路径

数据分析可以观察用户的行为轨迹，探索用户与产品的交互过程；进而从中发现问题、激发灵感亦或验证假设。例如，我们对京港澳高速湘潭市易俗河服务区的柴油加油量进行分析，非常有意思，因为与全国经济增速波动曲线惊人地“吻合”，因为京港澳高速是中国的交通“大动脉”，其柴油加油量反映货运量是经济“大血脉”的微观反映，而易俗河服务区是大货车集中休息、加油注水的重要节点。

（六）留存分析

留存分析是探索增长数据与历史数据之间的关联。一般我们讲的留存率，是指“新增增量”在一段时间内与历史同类数据的比较。通过分析不同增量的留存差异、历史同类数据的留存差异来找到经济发展的增长点。

（七）A/B 测试

A/B测试就是同时进行多个方案并行测试，但是每个方案仅有一个变量不同；然后以某种规则（例如数据指标等）优胜劣汰选择最优的方案。数据分析需要在这个过程中选择合理的分组样本、监测数据指标、事后数据分析和不同方案评估。

不单是经济运行的数据分析，其他的社会发展数据分析流程和思路也一样适用，只是经济运行数据相对其他数据而言，维度很多，以及组合的维度也非常多，因此就需要更清晰的思路和大局观，避免陷入到数据海洋中。

关于在长沙市国民经济和社会发展第十三个五年规划增加市民获得感评价指标的建议

2015年全国“两会”期间，习近平总书记强调，要“让人民群众有更多获得感”，迎来一片点赞。“获得感”强调一种实实在在的“得到”，相比人均GDP等数量指标，“获得感”更贴近民生，更反映民意。当前正值“十三五”规划谋篇布局之时，把“市民获得感评价指标”纳入规划，并建立相对应的具体指标体系，有利于增强规划的导向性、有效性和亲民性，使规划的指标更加直接、更具操作性、群众更易接受，使“十三五”规划成为市民容易看懂、感受实惠、能“接地气”的规划。

一、市民获得感评价指标的意义和原则

（一）有利于提升规划的直接性

获得感是市民的主观感受，当经济发展到一定程度之后，经济与获得感的关联度就会减弱。而获得感的高低，取决于多方面因素，构建市民获得感评价指标体系，就是围绕这些关键因素，对症下药，高度关注市民最需要解决的问题，想群众之所想，急群众之所急，多办顺民意、暖民心、惠民生的好事实事，把以人为本的理念更好落到实处。

（二）有利于提升规划的操作性

从直接或者间接影响市民获得感的问题来构建相关考核指标，将“获得感”具体化、指标化，将使“十三五”规划目标、安排部署举措更符合长沙实际，更富操作性、有效性。同时，按照市统计局2012年底的监测，在“全面建设小康社会统计监测”的23个评价指标中，长沙近2/3指标已达标，将“获得感”指标纳入后，与小康指标相衔接，既有利于指标的考核评价，又对长沙发展提出新的更高要求。

（三）有利于提升规划的亲民性

获得感指标可包含就业机会、生活便利程度、医疗保障、居住环境等不能直接被GDP等经济指标囊括的“软性”指标，将使规划更有“温度”、更人性化。指标体系设计使用人们常用的大众化语言和词汇，成为老百姓看得懂、易接受、得实惠的规划，方便群众监督，让老百姓给政府“打分”，使规划得到更好地执行，避免规划“纸上写写、墙上挂挂”。

二、市民获得感评价指标的基本构想

（一）用“定性+定量”的方式度量市民获得感

市民获得感是全方位的，既包括市民衣、食、住、行等生活需要，也包括文化、娱乐、关爱、包容等精神需要，还包括自由、平等等政治需求。在结合当前市民最关心、关注的热点问题，参照国内外相关指标体系，以及“全面建设小康社会统计监测”等既有考核评价指标基础上，设立30个“定性”指标和54个“定量”指标，力求科学、客观、准确地反映市民获得感。“定性”指直接询问市民的主观感受“满意”还是“不满意”，即把人们的观点考虑进去，再评估市民获得感，同时适当增加“定性”指标的比重。“定量”指运用经济、人文、环境、交通等客观数据加权平均后测算，主要反映客观条件为市民生活提供的物质基础。此外，定性与定量还相互印证。

（二）设定长沙市民获得感评价的“定性”指标

市民的获得感应该由市民说了算，防止“数字达标”的“被获得”，避免陷入“政府自说自话，百姓无动于衷”的尴尬境地。“定性”指标的核算根据市民主观感受来确定，可分为“个人生活感受、社会环境感受、政府服务感受、生态环境感受”等4个类别，下分30个子项，由市民对工作、收入、教育、医疗、住房、出行、社保的满意程度，以及对政府服务态度、办事效率的满意程度等进行打分。具体评价时，可采取电话采访、网上问卷等方式进行信息收集（表1）。

表1　长沙市民获得感评价“定性”指标

分类	类别	很满意（0.8分）	满意（0.6分）	一般（0.4分）	不满意（0.2分）
个人生活感受	对自己工作的满意程度				
	对自己收入的满意程度				
	对孩子入学的满意程度				
	对社会保障的满意程度				
	对医疗服务的满意程度				
	对住房状况的满意程度				
	对交通出行的满意程度				
	对体育健身的满意程度				
	对信息服务的满意程度				
	对文化服务的满意程度				
	对未来预期（事业、生活）的满意程度				
社会环境感受	对创业环境的满意程度				
	对社会诚信度的满意程度				
	对消费环境的满意程度				
	对社会治安的满意程度				
	对食品、药品安全的满意程度				
	对社会分配公平的满意程度				
	对诉求表达渠道的满意程度				

续表

分类	类别	很满意（0.8分）	满意（0.6分）	一般（0.4分）	不满意（0.2分）
政府服务感受	对政府工作效率的满意程度				
	对政府服务态度的满意程度				
	对政务公开的满意程度				
	对政策公平的满意程度				
	对廉政建设的满意程度				
	对执法公正的满意程度				
	对社区（村）服务的满意程度				
生态环境感受	对饮用水质量的满意程度				
	对空气质量的满意程度				
	对卫生状况的满意程度				
	对绿化建设的满意程度				
	对噪音控制的满意程度				

（三）设定长沙市民获得感评价的“定量”指标

可将“定量”指标分为“就业和收入、教育和文化、医疗卫生和健康、社会保障、消费和住房、公用设施、社会安全、社会服务、权益保障、人居环境”10大类别，下分54个子项，既包括城乡居民人均可支配收入、城镇调查失业率等常规统计指标，也包括人均年度信息服务支出、城市内涝发生天数比例等与市民感受密切关联的新兴指标。同时，根据长沙9个区、县（市）的发展程度，分成市内五区和长沙县、望城区、浏阳市、宁乡县两个类别，按照不同权重系数进行评价，合理运用数据量化市民的获得感（表2）。

表2　　长沙市民获得感评价“定量”指标

一级指标	二级指标	编号	性质	备注
收入与支出	城乡居民人均可支配收入	1	正	
	农民人均可支配收入	2	正	
	人均储蓄存款余额	3	正	

续表

一级指标	二级指标	编号	性质	备注
收入与支出	家庭教育支出比重	4	正	家庭教育支出占家庭总支出的比重
	家庭文化支出比重	5	正	家庭文化支出占家庭总支出的比重
	人均年度网购支出	6	正	城镇居民每年人均网上购物的花费
	人均年度旅游支出	7	正	城镇居民每年人均用于旅游的花费
	人均年度信息服务支出	8	逆	城镇居民每年人均信息服务方面的花费
教育和文化	适龄儿童划片就近入学比率	9	正	教育部要求到2015年，19个大城市（不含长沙市）所有县（市、区）实行划片就近入学政策，100%的小学划片就近入学
	500米内有幼儿园达标率	10	正	参考《长春市幼儿园网点布局规划》幼儿园服务半径原则不超过500米
	每万人拥有公共文化设施面积	11	正	
医疗卫生和健康	每千人口医疗机构床位数	12	正	《医疗卫生服务体系规划纲要（2015-2020年）》提出2020年我国每千人口床位数达6张，首次对医疗机构床位规模提出量化指标
	每千人口养老机构床位数	13	正	
	医院挂号、收费、取药等服务窗口等候时间不超10分钟实现率	14	正	2011年卫生部“三好一满意”活动分解指标之一
	人均拥有体育场地设施面积	15	正	
	人均预期寿命	16	正	
	门诊病人次均医药费	17	逆	据卫生部数据，2009年我国门诊病人次均医药费154元，同比上涨5.1%
	住院病人人均医药费	18	逆	据卫生部数据，2009年我国住院病人人均医药费用5775.5元，同比上涨5.7%
就业与社会保障	外来务工人员工伤保险覆盖率	19	正	参加工伤保险的外来务工人员占本地区各用人单位稳定就业的外来务工人员之比
	居民基本养老保险参保覆盖率	20	正	
	城乡居民医保参保率	21	正	
	城镇调查失业率	22	逆	调查失业率由于样本科学，更能确保数据真实准确，有望进入国家“十三五”规划

续表

一级指标	二级指标	编号	性质	备注
消费和住房	每百户拥有家用汽车数	23	正	我国每百户家庭拥有25辆汽车
	人均住宅建筑面积	24	正	《中国经济体制改革报告2013》预计2020年我国城市人均住宅建筑面积将达35平方米
	住宅建筑光纤覆盖率	25	正	深圳启动“光网城市·智慧深圳”，2016年深圳住宅建筑的光纤覆盖率达90%以上
	房价收入比	26	逆	上海易居研究院2014年《全国35个城市房价收入比排行》，长沙房价收入比为5.1
	上网费占收入比率	27	逆	2007年世界银行指出，发达国家互联网使用价格不到收入水平1%，我国比例超10%
公用设施	农村自来水普及率	30	正	
	行政村公交车通达率	31	正	
	城镇天然气普及率	32	正	《全国城镇燃气发展“十二五”规划》：“十二五”末我国城市燃气普及率超94%，县城及小城镇燃气普及率65%以上
	公共设施重复建设率	33	逆	
	公共交通出行分担率	34	正	居民出行方式中选择公共交通（常规公交和轨道交通）的出行量占总出行量的比率
	新建和改建交通基础设施无障碍设施建设率	35	正	2015年交通部指出，在新改建交通基础设施时，努力做到无障碍设施建设率100%，使残障人士在各种运输方式间方便出行
	每万人拥有城乡社区服务设施数	36	正	
社会安全	食品药品抽检合格率	37	正	
	万台电梯事故死亡率	38	逆	2015年，广东省万台电梯事故死亡率为0.04，接近欧美发达国家的电梯安全水平
	亿元GDP生产安全事故死亡率	39	逆	2015年将宁夏亿元GDP生产安全事故死亡率列入国民经济和社会发展主要指标体系
	万人治安和刑事警情数	40	逆	
	吸毒人口比率	41	逆	

续表

一级指标	二级指标	编号	性质	备注
社会服务	每万人持证社工人数	42	正	
	困难群众救助覆盖率	43	正	
	信访案件按期办结率	44	正	
	每万人行政效能投诉量	45	逆	
权益保障	民生重大决策的民调率和听证率	46	正	
	行政复议案件按时办结率	47	正	
	村（居）务公开民主管理达标率	48	正	
生活环境	城市人均公园绿地面积	49	正	
	城市全年空气二级以上天数比例	50	正	
	城镇生活污水集中处理率	51	正	
	交通噪声测点数达标率	52	正	
	生活垃圾无害化处理率	53	正	
	城市内涝发生天数比例	54	逆	

三、市民获得感几个评价指标的举例说明

（一）“对自己收入的满意程度”

是“定性”指标之一，在影响市民获得感的诸多客观因素中，收入高低是最为重要的因素。同时大量研究表明，改革开放以后虽然城镇居民收入得到大幅提高，却有相当数量的城镇居民对自身收入满意度低，根源可能在于不同居民之间收入差距过大而不是自身收入水平。

（二）“对信息服务的满意程度”

是“定性”指标之一，当前已经进入“互联网+”时代， 信息服务是现代公共服务的重要内容之一，与市民的生产生活息息相关，信息服务的好坏，包括“网速快了没有、资费降了没有，公共场所WIFI覆盖范围大不大、是否安全”等都是市民高度关注的热点。

（三）“对政府服务态度的满意程度”

是“定性”指标之一，特别是政府服务市民的部门窗口的服务态度至关重要，如果工作人员办事不耐烦、简单粗暴冷漠，将一定程度上激化市民与政府的矛盾，同时还降低了政府的可信度和市民的获得感。

（四）“对未来预期（事业、生活）的满意程度”

是“定性”指标之一。按照诺贝尔奖经济学奖获得者萨缪尔森的观点，幸福=效用/期望，获得感类似于幸福感，其实际上是现实的生活状态与心理期望状态的一种比较，两者的落差越大，则获得感越差。因此，把对未来预期（事业、生活）的满意程度作为指标之一。

（五）“对噪音控制的满意程度”

是“定性”指标之一。据相关环境满意率调查，全国公众对“城市噪声”最不满，甚至高于对其他污染的不满程度，夜间货车、改装车、流动餐饮，白天车辆、建筑施工、广场舞等无处不在的噪音，让市民寝食难安。

（六）“居民家庭文化支出比重”

是“定量”指标之一。是指居民家庭用于文化、娱乐方面支出占家庭所有支出的比重，是反映市民消费结构变化的一个重要指标，体现了市民生活质量和生活方式的变化，很大程度上影响市民的获得感。

（七）“房价收入比”

是“定量”指标之一。指房屋总价（假定100平方米住宅）与居民家庭年收入的比值，来衡量房价是否处于居民收入能够支撑的合理水平，反映房价水平与居民的自住需求的匹配程度。即：某城市处于平均收入水平的居民家庭，不考虑其他支出，多少年可以买一套该城市平均水平的100平方米房子。

（八）“城镇天然气普及率”

是“定量”指标之一。目前我市正大力推行天然气分布式能源项目建设，同时按照《湖南省新型城镇化规划（2015—2020年）》，到2020年，要实现县县通天然气，城市燃气普及率达到95%，县城燃气普及率达到80%，将这一指标纳入，有利于提升市民生活质量。

（九）“公共交通出行分担率”

是“定量”指标之一。公共交通出行分担率简称公交分担率，指市民出行方式中选择公共交通（包括常规公交和轨道交通）的出行量占总出行量的比率。未来五年长沙将有更多的人流和车流，怎么让市民的出行更方便、更快捷、更舒心、更安全，是增强市民获得感的重要方面。

（十）“城市内涝发生天数比例”

是“定量”指标之一。“逢大雨必涝”是许多城市的通病，是测试一个城市基础建设“综合成熟度”的重要指标，是市民关注的焦点。“十三五”将是长沙城镇化的快速发展时期，加强地下管廊、管网建设，让城市既有“面子”，也有“里子”，同时减少重复建设、乱挖乱建、“马路拉链”。

四、纳入市民获得感评价指标的措施和建议

（一）建议将市民获得感纳入“十三五”规划

“增强市民获得感”评价指标纳入“十三五”规划，需提请政府常务会议审议，呈报市委常委会议审定，提交市人民代表大会通过，并明确“市民获得感”统计评估的牵头部门、考核办法、具体指标等相关事项。

（二）建议明确市民获得感核算的责任单位

建议由市统计局负责牵头“市民获得感”的评估和统计工作，市民获得感相关数据的获得也可以由市统计局负责，或者由市统计局委托大学或其他第三方机构，开展相应的调查和统计工作。

（三）建议建立符合长沙实际的市民获得感考核办法

由市发改委、市统计局牵头组织或委托专家、学者及专业机构等，就长沙获得感的评估和考核办法开展专题研究，并提出具体建议。

（四）建议确定市民获得感指标的基期数据

力争2015年底（“十二五”期末）前完成一次全市范围内“市民获得感”专门统计调查，为我市“十三五”规划设定“市民获得感”的规划目标提供必要的基期数据。

2015年7月31日

听课笔记：中国主要经济指标解读与趋势判断

第一部分　如何分析和判断经济大势

为了更好地分析中国经济形势，首先需要弄清以下几个问题：一是关注哪些主要经济指标？二是这些经济指标的内涵是什么？三是指标的生成过程？四是指标对中国经济的解释力如何？五是通过哪些途径获取指标或信息？六是使用指标时应注意的问题？

（一）分析、判断经济大势要从主要经济指标入手

经济形势错综复杂，影响因素众多。要想比较好地理清头绪，必须从经济指标入手。但经济指标数量众多，仅《中国统计年鉴》中发布的统计指标就有数千个，加上一些派生指标就有上万个，不可能一一掌握。因此，把握经济大势需要了解一些主要指标，关键是要关注一些实体经济的主要指标（经济增长速度、价格指数、进出口、失业率、人口等），主要货币指标（货币供给、利率等），主要财政指标（财政收支、财政赤字、税率等）和国际收支（外汇储备、汇率等）的主要指标（表1）。

表1　　主要经济指标

经济指标	指标内容
Ⅰ生产类	GDP、农业、工业、建筑业、第三产业增加值、存货
Ⅱ消费类	最终消费支出、社会消费品零售总额、居民消费等
Ⅲ投资类	固定资产投资总额 、利用外资等

续表

经济指标	指标内容
Ⅳ国际经济和贸易类	进出口、利用外资、汇率、外债、外汇储备等
Ⅴ价格类	价格指数：消费者价格指数、生产者价格指数、房地产价格指数
Ⅵ货币信贷等金融类	货币供应量、利率、各项存贷款、储蓄、汇率、外债、外汇储备、股票指数、债券、期货、保险等
Ⅶ劳动力市场类	就业率、失业等
Ⅷ政府财税类	财政收入与支出、财政赤字、债务收入与支出、债务余额等
Ⅸ收入类	城乡居民收入

（二）要善于使用主要经济指标

（1）掌握这些经济指标的内在含义。

（2）知道它的统计方法、统计频率。

（3）知道指标对经济的解释力如何。

（4）知道一个指标的变化对整个经济运行来说意味着什么。例如CPI。

（5）知道一个指标与整体经济的关系。即这一指标对整体经济而言是先行指标，还是同步指标，或是滞后指标。宏观波动往往呈周期性，由“萧条→复苏→高潮”的循环变动，不同经济指标的变动并不总是与总体波动步调一致。

先行指标：从时间上看，总比总体经济更早地发生转折，达到高峰或低谷的指标。如制造采购经理指数(PMI)、景气指数等。

同步指标：在时间、波动起伏与经济波动轨迹基本一致的指标。如GDP、工业增加值等。

滞后指标：总比总体经济更晚一些发生变化，达到高峰或低谷。如失业率。

在实际运用中，可以根据指标与总体经济状况变动的轨迹，来判断总体经济走向。先行指标可以对将来的经济状况提供预测性的信息，主要用于判断短期经济总体的景气状况。在宏观经济波动到达高峰或低谷前，先行出现高峰或低谷，可以利用它判断经济运行的可能走向，进行预警、监测，进而制定相应的应对措施。例如，当先行指数连续几个月下降时，就有理由预测整体经济可能出现下滑。主要有货币供应量、股票价格指数、消费品和原材料新订单等。

同步指标反映国民经济正在发生的情况，反映了当前的经济形势，但并不预示将来的变动。主要包括GDP、工业增加值等。滞后指标反映经济运行的转折点一般要比实际经济活动晚，用于确认经济周期波动的高峰或低谷是否已经过去。主要有银行短期商业贷款利率、工商业未还贷款、平均失业时间等。

（6）知道指标的主要特性。

注意价值量指标公布时的数据是按现价（即报告期或观察期的价格）计算的，还是按不变价（也称固定价格，即某个年份或时期的价格）计算的，这对计算增长速度十分重要。要区分一个指标是流量指标还是存量指标。在主要经济指标中，产值类、产量类、收入、需求和供给类指标一般都是流量，资产负债类指标、保有量、人口数等都是存量。要知道一个指标的稳定性如何，了解统计指标的变动情况，即是否会由于统计制度和方法变动或其他一些原因导致该指标大起大落。

（7）要看一组指标，而不仅仅看单个指标。

要找出一组主要指标去认真观察和分析，从相互联系和综合的角度去考察。例如，为判断宏观经济形势，既需要看经济增长率、通货膨胀率、失业率、国际收支平衡这四大指标，也要看库存变动、消费者信心指数、企业订单等指标，还要注意货币和财政方面的指标，以及金融市场的一些指标。当这些指标给出的数据或结果出现矛盾时，要进行更深层次的分析，要选择更有把握的指标作为判断依据。

（8）要注意与历史数据进行比较。

要注意与其历史数据进行纵向比较，才有可能看出公布数据的真实含义。特别是对一些变化比较大的数据，更应该多问几个为什么，千万不能拿来就用，听到、看到就信。

（9）要注意统计口径和统计方法有无变化。即当前公布的数据与过去公布的数据之间是否具有可比性。将两个使用不同方法统计的数据进行比较，或者是将统计的范围不一致的统计数据进行比较显然是不合适的，有时甚至会得出错误的结论。

（10）要把掌握的数据与观察到的现象进行验证。增长速度的比较要注意它是以什么时候的数据作为对比基期得出的增长速度。常用的增长速度主要有三个：同比增长速度，与上年同期相比的增长速度；环比增长速度，与上一期（如上个月、上个季度）相比的增长速度；定基比增长速度，与固定基期的值相比的增长速度。

用环比增长速度反映的指标变化时，时效性强，比较灵敏。不足之处是对一些随着季节变化而波动的指标，将当期的数据直接与上期相比时，无法避免季节因素的干扰，用其反映的增长速度波动非常大，有时甚至连指标变动的方向都会发生变化。

同比增长速度的弱点：反映出来的结果比较滞后。例如，拿今年5月的数据与去年5月的数据比，整整跨过了一年的时间。在这一年的时间里，很可能许多情况已经发生了变化。在使用同比增长速度时，常常提到一个经济或统计术语——“翘尾因素”，就比较形象地说明了同比增长速度的滞后性。

翘尾因素：同比价格指数，上年下半年或者年末的价格上涨对今年指数的影响。

（三）要勤思考、多实践

要持之以恒地对选中的指标进行跟踪观察，逐步积累对它们的认识，特别是提高这些指标对经济解释力的认识。

当看到公布的经济数据时，可以自己先做一个分析和判断，特别是要注意分析它对总体经济可能产生的影响，然后再去看专家们的分析，并把自己的分析和专家的分析进行比较，找出异同点，弄清为什么。

要记录下自己和专家对经济形势的看法，并在下次公布新数据时看看有无差距，找出差距的根源。这样，积累一段时间，一定会使自己成为经济方面的行家。

要借用多渠道获取多种信息（网络、各种年鉴、分析报告等）。

要注意运用新的方法处理信息（如数学模型、回归分析等）。

应多少掌握一点观察、分析和理解它的工具，并通过不断地实践和积累，逐步熟悉、理解，让它为我所用。

2017年国家统计局主要统计信息发布日程表

序号	内容	1月	2月	3月	4月	5月	6月	7月	8月	9月	10月	11月	12月
1	国民经济运行情况新闻发布会	20/五 10:00	……	14/二 10:00	17/一 10:00	15/一 10:00	14/三 10:00	17/一 10:00	14/一 10:00	14/四 10:00	19/四 10:00	14/二 10:00	14/四 10:00
2	2016年国民经济和社会发展统计公报	……	28/二 9:30	……	……	……	……	……	……	……	……	……	……
3	季度主要行业增加值初步核算报告	21/六 9:30	……	……	18/二 9:30	……	……	18/二 9:30	……	……	20/五 9:30	……	……
4	中国制造业采购经理指数月度报告	1/日 9:00	1/三 9:00	1/三 31/五 9:00	30/日 9:00	31/三 9:00	30/五 9:00	31/一 9:00	31/四 9:00	30/六 9:00	31/二 9:00	30/四 9:00	31/日 9:00
5	中国非制造业商务活动指数月度报告	1/日 9:00	1/三 9:00	1/三 31/五 9:00	30/日 9:00	31/三 9:00	30/五 9:00	31/一 9:00	31/四 9:00	30/六 9:00	31/二 9:00	30/四 9:00	31/日 9:00
6	居民消费价格指数月度报告	10/二 9:30	14/二 9:30	9/四 9:30	12/三 9:30	10/三 9:30	9/五 9:30	10/一 9:30	9/三 9:30	9/六 9:30	16/一 9:30	9/四 9:30	9/六 9:30
7	工业生产者价格指数月度报告	10/二 9:30	14/二 9:30	9/四 9:30	12/三 9:30	10/三 9:30	9/五 9:30	10/一 9:30	9/三 9:30	9/六 9:30	16/一 9:30	9/四 9:30	9/六 9:30
8	规模以上工业生产月度报告	20/五 10:00	……	14/二 10:00	17/一 10:00	15/一 10:00	14/三 10:00	17/一 10:00	14/一 10:00	14/四 10:00	19/四 10:00	14/二 10:00	14/四 10:00
9	固定资产投资（不含农户）月度报告	20/五 10:00	……	14/二 10:00	17/一 10:00	15/一 10:00	14/三 10:00	17/一 10:00	14/一 10:00	14/四 10:00	19/四 10:00	14/二 10:00	14/四 10:00
10	民间固定资产投资月度报告	20/五 10:00	……	14/二 10:00	17/一 10:00	15/一 10:00	14/三 10:00	17/一 10:00	14/一 10:00	14/四 10:00	19/四 10:00	14/二 10:00	14/四 10:00
11	房地产开发和销售情况月度报告	20/五 10:00	……	14/二 10:00	17/一 10:00	15/一 10:00	14/三 10:00	17/一 10:00	14/一 10:00	14/四 10:00	19/四 10:00	14/二 10:00	14/四 10:00
12	社会消费品零售总额月度报告	20/五 10:00	……	14/二 10:00	17/一 10:00	15/一 10:00	14/三 10:00	17/一 10:00	14/一 10:00	14/四 10:00	19/四 10:00	14/二 10:00	14/四 10:00
13	全国居民收支情况季度报告	……	……	……	17/一 10:00	……	……	17/一 10:00	……	……	19/四 10:00	……	……
14	70个大中城市住宅销售价格月度报告	18/三 9:30	22/三 9:30	18/六 9:30	18/二 9:30	18/四 9:30	19/一 9:30	18/二 9:30	18/五 9:30	18/一 9:30	23/一 9:30	18/六 9:30	18/一 9:30
15	工业经济效益月度报告	26/四 9:30	……	27/一 9:30	27/四 9:30	27/六 9:30	27/二 9:30	27/四 9:30	27/日 9:30	27/三 9:30	27/五 9:30	27/一 9:30	27/三 9:30

续表

序号	内容	1月	2月	3月	4月	5月	6月	7月	8月	9月	10月	11月	12月
16	规模以上文化及相关产业生产经营季度报告	……	6/一 9:30	……	28/五 9:30	……	……	28/五 9:30	……	……	30/一 9:30	……	……

注：

1. 本表公布的发布内容一般为指标上月、上季或累计数据，发布日期为初步计划，届时可能有所调整。

2. 1月、4月、7月、10月分别召开年度、季度国民经济运行情况新闻发布会，国内生产总值、农业生产、工业生产、固定资产投资、民间固定资产投资、房地产开发投资和销售、社会消费品零售总额、城乡居民收支等指标数据将在发布会上一并公布。在发布国民经济运行情况新闻发布稿的同时，分别发布工业生产、固定资产投资、民间固定资产投资、房地产开发投资和销售、社会消费品零售总额2016年12月及2017年3月、6月、9月当月或累计数据情况新闻稿。

3. 3月、5月、6月、8月、9月、11月和12月份举办月度国民经济运行情况新闻发布会，工业生产、固定资产投资、民间固定资产投资、房地产开发投资和销售、社会消费品零售总额等指标数据将在发布会上一并公布。在发布国民经济运行情况新闻发布稿的同时，分别发布工业生产、固定资产投资、民间固定资产投资、房地产开发投资和销售、社会消费品零售总额当月或累计数据情况新闻稿。

4. 根据统计报表制度，2月份不发布1月份规模以上工业生产、固定资产投资、民间固定资产投资、房地产开发投资和销售、社会消费品零售总额和工业经济效益数据。

5. 50个城市主要食品平均价格数据、流通领域重要生产资料市场价格数据原则上于每月4日、14日、24日9：30时发布，遇周末或节假日顺延到下一工作日，其中1月21～30日数据因30日（大年初三）采价问题取消发布；1月5日、5月5日、10月10日上午9:30发布上一期旬报。

6. 2月6日发布2016年规模以上文化及相关产业生产经营报告。

7. 自3月份起，各月中国制造业采购经理指数和非制造业商务活动指数月度报告比2016年相应提前1天，即在当月最末一天发布。

8. 2015年国内生产总值（GDP）最终核实数公告的预计发布时间为1月。

9. 2016年农民工调查监测报告的预计发布时间为4月。

10. 2016年城镇非私营单位就业人员年平均工资、城镇私营单位就业人员年平均工资、联网直报平台调查单位就业人员年平均工资预计发布时间为5月。

11. 夏粮产量、早稻产量和全年粮食产量分别于7月中旬、8月底和12月初发布。

12. 2016年全国文化及相关产业增加值数据预计发布时间为8月；2016年全国旅游及相关产业增加值数据的预计发布时间为12月。

13. 2016年科技经费投入统计公报的预计发布时间为11月。

14. 国家统计数据库（http://data.stats.gov.cn/）于数据发布后更新主要指标数据，3个工作日内更新全部指标数据；年度数据分3次更新主要指标数据，在《2016年国民经济和社会发展统计公报》发布和《中国统计摘要2017》出版5个工作日内分别更新主要数据，在《中国统计年鉴2017》出版后更新快速查询主要数据，3个月后更新全部数据。

15. 国家统计局官方微博@中国统计，微信公众号“统计微讯”，移动应用“数据中国”于数据发布后及时公布新闻稿有关内容，欢迎关注使用；二维码扫描网址：http://www.stats.gov.cn/tjfw/tjyd/。

第二部分　主要经济指标解读

了解或掌握一些主要经济指标的含义、计算方法及相互关系很有必要。要客观分析指标与社会经济生活的联系。正确运用指标分析社会经济现象。力争成为一名经济分析专家。

（一）生产类

1. 生产类——国内生产总值 GDP

统计频率：季度及年度。

统计及发布人：国家统计局。

发布日期：一、二、三季度为季后月份的20日左右，年度数据为年后的2月底。

发布渠道：国家统计局网站www.stats.gov.cn；月、季度新闻发布会、《中国经济景气月报》。

特点：反映一个国家或地区经济的总规模，在众多经济指标中居于中心地位，是反映经济运行状况最重要的核心指标；GDP、人均GDP可以用来衡量国家或地区之间的经济实力和富裕程度。

GDP是按市场价格计算的一个国家（或地区）所有常住单位在一定时期内生产活动的最终成果。

（1）核算主体。

第一，GDP以我国所有常住单位构成的经济总体作为核算主体。

第二，常住单位包括具有法人资格的企业和行政事业单位，也包括住户。

（2）核算范围。

第一，生产范围。

一是所有货物的生产。

二是全部对外提供的服务的生产。

第二，最终消费和资本形成总额的范围。

一是最终消费的范围与生产的范围一致。

二是资本形成总额包括固定资本形成总额和存货增加。

（3）核算方法。

第一，生产法。从生产的角度衡量核算单位在核算期内新创造价值的一种计算方法。即从生产的全部货物和服务总产品的价值中，扣除生产过程中投入的中间产品的价值，得到增加价值。

计算公式为：增加值=总产出-中间投入

第二，收入法。从生产过程创造收入的角度，根据生产要素在生产过程中应得的收入份额反映最终成果的一种计算方法。增加值由劳动者报酬、生产税净额、固定资产折旧和营业盈余四部分组成。

计算公式为：增加值=劳动者报酬+固定资产折旧+生产税净额+营业盈余

第三，支出法。从产品最终使用的角度衡量核算期内新生产的货物和服务的最终去向的一种计算方法。最终使用包括最终消费、资本形成总额、货物和服务的净出口三项内容。

计算公式为：国内生产总值=最终消费+资本形成总额+净出口

国内生产总值总表

生产	金额	使用	金额
一、生产法国内生产总值 （一）总产出 （二）中间投入（-） 二、收入法国内生产总值 （一）劳动者报酬 （二）生产税净额 生产税生产补贴占（-） （三）固定资产折旧 （四）营业盈余		一、支出法国内生产总值 （一）最终消费 居民消费 农村居民消费 城镇居民消费 政府消费 （二）资本形成总额 固定资本形成总额 存货增加 （三）净出口 出口 进口（-） 二、统计误差	

表内平衡关系：

生产法GDP=总产出-中间投入

收入法GDP=劳动者报酬+固定资产+生产税净额+营业盈余

支出法GDP=最终消费+资本形成总额+净出口

生产法GDP=收入法GDP=支出法GDP+统计误差

（4）GDP每年要调整3次。

根据不同时间上获取核算GDP基础数据的状况，同一个年度GDP要核算三次。依据进度统计资料核算，形成GDP的初步核算数，通常在次年1月底前发布。主要依据专业统计年报资料核算，形成GDP的初步核实数，这是年度GDP的第一次修订数，于次年9月在《中国统计年鉴》上公布。主要依据专业统计年报和部门会计、财政决算等资料核算，形成GDP的最终核实数，这是年度GDP的第二次修订数，于隔年5月和9月在《中国统计摘要》《中国统计年鉴》上公布。每当年度GDP修订后，要同步修订同一年的各季度GDP数，即对季度GDP做基准化处理。因此，同一个季度的GDP也至少要算三次，第一个是初步核算数，第二个是初步核实数，第三个是最终核实数。

GDP基本反映实际。我国核算GDP的口径范围、计算方法都是按照国际统一标准，与其他国家可比。GDP的一些具体核算方法在年度之间基本上是稳定的，资料来源也基本稳定。GDP的变动趋势和那些与它相关度较高的统计指标是基本一致的。与GDP相关度较高的统计指标有：税收、银行信贷、用电量、运输量、进出口等。从变动趋势看，它们之间有着较好的一致性。

（5）GDP的四大作用。

GDP是反映国民经济发展变化情况的重要工具，有四大作用。

第一，反映国民经济发展变化情况的重要工具：经济增长；经济规模；人均经济发展水平；经济结构，包括产业结构、需求结构和地区结构；价格总水平的变化，即通货膨胀和紧缩情况。

第二，GDP是制定经济发展战略和经济政策的重要依据：制定经济发展战略；制定规划目标；制定宏观经济政策（包括财政政策、货币政策和产业政策等）。

第三，检验经济政策科学性和有效性的重要手段：在经济衰退时，有关刺激性政策是否有效地抑制了衰退，促进了经济复苏；在经济过热时，有关紧缩性政策是否有效地抑制了经济过热，拉动经济回归到正常水平；在经济结构不合理时，有关经济结构调整政策是否发挥了预期的作用。

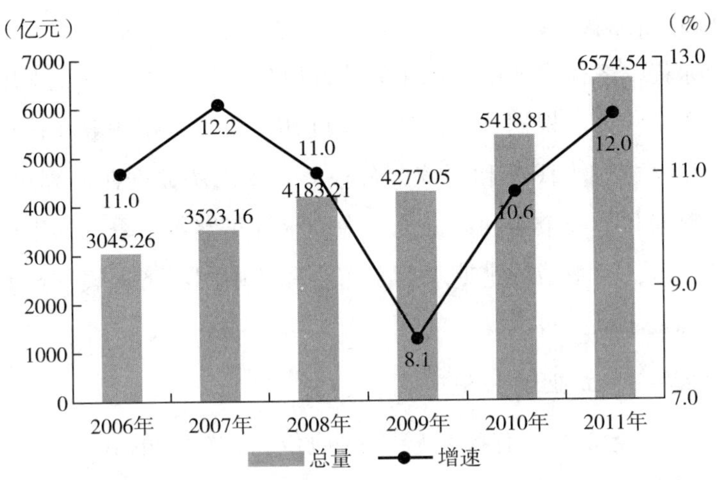

地区生产总值及增速

第四，GDP是对外交往的重要指标：联合国等国际组织确定成员国承担国际义务的重要依据之一；世界银行等国际机构确定成员国享受优惠待遇的重要依据之一；国际货币基金组织等国际机构确定成员国发言权的重要依据之一。2002年4月15日，中国正式加入IMF的数据公布通用系统（GDDS），成为GDDS工作办公室下设办事机构的所在单位和中国GDDS工作相关部门之一，国家统计局积极参与了此项工作，在统计数据公布、统计制度改革方向等方面实现了透明化和国际化。

（6）GDP的局限性。

不能反映或衡量资源环境的变化。实际上，中国经济在保持20多年快速发展的同时，也确实伴生了某些地区环境状况的恶化。不能全面地反映经济发展、社会进步和人民生活水平。GDP的局限性需要反映相应情况的指标相互补充。 由于GDP实行分级核算，导致地区与全国存在一定差距，实行分级核算的国家都有这个问题。（2009年全国有28个地区增幅高于全国平均数8.7%）GDP核算还不能满足社会各界的需求。主要是缺乏分季度的支出法GDP核算数据，现有的季度生产法GDP核算数据实际上是按季累计的，也没有进行季节调整。核算服务方面的统计资料来源还不尽完善，季度核算基础比较薄弱。

（7）GDP指标获取途径。

GDP指标获取途径目前中国GDP的统计以生产法为主，年度支出法核算也同时进行，作为验证的根据，生产法的年度初步测算数据一般在核算年度后两个月公布，见《中国人民共和国统计公报》，支出法数据在核算年度8个月后公布，历史数据和上一个年度数据见《中国统计年鉴》。季度的生产法数据则在季后20日公布，见季后的定期新闻发布会和《中国经济景气月报》或国家统计局网站：www.stats.gov.cn。

2. 生产类——工业增加值

工业在国民经济中占有举足轻重的地位，占GDP的40%以上，是推动我国经济增长的重要力量。工业经济的运行态势和发展状况，在很大程度上影响到整个国民经济的运行态势和发展状况。因此，保持工业经济的平稳较快增长，对防止经济的大起大落至关重要。

（1）核算成本。

工业增加值是以货币形式表现的，工业企业在报告期内工业生产活动的最终成果，是企业生产过程中新创造的价值。

（2）核算范围。

我国工业生产活动统计调查范围包括采掘业，制造业，电力、燃气及水的生产和供应业3个大门类，又进一步划分为39个大类行业，191个中类行业，525个小类行业（不含建筑业）。从企业统计调查范围看，现行月度工业统计调查范围是全部规模以上工业企业。即年主营业务收入500万元以上的工业企业。工业增加值不是直接统计指标，而是通过工业总产值和与工业增加值相关的财务指标计算出来的。

（3）核算方法。

工业增加值通常采用两种方法计算。

一是“生产法”，即从工业生产过程中产品和劳务价值形成的角度入手，剔除生产环节中间投入的价值，从而得到新增价值的方法。

计算公式为：工业增加值＝工业总产值-工业中间投入+应交增值税

工业总产值（当年价格）是工业企业在本年内生产的以货币形式表现的

工业最终产品和提供工业劳务活动的总价值量。包括生产的成品价值、对外加工费收入、自制半成品在制品期末、期初差额价值等三部分。工业中间投入是工业企业在报告期内用于工业生产活动所一次性消耗的外购原材料、燃料、动力及其他实物产品和对外支付的服务费用。应交增值税是企业按税法规定，从事货物销售或提供加工、修理修配劳务等增加货物价值的活动本期应交纳的增值税。

二是“收入法”，即从工业生产过程中创造的原始收入初次分配角度入手，对工业生产活动最终成果进行核算的一种方法。

计算公式为：工业增加值＝固定资产折旧+劳动者报酬+生产税净额+营业盈余

年度工业增加值采用“生产法”“收入法”分别计算，年度“生产法”和“收入法”工业增加值是通过“工业企业成本费用调查”获得基础数据，进而分别计算出年度“生产法”“收入法”工业增加值和工业增加值率（工业增加值与工业总产值的比率）。“工业企业成本费用调查”共113项指标，涵盖了计算“生产法”“收入法”工业增加值所需的财务核算明细指标。

月度统计一般时效性要求较高，难以取得详细的财务核算资料，无法直接计算，主要采用推算的办法计算工业增加值。推算方法是：首先通过生产统计报表取得月度工业总产值，再乘以上年度工业增加值率，得到月度工业增加值。现行工业增长速度基于工业增加值计算，计算方法称为价格指数缩减法。为了真实地反映工业生产的变动情况，必须消除价格变动因素的影响，计算出可比价格工业增加值，然后计算实际工业增长速度。目前价格指数的编制情况，采用“单缩法”（即只用工业品出厂价格指数缩减工业增加值）计算工业增长速度。工业增加值更好地反映经济增长。

高盛亚洲经济研究，工业增加值具有可靠性。“我们认为工业增加值数据是中国公布的最可行的月度经济指标之一，因为：①中国工业统计体系的基础好；②与GDP等对政治敏感性更高的其他一些数据相比，工业加值走势的波动性更强。”工业增加值也具有实用性。“我们认为工业增加值数非常有用，因为：①中公布的频率很高（按月公布）；②能够基本合理地反映整体经济的活跃程度。”

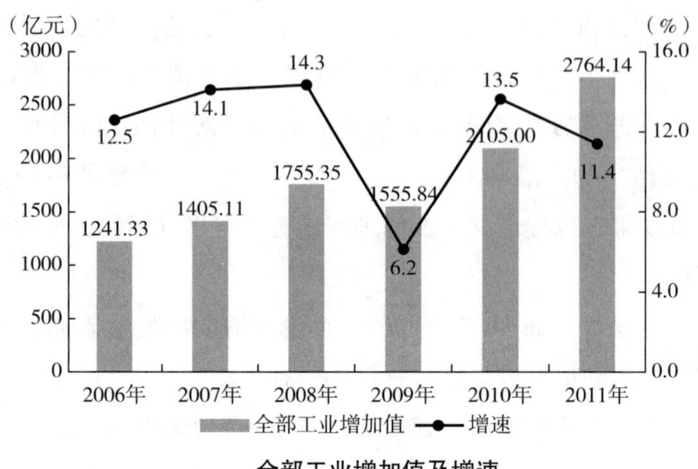

全部工业增加值及增速

（二）消费类

目前，在政府统计中反映消费支出的指标主要有三大类：最终消费支出，包括居民消费支出和政府消费支出；城乡居民消费支出，包括城镇居民消费支出和农村居民消费支出；社会消费品零售总额。这三类指标之间既有区别也有联系。

1. 消费类——最终消费支出

最终消费支出是一个GDP核算指标，它是指一个国家或地区的常住单位（包括居民或政府等）在一定时期内（通常是一年）为满足物质、文化和精神生活需要购买的各种商品和服务的总支出，不管这些商品和服务是从国内购买的还是从国外购买的，只要它是本国居民或单位购买的用于消费的就算是最终消费支出。

一般把最终消费支出占GDP的比重称作最终消费率，它反映了一定时期社会创造的总财富有多大比例是用于消费的。在GDP一定而且净出口保持基本稳定的情况下，投资和消费是此消彼长的。一个国家的GDP如果用于投资的部分多了，投资率就会提升，可用于消费的部分就会相应减少，消费率相对降低。

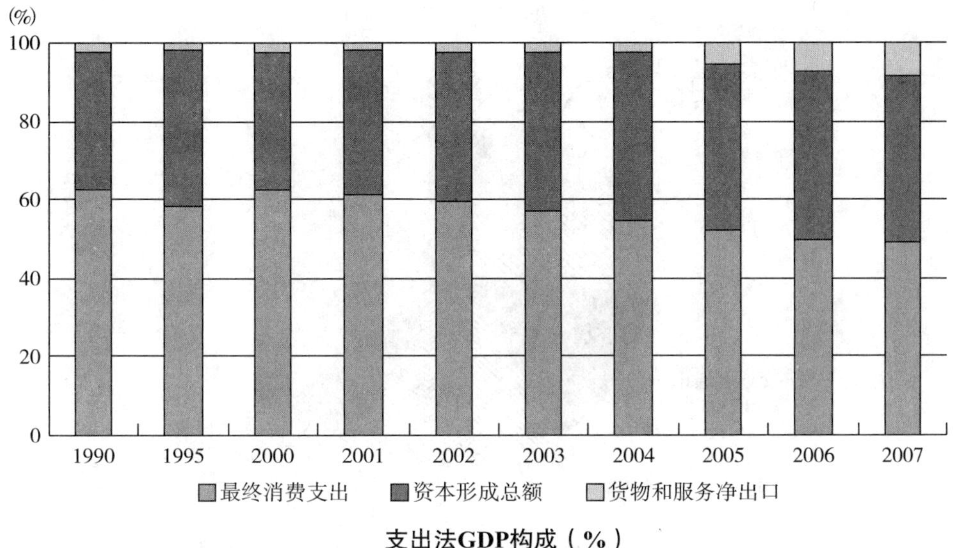

支出法GDP构成（%）

最终消费支出包括居民消费支出、政府消费支出两部分。

居民消费支出指除了居民直接以货币形式购买货物和服务的消费之外，还包括以其他方式获得的货物和服务的消费支出，比如单位以实物的形式提供给劳动者的货物和服务等。

政府消费支出包括政府部门为全社会提供公共服务的消费支出，包括保障国家安全的国防支出、文教科卫事业费，政府部门通过低价或免费的方式提供给居民的公共服务。比如低价的公共交通服务等，在北京乘一次公交车才4毛钱，肯定不够公交公司的运营成本，其差额就要政府进行一定补贴，这一部分要算作政府消费支出，每年100多亿元。

2. 消费类——城乡居民消费支出

城乡居民消费支出是指城乡居民家庭用于日常生活的全部支出，反映城乡居民实际消费水平变化。包括：城乡居民购买商品支出，用于文化生活、服务等非商品性支出，用于赠送的商品或服务。

居民消费支出按用途可分为食品、衣着、居住、家庭设备用品及服务、医疗保健、交通和通信、教育文化娱乐服务、其他商品和服务8大类等，简单说就是吃、穿、住、用、医、行、乐等。

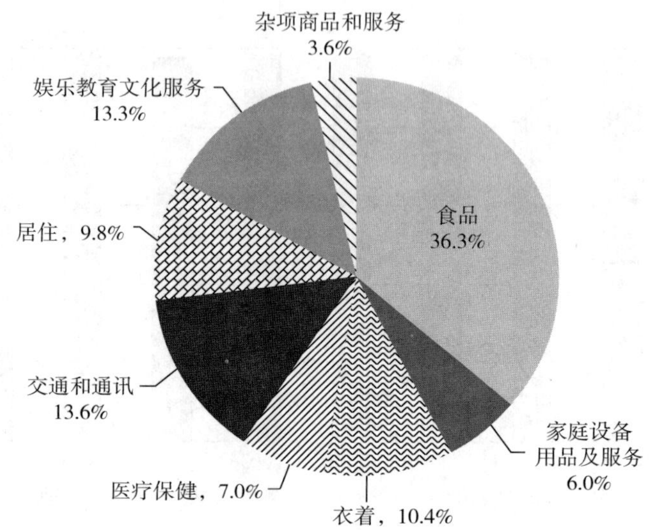

2007年城镇居民人均消费支出构成（%）

居民消费支出并不是居民家庭的全部支出，居民除了用于家庭日常生活的消费支出外，还有像购买或出售住房时交纳的各种税费、房屋维修基金等财产性支出，交纳的税款、捐赠和赡养支出等转移性支出、个人交纳的社会保障支出等。比如，我国城镇居民消费支出在总支出中的比重由20世纪90年代的90%下降至目前的74%，农村居民消费支出在总支出中的比重变化不大，一直维持在60%左右。

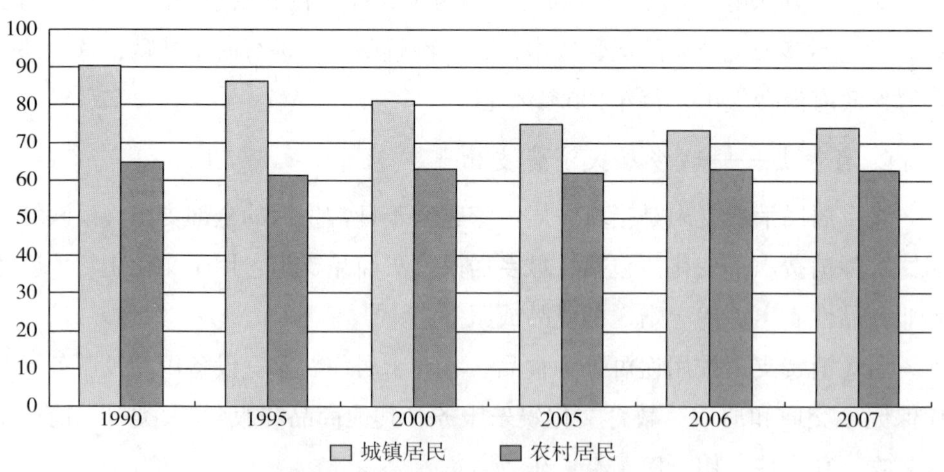

城乡居民消费支出在总支出中的比重（%）

3. 消费类——社会消费品零售总额

社会消费品零售总额即国民经济各行业直接售卖给个人和社会集团的消费品总额，不包括用于生产经营用的消费品。在统计上涵盖范围较大，主要包括：售给个人用于生活消费的商品，售给社会集团用于公共消费的商品，不包括服务性消费，只包括实物性消费。具体来说，包括：售给城乡居民作为生活用的商品和修建房屋用的建筑材料；售给社会集团的各种办公用品和公用消费品；售给机关、团体、学校、部队、企业、事业单位的职工食堂和旅店(招待所)附设专门供本店旅客食用，不对外营业的食堂的各种食品、燃料；企业、单位和国营农场直接售给本单位职工和职工食堂的自己生产的产品；售给部队干部、战士生活用的粮食、副食品、衣着品、日用品、燃料；售给来华的外国人、华侨以及中国香港、中国澳门、中国台湾同胞的消费品；居民自费购买的中、西药品、中药材及医疗用品。

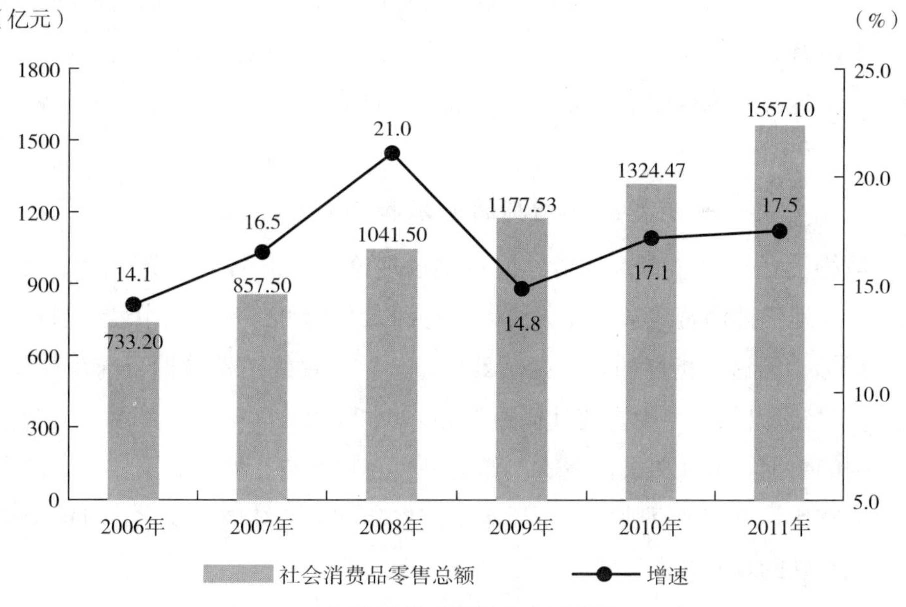

社会消费品零售总额及增速

4. 消费类——消费统计指标的数据来源

最终消费支出是核算指标，它是根据相关统计资料推算、加工而成的。计算上年度社会消费品零售总额与居民消费支出的比例关系；利用上述比例关系计算季度居民消费支出。

政府消费支出是根据财政预算内经常性支出项目的有关数据进行推算的。

城乡居民消费支出是调查数据直接来源于对城镇居民和农村居民进行的住户调查。城镇居民住户调查对象是城镇住户，调查采取多阶段、分层、等距抽样的方法，一般是由省抽市、市抽居委会、居委会抽户等，全国共抽选出地级以上城市228个、县级市87个、县108个，调查户大约65000户。抽中的样本户进行连续记账，样本户每3年轮换一遍，每年轮换1/3。农村居民住户调查对象是农村常住户，调查采取多阶段、随机起点、等距的抽样调查，抽样时一般分为省抽县、县抽村、村抽户等几个阶段，全国共抽中857个县，占全国总县数的35%，调查户大约68000户。对于这些抽中的样本户采用连续日记帐的方法。住房调查使用新的调查方法。

社会消费品零售总额是根据批发和零售业、住宿和餐饮业相关统计报表搜集和加工整理而成的。社会消费品零售总额的调查对象是商品流通的最终环节，即所有有零售业务活动的企业、事业单位，不仅包括从事零售活动的商业企业，也包括其他行业附营的从事商品零售的单位（如工业企业的商品销售部门），还包括个体户。

5. 消费类——消费统计指标的使用和公布

最终消费支出作为核算指标，更接近理论意义上的“消费”的概念，可以更准确地描述消费需求情况，所以进行深入分析时，一般使用最终消费支出这一指标，但这一指标的缺点是时效性差一些。最终消费数据目前每季公布1次，每年5月出版的《中国统计摘要》和9月出版的《中国统计年鉴》上会公布上年度的数据。城乡居民消费支出作为一个直接来自于城乡居民住户的调查资料，能够比较真实地反映居民生活水平的提高和消费结构的变化，可能会更接近于老百姓的真实感受。

城乡居民消费支出每季度公布一次，国家统计局网站在季后25日左右公布，在季后30日左右出版的《中国经济景气月报》上也可以查到；年度数据在每年5月出版的《中国统计摘要》和9月出版的《中国统计年鉴》上可以查到。

社会消费品零售总额介于最终消费支出和城乡居民消费支出之间。能够及时、大体地反映全社会总的消费状况，按月发布，时效性强，使用起来比较方便，可以更及时地观察到消费需求的变动情况，使用更为普遍。月度数据一般在月后12日左右发布，季度数据一般在季后18日发布。月度和季度数据都可以在国家统计局网站上查到。年度数据在次年1月24日左右国家统计局《全年经济形势新闻发布会》上首次发布，还可以在次年2月底发布的《国民经济和社会发展统计公报》、5月出版的《中国统计摘要》和9月出版的《中国统计年鉴》上查到。

6. 消费类——几个消费统计指标的区别与联系

（1）社会消费品零售总额与最终消费支出。

最终消费支出比较接近理论上的消费概念。

消费对象：居民消费、政府公共消费。

消费构成：商品性消费、服务性消费、虚拟消费（城乡居民以实物形态获得的货物和服务消费、农民自产自销的农产品、自有住房消费）。

社会消费品零售总额不包括服务类消费和虚拟消费。社会消费品零售总额所包括的商品要比最终消费支出大一些。售给居民建造房屋用的建筑材料、对非政府单位的商品零售，对外国人在内地购买的消费品都包括在社会消费品零售总额中，而最终消费不包括这些内容。最终消费更接近理论上的消费概念，社会消费品零售总额不完全是消费的概念。

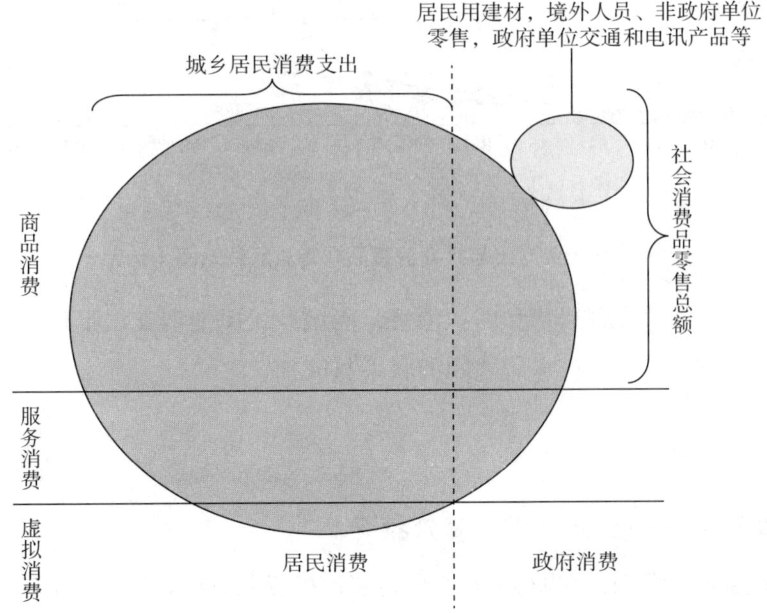

从实际数据看，最终消费与社会消费品零售总额存在一定差距，而且这种差距越来越大，说明商品消费占整个消费的比重在减少，而服务消费比重在增加。但是，二者之间的变化趋势比较接近。

社会消费品零售总额与最终消费的变动趋势比较接近，而且每月都有统计，很方便对消费变动进行及时观测。一般都把社会消费品零售总额当作反映消费需求变动的最重要指标。

（2）城乡居民消费支出与最终消费支出、社会消费品零售总额的区别。

城乡居民消费支出与最终消费支出、社会消费品零售总额最大的区别就是城乡居民消费支出是一个“人均”概念，即平均每个人一年用于消费的支出是多少，而最终消费支出、社会消费品零售总额是总量概念。

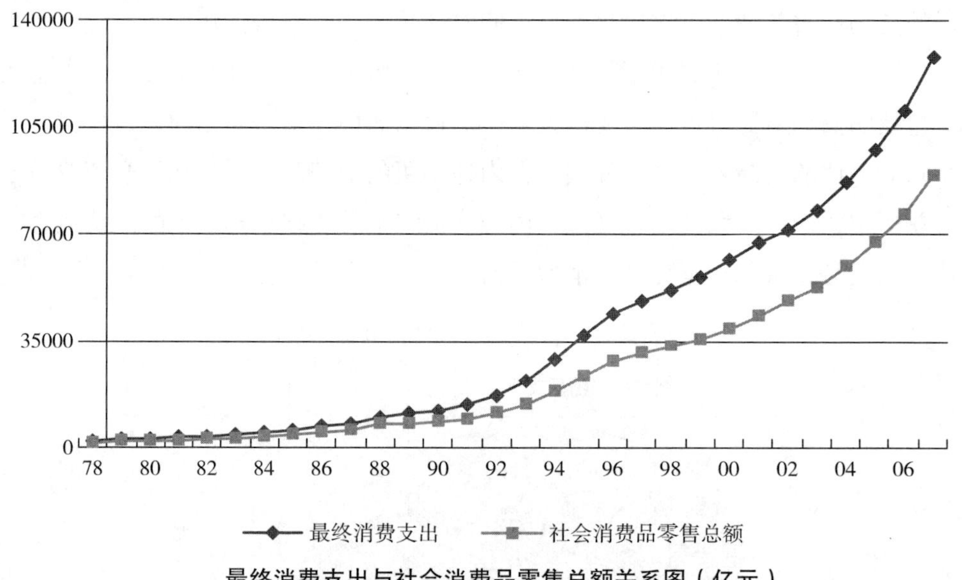

最终消费支出与社会消费品零售总额关系图（亿元）

最终消费包括政府消费和虚拟消费，而城乡居民消费支出不包括。在使用消费统计指标时，要注意它们之间的联系与区别。

（三）投资类

1. 投资类——全社会固定资产投资

全社会固定资产投资也称全社会固定资产投资完成额。是以货币形式表现的在一定时期内全社会建造和购置固定资产的工作量和与此有关的费用的总称。

固定资产是指为生产商品、提供劳务、出租、经营或管理而持有，使用期限在一年以上的房屋及建筑物、机器、机械、运输工具以及其他与生产、经营、管理有关的设备、器具、工具等。

按发布口径分为：固定资产投资（不含农户），为月度发布。农户固定资产投资构成，每年发布一次。农村农户投资为农户价值50元及以上、使用年限2年及以上的房屋、建筑物、机器设备、器具等固定资产建造和购置活动。农户投资采用抽样调查方法取得数据。

（1）固定资产投资（不含农户）。

固定资产投资（不含农户）是全社会固定资产投资的主体，主要包括：①500万元及以上建设项目投资包括城镇和农村各种登记注册类型的企业、事业、行政单位及城镇个体户进行计划总投资500万元及500万元以上的建设项目投资。②房地产开发投资构成包括各种登记注册类型的房地产开发公司、商品房建设公司及其他房地产开发单位统一开发的包括统代建、拆迁还建的住宅、厂房、办公楼等房屋建筑物和配套的服务设施、土地开发工程的投资。

全社会固定资产投资用来反映一定时期内全国固定资产投资活动的规模和速度、固定资产投资过程中的结构和比例关系及固定资产投资的经济效果。通过对固定资产投资过程中数量界限的研究，来揭示固定资产投资活动的发展规律。

（2）固定资产投资对经济的影响。

与消费需求不同，固定资产投资对经济的影响具有两重性。固定资产投资是社会总需求的重要组成部分，它对总需求的总量与结构都有直接影响，即扩内需；固定资产投资是增加社会总供给的重要途径，能够扩大社会生产能力，即造血。

投资对经济既有需求拉动作用，又有供给推动作用。需求拉动作用常常直接表现在投资增长与经济增长的同期数值中。供给推动作用则有一定的滞后期，因为固定资产投资要形成产品生产能力需要一定的时间。

投资增长的波动会导致经济增长速度同方向波动。当投资增加时，会立即增加对投资品的需求，增加投资品生产企业的产量和效益。就业会上升，居民收入也会增加，并促进消费增加和经济增长速度加快。当投资增长速度明显下降时，企业效益、居民收入和消费都会下降，整个经济的增长速度也会有所回落。

从历史数据看，固定资产投资增长速度的变动基本上是与经济增长速度同步的。投资增长加快时，经济增长速度一般较高。投资增长放慢时，经济增长速度也减缓。

投资增加会直接增加对投资品的需求，并进一步带动消费品的需求增加。投资形成固定资本、扩大生产能力会有明显的滞后，所以投资的大幅度增加一般会在短期内带动物价上升。

从历史上看，中国投资增长速度的波动与物价波动也比较一致：投资增长速度较快时，物价涨幅也较大；投资增速回落时，物价涨幅也会降低甚至出现通货紧缩。固定资产投资的波动领先于物价的波动。

2. 投资类——利用外资

我国在过去一直存在资金短缺的现象，国外资本的流入，成为我国固定资产投资资金来源的重要补充。利用外资规模的扩大还改善了我国国际收支状况。在研究分析宏观经济时，利用外资状况常常会受到特别关注，被用来分析对固定资产投资的形势，及可能对整个经济的影响。

利用外资这个指标常常会在两个方面用到：（1）对外经济统计中，反映国际收支的资金往来。（2）在投资中，反映固定资产投资资金来源中有多少是利用外资。

（1）利用外资。

中国各级政府、部门、企业和其他经济组织通过对外借款、吸收外商直接投资以及用其他方式筹措的境外现汇、设备、技术等。外商直接投资是目前利用外资的主要方式。

外商直接投资（FDI），是指海外企业和经济组织或个人(包括华侨、中国香港、中国澳门、中国台湾同胞以及中国在境外注册的企业)按中国有关政策、法规，用现汇、实物、技术等在中国境内开办外商独资企业、与中国境内的企业或经济组织共同举办中外合资经营企业、合作经营企业或合作开发资源的投资(包括外商投资收益的再投资)，以及经政府有关部门批准的项目投资总额内企业从境外借入的资金。

（2）利用外资的数据来源。

实际利用外资和实际外商直接投资的数据由商务部统计、发布。每个月的数据在商务部网站 (www.Moftec.gov.cn)上公布，每月月底出版的《中国经济景气月报》有上月和最近一段时间的数据。固定资产投资资金来源中的利用外资是由国家统计局整理提供，月后13日左右公布，在国家统计局网站 (www.stats.gov.cn)、每月月底出版的《中国经济景气月报》都可以查到。

（3）利用外资对经济的影响。

一是对经济增长的影响。一般来说，如果利用外资规模迅速扩大，不仅表明经济增长前景较好，也往往意味着国际收支状况的改善，对国民经济有拉动作用。外资流入会增加社会总需求，如果经济仍有潜力，企业会相应提高产量，促使经济增长速度加快。外资流入减少则对经济增长有负面影响。历史上看，利用外资的变动与经济增长速度的变动趋势比较接近。

二是对汇率的影响。外资流入可以弥补经常项目逆差，扩大国际收支顺差，增加国家外汇储备和外币的供给，在需求一定的情况下，本国货币有升值压力。反过来，如果利用外资大量减少，则本国货币有贬值压力。

三是对价格的影响。利用外资的增加会直接增加社会需求，并导致国外净资产和外汇占款的上升，在中国目前的外汇管理体制下，会引起国内货币供应量增加，增加总的社会需求，在供给一定的情况下，会使物价有上涨压力。利用外资减少会缓解物价上涨压力。从历史上看，利用外资与物价指数的变动趋势也是基本一致的。

（四）国际经济和贸易类

1. 国际经济和贸易类——进出口

在消费、投资和出口“三驾马车”中，投资和消费反映的是一个国家的内需，出口则是反映外需的主要指标。进口额、出口额和进出口额三个指标，都是用来观察一个国家对外贸易总规模的指标，反映进出中国国境的货物总金额。

净出口，是指出口总额与进口总额之差，它从总体上反映一国的外贸余额，表现为顺差和逆差。

进出口数据由海关总署负责统计和提供。出口货物按离岸价格统计，进口货物按到岸价格统计。进出口数据一般同时公布人民币数据和美元数据。1994年及以后，月度进出口人民币数据是按当月美元数据乘以人民币兑美元的上月末汇率的数据。进出口每个月的初步数据由海关总署在月后13日内通过新闻媒体发布，详细数据月后25日内提供。海关总署网站(www.customs.gov.cn)与商务部网站(www.moftec.gov.cn)都可以查到相关数据。

进出口对经济的影响：

一是对经济增长的影响。进口减少和出口增加都会促进国内经济增长。如果进口减少，社会总供给会减少，会有一部分需求得不到满足，这部分富余的需求会转向国内产品，这对促进中国经济增长是有利的。国内厂商生产的一些产品，可以由国内居民消费，也可以出口到国外，出口增加，也就意味着需求的增加。进口增加和出口减少则会减慢国内经济的增长速度。

事实上，净出口本身就是国内生产总值的一部分。贸易顺差越大，对经济的拉动作用也就越大。

从历史数据来看，进口和出口的变动趋势比较接近，基本都是同向运动。而且进口、出口和进出口总额的变动都与经济增长速度相一致。对外贸易对经济的影响远不只是净出口能完全反映出来的，在分析进出口对经济影响时，既要考察贸易顺差的情况，也要考虑进出口总额的变动。

二是对汇率的影响。汇率水平在很大程度上影响着进口和出口，反过来进出口也会通过改变国际收支状况，对汇率产生影响。一般来说，进口减少、出口增加，会加大贸易顺差，改善国际收支，增加外汇供给，这会使人民币有升值压力。进口增加、出口减少，贸易顺差的减少或者是逆差的扩大，都会使国际收支状况恶化，减少外汇供给，使人民币面临贬值压力。

三是对货币供应和利率的影响。进口减少、出口增加，会使净出口增加，增加外汇收入。由于我国目前实行结售汇制，企业和居民的外汇收入出售给银行，会增加外汇占款，增加基础货币，扩大货币供给，降低市场利率。这也会进一步加大国内物价上涨的压力。反之，进口增加、出口减少，会使净出口减少，减少外汇收入，则会使货币供给收缩，提高市场利率。

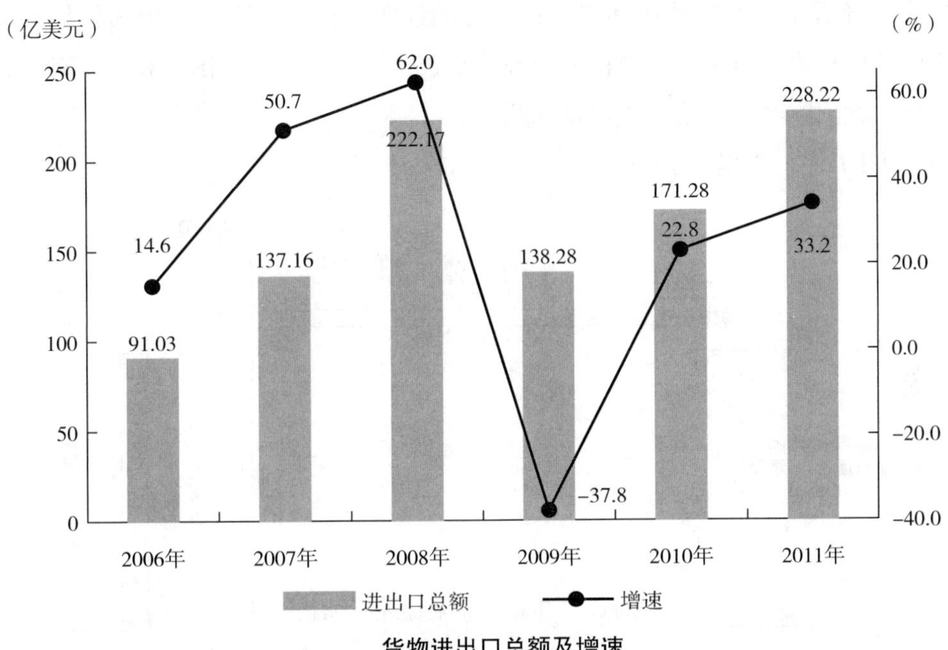

货物进出口总额及增速

四是对价格的影响。进口减少会减少国内的供给，出口增加会增加市场需求，两者都会使国内的供给小于需求，加大物价上升的压力。进口增加会增加国内的供给，出口减少会减少市场需求，两者都会使得国内的供给大于需求，减缓物价上升的压力。

2. 国际经济和贸易类——外汇及汇率

对外汇的粗略界定可以概括为：外币和以外币标示的有价证券。《中华人民共和国外汇管理条例》所称的外汇，是指下列以外币表示的可以用作国际清偿的支付手段和资产。外国货币，包括纸币、铸币。外币支付凭证，包括票据、银行存款凭证、邮政储蓄凭证等。外币有价证券，包括政府债券、公司债券、股票等。特别提款权、欧洲货币单位等。其他外汇资产。

在复杂的经济生活中，外汇不限于外币资产，还延伸到专用于国际结算的本币资产。欧洲金融市场上的“欧洲美元”和“欧洲英镑”，对英美来说也是外汇；金的集中储备也视为外汇。

现代经济生活中的外汇，概而言之，主要是以外币标示的债权债务证明。现代的经济是由债权债务网络全面覆盖的经济：任何货币都体现债权债务关系，任何货币支付无不反映债权债务的消长、转移。就一个国家和地区来说是这样，就国际经济关系来说也是如此。

（1）外汇流程。

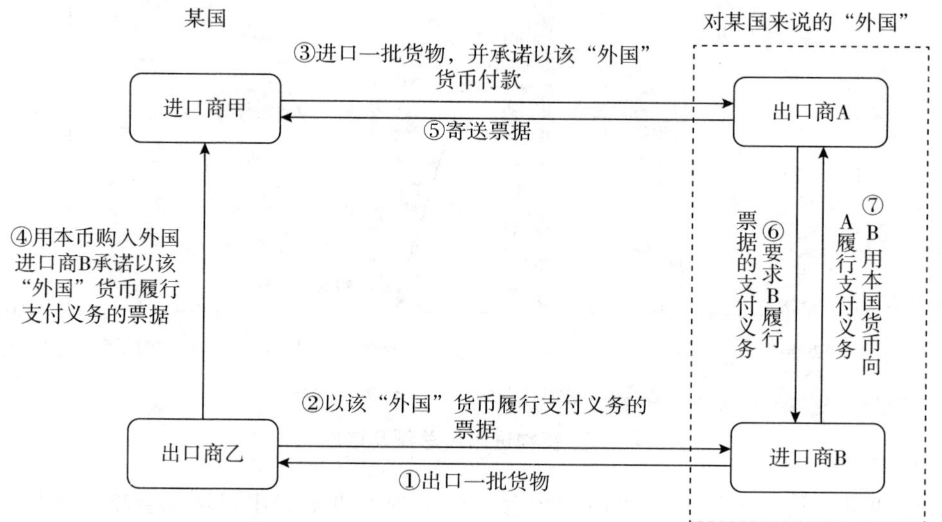

（2）汇率与汇率制度——汇率及其标价法。

汇率：国与国之间货币折算的比率。

汇率的表现形式是：以一国货币表示的另一国单位货币的“价格”，因此又称汇价。

一个开放经济，到处可以看到汇率牌价表。汇率牌价表有两种标价法：直接标价法和间接标价法。大多数国家采用直接标价法；美、英采用间接标价法。

（3）汇率与汇率制度——人民币汇率制度。

我国实施以市场供求为基础的、单一的、有管理的浮动汇率制。实行单一汇率；指定准许经营外汇的银行，在全国外汇交易中心，买卖外汇；汇率波动超过一定幅度，中国人民银行入市干预。根据前一日银行间外汇交易市场形成的价格，中国人民银行公布当日人民币对美元及其他主要货币的汇率。各经营外汇的银行在人民银行规定的浮动幅度内自行挂牌，买卖外汇。

（4）汇率与利率、汇率的作用与风险。

第一，汇率与利率之间存在紧密的联系。对外开放的国家，如果利率水平有差别，其他条件不变，货币资本就会从利率水平偏低的国家流向利率水平偏高的国家；大量货币资本的流出流入，必将引起汇率的波动。钉住汇率的国家和地区，在利率上必须跟着钉住货币的那个国家的利率水平走。否则，货币资本大量流出、流入的冲击，必将使钉住汇率经受挑战直至被迫放弃。实行外汇管制，是可以隔开利率与汇率的联系的，但必须是最严厉的管制。否则，它们之间的联系就可显现。我国20世纪90年代中期以后的几年，对应物价水平由升趋降，人民币存款利率一再下调。一年定期居民储蓄利率从1996年的 7.47% 逐步下调到1999年的 2.25%。 而同一期间，美国在通货膨胀的压力下，联邦基金利率一直维持在 5% 左右。相应地，中国的银行，其外币存款利率也不能不维持在4% ~ 5%的高水平上。

第二，汇率作用于进出口。本币汇率下降，即对外贬低，能促进出口、抑制进口；本币汇率上升，即对外升值，则有利进口，不利出口。这必须有一个伴随的条件，即进出口需求有价格弹性——进出口品的需求会由于进出口品价格的变动而变动。汇率下降，出口商品量能否增加，还要受商品供给扩大的可能程度影响。一国出口商是否可以从汇率贬值中得到额外利润，还以一国货币对内购买力不变为前提。国内物价上涨，就会对消额外利润，从而也就没有调低出口品在外国市场上价格的空间。当竞争对手通过贬低各自本币汇率等措施加以反击时，竞争的优势即不复存在。汇率作用于进出口，是规律；但如果不具备必要的条件，作用并不会实现。

第三，汇率作用于物价。本币对外贬值，进口商品的国内价格上涨；本币对外升值，进口商品的国内价格降低。本币对外贬值，刺激出口，出口品有可能涨价；本币对外升值，有可能获得较廉价的进口品。汇率的变动如果导致物价总水平的波动，其后果就不仅限于进出口，而是将影响整个经济进程。

汇率的变动对国际之间长期投资的影响不太直接。长期资本流动主要以利润和风险为转移。如果吸收投资国的货币对外比值下降并从而使利润汇回投资国的金额相应减少，或者其他不利的汇率变化，一国对外资的吸引力会由于汇率而减弱。相反的汇率变化也可能加强对外资的吸引力。

汇率对于短期资本流动影响是直接的。当存在本币对外贬值的趋势下，以本币计值的各种金融资产会被转兑成外汇，即资本外流。反之，当存在本币对外升值的趋势，会引发资本的内流。

汇率风险，是指汇率的变动会给交易人带来损失（也可能是盈利），主要包括进出口贸易的汇率风险、外汇储备风险、外债风险等。为避免或减轻汇率风险损失，需要采取防范措施，如选择货币，运用外汇衍生工具，等等。

（5）外汇储备。

外汇储备Foreign Exchange Reserve，又称为外汇存底，是指一国政府所持有的国际储备资产中的外汇部分，即一国政府保有的以外币表示的债权，是一个国家货币当局持有并可以随时兑换外国货币的资产。主要用于清偿国际收支逆差，以及干预外汇市场以维持该国货币的汇率。

外汇储备的主要功能：调节国际收支，保证对外支付；干预外汇市场，稳定本币汇率；维护国际信誉，提高融资能力；增强综合国力，抵抗金融风险。

中国外汇储备组成：巨额贸易顺差；外国直接投资净流入的大幅增加；外国贷款的持续增多；对人民币升值预期导致“热钱”流入。

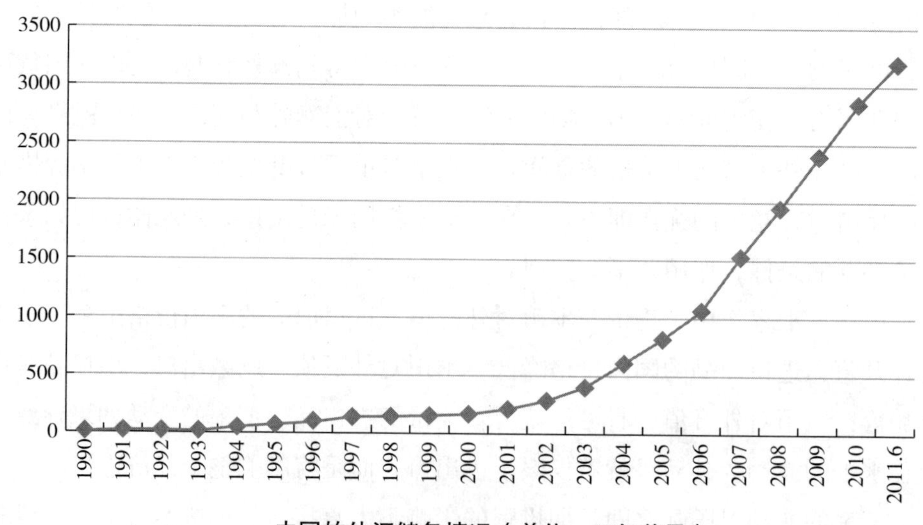

中国的外汇储备情况（单位：10亿美元）

中国大陆在不同时期的外汇储备

时间	外汇储备（亿美元）	备注
2006年2月	8536.72	首次超过日本，上升到全球第1
2008年4月	17566.55	超过世界主要7大工业国G7的总和
2009年4月	20088.8	全球第一个超过2万亿美元外汇储备的国家，独占全球外汇储备30%
2011年3月	30446.74	全球第一个超过3万亿美元外汇储备的国家。2011年4月更新

（五）价格类

1. 价格类——价格指数

统计频率：月、季、年。

统计及发布人：国家统计局。

发布日期：月度和季度数据月（季）后的13日左右发布，年度数据年后1月份发布。

发布渠道：国家统计局网站www.stats.gov.cn；《国家统计局月度经济形势报告》《中国信息报》《中国经济景气月报》。

特点：在市场经济条件下，通常波动较大；与GDP相结合，可以反映真实的经济变动；与收入水平相结合，可以反映人们真实的福利变化；不同的价格指数有不同的用途。观察及分析经济形势、进行价格折算时，要根据特定目的，选用相应的价格指数。

第一，主要价格指数：国家统计部门按月编制并发布各类价格指数，包括CPI、PPI、工业企业主要原材料、燃料、动力购进价格指数、农业生产资料价格指数、房屋销售价格等各类价格总指数及主要大类的指数。这些价格指数按对比基期的不同，分为月同比、累计同比、月环比等形式分列。

第二，编制和发布这些价格指数的目的是为了全面系统地反映国民经济运行过程中价格的变动情况。为人们观察和分析某一类经济现象价格变动的情况和幅度提供信息。为国民经济核算提供基础资料。为判断经济的走势、制定国家宏观经济政策提供依据。

与大多数发达国家一致，中国价格统计也分别进行生产和消费价格统计。生产价格统计主要是从生产者角度进行的统计，如PPI，原材料、燃料、动力购进价格指数等；农业生产资料价格指数、房屋销售价格等各类价格总指数及主要大类的指数。消费价格统计主要从消费者角度进行的统计，如CPI、RPI等。一般来说，生产者价格的变动要先于消费价格变动。换句话说，生产者价格变动往往会引起消费价格的变动。

CPI、RPI这两项统计随着国家经济管理体制的变化，经历了调查方法、计算方法不断科学化，调查范围和调查品种逐步扩大，代表性不断增强，调查数据质量监督管理机制不断完善的过程。基本形成了符合国际规范的价格统计调查方法、指数计算方法、调查商品目录、权数资料来源等一系列的制度方法体系，以及调查员管理，数据质量监控体系。定期发布的CPI与PPI数据基本反映了居民消费和工业企业产品出厂价格的变动情况。

目前，国家统计部门按月编制并发布各类价格指数，价格统计的主要部门是国家统计局城市司。农村司也对农产品和农业生产资料价格变动做些调查。此外，中国人民银行、海关总署等部门也作些价格变动的调查。主要方法是抽样调查。

2. 价格类——CPI

CPI 是度量一组代表消费品和服务价格水平随时间而变化的指标，是从消费者角度衡量消费品和服务项目价格水平变化的一种价格指数。包含从生产到消费的所有环节，是衡量通货膨胀或通货紧缩最重要的价格指数。

我国现行CPI调查的商品，根据13万多户城乡居民家庭消费的实际，按照消费数量较大、供应相对稳定、价格易于采集，价格变动趋势和变动程度有较强代表性，企业生产的必须是质量合格，产品包装上有注册商标、产地、规格等级等标识的原则。参照国际惯例，结合我国实际确定划分为食品、烟酒及用品、衣着、家庭设备用品及维修服务、医疗保健及个人用品、交通和通信、娱乐教育文化用品及服务、居住等8个大类，262个基本分类，600多个代表规格的商品和服务项目为经常性CPI调查目录。

新疆2011年居民消费价格比上年涨跌幅度

指　标	涨跌幅度（%）
居民消费价格	5.9
城　市	5.5
农　村	6.8
食　品	12.6
粮　食	8.7
肉禽及其制品	20.1
油脂类	12.6
蛋　类	12.2
水产品	10.7
菜　类	4.6
烟酒及用品	3.3
衣　着	1.1
家庭设备用品及服务	2.4
医疗保健和个人用品	4.3
交通和通信	0.5
娱乐教育文化用品及服务	1.1
居　住	5.4
水、电、燃料	3.7
自有住房	6.6
建房及装修材料	4.8

CPI价格调查采用派员调查的方式，目前全国共有4000多个调查员，定期对全国550多个市县的6.3万多个不同类型的商店、市场、服务网点进行实际成交价格的采集工作。调查点按照地域、经营规模、经营方式科学配比，保证其代表性。价格调查员按照定点、定时、定人原则，对鲜活食品每5天采集一次价格，其他商品每月采集2～3次价格。

调查商品与服务项目和相应的权数是根据全国城乡住户调查居民家庭实际支出的结构以及相关统计资料确定的，权数原则上5年保持不变，但在实际支出结构发生较大变化的情况下，每年均及时进行适当微调，现行对比基期为2010年。调查员收集的基础数据由县级调查队通过网络上报省级调查总队；省级调查总队审核后上报国家统计局。在50个地级市已实现由调查员通过手持数据采集器将基础数据向国家统计局、省级调查总队、县级调查队同时报送。

第一，使用居民消费价格指数应注意的问题。

一是关注核心价格指数。在CPI中，由于食品及能源价格容易受到季节因素及偶然因素的影响而波动剧烈，通常比较关注扣除食品及能源价格后的核心价格指数，以正确判断价格的真正走势。如果食品或能源价格上扬的状况持续较长时间，就可能影响中长期价格水平，就不能忽略其变动，需要观察核心CPI。

二是注意季节因素的影响。作为诸多价格指数中的核心指标，CPI的重要性还会得到进一步强化。但目前公布的CPI环比指数尚未进行季节调整，以滤除季节性等短期因素对指数的不规则影响，在使用时应特别注意。

第二，消费价格指数的缺陷。

（1）替代倾向：各种商品包括同一类型商品的价格变动并不是同比例的，当某一商品价格提高时，消费者总是有寻找替代品的冲动，导致原有的相对固定的代表规格品可能代表性不强了，有高估生活费用的可能。

（2）新产品的引进：消费者有了新的选择，由于上述原因，同样无法反映这种货币购买力的变动。无法衡量质量的变动，即无法反映产品质量的变动。例如，汽车的价格上升可能是因为汽车马力更大、行驶更安全，或操作更简便了，但相应的CPI只能反映出价格水平上升了。消费者购买这种汽车支出增加了，但并不是生活费用的增加，而是生活质量的提高。家用电脑就就更典型了，价格变化很难反映其本身技术、质量的变化。

第三，CPI的三大用途。

CPI是进行经济分析和决策、价格总水平监测和调控及国民经济核算的重要指标。其变动率在一定程度上反映了通货膨胀或紧缩的程度。一般来讲，消费物价全面地、持续地上涨就被认为发生了通货膨胀。价格指数的高低直接影响着国家的宏观经济调控措施的出台与力度，如央行是否调息、是否调整存款准备金率等。价格指数的高低也间接影响资本市场（如股票市场）的变化。

一是度量通货膨胀。价格指数特别是CPI是度量通货膨胀的一个重要指标。CPI的高低可以在一定水平上说明通货膨胀的严重程度。

二是国民经济核算。在国民经济核算中，需要各种价格指数。如CPI、PPI及GDP平减指数对GDP进行核算，从而剔除价格因素的影响。

三是契约指数化调整。例如在薪资报酬谈判中，因为雇员希望薪资（名义）增长能相等或高于CPI，希望名义薪资会随CPI的升高自动调整等。以及企业间购买产品合同因市场供求及价格情况的变化进行的调整等。

第四，CPI并不是越低越好。

中国目前经济正处在高速增长和经济结构快速转换的时期，较低的CPI并不利于经济增长。如果为了稳定物价、控制CPI的增长，而长期采取紧缩的政策，往往会造成价格扭曲，而且紧缩政策在实际操作中容易形成“一刀切”，容易对中小企业的生产积极性产生较大的负面影响，也会对社会总供给产生抑制作用。如果CPI为负数，形成通货紧缩，对经济增长的负面作用甚至大于通货膨胀。价格持续走低会使企业效益下降、产品积压上升，从而造成就业机会减少、居民收入下降、市场消费不足，进而使整个国民经济体系陷入一种互相牵制的恶性循环中。当温和的通货紧缩发展成危害性通货紧缩后，通常也意味着经济将出现衰退。

3. 价格类——PPI

通常把工业生产者出厂价格指数称为PPI。工业生产者价格指数，是工业企业产品第一次出售时的出厂价格和企业作为中间投入的原材料、燃料、动力购进价格在某个时期内变动的相对数，反映全部工业生产者出厂和购进价格变化趋势和变动幅度。我国20世纪80年代建立PPI统计。中国的工业生产者价格指数由工业生产者出厂价格指数和工业生产者购进价格指数两部分组成。

国家调查队系统负责工业生产者价格基础数据收集工作。由国家统计局统一选定近6万家调查企业；市级国家调查队向调查企业布置调查任务；各调查企业需按月填报本企业每月5日和20日出厂、购进时点价格并报送市级调查队；企业原始资料经市级调查队、省级调查总队审核后报送国家统计局。全国工业生产者价格指数数据由国家统计局统一对外发布，每月一次。发布内容包括工业生产者出厂价格总指数、工业生产者购进价格总指数、各主要类别指数的环比、同比数据。

国家统计局统一编制全国和省级工业生产者价格指数。对比基期5年调整一次，现行对比基期为2010年。基本流程是包括确定调查产品目录（即产品篮子）、确定调查企业、确定各调查基本分类的代表权数、搜集基础数据、计算各类指数。

确定调查产品目录：中国工业生产者出厂价格调查产品目录包括41个行业大类、201个行业中类、581个行业小类、1702个基本分类的11000多种工业产品；购进价格调查目录包括900个基本分类的6000多种工业产品。严格遵循对工业行业代表性强，对国计民生影响大，生产稳定，有发展前景等原则。

确定调查企业：对全部规模以上工业企业（即年主营业务收入2000万元以上的工业企业）通过主观选样和抽样相结合方式确定调查企业；对规模以下工业企业通过随机抽样方式确定调查企业。全国工业生产者价格调查企业近6万家，分布在430个调查市、县。

生产者物价指数是测算价格变化的指标，该价格是制造商和批发商在生产的不同阶段为商品支付的价格。生产者物价指数并不仅仅是一个指数，而是一族指数，是生产的三个渐进过程的每一个阶段的价格指数：原材料、中间品和产成品。这里任何一点的通货膨胀都可能最终被传递到零售业。毕竟，如果销售商不得不为商品支付更多，那么他们更乐于把更高的成本转嫁给消费者。

产成品的PPI代表着这些商品被运到批发商和零售商之前的最终状态。在生产最后状态的价格常常由原材料和中间品过程中遇到的价格压力来决定。这就是为什么观察这所有的三个过程都很重要的原因。

与居民消费价格指数相比，PPI只反映了工业品出厂价格变动情况，没有包括服务价格变动，变动的相对剧烈一些。

高盛亚洲经济研究，生产者价格指数具有可靠性。“我们认为，生产者价格指数一般比较可靠。它根据工业品销售额70%以上的4000种产品的广泛样本来计算，大型和小型企业都在设想之列。”生产者价格指数也具有实用性。“生产者价格指数对于投资需求的变化更为敏感。因此，它可能比消费者价格指数更能反映经济周期的状况。”

（六）货币信贷等金融类

1. 货币信贷等金融类——货币供应量

货币供应量是研究宏观经济走势和政策动向的核心指标之一，常常被作为经济先行指标用来分析判断经济景气状况。在某个时点全社会承担流通手段和支付手段职能的货币总额，反映全社会总的购买力，是一个存量概念。根据流动性的大小，即在流通中周转的方便程度不同，按照由强到弱的顺序，分为M0、M1、M2，分别代表流通中现金、狭义货币和广义货币。

流通中现金(M0)：是指金融体系以外的机关、团体、企业、部队、事业单位和居民个人在某一时刻持有的现金总量。在数量上等于中国人民银行发行的现金货币扣除各银行的库存现金。特点是流动性最强。

狭义货币(M1)：是指流通中现金M0+机关、团体、部队、企业和事业单位在银行的活期存款、农村存款和个人持有的信用卡类存款组成，不包括居民储蓄存款。M1的流动性居中，体现当前的市场需求，最直接地作用于当前的物价水平。

广义货币(M2)：是指由M1和准货币组成。准货币是一定时期内不会被直接动用的货币，主要包括定期存款、居民活期和定期存款，以及信托存款、委托存款等其他类存款，在数量关系上等于M2减去M1。M2的流动性比M0和M1都要低，可用于观察和调控中长期金融市场均衡的目标。

货币供应量货币供应量对国民经济的影响：

M1和M2是我国货币政策的中介目标，可以用来观察货币政策的动向。货币供应量的变化直接导致总需求的变化，会对经济产生广泛影响，常常预示未来的经济运行轨迹。

1. 货币供应量与物价同向变化。一般来说，货币数量增长率超过产出增长率就会引起通货膨胀。

2. 货币供应量与利率负相关。理论上说，货币供应的变化会引起名义利率向相反方向变动。但中国目前没有完全实现利率市场化，存贷款利率一般不随货币供应的变化而马上改变。

3. 货币供应量的增加会导致经济增长。一般认为货币供应的适度增加对经济增长有一定促进作用，但与对价格的影响相比，货币供应对产出的影响要小得多，不确定性也大得多。国内生产总值增长速度的波动相对较小，其变动与货币供应的变动有一致之处，也有不一致的时候。

4. 货币供应量对汇率和进出口的影响。中国目前实行有管理的浮动汇率制度，货币供应对汇率的实际影响不太明显。当货币供应增加时，由于汇率不变而本国商品价格会上涨，在不考虑其他情况下，会抑制本国商品出品的竞争力，并可能增加进口，反之亦然 。

2. 货币信贷等金融类——利率

马克思继承英国古典经济学家的思路，论证利息是利润的一部分。现代西方经济学对于利息的基本观点认为，利息是投资人让渡资本使用权而索要的补偿。补偿由对机会成本的补偿和对风险的补偿两部分组成。现实生活中利息被看作是收益的一般形态。资本未贷出，其所有者认为付出了机会成本。运用自己资本的经营者也总是把所得的利润分为利息与企业主收入——似乎利息是资本的收入，而扣除利息所余下的利润才是经营的所得。

利率是利息率的简称，指借贷期满所形成的利息额与所贷出的本金额的比率。基本形式是年率% 、月率‰、日率‰。这是按计算利息的期限单位划分的。按日计息，多用于金融业之间的拆借，习惯叫“拆息”或“日拆”。（中国的“厘”的换算，年率1厘，1%；月率1厘，1‰；日拆1厘，0.1‰。）

（1）基准利率与无风险利率。

基准利率是指在多种利率并存的条件下，其他利率会相应随之变动的利率。在市场经济中，基准利率是指通过市场机制形成的无风险利率。利率=机会成本补偿水平+风险溢价水平，无风险利率也就是消除了种种风险溢价后补偿机会成本的利率。

现实生活中并不存在绝对无风险的投资，所以也不存在绝对无风险利率。市场经济中，只有国债利率可用以代表无风险利率。基准利率在西方国家传统上是中央银行的再贴现利率，不过也不尽然，英国的基准利率就是伦敦银行间同业拆借利率。著名的基准利率有伦敦同业拆放利率（LIBOR）和美国联邦基准利率。

有的中央银行规定对金融机构的存、贷利率，也称基准利率。如中国人民银行直取基准利率字眼，并必须执行；有的不用基准利率字眼，其意义在于诱导市场利率的形成。在中国，以中国人民银行对国家专业银行和其他金融机构规定的存贷款利率为基准利率。一般普通民众把银行一年定期存款利率作为市场基准利率指标，银行则是把隔夜拆借利率作为市场基准利率。

我国的利率分三种：基准利率又称法定利率。商业银行利率是商业银行对企业和个人的存、贷款利率。市场利率是金融市场的利率基准利率是核心，它在整个金融市场和利率体系中处于关键地位，起决定作用，它的变化决定了其他各种利率的变化。

1990～2012年存款基准利率历次调整表 单位：年利率%

调整时间	活期	3个月	半年	1年	2年	3年	5年
1990年4月15日	2.88	6.30	7.74	10.08	10.98	11.88	13.68
1990年8月21日	2.16	4.32	6.48	8.64	9.36	10.08	11.52
1991年4月21日	1.80	3.24	5.40	7.56	7.92	8.28	9.00
1993年5月15日	2.16	4.86	7.20	9.18	9.90	10.80	12.06
1993年7月11日	3.15	6.66	9.00	10.98	11.70	12.24	13.86
1996年5月1日	2.97	4.86	7.20	9.18	9.90	10.80	12.06
1996年8月23日	1.98	3.33	5.40	7.47	7.92	8.28	9.00
1997年10月23日	1.71	2.88	4.14	5.67	5.94	6.21	6.66
1998年3月25日	1.71	2.88	4.14	5.22	5.58	6.21	6.66
1998年7月1日	1.44	2.79	3.96	4.77	4.86	4.95	5.22
1998年12月7日	1.44	2.79	3.33	3.78	3.96	4.14	4.50
1999年6月10日	0.99	1.98	2.16	2.25	2.43	2.70	2.88
2002年2月21日	0.72	1.71	1.89	1.98	2.25	2.52	2.79
2004年10月29日	0.72	1.71	2.07	2.25	2.70	3.24	3.60
2006年8月19日	0.72	1.80	2.25	2.52	3.06	3.69	4.14
2007年3月18日	0.72	1.98	2.43	2.79	3.33	3.96	4.41
2007年5月19日	0.72	2.07	2.61	3.06	3.69	4.41	4.95
2007年7月21日	0.81	2.34	2.88	3.33	3.96	4.68	5.22
2007年8月22日	0.81	2.61	3.15	3.60	4.23	4.95	5.49
2007年9月15日	0.81	2.88	3.42	3.87	4.50	5.22	5.76
2007年12月21日	0.72	3.33	3.78	4.14	4.68	5.40	5.85
2008年10月9日	0.72	3.15	3.51	3.87	4.41	5.13	5.58
2008年10月30日	0.72	2.88	3.24	3.60	4.41	4.77	5.13
2008年11月27日	0.36	1.98	2.25	2.52	3.06	3.60	3.87
2008年12月23日	0.36	1.71	1.98	2.25	2.79	3.33	3.60
2010年10月20日	0.36	1.91	2.20	2.50	3.25	3.85	4.20
2010年12月25日	0.36	2.25	2.5	2.75	3.55	4.15	4.55

续表

调整时间	活期	3个月	半年	1年	2年	3年	5年
2011年2月9日	0.40	2.60	2.80	3.00	3.90	4.50	5.00
2011年4月6日	0.50	2.85	3.05	3.25	4.15	4.75	5.25
2011年7月7日	0.50	3.10	3.30	3.50	4.40	5.00	5.50
2012年06月08日	0.40	2.85	3.05	3.25	4.10	4.65	5.10

（2）实际利率与名义利率。

借贷过程中存在通货膨胀（±）风险。

名义利率是指考虑进补偿通货膨胀风险的利率。实际利率是指从名义利率剔除通货膨胀因素。

公式：

$r=i+p$

$r=(1+i)(1-p)-1$

r：名义利率

i：实际利率

p：物价水平

（3）单利与复利。

单利是对已过计息日而不提取的利息不计利息的计息方法。其本利和是：

$S=P(1+r\cdot n)$

复利是将上期利息并入本金一并计算利息的一种方法。其本利和是：

$S=P(1+r)^n$

P：本金

r：利息率

n：借贷期限

S：本利和

利息的存在，表明社会承认资本依其所有权就可取得一部分社会产品的分配权利。只要承认这种存在的合理性，那么按期结出的利息自应属于贷出者所有并可作为资本继续贷出。因而，复利的计算方法反映利息的本质特征，是更符合生活实际的计算利息的观念。

（4）利率的作用及其发挥作用的环境和条件。

资本化：任何有收益的事物，即使它并不是一笔贷放出去的货币，甚至也不是真正有一笔现实的资本存在，都可以通过收益与利率的对比而倒算出它相当于多大的资本金额。

资本化公式：

$$P=\frac{C}{r}$$

P：本金

C：收益

r：利率

在市场经济中，利率的作用相当广泛。微观角度上，对个人收入在消费与储蓄之间的分配，对企业的经营管理和投资决策，利率的影响非常直接。宏观角度上，对货币需求与供给，对市场总供给与总需求，对物价水平，对国民收入分配，对汇率和资本的国际流动，进而对经济成长和就业等，利率都是重要的经济杠杆。

在微观经济学和宏观经济学的基本模型中，利率几乎都是最主要的、不可缺少的变量之一。在市场经济中，利率作用极大的基本原因是经济人有足够的独立决策权。对于各个可以独立决策的企业、个人等经济人来说，利润最大化、效益最大化是基本的准则；而利率的高低直接关系到经济人的收益。在利益约束的机制下，利率必然有广泛而突出的作用。

马克思的利率决定论。任一国家的一定时期，总有一个相对稳定的利率水平，可视之为平均利息率。平均利息率高不过平均利润率；低不能等于零。当然，在复杂的经济生活中，总有例外。处于中间何处？没有规律可以论证。相反，传统习惯、法律规定、借贷双方的竞争等因素都起作用。

西方经济学关于利率决定的分析。西方经济学关于利率决定的分析实际上都是论证利率水平为什么趋高、趋低，而不是论证决定平均利息率必然处于哪一点的规律。当经济过热、通货膨胀上升时，便提高利率、收紧信贷。当过热的经济和通货膨胀得到控制时，便会把利率适当地调低。

3. 货币信贷等金融类——存款

存款余额是指商业银行在截止到某一日以前的存款总和，包括储蓄和对公的活期存款、定期存款、存放同业及存放中央银行等的存款之和。与中国不同，西方经济学通行的储蓄概念是，储蓄是货币收入中没有被用于消费的部分。

居民储蓄存款又称城乡居民储蓄存款，是指城乡居民在金融机构的存款。居民储蓄存款是金融机构各项存款的一个重要组成部分，目前居民存款约占各项存款的一半左右。在居民金融投资中，储蓄存款是主要的；是居民储蓄存款是重要的经济金融指标；是联结居民收入、消费、投资的纽带；是金融机构重要的资金来源。

发展储蓄业务，在一定程度上可以促进国民经济比例和结构的调整，可以聚集经济建设资金，稳定市场物价，调节货币流通，引导消费，帮助群众安排生活。

4. 货币信贷等金融类——信贷

贷款余额是指至某一节点日期位置，借款人尚未归还放款人的贷款总额。贷款总额是指截止到某一日以前商业银行已经发放的贷款总和。银行考核指标中有存贷比，即贷款余额与存款余额之比不能超过75%，否则就会违规，并存在很大风险，存款余额为负债指标，贷款余额为资产指标。

个人消费信贷是指银行或其他金融机构采取信用、抵押、质押担保或保证方式，以商品型货币形式向个人消费者提供的信用。个人消费信贷的开办，是国有商业银行适应中国社会主义市场经济体制的建立与完善、适应金融体制改革、适应金融国际化发展趋势的一系列全方位变革的重要措施之一，它打破了传统的个人与银行单向融资的局限性，开创了个人与银行相互融资的全新的债权债务关系。

（1）卖方信贷的两种主要形式。

汽车贷款是贷款人向在特约经销商处购买汽车的借款人发放的用于购买汽车、以贷款人认可的权利质押或者具有代偿能力的单位或个人作为还贷本息并存担连带责任的保证人提供保证，在贷款银行存入首期车款，借款金额最高为车款的70%、期限最长不超过5年的专项人民币贷款。

住房贷款是贷款人向借款人发放的用于购买自用普通住房或者城镇居民修房、自建住房，以贷款人认可的抵押、质押或者保证，在银行存入首期房款，借款金额最高为房款的70%、期限最高为30年的人民币专项贷款。

（2）开办个人消费信贷的意义。

顺应了国民日益增长的金融产品多元化需要，优化了商业银行的信贷资产结构，增加了商业银行的创利渠道，也有利于启动市场、扩大内需，增加消费品生产，形成生产—消费—生产的良性循环，促进国民经济持续、稳定、健康地发展。同时对引导个人有计划消费、改善生活质量、提高生活品质也有着极积意义。一是扩大内需。发展消费信贷有利于提高消费倾向，扩大内需。开拓国内市场，扩大国内需求是中国经济发展的基本立足点和长期战略选择。二是促进产业结构调整和升级。政府通过消费信用引导消费者的支出投向，有意识地加速或延缓某类消费的社会实现，还可以有效促进产业结构调整和升级，实现经济结构的优化，使经济增长步入良性循环。三是为经济增长提供推力。消费的增长始终是经济活动的出发点与归宿点，以消费为导向也正是市场经济发展的真谛。居民消费的增长与消费需求结构的升级正是经济规模扩展与经济向更高层次进化的根本推动力。据测算，居民消费对国民经济增长的贡献率，韩国为64.8%，日本为66.4%，美国为68%，而中国该项指标约为50%。在发达国家，信用消费占其整个消费的比重达30%。

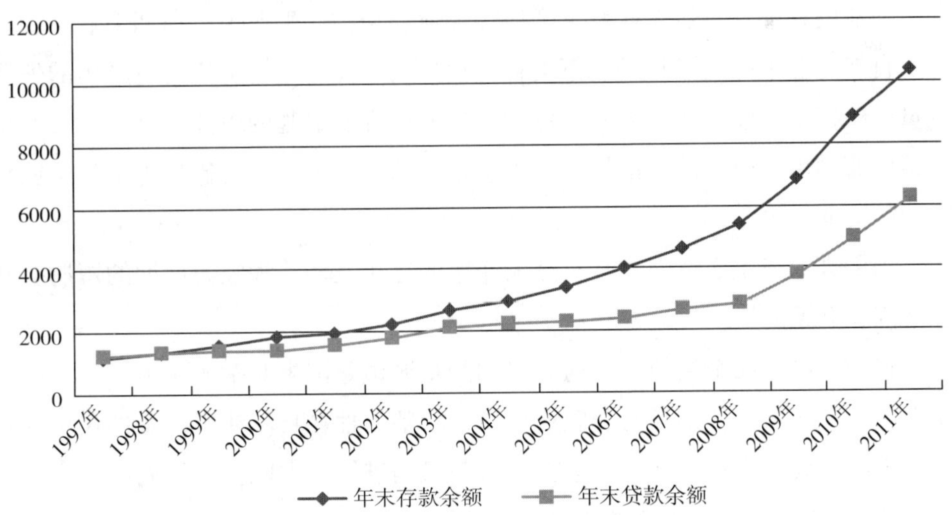

1997～2011年新疆金融机构年末存款、贷款余额（单位：亿元）

（七）劳动力市场类——就业和失业

1. 劳动力市场类——就业

就业是指具有劳动能力的公民在法定劳动年龄内，依法从事某种有报酬或劳动收入的社会活动。主要从三个方面进行界定：就业条件，一定的年龄。收入条件，获得一定的劳动报酬或经营收入。时间条件，每周工作时间的长度。

就业人口，我国是指在16周岁以上，从事一定社会劳动并获取劳动报酬或经营收入的人员。

城镇就业人口是指在城镇地区从事非农业活动的就业人口。包括在国有单位、城镇集体单位、股份合作单位、联营单位、有限责任公司、股份有限公司、私营企业、中国香港、中国澳门、中国台湾投资单位、外商投资单位和个体工商户从业的人员。

2. 劳动力市场类——失业

描述失业的三个基本问题分别为：政府如何衡量经济的失业率？在解释失业数据时有哪些问题？失业者没有工作的时间一般是多长？

失业的种类：自然失业率（摩擦性失业、结构性失业）；周期失业率。

自然失业率即便在长期也不会自行消失的失业。是经济通常所经历的失业数量。摩擦性失业是将工人和工作相匹配的过程所引起的失业。结构性失业是在某些劳动市场上劳动供给量大于需求量。结构性失业通常被认为解释了更长时期的失业。

周期失业率是失业围绕其自然失业率的逐年波动。和经济周期的短期上升和下降相联系。

目前我国有两个失业率，这里提到的是城镇登记失业率。城镇登记失业率所登记失业人员一般是具有非农业户口，年龄男性在16～50岁，女性在16～45岁，无业而要求就业，并在当地就业服务机构进行了求职登记的人员。

（1）调查失业率注意事项。

城镇登记失业率不仅指标涵盖面非常小，而且人为调控的痕迹非常明显。

没有包括那些再就业服务中心里的下岗职工，而实际上下岗职工与失业人员并没有实质的区别。城镇登记失业率中没有包括外来人口，没有包括农村地区存在的大量失业人口，在失业登记程序上进行限制。失业者必须在原户籍所在地进行失业登记。其他未进行登记或无权进行登记的人员均被视为就业。城镇登记失业率的方法只承认到当地劳动保障部门登记的符合上述失业条件的人员才被统计为失业人员，上述大量的没有登记的失业人口竟然不统计为失业人员。发达国家在登记时只规定年龄的下限，不规定年龄的上限，而我国规定男50岁和女45岁不能登记求职。

城镇登记失业率一方面由于受各种规定的限制，另一方面由于我国就业服务体系和社会保障体系还不完善，到劳动保障部门就业服务机构登记求职的失业人员受到各种限制而数量不多，再加上就业和失业登记办法还不健全和规范，实际失业率高于登记失业率的现象十分严重，不能真实地反映城镇失业情况。

（2）调查失业率方法。

采用国际通行定义并按国际标准的调查方式取得的调查，是通过住户调查系统进行失业统计。城镇劳动力调查采用了国际通行的失业定义，具体指城镇常住人口中16岁以上，有劳动能力，在调查期间无工作，当前有就业可能并以某种方式寻找工作的人员。对于失业主要是从劳动力市场供需的角度来定义的，即无论是本地人还是外地人，无论是非农业户口还是农业户口，无论是在就业服务机构进行了求职登记的还是未进行求职登记的，只要符合失业的定义，就作为失业人员进行统计。目前，通过城镇劳动力调查统计的城镇失业率尚未对外正式公布。

失业人员趋于年轻化和长期失业人数多。失业人员年轻化，出现“2030现象”，即20～30岁之间的人面临的就业难题，也可以叫做毕业失业现象。据有关部门调查，上海这样的大城市，城镇登记失业人员中16岁以上30岁以下者，竟占50%。具有高知识、高学历的大学生和研究生群体出现了高失业现象。长期失业人数多。隐性失业日趋严重。失业的统计和救济仍不完善。

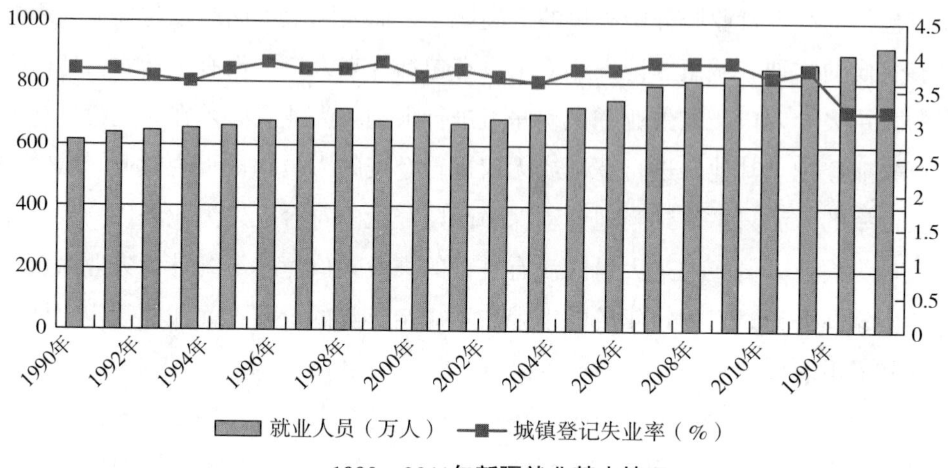

1990～2011年新疆就业基本情况

（八）政府财税类

政府和市场是配置资源的两个缺一不可的因素，市场是配置资源的基础。政府主要通过一系列宏观经济政策调节经济活动。在政府经济政策体系中，一个重要的经济政策就是财政政策。

围绕我国财政的运行特点，讲解五个最具重要性且广泛使用的统计指标，分别为：财政收入、财政支出、财政赤字、债务收入与支出、债务余额等。

1. 政府财税类——财政收入

财政收入是国家财政参与社会产品分配所取得的收入，是反映国家参与分配状况的重要指标。中国财政收入的主要来源是税收。除此外，财政收入来源还有专项收入、其他收入、国有企业亏损补贴等。

地方财政一般预算收入是地方通过一定的形式和程序，有计划、有组织地由国家支配，纳入一般预算管理的资金，属于地方政府的税收收入和非税收入。地方政府的税收收入是指税收收入扣除上划中央税收后的税收余额。非税收入包括专项收入、行政事业性收费收入、罚没收入、利息收入。

根据分税制财政管理体制的规定，税收收入划分为三类，分别是中央税、地方税、中央和地方共享税。一般预算收入中税收收入只包括地方税收入及中央地方共享税中地方分享的部分，如营业税、城建税等地方税的全额，以及增值税（地方分享25%）、企业所得税（地方分享40%）等中央地方共享税的一部分。

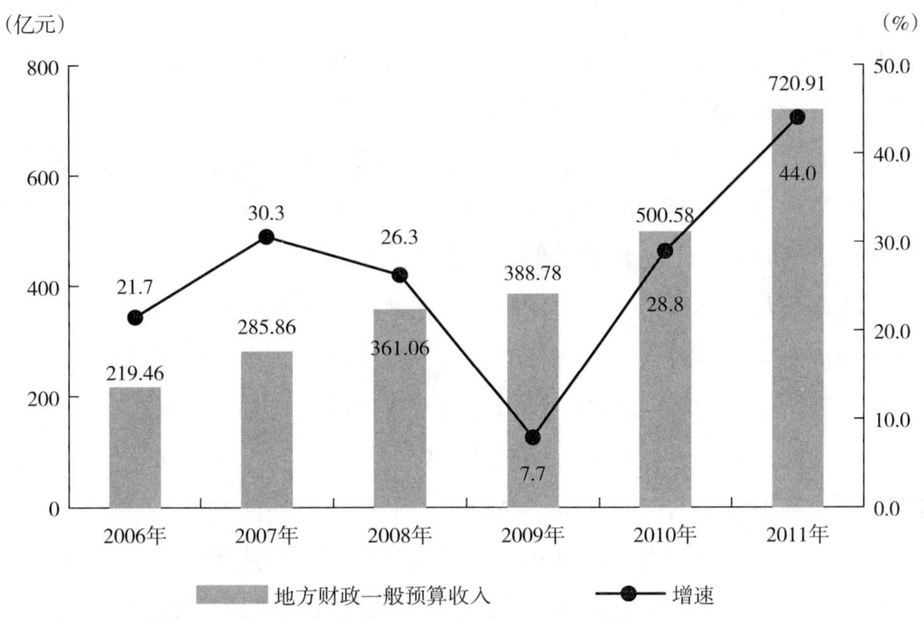

地方财政一般预算收入及增速

非税收入是除税收以外，由各级政府、国家机关、事业单位、代行政府职能的社会团体及其他组织，利用政府权力、政府信誉、国家资源、国有资产或提供特定公共服务，取得并用于满足社会公共需要或准公共需要的财政资金。包括专项收入（如排污费收入）、行政事业性收费收入（如证照收费等）、罚没收入、国有资本经营收入（国有股股息等）、国有资源（资产）有偿使用收入（如机关单位的房屋出租收入）、其他收入（如捐赠收入、主管部门集中收入等）。

地方财政总收入是不含政府基金的财政总收入。包括一般预算收入和上划中央税收收入（即75%增值税，60%企业所得税和个人所得税，100%消费税）；按《财政部关于明确地方财政总收入口径的意见》（财预〔2007〕11号）。

为统计地方经济发展对财政收入总体的贡献情况，在收入体系中引入了全口径财政收入指标。

全口径财政收入是指地方区域内所有财政收入的总和，包含基金的财政总收入；一般预算收入：上划中央“四税”（即75%增值税，60%企业所得税和个人所得税，100%消费税），不包括海关负责征收的关税和代征的增值税，以及政府性基金收入、社会保险基金收入。

基金预算收入市按规定收取、转入或通过当年财政安排，由财政管理并具有指定用途的政府性基金等。比如，国有土地使用权出让金收入、政府住房基金收入、彩票公益金收入等。基金预算收入形成基金预算支出的来源，基金预算收入也可通过调入资金的方式成为一般预算支出的来源，基金预算收入是具有指定用途的收入，不能直接用做一般预算支出。

资金调拨收入，是根据财政体制规定在地方与中央、地方各级财政之间进行资金调拨所形成的收入。上级补助收入，是上级财政按财政体制规定或因专项需要补助给下级财政的款项，是构成地方可用财力，是地方财政一般预算支出的主要来源。如返还性收入、一般性转移支付收入、专项转移支付收入和地震恢复重建补助收入。调入资金，是指为了平衡一般预算支出，经批准从预算外资金结余调入预算的资金，以及按规定从基金结余和其他渠道调入的资金。

财政收入是政府最重要的资金来源，它主要通过税收形式取之于民，以满足政府提供公共服务的需要。政府在一年中组织多少财政收入应该有一个恰当的数量，组织少了满足不了公共需要，组织多了，纳税人负担太重，会挫伤生产者、投资者、消费者的积极性，甚至引起社会的不安定。安排每年的财政收入是一个十分严肃的问题，需经人民代表大会讨论通过。

财政收入占 GDP比重也是我们常讲的“两个比重”之一，是反映政府集中财政的程度。比重上升，则政府组织财政收入(全社会税赋)的程度提高；比重下降，政府组织财政收入(全社会税赋)的程度降低。

财政收入的一个重要分组是中央财政收入和地方财政收入。中央财政收入占全部财政收入比重是我们通常所讲的“两个比重”的另外一个。1994年，针对中央财政收入集中度偏低的困难局面，实行分税制，对税收体制做了较大调整。调整后的税收一定程度地向中央倾斜，从而较大幅度地提高了中央财政收入比重。1994年，中央财政收入占全部财政收入比重回升到55．7%，此后，该比重略有回落，目前，基本稳定在略高于50%的水平上。

2. 政府财税类——财政支出

财政支出是与财政收入对称的指标。财政支出是国家财政将筹集起来的资金进行分配使用，以满足各项事业需要和经济建设开支，反映政府的调控力度。财政支出预算和决算与财政收入预算和决算一样，须经人民代表大会批准确定。

以2011年新疆为例：地方财政支出2598.34亿元，增长37.8%。地方财政一般预算支出2282.68亿元，增长34.4%。财政用于民生的支出1670.5亿元，占地方财政一般预算支出的73.2%。其中，交通运输支出206.96亿元，增长1.3倍；住房保障支出170.23亿元，增长89.1%；城乡社区事务支出139.61亿元，增长46.5%；教育支出397.15亿元，增长26.6%；医疗卫生支出132.54亿元，增长28.0%；社会保障和就业支出199.27亿元，增长19.8%。

政府预算支出，是指国家为实现其职能，通过法定的预算程序对预算收入进行再分配的活动。分为一般预算支出、基金预算支出、债务预算支出。这三类支出又分别按支出功能及支出经济用途进行细分并体现在整个财政的支出活动中。其中一般预算支出与基金预算支出合计为地方财政预算支出。地方可用财力即地方财政支出的来源，一般是指地方一般预算支出的来源，包括一般预算收入、上级补助收入和调入资金构成。需要注意的是基金预算收入不能做为一般预算支出的来源，而只能做为基金预算支出的来源，一般预算支出和基金预算支出共同构成地方预算支出。

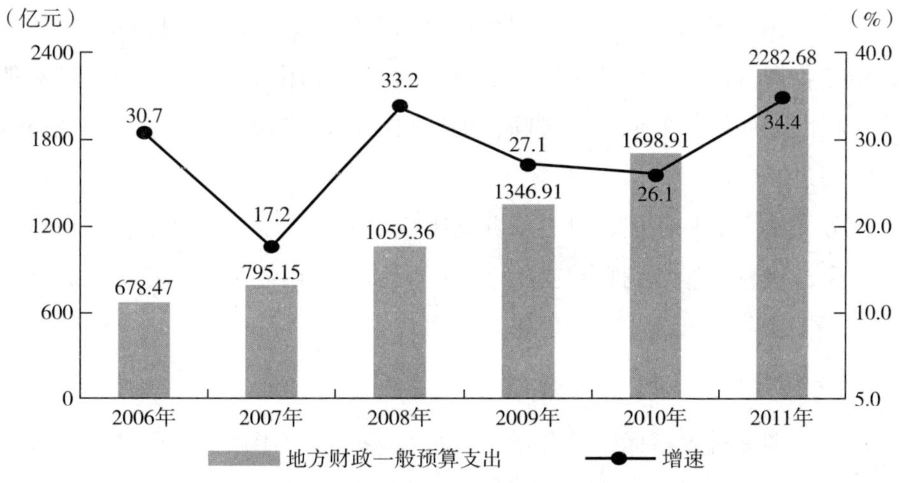

地方财政一般预算支出及增速

财政支出的显著特点是操作性强且见效快。由于财政支出都由政府安排，政府可以通过财政支出总量和投向直接体现宏观调控意图。财政支出从下拨到使用的环节和程序相对简单，因此，往往比其他资金见效快，可以较迅速地达到政策目标。这是中国这些年来选择积极财政政策的重要原因。

3. 政府财税类——财政赤字

财政赤字是指市财政支出超过财政收入的部分，是反映财政风险的核心指标。预算赤字是指在编制预算时支出大于收入的差额，是计划安排的赤字决算赤字。预算赤字是指预算执行结果的赤字，是实际财政支出大于实际财政收入的部分。财政赤字占国内生产总值(GDP)的比率是一个广泛使用的分析指标，反映一国财政赤字的相对规模和水平。按国际标准，这一比率应在3%以下。中国1998年之前，财政赤字占GDP的比重基本上维持在1%之内，少数年份超过1%。1998年以来，政府从被动接受财政赤字，转变为主动利用财政赤字。因此，财政赤字占GDP的比重呈上升趋势。

4. 政府财税类——债务收入和支出

债务收入和支出是反映财政负担的重要指标。债务收入是国家以信用形式筹措的资金。国内债务，包括国库券收入、社会保险基金结余购买国债收入、向国家银行借款收入。国外借款，包括向外国政府借款收入、向国际组织借款收入。国内其他债务，主要是财政专项债券、特种国债等。

衡量一国债务收入的多少要看绝对量，还要观察相对指标——债务依存度，债务收入占财政支出的比率，如果各国广泛使用，它说明财政运转对债务的依赖程度，如果债务依存度过高，则反映财政困难较大，一般一国债务依存度不宜超过20%。

债务支出主要是还债，过去债务支出既要还本也要付息。现在的口径只是归还本金，付息已经放到财政支出中。中国债务支出规模呈逐年扩大趋势，债务支出小于债务收入，其差额用于弥补财政赤字。

5. 政府财税类——债务余额

债务余额是时点指标，是存量，反映在某一时点上政府欠债的总规模。使用较多的债务余额指标有两个，国债余额和外债余额。

国债余额是财政部门的负债（欠账），实际上也是政府的欠账，因为财政代表政府去向公众借钱。国债的主要部分是国库券，除此之外，还有其他形式的国债，如财政证券、国家建设债券、国家重点建设债券、特种国债等。1998年以来，中国实行了持续的积极财政政策，每年国债发行量较大，特别是其中的长期建设国债安排较多，使得国债余额有较明显的增加。国债余额占GDP比重是反映财政风险（负担）程度的一个重要指标，通常称为债务负担率。国际公认的安全线为60%。

外债余额是一国政府欠外国人钱的总额，包括外国政府贷款、国际金融组织贷款、国际商业贷款和其他形式的外债。外债风险指标有三个：偿债率，偿还外债本息与当年贸易和非贸易外汇收入之比，安全线为20%。负债率，外债余额与同期国民生产总值之比。债务率，外债余额与同期贸易和非贸易外汇收入之比，安全线为100%。

（九）收入类

1. 收入类——城乡居民收入

城镇居民人均可支配收入：是指将家庭总收入扣除交纳的个人所得税和个人交纳的各项社会保障支出之后，按照居民家庭人口平均的收入水平。家庭总收入是指该家庭中生活在一起的所有家庭人员从各种渠道得到的所有收入之和，包括工资性收入、经营净收入、财产性收入、转移性收入。城镇居民可支配收入=家庭总收入–交纳个人所得税–个人交纳的社会保障支出。城镇居民人均可支配收入标志着居民的购买力，用以衡量城镇居民收入水平和生活水平。

全国和各省（区、市）城镇居民人均可支配收入是由国家统计局组织各级调查队，通过抽样调查的方式，收集城镇居民日常收支资料，对所有原始资料进行超级加权汇总得到的。国家统计局公布全国及分省城镇居民人均可支配收入数据，每季度一次。国家统计局组织各级调查队，向抽中的6.6万户城镇记账户发放日记账本。记账户每天记录家庭收支流水账，包括所有家庭成员的各项收入。在每月规定的收账日，调查员收集所负责的记账户的记账本并将新的记账本发给记账户。对收回的记账本，调查员进行编码、整理、初审、录入，逻辑审核无误后，市（县）级调查队将记账户原始数据资料报送到本省国家调查总队。各国家调查总队审核确认数据无误后，将本省全部记账户原始资料上报国家统计局。

农村居民人均纯收入：农村居民纯收入按照农村住户人口平均的纯收入水平，是一个年度核算指标，反映全国或一个地区农村居民的平均收入水平。农村住户当年从各个来源得到的总收入相应地扣除有关费用性支出后的收入总和。等于工资性收入、家庭经营总收入、财产性收入、转移性收入之和，再减去生产经营费用和固定资产折旧、税费支出和赠送农村内部亲友支出。农村居民人均纯收入的计算过程是，先分户调查收集数据，然后分户计算纯收入，由省级国家调查总队汇总全省纯收入，由国家统计局汇总全国纯收入。然后分别计算全国和各省的人均纯收入。计算公式：农村居民纯收入＝总收入-家庭经营费用支出-税费支出-生产性固定资产折旧-赠送农村内部亲友支出。农村居民人均纯收入＝调查户纯收入之和/调查户常住人口总和。

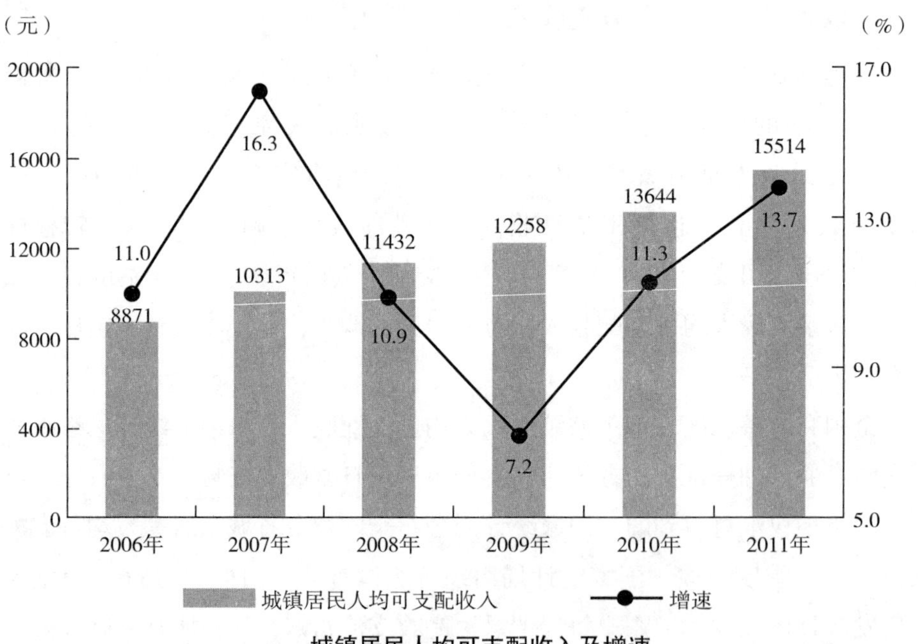

城镇居民人均可支配收入及增速

农村住户调查按照对全国和分省农村居民主要收支指标有代表性的原则

设计并选取样本。农村住户调查按照分层、多阶段、与人口规模大小成比例（PPS方法）的随机抽样方法，在全国31个省（区、市）中抽选896个调查县、7000多个调查村和7.4万个调查户，收集农村住户家庭现金收支、实物收支及家庭经营情况等资料。为保证样本代表性，国家统计局定期对调查县中的农村住户调查村和调查户进行轮换，通常每2年轮换一次。国家统计局制定并实施全国统一的农村住户调查方案，调查户按照国家统计局统一编制的账本和要求进行记账，采用日记账和问卷相结合的方式采集数据。农村住户收入与消费等数据通过调查户记账方式获取，农村住户人口特征、就业情况、住房情况、耐用消费品拥有情况等数据通过问卷方式获取。抽中的每个调查村配备一名辅助调查员，定期督促检查调查户的记账情况，并对没有记账能力的户辅助记账；县级调查员定期入户指导记账、开展问卷调查，并负责定期收集调查户的登记账册，录入、审核数据后上报国家统计局公布全国和分省农村居民人均纯收入数据，每年一次。

2. 收入类——平均工资

平均工资指企业、事业、机关等单位职工在一定时期内平均每人所得的货币工资额，反映一定时期单位就业人员工资收入的高低程度和工资水平，揭示劳动力用工成本和国民收入分配状况，是制定社会保障政策、建立赔偿制度的基础数据。

国家统计局劳动工资统计报表制度分为城镇非私营单位工资统计报表制度和城镇私营单位工资统计报表制度两部分。统计范围涵盖全国31个省、自治区、直辖市城镇地区全部法人单位。

工资总额是各单位在一定时期内直接支付给本单位全部职工的劳动报酬总额，包括计时工资、计件工资、奖金、津贴和补贴、加班加点工资、特殊情况下支付的工资，不论是否计入成本，不论是以货币形式还是以实物形式支付，均包括在内。统计的是个人税前工资，并且包括个人交纳的养老、医疗、住房等个人帐户的基金。

在岗职工是指在各级国家机关、政党、社会团体及企业、事业单位中工作，取得工资或其他形式劳动报酬的全部人员。城镇非私营单位在岗职工平均工资的调查频率为每季度调查一次，其统计范围涵盖了包括全部国有单位、城镇集体单位，以及联营经济、股份制经济、外商投资经济、中国香港、中国澳门、中国台湾投资经济单位在内的约150万家单位，采用全面调查的方式收集数据，涉及在岗职工约1.23亿人。

城镇私营单位就业人员平均工资的调查频率为每年度调查一次，其统计范围涵盖约460万家私营法人单位。具体是指内资法人单位中自然人投资设立或由自然人控股的私营有限责任公司、私营股份有限公司、私营合伙企业和私营独资企业。采用抽样调查的方式搜集数据，抽样比约10%，涉及就业人员约8000万人。

平均工资=报告期城镇单位工资总额÷报告期城镇单位平均人数。全国和各省市县城镇单位工资统计采用逐级汇总的方式，即各县汇总计算本区域城镇单位平均工资，各市根据各县上报的汇总资料计算本区域城镇单位平均工资，各省根据各市上报的汇总资料计算本区域城镇单位平均工资，最后国家统计局根据各省上报的汇总资料计算全国城镇单位平均工资。国家统计局定期在网站上发布城镇非私营单位在岗职工平均工资和城镇私营单位就业人员平均工资数据。各地统计局公布本区域的城镇单位平均工资情况。

总结语

要准确把握和分析宏观经济形势是一个循序渐进的过程，既不是高不可攀，也不可能一蹴而就。不仅需要掌握党和国家的方针政策，还需要具备一定的统计分析能力，具有较强的观察能力、思维能力、创新能力、组织能力等等。更需要处处留心，时时关注国内外经济形势的发展变化，积累信息，不断进行分析判断，深入思考，才能成为经济分析专家。

综合分析案例

在市委经济工作会议上的讲话

谭仲池

同志们：

这次市委经济工作会议非常重要。刚才润儿书记所作的重要讲话，全面阐述了中央、省委经济工作会议的重要精神，并就我市贯彻落实省委经济工作会议精神作了全面的部署，提出了明确要求，大家要认真领会，狠抓落实。为实现长沙新一年又好又快发展作出新的努力，创造新的佳绩。下面，我讲三点意见。

一、2006年全市经济社会运行特点和存在的问题

（一）2006年全市经济社会运行的主要特点

2006年，是我市全面实施“十一五”规划的第一年。全市人民在省委、省政府的正确领导下，坚持用科学发展观统领经济社会发展全局，扎实工作，开拓进取，实现了“十一五”时期的良好开局。全年实现地区生产总值1780亿元，增长14.8%（预计数，下同）；完成全社会固定资产投资1086亿元，增长22.2%；完成地方财政收入175亿元，增长25%；实现社会消费品零售总额864亿元，增长16.2%；城乡居民人均可支配收入分别达13850元和5417元，增长11.4%和14.0%。全市经济社会运行呈现以下特点：

1. 工业经济增势强劲

1～11月完成全部工业总产值1466亿元，增长27.2%；完成规模工业增加

值369亿元，增长24.7%；规模工业实现利税182.86亿元，增长30%；工业经济效益综合指数202.1%，增加23个百分点。在全国26个省会城市中，我市规模工业增加值排名第12位，比上年同期前移1位。全年工业经济将实现5个突破：全部工业总产值突破1600亿元；规模工业增加值突破400亿元；实现利税和工业投入双双突破200亿元；工业招商引资突破140亿元。

2. 新农村建设开局良好

全年实现农林牧渔业总产值190亿元，增长5.5%。四大产业带和农村基础设施建设加快，新扩茶园466.7公顷，全面启动了6666.7公顷高档优质稻核心示范基地建设和100公里水产项目区主干道硬化工程。40个重大农产品加工项目和技扩改项目年内完成投资19.7亿元；农产品加工产值达220亿元，增长18%，主要农产品优质率达70%以上。水利建设完成投资11.6亿元；建设改造农村公路1340.7公里；改造中低产田4667公顷。投资1600万元完成村级规划210个、乡镇规划41个。100个示范村和千村整治工程全面展开并启动建设农民住宅小区8个。

3. 城市功能改善明显

全市城建重点工程累计完成投资近100亿元；二环线西北段、三叉矶大桥、火星大道北段、月湖公园、社区环境整治工程等30个项目竣工投入使用；“两馆一厅”如期开工，三角洲新城、橘子洲风景区、天燃气配套工程、经济适用房建设等四大项目顺利推进。城市管理水平再上新台阶，新的门前市容环境卫生责任制正式实施。全市新增公共绿地212.2公顷，城市林业生态圈2210亩，我市成为全国第三个国家森林城市。完成小城镇投入67.31亿元；全市城市化水平达55%，同比增长1.5个百分点。

4. 消费市场持续旺盛

区域性商贸中心城市的地位进一步确立，社会消费品零售总额继续保持全国十强。市场体系建设取得较大进展，完成城区“农改超”项目16个。农村“万村千乡”市场工程建设强力推动，新建“农家店”300家。今年1～11月，全市农村社会消费品零售额达149.55亿元，同比增长14.8%。消费热点和亮点频现，汽车、石油及制品、轻纺服装、食品、家用电器的消费增速均达20%以上。现代物流业发展态势良好，5家长沙本土三方物流企业入选中国百强物流企业，全市物流业总产值达92亿元，同比增长13.2%。

5. 改革开放力度增大

国有企业改革继续深化，国有资产监管得到加强，文化体制改革正式启动，农村综合配套改革取得新进展。招商引资快速增长，全年引进外来资金480亿元，同口径增长47.4%；其中实际到位外资12亿美元，同比增长33%；利用市外境内资金实际完成固定资产投入380亿元，同口径增长51.6%。今年新引进177个外资项目平均投资规模达2300万美元。对外贸易稳步增长，市外贸归口管理企业完成进出口总额23亿美元，其中出口13.5亿美元，同比分别增长14.7%和27.4%。区域性金融中心建设启动，33家在华外资银行负责人组团来长沙考察。

6. 社会事业发展加快

创新型城市建设正式启动，市本级新增科技投入4000万元，开展了系列创新创业活动，全年专利申请量达3610件。教育事业取得新成效，全市“两免一补”资金投入达7055.6万元，惠及城乡49.6万中小学生。公共卫生体系日益完善，全市9个县（市）区共330.2万农村人口参加新型农村合作医疗，参合率达84.6%；城市社区卫生服务机构覆盖率达92%。文化事业蓬勃发展，成功承办第二届湖南艺术节，湘绣、浏阳花炮入选国家非物质文化遗产名录。广播电视再创佳绩，女性频道进入美国麒麟电视网，新增37个行政村实现广播电视“村村通”。投入30多亿元继续办好了省、市8件实事。全年新增城镇就业人员8万人，转移农村劳动力5.4万人；城乡低保水平再次提高；千人复明工程顺利完成，率先全国由政府定期对社会精神病人实施药物救助；敬老院建设等圆满完成年度目标。

（二）当前经济工作面临的主要困难和问题

1. 区域竞争压力增大

与中部省会城市相比，长沙14.8%的GDP增速排位靠后。特别是我市工业尚未形成比较优势，缺失原材料能源基础工业和强势增长的大项目支撑。2005

年郑州市非金属矿物制品业等四大基础工业共完成工业增加值307.1亿元，占规模工业增加值的53.9%，相当于长沙市规模工业增加值总量。

2. 投资拉动作用减弱

预计全年全社会投资增速比上年回落9.7个百分点。生产经营性投资偏少，1～11月生产经营性投资完成320亿元，占比仅为34.8%。特别是工业投资比重过低，今年前十个月投资占比为24.5%，低于全省平均水平。

3. 土地、信贷和房地产调控的制约性加大

由于国家实行更加从严从紧的土地供应政策，目前全市用地计划指标缺口达2000公顷以上。同时，信贷、房地产投入都呈明显下降趋势。

4. 节能降耗、治污任务艰巨

2005年我市单位GDP能耗1.03吨标煤/万元，按照“十一五”规划要求单位能耗每年下降4%，GDP每增加1亿元，需节约412吨标煤，任务相当艰巨。同时，我市目前污水处理率仅为41.4%，离国家文明城市、国家环保模范城市要求达到的80%标准仍有较大差距；农村畜禽养殖、农药、化肥的使用和粗放式生产带来的面源污染等生态环境问题也比较突出。

二、加快结构调整，转变增长方式，实现又好又快发展

2007年是全面贯彻省九次党代会和市十一次党代会精神的第一年，全市经济工作要按照中央、省委经济工作会议精神，全面落实科学发展观，加大结构调整，切实转变增长方式，保持和推进经济社会又好又快发展。主要预期目标是：确保地区生产总值增长15%，要求一、二、三产业分别增长5.7%、18.2%、12.3%以上；全社会固定资产投资总额增长23%以上；地方财政收入增长20%；实际利用外资15亿美元以上；单位GDP综合能耗下降4%以上。为了实现以上预期目标，必须采取有力措施，抓好以下重点工作：

（一）着力推进新型工业化，提升带动作用

要加快重点项目、重点企业和重点产业集群建设。加快推进长丰集团汽

柴油发动机、晟通铝箔、国科广电、山河智能、中大创远等项目建设，实现美的三湘汽车零配件、长沙烟厂联合工房二期等项目竣工投产；大力支持中联重科、三一重工等核心企业加快发展；不断壮大工程机械、汽车、家电等三大优势产业集群，发展中小配套企业，形成优势产业、骨干企业与配套企业良性互动的工业发展格局。要加快园区工业发展。进一步科学规划和协调，突出园区产业分工特色，创新园区管理机制，把园区工作重心转到招商引资和协调服务上来。加快完善基础设施，加快园区的扩容提质和升级，使“两区八园”成为全市工业发展的主要载体。要加快发展现代服务业。突出发展现代物流业，加快金霞物流保税中心建设发展。推动融资、租赁、理财、创业投资等综合类金融服务，大力发展科技、法律、会计、审计、评估、工商咨询、专利代理、产权交易等专业服务，充分发挥现代服务业对新型工业化的支撑和推动作用。要加大产业发展支持力度。集中财力保证全市农业、工业、商贸、科技等领域重点产业的发展，形成长沙的产业发展新优势。

（二）加快经济结构调整，提升发展水平

要优化产业结构，大力发展高新技术产业。着力培育一批具有核心技术的产业和企业，做大做强新材料、智能型现代工程机械及零部件、数控机床、数字动漫、软件、生物医药等特色产业基地，通过高技术、高附加值产业的支撑与带动，全面提升经济的综合竞争力。要优化投资结构，着力改造提升传统产业。鼓励企业为主，社会资本进入，加大对产业发展的投入，尤其是要从发展长沙的传统产业优势出发，加快先进设计、先进技术和先进科技产品的引进和应用，不断提高卷烟、烟花、湘绣、食品、建材、轻纺等传统产品技术附加值。要优化消费结构，发展壮大新型产业。运用现代经营方式改造提升商贸、餐饮等传统服务业，加快中央商务区建设，发展壮大楼宇经济和节会经济，积极鼓励发展农家乐等农村特色产业。培育和壮大新闻出版、影视传媒、卡通动漫、文博会展等8大文化产业。突出发展生态文化旅游、红色旅游、休闲旅游，全面启动创建“中国最佳旅游城市”工作。

（三）统筹城乡发展，推进新农村建设

要大力发展现代农业。重点抓好四大优势产业带的提质增效。加大对农产品加工企业的支持力度，培育在全省乃至全国都有影响的大型龙头加工企业，积极引导农业高科技企业和农产品加工项目向园区集聚。加大推进农村合作组织建设，着力培育壮大产业和品牌产品，提高农产品的附加值，确保农民增产增收。要加快农村基础设施建设。大力推进农田水利、乡村畅达、农网改造、农村广电、人饮安全、环境整治等工作。继续投入1000万元编制村级规划，建设改造农村公路1380公里，完成80座病险水库治理、40处安全饮水工程和1000公里标准渠道的建设。结合小城镇建设抓好土地整理和特色产业发展，增强小城镇吸纳各类生产要素和辐射带动农村经济发展的功能。要加强农村公共服务。积极推进农村公共卫生、医疗服务体系和新型合作医疗保障体系建设，每个村建设一个标准化卫生室并解决医疗人员、设备问题，实现农村低保全面提标，全面完成农村五保户危房改造。加强农民的就业指导、培训和服务，大力发展劳务经济。

（四）加强项目建设，保持投资稳定增长

要切实抓好重大项目建设。全年全社会固定资产投资要达到1300亿元以上，重点抓好华电长沙电厂、黑麋峰抽水蓄能电站、黄花机场扩建、橘子洲风景区工程、三角洲整体开发工程、中信新城、武广客运专线长沙段、火车南北货站搬迁、引水及水质环境工程、湘江航电枢纽、城市轻轨工程建设。要激发引导社会投资。降低民营资本进入公共领域门槛，激发企业、社会投资活力。注重引导调整投资方向，把产业投资摆在更加突出的位置，大幅度增加工业、高新技术产业及现代服务业的投资比重，扶持优势产业、品牌企业发展，实现年内产业投资的比重达50%以上。要创新拓展融资渠道。继续抓好金融安全区创建，对金融区建设实行政策优惠，加快芙蓉中路金融一条街建设。努力推进银企合作，出台对金融机构增加信贷投放的考核奖励办法。要通过培育上市公司、资产证券化融资、集合委贷、企业债券发行、租赁融资、股份合作、设立产业投资基金等途径多渠道融资，确保明年投入力度不减。

（五）提高自主创新能力，增强发展后劲

要加强区域创新体系建设。加大政府投入力度，市本级科技投入增加到1亿元；支持、鼓励企业增加研发投入；发挥科研院所在科技创新中的源头作用，形成政府引导、企业主体、市场导向、产学研结合的技术创新体系。要大力增强集成创新能力。重点围绕工程机械、汽车、家电等优势产业集群，选择具有较强技术关联性和产业带动性的重大项目集成攻关，大力促进相关技术的有机融合，实现关键技术的突破，形成一批优势资源集成度高的战略产品。重点支持浏阳花炮、湘绣、食品等传统名牌产业的自主创新。支持宏梦卡通争创中国创意产业第一品牌，支持花炮工程技术中心建设，力争浏阳花炮成为全国驰名商标。要加快技术引进、消化、吸收和再创新。注重专利技术、专有技术、软件及配套技术的引进和转化，注重尖端技术和仪器设备的引进。以技术引进为基础，加大技术的消化、吸收和再创新，逐步掌握核心技术，形成自主知识产权。

（六）强化节能降耗约束，发展循环经济

要全面建立和实施节能降耗评价考核体系。围绕创建全国节能型试点城市，制定工业节能规划，加大节能降耗投入，重点支持能源的合理利用和新能源新技术的开发与应用。将单位地区生产总值能耗降低指标纳入各区县（市）经济社会发展综合评价和年度考核体系，实行严格的目标责任制。要着力抓好重点领域、重点行业和重点企业的节能降耗。大力开展“百家企业节能工程”，突出抓好化工、建材等重点耗能行业和年耗能3000吨标准煤以上企业的节能，强化建筑、交通运输、商业和民用领域的节能降耗约束。积极开发和推广节能新技术、新工艺、新产品，加快技术改造，构建节能型产业体系。抓好国家循环经济试点工作。要推进资源集约利用和生态环境建设。严格控制用地规模，加强基本农田保护，加大城镇建成区改造挖潜和闲置土地回收处置力度，抓好矿产资源集约利用开发。继续加强环境保护和生态建设，实行严格的环境准入标准，加强三叉矶等工矿区域污染治理，积极防治农村面源污染，严格森林、湿地、水资源的保护和管理。

（七）坚持以人为本，加快社会事业全面发展

要加快教育事业发展。加强普通中小学校标准化建设，全面实施义务教育学校“三改”工程，加速推进长沙职教城建设，做好“普九”迎国检工作。要努力完善公共卫生体系。抓好重大疾病预防控制和医疗救治工作，落实好新型城乡合作医疗政策，改善城乡基层卫生院的服务条件，加强城市社区卫生服务体系建设，确保为人民群众提供安全、有效、方便、价廉的医疗服务。要不断发展和繁荣文化、体育事业。加强乡镇、村文化设施建设，抓好长沙戏剧艺术中心、贾谊故居二期修复工程和文化产业园建设，有序推进马王堆和铜官窑申遗，办好中国第十三次历史文化名城年会，全面推进文化体制改革。启动市体育馆（市全民健身中心）搬迁建设，组队参加第六届全国城市运动会，再创新佳绩。

（八）创新对外开放机制，促进区域互动合作

要大力引进战略投资者。精心组织并积极参加“澳大利亚经贸洽谈会”“长沙重点项目投资贸易洽谈会”“厦交会”和“中部博览会”等重大招商活动，努力引进世界500强和其他知名国内外大公司等战略投资者，实现引进外资银行、保险公司来长沙设立分支机构零的突破。要努力提升对外经贸水平。实施“品牌兴贸”战略，加强出口创新、花炮出口、医药出口和外派劳务等基地建设，力争长沙成为国家十大服务外包基地城市。充分发挥金霞海关保税中心承接贸易转移的功能，加快产品的进出口，实现市归口管理企业完成进出口总额25亿美元以上。要加强区域合作与交流。切实增强城市竞争实力，主动参与和推进长沙、株州、湘潭深度融合，为“3+5”城市群发展做好各方面的工作，合力建设长株潭综合配套改革试验区。进一步加强与泛珠三角、中部地区和长三角的交流合作，积极参与“第四届泛珠三角经贸洽谈会”，承办好“第四届泛珠三角省会城市市长论坛”。

三、切实转变政府职能，实现管理创新，全面提高服务和管理经济社会发展的能力

（一）转变政府职能，切实提高领导发展的能力

主动适应现代经济社会发展要求，加快政府调节经济职能向宏观调控、统筹协调、规划引导、制度建设、政策研究和制定等方面转变。要着力优化政务环境。继续深化审批制度改革，放松对具体经济事务的管制，坚持非禁即入，减少事前审批，强化后续监管。进一步加强政务服务中心建设，运用信息化手段改善审批方式，加快实施电子政务畅通工程，以投资项目报建为重点建设网上政府服务大厅，实现运行程序规范化，限时岗位办结制度，提高行政效率。进一步强化服务意识，严格责任追究，严厉查处公务人员刁难、卡压企业行为，重点查处一批影响发展环境的典型案件。实行重大事项和公共管理事项新闻发布制度，自觉接受监督。要深化投资、融资体制改革。进一步降低民间资本投入门槛，全面实施企业投资项目核准制和备案制。进一步规范政府投资行为，改革投、融资体制，强化对社会事业和公共服务投资的责任，实行重大项目公示制、稽查制。加快推行政府行政性、公益性投资项目代理建设制。要坚持勤政廉政。健全科学民主决策机制，完善行政决策程序，推行专家论证、技术咨询、决策评估以及公示、听证等制度。强化行政监督，健全纠错改正机制，完善行政责任制和过错追究制。继续加大对商业贿赂的治理和反腐倡廉的工作力度。深入实施公务员法，提高公务员队伍整体素质。从严治政，转变作风，激发活力，营造诚信、法制、文明、宽松的经济社会发展环境。

（二）构建公共财政，努力解决关系群众的直接利益问题

公共财政是市场经济条件下政府财政的基本选择。要提高财政公共服务水平。政府财政要逐步退出私人商品生产领域，更多地转向为公众提供公共商品和公共服务。今后，市级新增财力要突出解决直接关系人民群众利益的就业、再就业、城乡居民最低生活保障、城乡居民医疗保障、城镇企业职工基本养老保险、城乡义务教育两费全免和贫困生、大学生入学资助、扶贫、经济适用房

和廉租房建设、增加城乡居民收入等重大民生问题，将发展的成果惠及最广大人民群众。要优化财政支出结构。适应政府职能转变的要求，科学界定和规范财政支出范围，将应由市场和社会负担的部分分离出去，切实将财政支出的着力点向统筹城乡发展倾斜，加大对城乡产业发展的投入力度；加大对教育、科技、文化、卫生等各项事业的投入；加大对贫困乡村的转移支付力度；加大对节约资源、环境保护投入。要加强财政管理制度建设。进一步健全税收征管、财政预算管理、国有资产管理、财政监督、财务会计等财政制度体系，完善政府间公共财政转移支付制度，构建合理的财政收入分配体制。各级机关和全体公务员必须发扬勤俭节约、艰苦奋斗的优良传统和作风，自觉接受人大、纪检监察、审计、社会的监督，节约行政开支，在购车、出国、基建、庆典、接待等方面严格遵守财政纪律，凡超标的都要追究责任。要清理核定好各级政府的国有资产并建立严格的管理和保值、升值、融资机制。加强政府偿债机制建设，着力化解各类债务和乡村债务。

（三）办好8件实事，切实提高执政为民能力

在全面完成省委、省政府下达的8件实事目标的基础上，继续实施市8件实事工程。一是加大以镇（村）规划、乡村公路、农田水利、农村电网改造等为重点的基础设施建设。二是全市义务教育阶段学生从明年秋季开始全部免“两费”。三是完善城乡医疗保障体系，实现社区、村医疗保健机构全覆盖。四是完成100个社区的综合环境整治和历史区街保护工程。五是着力解决城乡食品安全和农村饮水安全问题。六是启动农村五保户危房改造工程，健全城市生活无着落流浪乞讨人员救助机制。七是加大经济适用房和廉租房建设力度，新增廉租房10万平方米，实行经济适用房政府回购出售和公示制度。八是加强公共就业服务，培训农民28万人次，转移农村劳动力10万人，实现城镇无零就业家庭。

（四）着力维护稳定，切实提高化解矛盾能力

要加强信访和矛盾化解工作。进一步畅通信访渠道，完善信访机制，加大信访事项督办力度，落实信访工作责任制，切实把信访问题解决在基层。

当前，尤其要注意加强对国企改革、基建工程、环境建设、资源开发、征地拆迁、经济纠纷、执法不公、处理失策等方面中出现的各类社会矛盾纠纷的排查调处，切实把矛盾纠纷化解在萌芽状态。要强化社会治安综合治理。认真落实社会治安综合治理措施，完善防控、防恐体系，深入开展平安创建活动，严厉打击各种犯罪分子，保障人民群众安居乐业。加强应急管理工作，认真做好重大自然灾害、重大安全事故、重大突发公共事件等应急事件的预防控制，提高预防和处置突发公共事件能力，维护公共安全和社会稳定。要加强安全生产工作。进一步完善安全生产责任体系，加强安全监管，抓好重点行业和重点领域的安全专项整治，严防重特大安全事故的发生，保障人民群众生命财产安全。进一步强化安全管理措施，尤其是在岁尾年初，更要加强消防安全、交通安全、食品安全等工作，为保障全市人民过好欢乐、吉祥、节俭的元旦和春节做好各方面的工作。

同志们，全面完成明年的各项经济社会发展目标，任务繁重，责任重大。我们一定按照科学发展观的要求，在市委的领导下，自我加压，乘势而上，认真贯彻落实“十一五”规划和省、市党代会精神，为努力推进长沙经济社会又好又快发展作出新的贡献！

2006年12月25日

在长沙市经济社会发展形势报告会上的发言

张剑飞

各位老领导、老同志：

今天非常高兴就长沙市经济社会发展情况向大家作一个汇报，主要有三个方面的内容。

一、全市经济社会发展的基本情况

近年来，在省委、省政府领导下，我们围绕“科学发展，转变方式”的主线，根据“全国争先、中部领先、全市率先”的总要求，按照“创业之都、宜居城市、幸福家园”的目标，开创了经济社会又好又快发展的局面。

（一）综合实力明显增强

2012年，全市地区生产总值达6400亿元，五年年均增长14.6%；固定资产投资达4012亿元，年均增长27.3%；财政总收入达796.6亿元，年均增长19.3%。目前，长沙市经济总量在全国26个省会城市中居第7位，这几年我们跨越了郑州、石家庄、福州、西安、哈尔滨和昆明，排在长沙前面的省会城市还有广州、杭州、成都、武汉、南京和沈阳。同时，长沙市的知名度和首位度有了较大的提高，目前经济总量、规模工业和社会投资占全省的1/3，辖内的税收、对外贸易和企业利润接近全省的1/2。

本文根据录音整理，未经本人审阅。

（二）城乡品质显著提升

近5年，特别是望城撤县改区以来，长沙市城区面积由556.3平方公里增至1918平方公里，建成区面积由181.23平方公里增至315.81平方公里，建成区面积扩大近一倍。我们还实施了一大批影响长远的重大基础设施项目，比如株树桥引水工程建成，开辟了城市第二水源；湘江综合枢纽蓄水通航，使枯水期缺水成为历史；黄花机场新航站楼投入营运，进入全国10大机场行列；高铁南站、新火车北站投入营运，目前正在建设沪昆高铁，到明年9月长沙至上海的高铁就可以通车；地铁2号线即将通车，1号线加快推进；营盘路隧道建成通车；福元路大桥、湘府路大桥竣工通车；南湖路隧道年底即将通车，过江通道将达10条，过江交通压力明显缓解。同时，在农村实施“公路通达、电网扩容、安全饮水、环境整治、校舍改造”5大工程。目前，长沙村级道路全部硬化，达到1.5万公里；新建和改建农村低压线路达1万公里；解决了100万人口饮水安全问题；全面完成危旧校舍改造，农村垃圾收集处理实现全收集、全覆盖，积极开展农村养殖污染治理。

（三）两型改革大力推进

创新体制设立大河西先导区，经过几年努力，先导区雏形初现；实施两轮环境保护3年行动计划，第一轮投资115亿元，大规模建设污水处理厂、污水管网截留等工程。过去湘江有71个直排污水口，我们截流了68个，当前还剩下3个正在建设中。今年年初我们提出要用壮士断腕的决心进行第二轮环境保护3年行动计划，实施污水截流工程，解决湘江和浏阳河的水污染问题。目前全市污水处理率从2007年的45%提高到2012年的92.7%，城市空气质量优良率由82%提升到2012年的92%左右，但今年以来有所下降，一是国家改变了统计方法，同时还有全国雾霾空气流动等原因。

（四）群众生活持续改善

近几年是群众收入增加较快的时间段之一，城乡居民收入由2007年的15711元、6613元增加至2012年的30288元、15763元，这几年新增财力的70%

以上都用于教育、卫生等民生事业。取消长浏、浏大、长湘、宁横4条公路收费站，普通公路全部免费通行。城区公园和公共文化设施免费开放，暑期免费为中小学生提供游泳场所。创建了全国文明城市，连续5次获评“中国最具幸福感城市”。

（五）政府管理全面加强

推行政府精细化管理，提出两个口号：“努力实现用同样的钱办更多的事，同样的人提供更好的服务”。在加强管理方面，一是加强政府部门开支管理，全市人均三公经费排名前5位的部门要向政府常务会议作出说明；二是加强专项资金管理，制定专项资金管理办法，同时通过媒体向社会公示；三是加强政府投资项目管理，这也是以上3项管理中潜力最大的。我们在发改委下面成立政府投资管理局，任何政府投资项目必须经过政府投资管理局；在审计局下面成立政府投资审计局，政府投资项目的结算必须经过审计才能支付。这样，建立了从项目前期、方案比选、投资控制、招投标监管到竣工结算审计的全过程监管链条。同时，对于政府投资管理方面明确了几条：一是只有立项项目才能成立；二是超过概算的项目必须进行说明；三是调整概算前严禁超概算支付，未实行招投标的项目严禁支付，严禁超进度支付。在加强政府管理方面还成立了土地管理委员会，由我本人任主任，对每一块土地的出让时间、条件、底价都进行反复研究、上会讨论，任何减免都必须经过土地委员会集体研究，杜绝土地出让过程中的违规现象，实现了土地收益的最大化。

（六）2013年1～9月经济社会发展概况

无论从国际看还是国内看，今年可以说是经济下行压力最大的一年，特别是对长沙以工程机械为主导的工业形成了巨大冲击。但是我们以“六个走在前列”大竞赛活动为抓手，加快推进实施“三倍”、建设“三市”步伐，全市经济社会呈现良好来势。前3季度，实现地区生产总值5119.6亿元，同比增长11.7%；完成固定资产投资3355亿元，增长19.5%；实现财政总收入681亿元，同口径增长14.3%。

二、这几年我们的主要做法

（一）在继承和发扬中坚持好的发展思路

一个地方的发展关键在于有一个科学的发展思路。任何一代人都是在前人的肩膀上来开展工作的，长沙这些年的发展得益于在座的各位老同志打下的良好基础，我们没有理由抛开原有的发展思路另起炉灶，我们要在继承中根据时代需要不断发展。光荣书记时期提出要建“国际性大都市”，在座的很多老领导都参与了这一定位的制定。同时还提出了“一江两岸，西文东市，六桥三环，山水洲城”，这些提法奠定了今天长沙发展的大格局，至今大家对这些提法仍然耳熟能详，这仍然是指导我们工作的指针。根据“六桥三环”基本建成的情况，市十三届人大一次会议提出的“把长沙建设成具有国际视野、人民引以自豪的创业之都、宜居城市、幸福家园”的发展目标，无论是“国际视野”，还是“宜居幸福”，都和之前的定位一脉相承。在市十四届人大一次会议上，新一届政府提出“努力建设更加富裕、秀美、文明、幸福的大长沙”的新愿景，“富裕”和“创业”对应，“秀美幸福”和“宜居幸福”对应。最近召开的市委十二届六次全会提出率先建成“三市”，共圆“三梦”；强力实施“三倍”，提升“三量”的新思路，既与长沙历届市委、市政府的发展思路一脉相承，又充分考虑了长沙的发展实际及资源禀赋，以更宽的视野、更高的标准提出了发展目标。

（二）大力推进新型工业化

一个城市的发展必须要以产业为基础，工业对长沙来讲始终应该是第一位的。我们实施了工业化核心战略，全市工业总产值两年跨越3个千亿台阶，由2010年的5404亿元扩大到2012年的8228亿元。推进“千亿产业集群，百亿企业方阵”建设，着力打造工程机械、汽车及零部件、家用电器、电子信息、中成药及生物医药、新材料等6大产业集群。目前，随着比亚迪、广汽菲亚特的投产，长丰与广汽的合作，上海大众的落户，长沙已经崛起为中国汽车工业新的增长极。同时电子信息产业异军突起，蓝思科技现在已经做到300亿。

（三）大力提升城市品质

一个城市怎样才能赢得竞争优势？要靠高素质的人才，高品质的城市，高效率的政府，来营造投资的洼地，财富的高地。近几年，长沙按照“色彩素雅、街区整齐、风格简洁、建筑精致、人与自然和谐”的要求，来建设新城区，改造老城区。制定《城市色彩规划》，着力打造和谐的城市色彩，逐步形成“简洁素雅、色彩和谐”的长沙城市色彩印象。实行城市建筑单体审查制度，对重点区域、重点路段建筑的色彩、立面、平面布局、周边环境等要素，从建筑体量、材质、风格等进行审查监管，确保主干道单体建筑外形设计符合城市总体风格、总体色彩等要求；大力整治城市广告，从城市总体要求出发，坚决拆除了500万平方米的广告；开展外立面改造、平改坡、老旧社区改造、景观特色街建设，全面加强城市管理。

经过这几年的努力，城市面貌有了较大改观。如原来四方坪国立金海大酒店是红色，我们经过专门协调进行改造，现在颜色与整个城市风格协调了许多；原来枫林宾馆前面的大木柱子像一把锁把枫林宾馆罩住，荣湾镇也因此显得没有那么开阔，我们作了两任总经理的工作终于把木柱子拆掉；原来的汇源大厦道路是从楼里面钻过去，现在经过协调把楼拆除，湘江大道就腾了出来；以往我们为了美观绿化经常种一些热带植物，但到了冬天就必须带套保暖，我曾经形象地说过，“夏天没有因为这些树增加色彩，但到了冬天绝对因为这些树增加难看”，因此我们进行改造，国防科技大学门口经过改造后种了紫薇花，每年7～9月份开花的3个月非常美丽；大家熟悉的福元路大桥原来的设计是白色，后来经过研究与实验改成了橘红色，这样人们的视线就会把注意力转移到福元路大桥，而不是对岸那个密密麻麻的楼盘，这样整体形象就会改观；针对公交车车况差、颜色乱、广告杂的问题，市里下决心每年拿出1.5亿元对公交车进行更新，5年来对全市4100辆公交车更新了3092辆，同时对颜色进行了规范。最近我们对公交进行了个大手术，把原来9家公交公司整合为3家，为了鼓励大家乘坐公交，从明年1月1日起，凡是持公交卡的乘客打7折，中小学生打5折。

（四）着力打造精品工程

全面贯彻全寿命周期成本理念，把每一个重大工程都当作城市的历史来书写，努力让每一个重点工程都成为百年耐久工程。比如当年建橘子洲前面的广场时我提出一个要求，这个广场要100年不坏，我们换了7家施工单位，地面上考虑了伸缩缝，就是要建成百年工程。2009年竣工的橘子洲广场到现在没有任何质量上的瑕疵，已经成为长沙的闪亮名片和市民休闲娱乐的好去处。前段时间来长沙调研的刘鹤同志在参观了橘子洲之后感叹："全国像这样的地方没有"。我们不只是要把大的工程建成精品，小的照样可以打造为精品工程。比如清水塘博物馆原来有一排门面，一到周末就变成了跳蚤市场，而且距离学校很近，交通拥挤，有安全隐患。后来经过研究，对博物馆进行改造，拆除门面改成通透式栏杆，里面的绿地立马呈现在大家面前，跟原来相比不仅清爽而且富有气质。

（五）大力实施环境保护

宜居城市的首要条件就是良好的环境。我们要呵护长沙的一山一水，坚持"不挖山、不填水、不砍树"，提出"最小程度的影响，最大程度的保护，最大努力的修复"。全市100个乡镇已建和在建的乡镇污水处理厂81个，我们的乡镇污水处理厂建设规模之大在全国都首屈一指。全市1366个村全部建立了垃圾收集系统，成为全国农村环保典型示范城市。我想特别说一说黑麋峰垃圾填埋场，每天有4000吨垃圾拉到黑麋峰，这么多垃圾会产生渗液，而渗液污染是最严重的，我们建了垃圾渗液处理厂，杜绝了渗液的污染。同时，采用市场化BOT运作模式，建成日处理能力375吨的餐厨垃圾无害化处理厂，垃圾处理公司负责统一集中处理。企业每收集一吨餐厨垃圾，政府补助125元，每100吨餐厨垃圾可产生5～8吨油，5000元左右1吨，企业基本上可以自运转。针对农村山塘淤塞情况较重的问题，实施山塘清淤工程，近几年共清理了5000口山塘，此一项措施每年增加长沙2500万立方的蓄水能力。实施"两山一湖"整治，投资15亿元全部拆除桃子湖"堕落街"，把桃子湖的水质进行恢复。

三、在长沙工作的感想与体会

（一）政府工作要高度重视人民群众的切实感受

改革开放以来，经济社会发展令人瞩目，高楼大厦多了，车子多了，交通繁华了，市场繁华了，但是坦率地说，我们离一个经济发达，人民殷实的国家还有很长的路要走。不少群众仍然面临这样或那样的困难，我们不能光看高楼，更要看小巷；不能光看富人，更要看穷人；不能光看电影电视剧，更要看现实生活。实际上我们吃低保人员、“4050”人员、住房困难人员还面临着很多困难。从政府方面来讲，一定要立足于干实事，干老百姓需要的事，坚决杜绝锦上添花的形象工程。在长沙工作6年，我没有一个工程定下来是为了形象。现在政府往往一说就是GDP、财税收入、重点工程等，但是老百姓关心的是就业、教育、医疗、收入、住房、物价，当然这两个目标有联系，GDP和财政收入是城市发展和改善民生的基本条件，但绝对不是全部内容。数字多大多小最后都是过眼云烟，真正的传世之作就是城市建设，是公园、绿地、学校和给老百姓干了多少实事。因此，政府的工作目标一定要建立在群众需求的基础上，建立在群众的感受上，否则就会渐行渐远。比如安居工程，近几年投入51亿多元，建成各类保障性住房19万套，分散在全市各地，你看形象工程并看不到多少，但确实改变了老百姓的居住条件。完成城市棚户区改造35000户、国有工矿棚户区改造6200户、农村危房改造1475户，发放经济适用房货币补贴约19亿元。

在这里我想讲讲棚户区改造和新城老城的问题。有些同志认为新城建设见效快，土地收益多，有形象，有收入，而老城拆迁麻烦多、见效慢，所以对旧城改造有畏难情绪而选择建新区。但新城老城都是城，作为市政府有责任把整个城市建设好，这也是我们这几年大力推进棚户区改造的原因。棚改是改善居住条件、提高城市品质、拉动经济增长一举多得的措施。这几年棚改如岳麓区滨江新城15800户、荣湾镇的窑坡山2284户、中山西路2800户、火车北站1600户、黄兴北路5078户、东牌楼3190户，就是为了改善老百姓居住条件，同时还可以提高城市品质、拉动经济发展，唯一的不足就是“难”，但政府只要是对老百姓有利的就要敢于咬牙攻克难关。这几年还大力开展社区公园建设。有一次我见到一位老同志，他说他基本不出门，因为门口不是车就是路，没有绿地，事实也真是这样。所以我们下决心见缝插绿，建设社区公园，小的可以三五亩，大的可以几十亩。这几年建成社区公园80个，总面积45万平方米，并尽量配建篮球场、旱冰场、门球场等给市民提供活动场所。大家熟悉的雨花区红星水库原来有6公顷，后来填到只有0.3公顷，我在网上看到这个消息后到现场查看，真的是痛心疾首，于是我们决定在这里建一个社区公园，最后恢复近1公顷的水面，同时建设篮球场、旱冰场、绿地和门球场，2009年已经建成。就因为这个社区公园，周边的房价每平方米增加了1000元，更重要的是老百姓有地方去了。市机关大院的杜鹃广场以前冬天时就是一片黄草，原本打算建一个地下停车场，后来经过讨论改造成为一个市民公园，以便周边群众散步、休憩。再如晓园公园以前周边都是门面，环境嘈杂，我们下决心把这些门面退租进行拆除改造，把大片绿地还给公众。

（二）要重视细节

习近平总书记说天下大事必成于细。一个地方的战略思路是重要的，但战略思路不可能很多，也不可能老变，作为市一级主要是执行，把每一件事情做好。城市的每一个细节都对城市的发展有着很大影响。最近国家提出“治理能力和治理水平”，抓细就是治理能力的体现。当然也有一些争论，是不是抓得太细，不放权？坦率地说，权力不用来谋私利，那只是责任，而谋私利是犯罪。抓细之后必然会带来一些不适应，因为工作要求高了，自主裁量权没那么大了，所以有些不同看法也是正常的。举几个例子，如岳麓大道接到潇湘大道的路原来设计方案是建一个桥，下坡再接到潇湘大道。当时都准备开始打桩，我一问造价要5700万。我说这个地方不就是挖个土坎吗，这个不要多少钱，为什么要建一个桥呀？最后按照后一种方案只要1700万，节约了4000万，一个城市有几个4000万呀？再如湘府路大桥，原来设计的悬索桥要投资14亿元，后来经过讨论改成连续钢构只需要7.8亿元，节省了6亿多，相当于3年的低保。这座桥河东跨过湘江大道、京广铁路、书院路接到湘府路上，河西跨过洋湖湿地公园的一部分，整座桥才7.8亿元，大家可以去了解，其他城市这样的桥起码是这座桥造价的2倍。又如花坛的问题，花坛一高的话既损坏车子又损坏花坛，而且麻石很贵，我们采用预制混凝土构件作为花坛路沿，价格只有原来的一半。再比如栏杆，每年清洗交通设施栏杆和设置栏杆要3000万，我们改造成简单栏杆，清洗量小了很多。还有长沙的指路牌，原来指路牌包给别人，谁做广告谁就做指路牌，一到晚上路牌不亮广告亮，因为广告有效益，路牌没有效益。我们下决心花900多万把3000多块路牌改成更精致的无广告路牌，晚上也看得清。其实农村抓细也照样可以做得很好，我在望城白箬铺光明村抓了一个点，按照“可看、可学、可移植”的思路，并没有把老百姓的房子拆了重新再盖，而是把工作做细，对房子进行改造，这样投资少，不浪费，还漂亮，把旅游休闲等产业带动了起来。这些年，我们抓细节出了大成效，通过优化设计和立项把关省减了54亿元，同时在项目结算过程中审计局审了4592个项目，审计核减了117亿元。也向大家报告一下这10年国土收入情况：2003年8亿，2004年7亿，2005年10亿，2006年12亿，2008年65亿，2009年94亿，2010年132亿，2011年213亿，2012年179亿，2013年290亿。

（三）要敢于负责

我觉得市长就是一个得罪人的岗位，你要做事利益受影响的人一定有意见。比如严格国土拍卖，占地的就有想法；绿化不能种大树，卖树的就有闲话；把路沿石改成水泥的，卖麻石的就有意见；做广告的、做工程的、做指路牌的都有想法。所以可能同志们也听到有对市长的意见，就是这么来的。我们的做法就是“坚持原则，与人为善，公开、公平、公正”，怕得罪人就不可能有大的变化，最多只能是守摊子。有时也要有承受委屈的勇气，不是每个人都能理解，也不是每个人都了解。当年我们做年嘉湖隧道的时候，有人提出年嘉湖要穿过烈士公园，为了防止烈士公园渗水，要投资5000万把烈士公园底子全面糊起来。我就问：第一，过去年嘉湖能不能存住水？他说能存住；第二，把底子糊起来水质是会改善还是会恶化？他说不好说；第三，在做年嘉湖隧道的时候有没有包括这个项目？他说没有包括。那我就说不能搞这个项目，5000万不能花。但是指挥部已经给人家写了条子，说你们先干我们再向市政府报告，现在人家就凭这个条子打官司，我们绝对不能输这个官司，我们是为老百姓守住这5000万。又比如说大家熟悉的西湖渔场整个是150公顷，12.5亿出让做房地产开发，中间留大概26.7～33.3公顷的水面，其余周边全部做房地产开发。当时土地已经出让，我知道这个消息后，经过大家研究讨论，决定把12.5亿退给开发商，要保留这个湖。当时也是打官司，我说市长可以不当，但是这个湖一定要保留给老百姓，要是能够多给老百姓一个66.7公顷水面133.3公顷公园的好去处，我这一任市长能够对得起长沙的父老乡亲。当时从上面到下面顶了很大压力，甚至威胁说你将来还是要发展的，不要做得这么绝。我说，第一，我没有任何把柄给你抓；第二，发不发展老百姓说了算。最后，这块地还是收回来了，目前西湖文化园正在建设中。

（四）工作要团结，要知足，要感恩

个人、集体和单位的发展是一体的，一个单位能不能发展跟这个团队是有很大关系的。如果团队闹矛盾，没有任何人能够发展，所以再怎么有不同意见，维护团结就是维护大局。团结是修养、境界和能力的体现，更是事业的需要。在历史的长河里，人生其实很渺小，我自己从一个农家的孩子能够走到今天有长沙市这样一个干事的大平台，我感到很知足。我们每个人的成长都是别人帮助的结果，我们永远感恩。我是2007年11月16日晚上到的长沙，今天是2013年11月15日，我到长沙整整6年时间，这6年和全市干部群众共同战斗，结下了深厚的友谊。长沙已经成为我生命的一部分，成为我魂牵梦绕的地方，我很感谢长沙人民，也很感谢长沙的干部群众。特别是要感谢各位老领导、老同志对政府和我本人的关心、支持和帮助。在我很困难的时候，很多老同志主动关心我，帮助我，给我指导，我感到非常温暖。和历任市长一样，总有离开的一天，总感觉到要做的事太多，为大家做得太少，特别是为老同志做得很不够，深感不安。只有今后更加努力地工作，更加严格的要求，来报答大家的关心、支持和帮助。

最后，衷心祝愿各位老同志身体健康，也衷心祝愿我们长沙往高处走！谢谢大家！

2013年11月15日

在市委经济工作会议上的讲话

胡衡华

同志们：

刚才，炼红书记传达了中央和省委经济工作会议精神，就全市经济工作进行了总结部署，请大家认真学习领会，抓好贯彻落实。下面，我再讲三个方面的意见。

一、关于2015年经济工作的基本估价

2015年是宏观形势严峻复杂的一年。全市按照市委“稳住、进好、调优”的总要求，始终保持定力，精准施策，顺利完成了各项任务，实现“十二五”规划的圆满收官。

（一）六个特点

1. 坚持早谋划、早动手、出实招，实现稳中有进、进中向好，经济实力持续增强

总体来看，经济运行保持在合理区间，稳中有进，稳中有好。预计地区生产总值增长9.8%；固定资产投资增长17.2%；财政总收入增长11%；社会消费品零售总额增长12.1%；城乡居民人均可支配收入分别增长11%、14.5%。经济总量超过沈阳，居全国省会城市第6位。虽然经济增速有所放缓，但现在的基数高，每增长1个百分点就是78.2亿元以上，相当于2010年增长1.7个百分点以

上。比较而言，今年9.8%的增速比以前两位数增速时的增量还要大。

2. 坚持抓创新、调结构、转方式，推动大众创业、万众创新，产业转型升级加快

重点实施国家自主创新示范区建设、智能制造和新材料等3年行动计划，大力发展“三新”经济，新增移动互联网企业800余家，电子信息、生物医药、新材料产业分别增长18.4%、17.3%和11.0%，高新技术产业增加值占GDP比重提升5个百分点，发展动力逐步向创新引领转换。加快发展现代服务业，电子商务实现销售额增长111.2%，金融业增加值增长24.2%，旅游经济实现持续井喷式增长，第三产业增加值增长11.7%。加强房地产调控，保持定力严控土地供应，商品房销售“量价齐涨”，开发建设品质逐步提升。

3. 坚持抓招商、促项目、稳投资，强化基础设施、园区建设，承载能力不断加强

年度重大项目624个、总投资1842亿元，平均单体投资达3亿元，投资规模进一步扩大。如万家丽路快速化改造竣工通车；湘江新区综合交通枢纽建成运行；“三馆一厅”全面建成开放；地铁1号线一期工程全线轨通；2号线西延线、磁浮工程实现试运行。特别是上海大众、比亚迪电动卡车及特种车项目投产，广汽菲克自由光下线，蓝思科技三期及总部、格力电器、苏宁云商、中兴通讯、千山、华谊等项目进展顺利，宜家、华强、新华联等项目签约、落户、开工，未来方舟创业创新基地、长沙e中心等创新创业产业孵化和集聚高端平台加快建设。这些项目有较高的科技含量、投资强度和产业效益，将对全市经济转型创新发展产生重大支撑作用。

4. 坚持促提质、优生态、抓统筹，推行两型引领、协调发展，城乡品质大幅提升

实施最严城市管理，开展大规模拆违、控违行动，依法拆除违法建设1442.18万平方米。完成棚改近3万户430万平方米，改造城中村20个，10多万住房困难群众告别“蜗居”。扎实推进3年造绿大行动，新增绿地面积超过600公顷；主城区101个排污口全面截污，城市整体形象更加清爽。开展新型城镇化综合试点，加快建设15个小城市、中心镇和特色镇，启动南北横线建设，城乡融合有序推进，城镇化率达73%。积极发展现代农业，建设16个美丽乡村示范村，推进精准扶贫，农村生产生活条件不断改善。

5. 坚持强动力、增活力、释红利，大力简政放权、综合配套，重点改革全面深化

国家级湖南湘江新区成功获批，首批54个示范区项目有序推进。全面实施“三清单一目录”，基本完成新一轮政府机构改革，启动投资领域负面清单试点。深化商事制度改革，率先实施“三证合一、一照一码”，全市新设立商事主体9.3万户，新增创业主体7万户。推进投融资体制改革，实施PPP模式项目28个，吸收社会投资241亿元。财税、国资国企、户籍制度、公立医院、不动产登记、乡镇区划调整等改革有序实施。

6. 坚持强基础、解难题、保普惠，突出以人为本、民生优先，社会事业全面改善

市本级民生支出占一般公共预算支出的80%以上，为民办实事工程全面完成。新增城镇就业12万余人，建设保障房4.7万余套，处理完成6万户产权办证遗留问题。实施基本药物制度和药品零差率销售，基层医疗机构门急诊次均药品费用下降40.33%。新改扩建公办幼儿园45所、城区中小学校10所，提质改造薄弱学校115所，新增学位2万个，有效遏制了“择校风”“大班额”现象。大力推进“公交都市”建设，地铁建设提速，建成公共停车场100个、新增停车位1万个以上，打通断头路、瓶颈路24条，有效应对机动车保有量突破200万台。继续保持“全国文明城市”称号，并向更高水准的文明城市迈进。

（二）一些困难和重大瓶颈问题

1. 新增动力仍然不足

从生产看，工程机械、食品烟草和汽车及零部件等3大传统支柱产业占全市规模工业总产值的40%，但增速大幅回落，有的甚至出现负增长。虽然新兴产业来势总体不错，但短期内拉动作用尚不明显，像重庆笔记本电脑产业、贵阳大数据产业等那样有巨大竞争力的新产业集群还未形成。再从消费看，长沙虽然培育了一批电商企业，但龙头效应还不够，消费总体上呈净流出态势，一大批本土

龙头骨干企业销售增速出现回落，零售额排名前50的批零单位增速仅为1.3%。

2. 投资增长瓶颈突出

从投资总量看，“十二五”期间连续突破3个千亿台阶，达6000亿元以上，今年投资占GDP比重达74%，持续增长压力很大。从投资结构看，产业投资还有提升空间，民间投资增速下降、房地产投资持续回落、PPP等投融资模式创新相对滞后等问题，仍是制约投资增长的重大瓶颈。

3. 开放平台明显滞后

内陆城市扩大开放的关键在于抓好平台建设。重庆建设了水陆空3大国家级枢纽、3个一类口岸、3个保税区的“三个三合一”对外开放大通道，特别是打通“渝新欧”国际贸易大通道，运输价格降到一个集装箱1公里0.55元，形成了对外开放的明显优势。而长沙的铁路和港口均为二类口岸；金霞港先天不足，只能过2000吨级的船舶；金霞保税物流中心为B类保税区；黄花机场虽然为一类口岸，但缺少保税区。对外开放口岸和保税区的数量不多、层级不高，造成进出口手续相对复杂，抽检数量、环节较多，成本增加，竞争力不强。

4. 政策效应不够

近两年，国家和省里频繁出台政策应对经济新常态，长沙也配套推出了许多政策。但我们和国家系列重大战略、产业布局等对接不够，一些拿来就可以用的国家、省里的政策“悬在半空”，没有形成实际效果；有些应该由市、区县（市）配套的没有做到位。我们作过一次梳理，政策存在“3个1/3”现象：真正在发挥作用的不到1/3、没有落实和无法落实的占1/3、出台后“束之高阁”的达1/3。

二、关于“十三五”规划建议的说明

“十三五”是长沙率先建成全面小康社会的决胜时期和加快实现基本现代化的重要阶段。市委高度重视“十三五”规划建议（以下简称《建议》）的起草工作。下面，我就《建议》相关情况向全会作说明，请大家结合实际，提出建设性意见，共同把《建议》修改完善好。

（一）《建议》的起草过程

整个起草工作是在市委直接领导下进行的。11月11日，炼红书记就“十三五”规划编制征求各民主党派、工商联、无党派人士及专家、企业家代表意见，并多次在不同场合就一些重大问题作了深刻阐述。起草组及各部门做了大量深入细致、卓有成效的工作。12月10日，市委常委会专题研究了《建议》，修改后形成了今天的审议稿。从反馈的意见来看，大家一致认为，《建议》总结成绩实事求是，分析形势科学准确，部署任务重点突出。

（二）《建议》的主要谋划

《建议》在吃透中央精神、紧扣省里部署、吸收外地经验的基础上，坚持目标导向与问题导向、全面规划与突出重点、战略谋划与实际操作、市场主导与政府引导“四个结合”，科学谋划当前和未来5年长沙发展的总体布局、重大战略和具体行动。

1. 突出适应新常态、把握新常态、引领新常态

《建议》结合新常态的新要求，在动力上、路径上、空间上提出了3个“更加注重”，进一步明确长沙转型创新发展思路。更加注重发挥创新驱动的主引擎作用，推动经济中高速增长、产业中高端发展；更加注重发挥现代产业的主支撑作用，构建更具竞争力和影响力的现代产业体系；更加注重发挥空间体系的主承载作用，推动承载力进一步提升、立体性进一步增强、开放度进一步扩大。

2. 突出创新、协调、绿色、开放、共享“五大发展理念”

《建议》在目标设定、重点把握、工作举措、强化保障等方面，都贯穿了创新、协调、绿色、开放、共享发展理念，注重用新的发展理念引领发展行动、开拓发展境界，为“十三五”时期经济社会发展指好向、领好航、引好路。

3. 突出破解难题、补齐短板、促进均衡

针对开放度不高、服务业尤其是金融等生产性服务业发展不足、交通拥堵、环境污染等问题，就医、就学、就业、社会保障等公共服务供给与群众期望有差距等短板，明确了思路，制订了措施，确保打赢破解难题的攻坚战，做

好补齐短板的大文章、构建整体均衡的新格局。

（三）《建议》的基本框架

考虑到《建议》通过后还要制定《“十三五”规划纲要》。所以《建议》在内容上重点是确立指导思想、总体要求、基本原则和主要目标，明确重点任务、重要工作和重大举措，具体的工作部署则由《纲要》去规定。《建议》分3大板块、5个部分：

第一板块由导语和第一、第二部分构成，属于总论

第一部分主要总结“十二五”时期特别是十八大以来长沙发展取得的重大成就和基本经验。第二部分主要分析“十三五”时期长沙发展面临的形势，提出“十三五”时期长沙发展的指导思想、总体要求、基本原则和主要目标。在总体要求上，突出“以新理念引领发展、以新平台支撑发展、以新动力助推发展、以新治理保障发展”4个方面；在基本原则上，体现在“顺应转型升级、聚焦改革创新、补齐对外开放、抓实项目建设、紧扣人民群众生活更加美好、强化党的领导”6个方面；在主要目标上，提出建设“能量更大、实力更强、城乡更美、民生更爽”的长沙。

第二板块由第三、第四部分构成，属于分论

第三部分围绕落实5大理念，分5章进行阐述。要求坚持创新发展，做强经济增长的动力引擎；坚持协调发展，形成整体均衡的发展格局；坚持绿色发展，打造美丽宜居的生态家园；坚持开放发展，开创合作共赢的崭新局面；坚持共享发展，回应人民生活的美好期待，在推进“五位一体”发展中书写长沙答卷。第四部分从全面深化改革、全面依法治市、创新社会治理体制3个方面，提出强化制度创新，推进治理体系和治理能力现代化。

第三板块由第五部分和结束语构成，属于结论

第五部分讲加强党的领导，在总揽全局、协调各方中确保“十三五”目标顺利实现，从完善党委领导经济社会发展工作体制机制、凝聚率先建成全面小康加快实现基本现代化的强大力量、确保“十三五”规划建议的目标任务落到实处3个方面展开。结束语号召全市上下解放思想、抢抓机遇，奋发进取、埋头实干，为顺利实现“十三五”规划目标、率先建成全面小康加快实现基本现代化而不懈奋斗。

（四）需要重点说明的几个问题

1. 关于建设“四个长沙”的目标

为率先建成全面小康加快实现基本现代化，《建议》明确提出“十三五”时期，建设能量更大、实力更强、城乡更美、民生更爽的长沙。其中，“能量更大”概括为进一步做大经济总量、城市容量、开放增量；“实力更强”细化为提升综合吸纳力、自主创新力、产业竞争力、城市承载力和政府服务力；“城乡更美”描绘为自然生态更加秀美、城乡环境更加精美、城市风貌更加优美；“民生更爽”明确为进一步强化民生殷实感、民生舒适感、民生安全感、民生愉悦感。

2. 关于经济保持中高速增长

《建议》提出今后5年经济保持中高速增长的目标，这是率先建成全面小康加快实现基本现代化、提高发展质量和效益、保障和改善民生的需要。同时，我市投资、消费、出口的协同拉动作用将进一步增强，全面改革尤其是供给侧改革的深化将持续发力，能够有效保障实现中高速增长。

3. 关于“一新区、一走廊”

对外贸易一直是长沙的短板。《建议》提出，重点打造湘江新区和东部开放型经济走廊。通过加大对湘江新区建设综合保税区、牵头申报中国（湖南）自由贸易试验区的支持，加大对东部开放型经济走廊申报全国临空经济示范区、国家级物流示范园区的支持，实行“东西互动、双核驱动”，推动长沙对接上海、广西、重庆、岳阳，加快融入“一带一路”、长江经济带，形成主动、全面、深度开放新格局。

三、2016年的经济工作重点

2016年是全面建成小康社会决胜阶段的开局之年，也是推进结构性改革的攻坚之年。关于明年的经济工作，炼红书记刚才提出了总体思路并作了全面部署，各级各部门要紧紧围绕市委的安排部署，狠抓落实。重点抓好五个方面的工作。

（一）着力优化产业结构

突出产业、企业和产品发展质量和效益的提升，全面促进转型升级发展。一是要加快形成新兴产业发展竞争优势。大力实施智能制造3年行动计划和“互联网+”行动，以新技术、新产业、新业态创造新供给、培育新需求，重点发展移动互联网、大数据、新材料、增材制造、工业机器人、检测检验、精准医疗等新兴产业；大力发展网络经济和分享经济，支持O2O、B2B、C2C等新业态。二是要打造现代服务业发展新亮点。重点引进和加快培育国内领先的龙头电商企业，促进互联网与工业、服务业融合，推动电子商务与优势产业融合，实施“制造+互联网+服务”工程，积极发展现代物流、研发设计等生产性服务业和健康养老、文化旅游等生活性服务业，把居民的消费热情和潜力调动起来，形成新的增长点。三是要不断提升现代农业发展水平。把资金和政策重点用在保护和提高农业综合生产能力以及农产品质量上，扩大农产品精深加工比重，推进长沙农副产品直销配送，保障农产品有效供给，打造特色鲜明的都市农业圈。四是要下好产业持续发展“先手棋”。重庆经济增长持续走在全国前列，有一条重要的经验就是紧紧瞄准全国进口多的短缺产品，提前谋划、精准培育战略性新兴产业，保持战略定力，不盲目跟风。我们在这方面要加强研究，瞄准产业、行业和产品前沿，提前谋划，提前布局。

（二）突出增强发展动力

重点在供需两侧着力：一方面，要强化供给侧结构性改革。综合运用市场、经济、行政和法治手段化解过剩产能，同时严格控制企业增量，防止新的产能过剩；通过降低企业税费负担等举措，帮助企业降低成本保持竞争优势；把棚户区改造、保障房建设与商品房去库存结合起来，打通供需通道，加快构建房地产业发展新格局；防范化解金融风险，抓紧开展金融风险专项整治，加强风险监测预警。另一方面，要突出扩大有效投资。以项目建设为载体，改善投资结构和提升投资效率。加快组建产业投资基金，推动融资平台转型发展，重大基础设施和公共服务项目推行PPP模式，吸引更多的社会资本和外资参与项目建设。在提升投资效率上，抓住投资品价格低的有效时机，抓进度、抓增量、抓落地，重点加快推进中国通号、中兴、欧智通平板等产业项目建设；启动三一大道、湘府路等快速化改造和地铁6号线建设，实现1号线试运行、磁浮工程试运营，完成汽车南站、空港综合交通客运枢纽建设。

（三）加快推进以人为核心的新型城镇化

认真贯彻落实中央城市工作会议精神，按照“五个统筹”的要求不断提升城市规划、建设、管理水平。一是持续提升城市品质。精心规划湘江两岸城市建设与空间形态，科学谋划城市“成长坐标”。加快“公交都市”建设，加快地下综合管廊试点，深入推进城中村和棚户区改造，重点实施好黑石村等城改和潮淙街、碧湘街等棚改项目。科学谋划高铁新城、省府新区、金霞、苏托垸、朝正垸等重点片区发展，打造品质城市新亮点。继续深化拆违、控违行动，构建控违、防违常态长效机制。二是加快推进镇村发展。结合乡镇行政区划调整和建制村合并，打造一批具有湖湘风情的品牌小镇、具有历史记忆和乡村情趣的宜居新村。加快户籍制度改革和集体产权制度改革，推进宅基地试点，完成农村土地确权登记颁证等。完善城乡基础设施，加快南、北横线建设。加强农村教育、医疗、养老、水利、电力等公共服务供给。三是加强生态环境保护。加快两型社会建设，促进形成绿色生产方式和消费方式。加强湘江保护治理，实施最严格的水资源管理制度，推进河湖连通工程。持续推进环境综合整治，大力开展生态修复，留住更多好山好水、好风光融入城市。

（四）全面深化改革创新

坚持改革、创新、开放三轮驱动，向改革要红利、向创新要动力、向开放要活力。一是深化重点领域改革。根据中央精神和省委部署，加大供给侧改革力度，推出一批具有重大牵引作用的改革举措。大力推进行政管理体制改革，全面实施投资领域负面管理清单制度，加快推进园区行政审批体制改革，深化商事制度改革。完成国企战略重组和负责人薪酬改革、不动产登记、公务用车制度、机关事业单位养老保险、医药体制、文化社会化等改革。二是增强创新驱动能力。以国家自主创新示范区、湘江新区为龙头，各省级以上园区为载体，把创新的着力点落实到推动科技成果转化、战略性新兴产业发展和科技创新创业上来。重点打造工业研究院等一批公益性、开放性、基础性科技创新平台，加快岳麓科技产业园、微软移动互联网孵化应用平台等载体建设。三是提高双向开放水平。推进湘江新区建设，加快形成湖南和长江中游城市群的重要引擎。升级改造现有保税区、空港、港口等对外开放平台，加快建设东部开放型经济走廊。利用好湘欧快线，积极融入“渝新欧”大通道。提升外贸水平，支持专业市场开展市场采购贸易试点。

（五）大力改善民生事业

在创新社会治理上做文章，把重点放在兜底上，保障群众基本生活和基本公共服务。一要办好民生实事。坚持“花少钱、办大事”，滚动实施好重点民生实事，加快长沙机床厂、坪塘老工业基地等老旧企业棚改，推进铜官、大围山等城镇老旧住宅区综合整治。二要推进精准扶贫。更加注重对特定人群特殊困难的精准帮扶，加大资金、政策、工作等投入力度，真抓实干，打好脱贫攻坚战。三要完善社会保障。加强社会保障、最低生活保障、住房保障。在保基本、强基层的基础上，努力扩大公共服务供给，创新公共服务提供方式。此外，要坚决遏制重特大安全事故发生。推动创建国家食品安全城市。继续深化信访制度改革，依法打击各类违法犯罪，维护社会大局稳定。

最后，再强调一点。岁末年初，既要抓紧谋划、铺排明年工作，也要高度重视和统筹做好当前工作。一要抓好全年工作收官。对照年初目标进行“回头看”，确保全面完成各项工作任务。二要抓好生产生活保障。重点抓好“两节”期间困难群体基本生活、安全生产、社会稳定、水电气供应、保供稳价等工作，让老百姓过好“两节”。三要抓好党风廉政建设。严格执行中央、省委、市委各项规章制度，营造廉洁和谐、风清气正的节日氛围。

同志们，让我们在市委的坚强领导下，主动作为、真抓实干，夺取“十三五”发展的“开门红”。

2015年12月28日

在市委十三届二次全体（扩大）会议暨经济工作会议上的讲话

陈文浩

同志们：

刚才，炼红书记的讲话在全面总结部署市委工作的基础上，重点回顾总结了过去一年经济工作的成绩，提出了明年经济工作的思路、目标、重点和举措。过去一年的成绩，充分体现了市委驾驭市场经济、应对复杂形势的能力和水平，来年的工作谋划为我们指明了方向，定好了盘子，提出了要求，增强了信心。

政府抓经济工作就是要全面贯彻中央、省委、市委经济工作会议精神，围绕炼红书记的讲话精神，精准发力，狠抓落实。大家要深入学习领会，把握总要求。各级各部门要召开专题会议，深入学习炼红书记的重要讲话精神，研究落实举措。要把握“稳住、进好、调优”的总要求，全力以赴稳住好的态势、巩固进的成果、拓展优的空间。要坚定目标，认真落实市委确定的经济工作目标，确保明年经济增长9%，争取9.5%，总量挺进“万亿俱乐部”。要把握主线，坚定不移地深化供给侧结构性改革，通过改革破解制约长沙发展的根本性难题，做到经济工作始终突出这一主线、聚焦这一主线、服务这一主线。要准确审视大势，增强紧迫感。炼红书记深入分析了我市面临的新形势。从全国来看，城市竞争尤其是省会中心城市之间的竞争更加激烈，不进则退、慢进也是退；从全省来看，省委、省政府对长沙寄予了厚望，赋予了更大使命，需要我

本文根据录音整理，未经本人审阅。

们通过加快发展，更好地发挥示范引领辐射服务作用；从自身来看，长沙已站在新的起点，处于“爬坡过坎”关键阶段，创建国家中心城市，实现基本现代化，需要以时不我待的精神，以勤奋务实的举措，努力将蓝图变成现实。要层层落实责任，增强执行力。政府第一位的是执行力。各级政府、园区、部门务必对照炼红书记的讲话精神，逐个目标、逐个项目、逐项指标、逐项工作研究落实举措，层层分解责任，明确责任领导和责任人员，加强工作协作，加大督查力度，确保市委经济工作会议精神落到实处。

一、要突出供给侧结构性改革主线

解决经济运行中的突出问题，当前最重要的是进一步深化供给侧和结构性改革，不断扩大改革效应。

（一）深入推进“三去一降一补”

突出抓好“1+7”政策落地，重点在降成本、去杠杆、补短板上着力。切实降低各类中介评估费用、企业用能成本、物流成本，让企业能够集中精力眼睛向内降本增效；提高“放管服”质量，继续大力降低制度性交易成本。加强企业自身债务杠杆约束，降低重点企业的杠杆率。要既补硬短板也要补软短板，既补发展短板也补制度短板，着力在突破关键技术、企业技术改造、脱贫攻坚、健康养老、文化旅游、基础设施和公共服务、环境保护等方面加大工作力度。

（二）深入推进农业供给侧结构性改革

要优化产品结构，把增加绿色优质农产品供给放在突出位置，狠抓农产品标准化生产、品牌创建、质量安全监管，打造优质农副产品供应基地。要优化业态结构，推进一、二、三产业融合，完善农业产加销全产业链条，推进一体化经营；大力发展休闲农业、乡村旅游和农村服务业，培育农业产业化龙头企业和专业大户等经营主体。要优化融资结构，推进农村投融资体制改革，整合涉农资金，引导更多的社会资本、工商资本进入农村。要优化体系结构，重新构建生产方式和经营方式，继续抓好农村土地承包经营权确权登记颁证、农村土地“三权分置”、不动产统一登记等改革试点。

（三）做大做强实体经济

围绕打造国家智能制造中心，大力推进智能制造，深入开展“中国制造2025”城市试点示范，大力发展工业机器人、增材制造装备、高档数控机床、智能成套设备为重点的高端智能装备产业；以省政府实施20个工业新兴优势产业链行动计划为契机，突出新材料、新一代信息技术等产业链，组建产业链战略联盟，尽快形成新的增长点和产业新亮点，打造现代制造业基地。在实施智能制造过程中，既要推动战略性新兴产业蓬勃发展，又要注重用智能技术全面改造工程机械、汽车及零配件、食品加工等特色传统产业，运用互联网和物联网推动产品销售服务的模式升级，实现生产智能化、产品智能化、服务智能化。要注重增强企业的核心竞争力，着力打造航母型龙头企业，着力提升企业创新能力，促进一般性生产加工向以研发为主的生产制造转变，发扬“工匠精神”，把质量意识、品牌意识贯穿于生产流通消费的全过程，用标准来立业、用品牌来兴企，打造“百年老店”。发挥好产业投资基金和引导基金作用，提高金融支持实体经济的精准性和实效性，鼓励企业并购重组、扩产扩能、上市融资，加大小额贷款、担保公司对企业融资的服务，为产业升级和结构调整提供保障。长沙在金融业的问题上，有一个亮点，就是上市公司。我们的上市公司跟武汉比，不会输于它，但是整个金融业增加值要少它一半。武汉已经到了800多亿元，我们只有400多亿元。上市公司仍然是我们要不懈努力的突破点。最近，我看了一下全国有关各大城市吸纳资本能力的资料，当然，有存量，有增量，过去的上市公司只能代表存量，未来地方的竞争力来自于有多少后备企业能够进入到上市公司的行列。所以，我们要用后备的企业来衡量城市的竞争力，把上市作为重点，要以更优的政策来吸引上市公司。在政策方面，我们落后太原、合肥。在中部城市中，我们的政策不是很占优势。要依法保护各种所有制法人产权，依法保护企业家合法收益，促进非公有制经济和中小微企业健康快速发展，让创新创业者有稳定、良好的预期。

（四）促进房地产市场平稳健康发展

要始终坚持“房子是用来住的、不是用来炒的”的定位，落实好长沙房地产市场调控的7条硬举措，有序消化市场存量。去库存是把“双刃剑”，如果没有库存，很难调控，库存多了，会带来系统风险，应该有节奏地、有序地调控市场存量，确保房价保持稳定，房地产市场持续健康发展。要把长沙房价在全国的比较优势变成创新创业、振兴实体经济的持续优势，变成提升民生福祉的显著标志，变成吸引更多人来长沙投资兴业的重要“砝码”。就房地产的问题，实际上我们即将告别用房地产支撑财政的时期，而是要通过发展装备业、工业，通过服务业提升整个财政的质量。

（五）深化重要领域和关键环节改革

做好企业“五证合一”和个体工商户“两证整合”，加快社会主体信用体系建设，推动政务实体服务大厅和网上虚拟服务大厅相融合；深化财税体制改革，强化综合治税；推动国资国企混合所有制改革，完善国有资本监管体系，重点完成市产权联交所、文旅集团组建，推进供销社综合改革；深化社会领域改革，探索建立长期照护保险制度；推进义务教育阶段教师“县管校聘”改革；全面落实国家基本药物制度。要强化考核、问责等工作机制，形成责任倒逼、环环相扣的闭环链条，使改革进行到哪里，督察就跟进到哪里，成效就体现在哪里，推动各项改革任务落地见效。

（六）切实防范风险

坚持问题导向、底线思维，增强风险意识，做到风险可控、底线不破、大局稳定。规范政府举债行为，加快置换政府存量债务，推进政府融资平台市场化。有效防控金融领域区域性风险，做好风险监测预警、案件处置协调和维稳工作。坚决贯彻中央“控房价、防泡沫、防风险”的决策部署，严格调控新增房地产特别是商业地产土地供应，加快缩短商业地产去化周期。我认为，中央调控房地产对我们来讲，实际上是一个重大的机遇，因为我们基数不高，这就是我们的比较优势。

二、要不断强化项目支撑

现阶段，稳投资仍是稳增长的主动力，只有确保13%以上的固投，才能实现GDP9%的增速。而稳投资的关键是靠项目，要以项目建设为支撑，扩大投资规模，提升投资效率，持续推动项目建设再上新台阶。

（一）坚持项目为王

以项目论绩效、以项目论英雄。要突出提升项目的辐射引领带动作用，把目光瞄准百亿级以上的项目，提升产业支撑力，既要实现小项目铺天盖地，更要实现大项目顶天立地。

（二）致力项目突破

要抢抓机遇上项目，抓住中央适度扩大有效需求的大好政策机遇，让更多的项目进入国家“笼子”，成功立项，争取政策支持，精准扩大有效投资。要对标中央、省、市“十三五”规划和我市“三个中心”的打造，抓紧铺排一批对我市基础设施建设、城市扩容、城乡一体化和社会民生有关键影响的重大项目。进一步放开领域、降低门槛，促进民间投资，建立合理的投资回报机制、公共服务价格调整机制，用足、用活PPP模式，让PPP项目在吸引民间投资中发挥更大的实效。在这里我要讲一下PPP，现在讲PPP更多的是给它盖了一顶帽子，要更加规范。不仅规范，我觉得一定要把PPP模式用足、用好、用活，现在对资源依赖太大，重大项目通过工程招投标是非常难的。综观过去发展到今天，包括长沙，过去都是用的总承包，通过回购的形式、BOT的形式。现在，总承包有个问题，究竟怎么解决招投标的问题，要解决招投标，必须要解决依法合规的问题，PPP有个最好的优势，就是在招投标的问题上是竞争式的邀约投标，在这个方面我们是可以充分考虑的。另外，总承包从法律上讲，很难入法入规，如果把总承包的时间用7年变成10年，我们就变成了PPP模式，实际上整个进度的付款可以放在前面，后面3年完全可以回购些服务，实际就是“变相的总承包”模式。我们要扩大民间投资，如果不在这些方面进行创新，用足用好政策，是很难找到投资的。要围绕产业、聚焦平台引项目，坚持项目跟着产业走、产业跟着平台走、平台跟着功能走。抓项目是要有定力的，在园区，我们经常讲平台，要发挥平台的优势，平台优势就在于功能定位，什么样的园区定成什么样的功能，这是由城市总体规划来定的。既然功能定下来，就不要去变，不要为了1年、2年，让更多的招商引资进来，最后没有完成整个项目的产业链，我们现在要用全产业链的角度去考虑问题；要根据功能的布局，包括金融，如今到处都是金融，真正怎么打造金融高地，这就存在功能定位是在什么地方，一定要把功能定下来，用平台去实现功能，产业跟着平台走，然后项目支撑产业。在这个问题上，一定要保持定力。以湖南湘江新区、国家自主创新示范区、两型综合配套改革试验区、“五区九园”以及正在申报建设的临空经济示范区等为载体，按照平台的功能定位和全产业链的要求，重点在智能制造、电动汽车、新材料、新能源等主导产业、关键产业领域加强项目引进，着力培育一个5000亿级产业集群，加快打造两个5000亿级园区。要保持定力精准发力，加强重大项目落户市级统筹，突出产业链招商、二次招商，在法定权限内创新招商引资优惠政策的实现途径，提升招商引资的精准度。在招商引资的问题上，国土部门最不愿意看到文件中的“零地价”，这是不能出来的，也是不可能出现的，但在整个招商过程中，有些时候供地低于工业地价是不可避免的，究竟怎么办？老办法行不通，通过法律办法，建立工业基金、“一事一议”，然后通过基金来实现创新和平衡。我们过去建基金，同样可以补助工业，这样可以规避招投标、土地的低价问题，我们应该在法定权限中，去创新实现招商引资的新途径、新办法。

（三）狠抓项目建设

要突出抓好项目前期，加快项目审批，强化综合协调服务，优先保障重大项目资源要素需求，确保重大项目前期工作顺利推进。要破解项目瓶颈制约，主要是两个：一个是征地拆迁，一个是土地。加大征拆力度，加大净地储备，通过二次开发等方式做好土地存量文章，变“项目等地”为“地等项目”。要强化项目序时管理，坚持时间服从质量，将每项任务精确到具体时间节点，以此定格任务、倒逼进度、检验实效。要强化园区“主战场、主阵地、主力军”作用，大力实施集群式项目满园扩园和两型化管理提标提档行动，做大做强军民融合、检验检测、地理信息等特色产业园，加快中国通号、格力生产基地二期、中信戴卡等一批重大产业项目建设。

（四）提升办事效率

要牢固树立“马上就办、办就办好”的理念，畅通重大项目“绿色通道”，推动审批提速、服务提质，可以简化的一律简化，能够取消的坚决取消。特别是园区要完善服务体系，成为权力下放最多、管得最少、服务最优的地方，让企业不出园区就能解决所有问题。要借鉴项目建设流动观摩的好经验、好做法，广泛吸引投资者、企业家来参与评比，把园区审批速度、服务质量拿出来赛一赛，既赛进度又赛服务，切实提升办事服务水平。

三、要大力推进创新开放

实施创新引领、开放崛起战略，做好做精创新、开放两篇文章。

（一）打造创新高地

围绕打造国家创新创意中心，实行科技创新和制度创新双轮驱动，全方位开辟创新领域，增强创新供给能力。着力打造大学科技城、马栏山文化创意集聚区、广告产业园等创新平台，建设提升一批示范性双创空间，完善项目选择、培训指导、风险投资、收购转化、哺育上市等全程服务，形成完备的创新创业生态链。加强以企业领军人物领衔的工程中心、技术中心建设，完善以企业为主体的技术创新体系，在智能制造、新材料、环保、网络信息、航天航空等领域攻破一批关键技术，提高核心竞争力。实施最严的知识产权保护制度，促进科技成果转移转化，加快把先进科技转化为现实生产力。

（二）打造开放高地

围绕打造国家交通物流中心，推进更深层次、更高水平的双向开放。加快黄花机场T3航站楼建设前期工作，尽快开通长沙至俄罗斯、英国、迪拜等国际客运航线，以及至韩国等国际货运航线。加快口岸功能优化，积极申报建设临空经济示范区、铁路、高铁等一类口岸和整车、药品、肉类、水果等进口指定口岸，扩建金霞保税物流中心，启动中部（湖南）进出口商品展示交易中心二期建设，做大“中欧班列（长沙）”物流并优化提质；加快黄花综保区建设，确保如期封关运行，争取进出口总额突破10亿美元。全面推行“一次申报、一次查验、一次放行”“信息互换、监管互认、执法互助”和国际贸易“单一窗口”建设，积极推进“互联网+综合口岸”和通关通检一体化、便利化。积极复制和运用自贸区政策，大力发展临空、临铁、临港经济，探索建设自贸区。

（三）打造人才高地

继续实施引进紧缺急需和战略性人才计划，制定更具特色、更具优势、更具吸引力的人才政策，大力培育引进创新创业人才、优秀企业家和领军人物。着力破除人才流动的体制机制障碍，支持在长沙高校、科研院所、企业培养好、盘活好、使用好本土人才，努力打造中部一流、全国领先的人才高地。一个城市是否有竞争力，有一个重要的指标，就是城市的平均年龄，全国最有竞争力城市的是哪里？是深圳。深圳的平均年龄全国最低。长沙要真正营造创新的高地，一定要让年轻人留在长沙，年轻人中首选大学毕业生，大学毕业生不完全是就业的问题，实际上是涉及长沙是否有持续竞争力的问题。像中南大学、湖南大学、湖南师范大学这些院校，每年的高校毕业生有多少人留在了长沙？应该让更多的大学生留在长沙。这要作为一项非常重要的发展指标。

（四）打造湘江新区高地

坚持走高端发展、融合发展、品质发展之路，促进高端要素向新区集聚，以高端产业支撑新区做强，以国际品质立起新区形象，以创新开放厚植新区优势。加快建设高端产业功能区，重点发展以智能制造为核心的先进制造业、以金融为重点的现代服务业，引领产业结构优化升级。推动“一区多园”协同发展，促进新区、园区、城区、校区、景区有机融合，充分激发和调动各方积极性，建设两型引领、宜居宜业的品质新城。

四、要加快补齐发展短板

（一）补齐现代服务业短板

要大力发展现代金融、现代物流、总部经济、楼宇经济、节能环保、工业设计、会展经济、检验检测等生产性服务业，我们平时很少把总部经济、楼宇经济放在生产性服务业，因为生产性服务业是提供中间环节的需求，并不提供最终的消费，而楼宇和总部集聚了所有的生产性服务业，实际上从整个生产服务业的业态来看，目前很多专家把他视为生产性服务业，在长沙特别是芙蓉区、湘江新区，都应该是要大力发展楼宇经济，而且要做强做大，通过“腾笼换鸟”，因为没有什么空间，只能发展楼宇经济。湘江新区代表总部经济，所以总部经济和楼宇经济是生产性服务业的制高点，是生产性服务业集聚区，集聚在总部和楼宇。推动生产性服务业向专业化和价值链高端延伸。要做大金融业，将湘江新区“湖南金融中心”打造成为富有活力、特色鲜明、全国一流的区域金融中心，要提质升级即有金融集聚区，大力发展互联网金融、科技金融、文化金融、绿色金融等金融业态；一定要把长沙打造成湖南省金融中心，特别是中部的制高点。我们跟上海比很难，包括跟区域性的金融中心比也很难，一个地方要打造成金融中心，过去有个说法，本地本外币存款大概有多少，与GDP相比，比如，本外币大概是2倍、3倍于GDP的总量，这个地方才能叫金融中心，要不你没有钱。上海是金融中心，上海的存款到了10万多亿元人民币，GDP是2.45万亿元，存款是GDP的近5倍。大量的资金沉淀在上海，才能形成金融中心。成都虽然GDP跟长沙差不多，去年是1.8亿，我们是1.08亿，人家是1万多亿元，我们是8500、8600多亿元，但成都的存款是2.9万亿元，我们是1.45万亿元；重庆存款2.8万亿元，GDP1.5万亿元，也接近2倍。要成为金融中心一定是在2倍以上的。我们现在大概是1.7倍，我们去年GDP是8500多亿元，去年的存款是14000多亿元。我们去年金融增加值是400多亿元，占GDP5.3%，上海占17%，武汉都达到7.7%。服务业上面的差距关键是金融。金融别光看几百亿的增加值，关键是金融有杠杆的作用，可以放大倍数，经济的血脉是金融，对一个地方的拉动、撬动何止这400多亿元？金融的短板要作为重中之重来补。到底要打造一个什么样的金融？要富有特色的金融，湖南长沙是具有创新的地方，应该在创新方面多下功夫，湘江新区本来就是创新园区、科技园区，我们要打造科技金融。另外，湖南的文化在全国领先，我们要打造文化金融。互联网是今后的制高点，一定要抢占制高点，打造互联网金融。长沙互联网金融实际上也落后了，互联网指数第1位是杭州，武汉占第9位，郑州是18位，长沙是23位，与我们整个城市的排位相比，互联网金融指数是不相称的。今后谁脱离了互联网，谁就被动，一定要建立一个具有特色的、有功能的、有我们优势的金融，包括重庆在搞外币结算。要积极构建多元化、多层次资本市场，推进更多企业上市和“新三板”挂牌。大力发展现代物流，推进运输、仓储、信息等产业融合，提升现代物流服务功能，提高物流智能化水平。同时，促进商贸、餐饮、旅游、文娱、健身、家政等生活性服务业向精细化和高品质转变。2017年，要实现服务业与第二产业占GDP比重基本持平。

（二）补齐对外贸易短板

积极对接“一带一路”战略，大力发展加工贸易、转口贸易和新型贸易业态，开发适销对路的外贸产品，扶持一批出口10亿美元以上的制造业和贸易企业。强化对外经贸平台建设，推动跨境贸易电子商务试点、高桥大市场“旅游购物”贸易方式试点。积极培育和建立境外经贸合作园区，引导和支持高端装备、轨道交通、电子信息等优势产能、优势企业抱团出海、境外投资、跨国并购；大力发展服务贸易，依托服务外包示范城市，支持服务外包示范基地创建，推进服务贸易集聚化、专业化、品牌化发展。同时，利用好欧洽会、港洽周等国际国内经贸节会，提升长沙人流、物流国际化水平。

（三）补齐城乡一体发展短板

长沙要创建1000万人口的国家中心城市，必须高度重视新型城镇化建设。加快南、北横线两条大通道建设，拉近城乡之间、城镇之间的时空距离，带动沿线乡镇发展。以全域旅游、全域美丽乡村、产业化特色小镇建设为抓手，推进更高水平、更具品质、更有特色的城乡融合发展。积极推进“扩权强镇”改革，对人口集聚多、经济规模大的经济发达镇，进一步扩大经济社会管理权限，推进集中审批服务和综合行政执法，探索相适应的财政管理模式，创新基层服务管理，实现“权力下放、人员下沉、财力下投”，激发内生动力。新一轮新型城镇化改革，很大程度上，是在特色乡镇的体制改革，现在我们抓全域旅游、美丽乡村，抓手就是特色乡村，如果能把这一轮特色乡村的改革到位，真正能够让特色乡村产生内生动力，城镇化步伐将会非常快。过去城镇的发展就是通过土地流转，之所以城市能够发展到今天，是因为土地可以流转、土地有出让金、有平台公司开发建设。这种模式能否继续推进到乡镇？这一类的竞争肯定是特色乡镇的竞争。所以，我们要大力推广镇园合一、镇区合一，把园区班子和乡镇班子合二为一，宁愿牺牲两个编制，无非就是镇长编制和镇党委书记的编制，但所释放的产能远远不是这两个职数能尽到的。浏阳有很好的成功经验。同时，加快完善农村水利、环卫、通信、能源等基础设施，加大农村教育、医疗、文化等投入，让农民享受城镇居民同等的实惠。

五、要着力提升城市品质

以扩容提质为核心，着力提升城市品位，让城市更加“宜居宜业、精致精美、人见人爱”。

（一）围绕中心城市拉开发展骨架

要强化基础设施带动，通过以交通为重点的重大基础设施建设，加速周边区域融城，做大城市格局。启动长沙至浏阳、长沙至宁乡城际轨道规划工作，提速浏阳、宁乡与主城区的融城步伐。加强望城与内城区基础设施对接，快速实现融城。要拓展城市发展腹地，将星沙、临空经济示范区和望城区全面纳入中心城区“一主两次”规划设计，规划建设卫星城镇，提质改造绕城环线，进一步疏解、拓展城市功能。要高效有序加快城市重大片区建设，实施组团式扩容，实现“独立成片、整体成市”。

（二）持续提升城市规划水平

按照“精明增长”“紧凑城市”理念科学规划城市，重点推进“多规融合”，加强城市规划与土地利用、产业发展等规划的有效对接，以综合思路、系统规划有效解决交通拥堵等“城市病”，让城市更适合人的生产生活。特别是湘江新区要完善规划体系，优化梅溪湖、滨江、洋湖等核心片区控规，让新区规划建设走在前列。要突出抓好城市设计，加强重要片区、重要街道、重要节点的设计，尤其是新的区块建设要全面推行城市设计，从整体平面和立体空间上统筹城市空间布局。要强化规划刚性约束，牢固树立“规划即法”的意识，规划修订必须慎之又慎，红线、蓝线、绿线、紫线都是我们落实规划的底线，要严格把控好。

（三）持续增强城市承载功能

坚持功能优先，抓好基础设施配套，推进地铁、城铁、磁浮等交通设施建设，实施湘府路、湘江大道、三一大道等快速化、快捷化改造，加快完善湘江新区、高铁新城、省府新区等重点区域配套建设，提升城市内在支撑力。要加强生态修复、城市修补“双修”工作，统筹地上地下建设，全面完成综合管廊试点任务，加快海绵城市建设，常态推进拆违、控违，改造提质背街小巷、老旧小区、城中村、城乡结合部，基本完成城区连片集中棚改，让市民更方便、城市更美观。要大力推进“公交都市”建设，着重解决城区公共交通、快速交通、公交优先问题，构建城市慢行系统，实现各类交通有效衔接和“零换乘”，提高公交出行的容量、效率。同时，推进公益性工程与城市扩容有机结合，均衡配置基础教育、居家养老、文化体育等基本公共服务功能，让城市更有人情味。要不断提升城市治理水平，大力推进城市管理综合执法，实行市、区、街道、社区“四级联动”，将城市管理深入到每家每户；加快智慧长沙建设，打造“宽带中国和国家下一代互联网示范城市”；创新社会治理和城市运行，大力发展社会组织，补齐基层服务短腿，提升公共资源的撬动力和公共管理的执行力，形成与国家中心城市相匹配的治理体系和治理能力。现在到处都讲网格化，真正的网格化是否正在实施？效果到底怎么样？值得研究。真正要提高治理能力和水平，要构建一个以网格为基本单元的基层治理模式，社会治理只是基层治理的一部分，还包括城市治理。基层治理包括政府治理、社会治理、市场治理、环境治理等。我们的城市管理是条块结合，能否真正做到网络里面对城市管理进行组团式的推出和进行组团式的服务？很难说。网格化并不是张漂亮的网，我们思维一定是网格，网格一定是手段，网格一定是基本单元，如果所有的工作都是以网格为基本单元的基层治理模式，那网格化就真正做到了全覆盖，真正发挥了实效。对网格化的要求，在今后的工作中要进一步去落实。

（四）持续加强生态环境保护

牢固树立绿色发展理念，加大治山、治水、治气力度。切实做到不挖山、不填水、不砍树，凡超过20米的山体坚决不准开挖。严格落实铁腕治污措施，特别是深入推进湘江及其支流治理，统筹水生态保护、水环境治理、水安全保障、水经济发展，重点加大截污、提标、补水力度，实施河湖连通工程，消除城区黑臭水体，以“河长制”推动“河长治”。同时，普遍推行垃圾分类处理，抓好老工矿区重金属污染治理和生态修复，加快城乡公园和环城绿带建设，让好山、好水、好空气、好风光遍布城乡大地。

六、要加大民生保障力度

坚持“尽力而为，务求实效”，千方百计改善民生。

（一）办好重点民生实事

政府每年要围绕群众所需所盼，集中力量办一些实事、好事，增强群众获得感、幸福感和安全感。明年我们将重点办好消除建成区黑臭水体、新增停车场、农产品安全、农村危房与危桥改造、贫困村标准化学校建设及公办、民办普惠性幼儿园、养老服务、城乡公共交通、乡镇卫生院和村卫生室建设、住宅小区“专改公”等十件民生实事，并列入政府工作报告，相关部门和单位一定要不折不扣地抓好落实，把好事办实，把实事办好。同时，要切实加强民生实事项目的后续管理。

（二）打赢脱贫攻坚战役

统筹抓好省定贫困村和面上的贫困人口脱贫，确保明年实现省定贫困村“摘帽”、建档立卡贫困户“清零”。落实好“2+14”精准扶贫政策体系，加快推进产业扶贫和电商扶贫，增强贫困群众内生动力。强化责任意识，凝聚社会力量，切实把功夫用到帮助群众解决实际问题上，坚决防止假脱贫、被脱贫，避免脱贫后返贫。

（三）加快社会事业发展

调整优化民生保障制度，重点做好普惠性、基础性、兜底性民生建设。实施城乡低保一体化，扩大社会保险覆盖面，做到应保尽保。做好就业托底工作，重点建设一批创新创业带动就业示范基地和大学生创业孵化基地。促进教育均衡发展，统筹配置城乡义务教育师资，推动学前教育普及普惠发展。加快完善分级诊疗和双向转诊，促进医疗资源合理利用。大力发展文化、旅游、体育、养老等事业，不断满足群众对优质公共服务的期盼。

这里，我强调一下政策落实问题。政策是稳增长、促改革、调结构、惠民生、防风险的有力抓手。政策不是挂在墙上的，是用来解决问题的，是用来落实的。政策落实的好坏，直接关系发展成效，也关系到政府诚信。一方面，我们要以强烈的紧迫感和机遇感，用好、用足、用活上级政策，得到更多的支持和实惠。另一方面，要对我市近期出台的政策实施情况开展一次“回头看”和梳理，对一些事关全局、群众关切的重要政策，逐步探索结合专题督查开展政策评估，确保政策落地有效，提高政策的透明度、有效性，以政策效果检验决策质量，以政策落实考验执行力，坚决打通政策实施和落地“最后一米”，确保决策更加科学、政策更加精准、落实更加有效！

马上就要进入新的一年，在做好今年盘点、科学谋划明年的同时，当前要高度重视以下工作：一要维护社会和谐稳定。春节前后是安全稳定的敏感期，要始终做到安全生产警钟长鸣，突出做好人员密集场所和大型集会活动安全防范，及时化解矛盾，维护社会稳定。二要妥善保障群众生活。时刻把群众的冷暖挂在心上，做好水电气供应、保供稳价、送温暖等工作，让全市人民过好“两节”。三要严明节日廉洁纪律。严格执行中央、省委、市委各项规章制度，营造廉洁和谐、风清气正的节日氛围。

同志们，做好明年经济工作意义十分重大。我们要紧密团结在以习近平同志为核心的党中央周围，按照省委、省政府和市委的决策部署，尽可能把遇到的问题想在前，把各项工作做在前，真抓实干、改革创新，努力开创创建国家中心城市、实现基本现代化的新局面，以优异的发展业绩迎接党的十九大胜利召开！

2016年12月30日

进度分析案例

2016年1～2月长沙市经济运行情况汇报

胡衡华

一、1～2月经济运行主要特点

（一）经济实现"开门红"，但下行压力仍然较大

预计1～2月，全市完成规模工业增加值505亿元，增长10%；固定资产投资436.07亿元，增长12.2%，增速比上年同期提升8个百分点；社会消费品零售总额640.80亿元，增长11.8%；1月份完成财政总收入145.93亿元，比上年同期增加21.54亿元，增长17.31%，其中一般公共预算收入89.62亿元，增长20.23%。尽管主要经济指标实现较快增长，但我市经济发展仍处于"换挡期"，原有动力在减弱，新兴动能有限，经济下行压力仍然较大。

（二）传统产业加快转型，但骨干企业增长下滑

三一重工加快推进"民参军"战略，转型军品生产，子公司获国家国防科工局颁发的《武器装备科研生产许可证》。中联重科积极实施海外并购，拓展海外市场，拟以33亿美元收购美国第二大机械制造商特雷克斯。宁乡县煤炭业全部退出，如煤炭坝镇全面退出煤炭产业后，转型发展门业和文化创意产业，建立了专门园区，已有80家企业落户、24家投产。与此同时，骨干企业如中烟公司受库存超过红线、高端消费市场下滑的影响，今年1～2月仅增长1.07%（往年的1～2月都是20%幅度的增长）。工程机械产业仍未走出低谷，中联重

科产值下滑约20%以上。

（三）汽车旅游产业来势喜人，但房地产市场出现分化

今年1～2月广汽菲克产值约25亿元，比去年同期增加19亿元，增长288%；众泰汽车产值约10亿元，同比增191%；广汽长丰等汽车企业也呈现产值大幅上扬态势。春节“黄金周”全市共接待游客283.3万人次，同比增长8%；实现旅游收入27.4亿元，同比增长15.1%。从房地产销售来看，1～2月，预计全市商品房销售面积98.3万平方米，同比减少22.6%，但全市二手房成交面积96.10万平方米，同比增长38.2%，呈现两极分化趋势。同时，房地产去库存压力依然较大，近3年内六区已取得批准预售证且未销售的新建商品房2335.02万平方米，其中住宅、非住宅分别占59.55%、40.45%。

二、下一步工作打算

下一步，我们将认真落实中央供给侧结构性改革的要求，按照“稳住、进好、调优”的要求，重点突出“两条主线”：一是着力产业转型创新发展。全面落实五大发展理念，更加注重市场在资源配置中的决定性作用、更加注重培养企业家精神和工匠精神，加快培育发展新动能。二是着力和谐宜居品质城市建设。尊重城市发展规律，认真贯彻落实中央关于“五个统筹”的要求，进一步提升城市品质。着力抓好六个方面的工作。

（一）着力重大项目建设

全市计划铺排重大项目808个、投资2658亿元。重点围绕供需两侧发力，落实国家“11+6+3+1”组合政策，科学谋划战略项目，加快布局、集中开工一批新项目。同时，加强项目调度，由按季度铺排重点项目开工时间，改为按月调度进度，做到精准管理。

（二）着力产业转型升级

以智能制造为统领，发挥新组建的智能制造研究总院、机器人研究院作

用，重点做好30家试点示范企业样板工程，新启动200家试点企业项目，引导企业实施产品和生产过程智能化改造。坚持化解存量与严控增量相结合，加快低效产能退出，实现产能出清。

（三）着力扩大有效供给

顺应产业发展新趋势，把握新产业发展的窗口期，积极发展新兴产业。重点是推进移动互联网、新材料、新能源汽车、装配式建筑等新兴产业发展。支持企业加大新技术、新产品开发，引导和培育终端消费品生产，使好产品更多、更丰富、吸引力更强。

（四）着力房地产去库存

认真落实省住建厅、省农行关于支持农民进城买房的政策，鼓励更多有条件的农民进城买房。大力推行货币化安置，打通棚户区改造、城中村改造、保障房建设和商品房开发的有效通道。

（五）着力重点改革攻坚

继续深化国企、行政审批、户籍制度、公立医院、两型社会建设等改革，尤其是要坚持“放、管、服”三管齐下，把工作重心真正转到创造环境、服务企业上来，为改革增添发展动力。

（六）着力补齐发展短板

加快补齐现代服务业短板，实现生产性服务业和生活性服务业齐发力，尽快缩小现代服务业与先进城市之间的差距。加快补齐外向型经济短板，发挥湖南湘江新区、东部开放型经济走廊“双引擎”作用，力争今年获批临空经济示范区，积极申报内陆自贸区。

2016年2月23日

在一季度经济运行调度会上的讲话

胡衡华

一、2016年有几个反差

（一）当前的困难与长远的趋势有反差

长远地看，从长沙来讲，我们的结构还算可以。比如说武汉，拿着去产能就头疼了，仅仅一个武钢就够头疼的。我们的这一块——钢铁和煤炭——基本上没有。长远地讲，我们的新经济发展也还是可以的，势头也比较好，一些支柱型新兴产业也不错。但是，当前的困难还是比较突出，这个反差比较大。

（二）一些关联的数据、配套的数据和观察的数据、整体的数据有很大反差

我们看一些关联的数据还可以，但是一拿到我们的整体数据看，还是下滑得很厉害。比如说，去年地区生产总值（GDP）增长9.9%，刚刚大家讲是8.5%，这个不是小数字啊，一个季度的GDP下降这么多。去年四季度增速是10%，有两个多百分点的差距，这个肯定有特殊原因，要不然就是数据有问题。这些数据感觉到有反差。

本文根据录音整理，未经本人审阅。

（三）企业的信心和政府现在掌握的宏观情况，和我们推进的供给侧结构性改革有很大的反差

或者讲传统的企业与新兴的企业之间反差很大。我们的贷款增长是两位数，14%~15%，也是增长很大的了，但一到企业去看，确实感觉到不太好，特别是房地产。

二、当前怎么办

我们的目标还是要实现一季度“开门红”，圆满完成全年各项工作目标任务，实现“十三五”精彩开局，这是市委经济工作会议提出的明确的目标和要求。要围绕着这个目标来推进工作，怎么样来实现？当然，我也曾讲过方方面面，其中一个最重要的就是地区生产总值，低于9%我是讲不出口“开门红”，讲得我自己脸都会发红。我们定的指标是9.5%，如果到9%，因为是9.5%左右嘛，还说得过去，但还要看别的东西。所以，我看这个指标还得再调整，当然其他相关的一些指标也要再调整，现在只有两天了，我们再怎么努力也不行，就是把应统的统上去。有些比如说规模工业，中烟的量没减少，就是高端烟现在卖不出去了，现在给了低端烟的指标给企业，这样同样生产这么多量，但是价格差距很大。实物量都是那么多烟，但是结构出现变化了，造成了比较大的影响。但是烟厂全年的高端烟会作一个调整，所以这一块还得要在中烟上补充，但调整余地我估计也不一定很大，不过这一块也不是没有，现在还没有到关门，到半年的时候企业把这个调回去我们还好承受一点，就这几个月来承受，我们承受难啊。服务业，有一个指标，就是社会消费品零售总额，那不是别的，还是我们重视不够。刚才廖健副市长也讲了，确实重视不够，我认为原则上不应该低于全省平均水平，现在是低了0.3到0.4个百分点。我认为“社零”应该没有太大的影响，特别是一季度来讲，比如今年根本没影响，因为消费在增加，比去年同期也没有下降，最近的物价还有点往上走。原因在哪？要分析，关键是我们重视不够，限上的、规上的东西也进来得不够，对网络经济这样一个新的业态，我们跟踪得不够。虽然说现在平台都转了，其实我

们也可以做工作，全国也是这样。那别人还讲长沙，很多都放在长沙这里，步步高云猴原来在我们这里，现在到你们那里去了。所以说，我们要高度重视这块。具体不多说了，还是要实现“开门红”，我希望地区生产总值（GDP）增长能够到9%以上。一季度很重要，季度数据尤为重要，它是整个后面的基础，这是目标。

三、当前怎么做

既要着眼长远，更要立足当前。当前一定要稳住，如果从现在这样看，我们没稳住。但是我们实际感受到，没有感觉到下滑，但不能拿中烟这个事情来说，三一跟中联比去年好多了啊，今年汽车还在上啊，其他向好的方向转变的多，但是反映的情况不是这样的。去年我没讲要地区生产总值（GDP）增长9.9%，这个还到了9.9%，我们不想要那么高，但最后绝对值低于青岛是不应该，去年我们说要超过青岛，但最后的数据差了六七个亿，统计局就要关注这个啊。长沙的速度比青岛快那么多，还出现这个问题，可能是价格的问题，增长率可能超过了青岛，但青岛价格比我们高，我们价格现在低，这也是个问题。有两个方面要注意。

（一）供需两端来着力

一方面，我们要把投资放在重要位置，通过投资带动需求。现在中央讲供需两端发力，着重供给侧结构性改革发力，因为这是主攻方向。但从我们经济的发展规律性来看，还得最后通过需求起作用，需求对当前特别有用，所以投资对我们现阶段来讲，仍然是很重要的。但是我们要把投资和产业转型升级结合起来，刚才讲我们工业的投资增速是比较好的，这是很大的一个亮点。所以投资仍然是我们的关键，请发改委加大投资这一块调度的力度。因为从14%这个指标来讲，一季度还可以，当然能够高一点是最好，但是我们的核心还是投资的结构。

另一方面，怎么通过供给来促需求。供给是能够创造需求的，通过供给来满足需求，我们讲供给侧结构性改革一定要注重到这个问题上，通过新供给创造新需求，通过新的供给调控来满足结构，通过结构来满足需求，最后经济是需求来带动的，这是我们的供给侧结构性改革与供给学派最本质的区别。这一块通过两个方面来进行，一方面是高度关注新的经济，新模式、新经济的发展；另一方面是注重帮企业扩大市场。

（二）推进供给侧结构性改革

第一个需要投资，我们的供给侧结构性改革，最终的还是要满足需求，第二个就是帮企业，服务企业。在五大任务里面，帮助企业降成本，是有很多工作要做的。现在发改委在做整个供给侧结构性改革的意见，我还没有拿到这个整体性意见，最近要花点时间研究这个事情。这还需要与省、中央的政策、意见保持一致。当前，这里面有两个事情要注意，第一是要增强信心，刚才经信委也好，其他部门也好，把100家企业、重点的企业一个一个地梳理，一个一个去服务，要让企业增强信心。第二是要解难题，我们做的很多事情最终要落实到企业，包括制造企业，也包括大型的零售企业，怎么样帮助他们解难题，要集中来进行，解难题的要求也是给他们增强信心，能够帮助一些问题的解决，这个是帮一点儿，甚至有时候哪怕是说句暖心的话，去慰问，打打气，可能对企业都有革命性的转变。比如，了解企业资金的问题、市场的问题、成本的问题，还有其他方面有哪些障碍等，因为企业的信心很大程度决定企业家的信心，他有了信心以后能否使他的动力增加?

关于怎么做我就简单说到这里。

四、当前需要关注的五个事情

（一）服务业

我始终认为服务业是整个经济增长渐进的过程，想超很多不可能，想让它低很多也不可能，基本上是相适应的。我们不讲经济基础与上层建筑的关系，但至少服务业与制造业是接近这个关系，制造业发展可以促进服务业，服务业的发展可以反过来支持制造业的发展，特别是生产性服务业，或者说现代服务业更加准确，但现在这个比例差得有点远。发改委要对服务业的指标负责到底，这是结构调整的关键性指标，一手抓制造业，制造业还要做大做强，同时服务业要迅速地跟上来，不能滞后于制造业的发展。服务业里面，服务贸易要作为我们的主攻方向，就是对外服务贸易。另外一个就是，商务局对社零指标要高度关注。针对服务业指标，统计局把核心统计分析出来，发现问题并反馈。我是非常希望，明年我们地区生产总值过1万亿元的时候，服务业、第三产业能够大于第二产业。当时做2018年实现全面小康计划的时候，希望服务业、第三产业占比45%，因为我们的农业退得比较厉害，现在只有4%多一点了，原来是6%。服务业到“十三五”末肯定是要过50%，过50%也只有全国的水平啊，所以我们这个指标要赶超。

（二）规上企业和限上企业要高度重视

统计部门的研究，要讲一讲怎么统计，统计怎么统来的，怎么算来的，你们之前就要知道哪些是统计关联的，要把国民经济统计这门课补一补，要真正把关联的数据搞清楚。我为什么讲这个，就是在经济下行压力下，一是保证数据真实反映经济运行状态，二是数据确实有提质的必要。如果去年地区生产总值（GDP）增速是9.9%，今年一季度一下子到8.5%，你说经济基本平稳，这是叫平稳吗？所以这个数据出了问题。这个问题出在哪，怎样真实地反映出来？大家要研究，分析清楚。

（三）房地产投资

这一块我两年前就在研究房地产的节奏是怎么走的。房地产有几个方面需要注意，首先是量，要把量上来；其次，把价上来。量上来以后，我们这一轮房地产调整的标准是什么？我们现在是去库存。去库存以后是什么？是价格要开始回升。再次是投资由负转正，达到正常。最后一个是土地，可以开始正常供应。这4个要素是有4个顺序的。首先，我们现在基本实现了，现在反映量已经开始有些好转了。另外，一季度应该是由负变增，就是投资开始往上增长了。土地还可以，也有信心了。能不能争取上半年的投资完成？没有达到是不可能出土地的。土地什么时候出？就是要看这个。原来为什么没有催投资？怕影响信心，怕企业没有信心，它是一个组合拳，我们的组合是靠市场指标，在哪一阶段我们要关注，把在手的项目加快投资，我们争取在第二季度能够变正。目前是-11%，要变正，但已经落后预期。到5月份拿两块土地出来，抛出去，看看市场有什么样的反应，第三季度要推后一点，最后到年度能够实现土地的正常，既不限制，也不大量地供应。政府的调控这一段基本差不多。去年我从没讲过房地产负增长的事情，今年一定要坚持住，保投资。其他投资就更不必说了。

（四）进出口

一是加工贸易。要加大一些力度，这一块我没有做太多的功课，长沙实物外贸这一块失去了几个“窗口期”，富士康“窗口期”已经过了，现在再搞这种代工企业驻扎的机会已经没有了。我们非常想要一个代工企业，现在是以内销做代工企业，我们内部也有一个蓝思科技，本土培养出来的，相对少了。窗口期没有了，失去了最佳时期，但并不等于不能够作为了。我认为还有两个最好时期。一是跨境电商，对整个的结构优化调整非常有好处，指标不见得有，这个力度还得加大，跨境电商进口占了很大比例，出口也有一些，我相信到时候进口和出口会相辅相成的。二是服务贸易。要高度重视，习近平总书记到湖南时我汇报了两个问题，其中一个就是这个，另一个是临空、临港经济发展的问题，航空定位像美国的亚特兰大这样一个经济定位来发展。服务贸易包括文化和其他，特别是文化需要高度关注，因为这个大家都才刚开始，虽然这次的服务贸易示范，我们没有拿到，在武汉东湖有，我认为我们是在同一起跑线的，基本差不多，他们拿到了试点，拿到了并不代表我们就搞得不好。虽然富士康大家不看好，但郑州花代价就搞了富士康，代价很大，当时算账没有什么效益，没有给财政创造什么收益，但是带动整个经济了，郑州整个经济名次排名就排到我们前面，他排13，我们排14，指标就不一样，工业上就很明显，包括财政收入、外贸、航空的货运量等，这是个很关键的指标。我们其他的工作继续要做，很多东西已经失去了机会，再搞个类似于富士康的代工企业来已经意义不大。

（五）关于财政的问题

全年指标当期的数据最重要反映经济的，一季度财政结构上也只有

64%～65%的税收，这个不能再恶化，指标差一点就差一点，季度没完成没关系，年底完成就行了。看到这个数字，增长这么多，实际上税收是下降的，根本不相适应，所以这个要管住。增速这么多，支出也要增加，长沙自己讲总收入，其他地方都不讲总收入，现在都讲一般公共预算收入。这一块保结构，保住结构为主，这是个“拐点”，口子开不得，特别是5月份的“营改增”，肯定是减收入的，全年保住10%已经非常不错了，希望后面还有新的亮点出来，哪怕今天差一点没关系，从某种意义上讲还是好事。支出也要保，研究具体标准，半年专项除了生产进度要付款的以外，其他的专项能够往前的尽可能往前。产业专项原则上上半年要用完，不用完要考核，我们缺钱，需要政府带动投资，这个钱要赶快用下去，给区里这个钱是不是用了，财政要加强监督。克强总理为什么抓财政资金积淀抓得这么紧，中央花钱最后就从大口袋放到小口袋，最后有没有到老百姓口袋？我们的财政资金最后要到老百姓口袋，财政才能带动消费，带动产业发展。二季度最主要就是两个措施：一是当前税收上来，要抓税收；二是抓支出。

今天是调度会，就说这些。市里要开经济形势分析会，常委会还要听汇报，请大家做好准备，抓好落实。我们尽最大努力实现“开门红”。

2016年3月27日

2016年1～5月经济运行分析会讲话要点

胡衡华

按照部署，在6月中旬这个时间节点召开一个小范围的经济运行分析会，主要是对1～5月经济工作进行梳理调度，确保全面实现“双过半”。刚才，几个部门分别作了汇报，各位副市长讲了很好的意见，请大家认真抓好落实。下面，我讲3个方面的意见：

一、1～5月主要经济指标进度“有超有慢”

（一）完成较好的指标

1～5月，完成财政总收入543.76亿元，增长16.04%，超时序进度2.7个百分点；固定资产投资2291.7亿元，增长15.2%，高于年度工作目标0.2个百分点。

（二）尚有差距的指标

实现规模工业增加值1235亿元，增长7.5%，低于年度工作目标2个百分点；社会消费品零售总额1555.76亿元，增长11.2%，低于年度工作目标0.8个百分点。

二、1～5月经济运行主要特点"有喜有忧"

根据以上数据，对1～5月经济形势可以得出两个基本判断：一是经济运行总体平稳，但下行压力仍然较大。前5个月总体没有出现大的起伏，与年初预期基本相符。但从发展趋势来看，仍然面临较大的下行压力，下半年压力会更大。二是主要经济指标总体处于合理区间，但完成"双过半"还须加力。有四个特点：

（一）工业增长环比缓慢回升，但实现目标仍有困难

2～5月规模工业增加值环比分别增长6.4%、7.2%、7.5%、7.5%，呈现缓慢回升、逐步企稳态势，主要得益于新兴产业发展、新入规企业增加等因素，1～5月汽车及零部件、新材料、电子信息、生物医药等产业均实现了20%以上的增长；新增规上企业3家。特别是移动互联网产业来势好，企业累计突破2500家，从业人员5.5万余人。但总的来看，工业发展仍处于艰难爬坡阶段，即使保持目前的增速都非常吃力，特别是中烟、中联、三一等骨干企业仍未走出低谷，新增规上企业不多，对工业整体数据影响较大。

（二）固定资产投资保持平稳，但项目建设仍需加快

2～5月固定资产投资环比分别增长14%、14%、14.1%、15.2%，总体保持平稳，主要得益于重大项目的强力支撑，1～5月全市808个重大项目完成投资约1301亿元，完成年度预估投资的48.7%，比去年同期快7.9个百分点，其中政府投资约604.5亿元，完成年度预估投资的47.5%，比去年同期快8.7个百分点；社会投资约696.5亿元，完成年度预估投资的49.7%，比去年同期快7.2个百分点。尽管投资增长较好，但一些项目因手续办理、征拆腾地等前期工作推进不快，进度并不理想，必须找准症结、加快破解。

（三）商品房销售稳中趋缓，但商业地产空置偏高

1～5月商品房销售面积868.251万平米，同比增长32.8%，3～5月环比分别增长27.7%、-2.5%、21%，增速有所放缓。1～5月，全市二手房成交面积

268.03万平方米，同比增长31.86%，其中内六区二手房成交面积215.02万平方米，增长56.31%。商品房价格上升较快，1～5月内六区新建纯商品住宅网签均价上涨3.60%，本月均价上涨5.90%。但与此同时，由于商业地产特别是综合体布局较多、增速较快，写字楼和商业营业用房施工面积分别从2011年的210万平方米、660万平方米，增长为2015年的688万平方米、1400万平方米。而与在建面积剧增相对应的是，商业地产销售困难，空置率持续攀升，截至5月底，写字楼和商业营业用房分别空置161.81万平方米和272.58万平方米，分别增长112.43%、53.14%。

（四）财政收入按时序均衡入库，但财税质量有待提升

1～5月，9个区县（市）全部完成了目标时序进度，进度较好的有开福区、长沙县、宁乡县，其中开福区、长沙县提前一个月实现“双过半”。税收质量较高的有岳麓区、长沙县、开福区，税收占财政总收入比重分别为88.83%、88.39%、85.86%。但从面上情况来看，税收质量依然不高，全市税收占财政总收入、一般预算收入的比重分别为78.55%、65.71%，在保持财政收入时序进度的基础上，还需适当控制非税收入入库份额，确保财税质量不下滑。

三、6月份“双过半”关键是找准抓手、精准施策

当前已经进入上半年工作冲刺阶段，确保“双过半”对全面完成今年目标任务至关重要。特别是区县（市）换届在即，一定要保持定力，科学统筹，弹好钢琴，全力决胜“双过半”。

（一）突出项目建设，确保有效投资

抢抓当前良好的天气条件，出台措施破解项目前期工作难点，开足马力加快重大项目建设。尤其是要加快轨道交通建设，确保地铁1号线6月份试运行；要把棚改、城改放在城市建设、项目建设的突出位置，树立抓“两改”就是抓经济、抓招商、抓城建、抓民生的意识，实现由单个项目改造向片区整体提质

延伸，扩大有效投资。要全面启动14条管廊建设，完成7条共计17.38公里综合管廊建设任务。要树立守正出奇的思维，把政府和市场“两手”更好地结合起来。产业投资基金要尽快运作起来，撬动更多的社会投资。几大投资集团班子已经配备到位，要加快改革步伐，更好地发挥功能作用。要精心选点，认真做好全省重大项目建设观摩相关筹备工作。

（二）突出补齐短板，推进供给侧结构性改革

落实《关于推进供给侧改革的实施意见》，确保6月底前出台调结构、去产能、去库存、去杠杆、降成本、补短板和扩投资等7个专项实施细则，确保好操作、能落地。要将补短板作为全市供给侧结构性改革的重中之重，尤其是加快补齐现代服务业这块短板，在6月底之前出台支持服务业发展的相关政策文件，筹备好全市服务业推进大会，按照“渠道不变，统筹安排，聚焦重点，各尽其责”的原则，加快设立服务业专项资金，努力把服务业打造成为长沙新增长的主引擎。要坚持生产性和生活性服务业两手抓，实施“制造+互联网+服务”工程，积极发展现代金融、现代物流、设计咨询、商务会展等生产性服务业，特别是要加快会展中心建设，高质量举办好首展。同时，以跨境电子商务为重点，加快临空经济示范区、综合保税区建设，加快补齐外贸短板。特别是以黄花综合保税区获批为契机，按照“综保区获批后一年内必须建成封关”的要求，全面加快建设工作，争取按时间要求封关运营。

（三）突出工业转型，加快培育新的经济增长点

推进自主创新示范区建设，落实智能制造三年行动计划，以工业机器人、集成电路、电子信息、增材制造、检验检测等为重点，形成长沙智能制造的新优势。要加快30家试点示范企业项目建设，按生产过程智能化和产品智能化两个板块，新启动200家试点企业项目。要加强前期协调，筹备好8月份的中国（长沙）智能制造峰会，把长沙智能制造的旗帜高高举起来。要高度重视新经济发展，尤其要善于把握新兴产业发展“窗口期”，瞄准方向、突出重点，大力发展新材料、虚拟现实（VR）、新能源汽车、装配式建筑、生物医药、节能环保等新兴产业，培育新型业态，丰富产品供给。

（四）突出服务企业，帮助解决实际困难

及时掌握“五区九园”和市100家、区县（市）500家重点企业生产经营情况，加强对主要关联指标的监测分析，加大用地、资金、电力等要素保障力度，深入一线为企业生产经营排忧解难，以实际行动支持企业发展。加大限上企业培育力度，把规模较大、成长性较好的现代服务企业、新经济企业纳入限上统计范围。同时，要积极构建新型政商关系，敢于与企业打交道，“点对点”帮助企业解决减轻负担、要素保障、开拓市场等问题。

（五）突出政策引导，加快房地产业去库存

深入推进商品住宅去库存工作，继续深化户籍制度改革和住房制度改革，加大公积金对改善性需求购房者的支持力度，通过调节供地节奏、推行货币化安置、支持棚改和城改居民购买商品房，打通棚改、城改、保障房去库存通道。同时，高度重视商业地产去库存，以区县（市）为主体，加大二次招商力度，进一步盘活“存量”；对新上商业地产，特别是城市综合体项目，要引导业主单位创新商业模式、增加特色供给，有效控制“增量”，切实降低商业地产空置率。

（六）突出财税质量，促进财政收支平衡

加强收入调度，把握非税收入入库节奏，尽量提高税收在财政收入中的占比，在提高财税质量的基础上，确保全年财政收入按时序逐月均衡入库。同时，要按时序组织财政支出，确保有预算的支出均衡支出，切实发挥财政稳增长的杠杆作用。

同志们，越是下行压力大，越要坚定信心、主动作为、精准施策。要咬定目标不放松，切实将各项工作抓早、抓实、抓好，决战6月份，确保“双过半”，为全面完成今年目标任务打牢基础！

2016年6月14日

在2016年第二十四次市委常委（扩大）会上的讲话

胡衡华

刚才，泽珲同志代表市政府对上半年经济运行情况作了客观全面的分析，市发改委、市统计局分别作了汇报，相关市领导也作了发言，有很多建议对做好下半年工作具有很好的指导意义。等会儿，炼红书记将作重要讲话，请大家认真学习、抓好落实。下面，我讲两个方面的意见。

一、上半年经济发展基本实现“双过半”

今年以来，在市委的坚强领导下，我们坚持“稳住、进好、调优”的总基调，扎实推进供给侧结构性改革，总的来看，上半年经济运行稳中向好、缓慢回升，总体平稳、符合预期。地区生产总值增长9.2%，固定资产投资增长15.2%，财政总收入增长9.16%，社会消费品零销总额增长11.4%。

（一）经济运行呈现“四快”“四新”“四稳”的特点

1. 四快

一是重大项目推进快。1～6月，全市808个重大项目完成年度预估投资的63.6%，比去年同期快10.6个百分点。新引进海信生产基地、铁建高端地下装

本文根据录音整理，未经本人审阅。

备、友卡支付、百草堂等过50亿元项目20个。在总量和基数比较大的情况下投资保持15%以上的增速，特别是投资结构不断优化，工业投资、高新技术产业投资、战略性新兴产业投资增速分别为17.8%、16.2%、25.6%。

二是新兴产业增长快。新材料、电子信息、生物医药等产业均实现20%以上的增长。新能源汽车产业、工业机器人、3D打印来势较好。城市快递业增速保持90%左右。移动互联网企业突破2500家，成功举办第二届岳麓峰会，30个项目现场签约；入选全国十大“互联网+”城市，电子商务实现交易额2145亿元，增长30%。

三是商品住宅去库存快。量、价、二手房、房地产投资等主要指标都说明房地产市场在回暖，虽然投资增速相对较低，但仍呈现逐月回升态势。上半年内六区新建商品房网签增长24.54%；二手房成交增长46.17%。商品房价格稳中有升，内六区新建纯商品住宅网签均价同比上涨3.61%。内六区新建商品住宅去化周期降至10个月以内。

四是新区建设发展快。省委、省政府出台支持湘江新区加快改革发展的若干意见，上半年，新区地区生产总值增长12.1%，总量在全国18个国家级新区中位居第七。新兴产业产值占规模工业比重达60.0%。固定资产投资增长20.0%，高于全市4.8个百分点，其中高新技术产业和战略性新兴产业完成投资200亿元，增长40%。梅溪湖国际文化艺术中心、湘江欢乐城、宜家、华谊等产业项目进展顺利，步步高梅溪新天地投入运营。5月份举办新区央企项目推介会，签约项目57个、合同金额7000亿元。湖南湘江新区发展集团挂牌成立，行政管理、生态文明、土地制度、国企等改革全面深化。

2. 四新

一是产业转型升级有新进展。工程机械降幅逐步收窄，三一集团、铁建重工、山河智能等企业新产品产值占总产值比重达40%以上。中兴通讯机顶盒生产线投产。企业上市、并购热情高涨，景嘉微、三德科技等企业成功上市；三诺生物并购美国曲维迪亚；九芝堂并购友博药业；长城电脑并购长城信息。

二是现代服务业发展有新突破。加快补齐现代服务业短板，统筹推进金融、物流、文化创意、会展、检验检测等特色服务业发展，上半年全市服务业增加值占GDP比重达46.8%，对经济增长的贡献率达56%。马王堆市场实现搬迁，黄兴市场来势较好。

三是品质城市建设有新亮点。市政基础设施项目完成投资189.2亿元。磁浮工程试运营，地铁进入“换乘时代”。实施棚改2.8万户，完成改造393.6万平方米，分别占年度任务的67.7%、71.0%。

四是战略平台建设有新成效。自主创新示范区建设持续加快推进，制定发布《示范区发展规划纲要（2016—2025）》，60多个首批示范项目陆续落地。推进国家小微企业创业创新基地示范城市建设，22家众创空间建成运营。黄花综合保税区成功获批。推进国家小微企业创业创新基地示范城市建设，22家众创空间建成运营。

3. 四稳

一是工业运行逐步企稳。2～6月规模工业增加值累计同比分别增长6.4%、7.2%、7.5%、7.5%、7.8%，工业投资增长17.8%，工业呈现缓慢回升、逐步企稳态势。这个增速受中烟的影响比较大，剔除中烟增加值下滑影响，1～3月、1～4月和1～5月全市规模工业增加值累计增速分别为14.6%、15.8%和14.6%。三一、中联虽然还是负增长，但是下滑的幅度逐步减小。

二是财税增长保持平稳。财政总收入、一般公共预算收入完成652.99亿元、422.57亿元，分别增长9.16%、9.32%，均超序时进度。特别是税收占比分别比去年同期提高3.25个和5.16个百分点，财税质量有所改善。下半年我们要树立过紧日子的思想，因为“营改增”的影响体现在3个月以后，上半年很多进项税没有抵扣，下半年要抵扣，对财税增长会有一定的影响。

三是农业生产持续稳定。落实粮食种植面积564.5万亩、商品蔬菜播种70.2万亩，主要农产品供应稳定。上半年新增家庭农场514家、农民合作社442家。“互联网+农业”快速发展，农村电商企业超过900家、电商平台突破100家。

四是民生保障稳步改善。新增就业6.95万人，失业人员再就业2.07万人，城镇登记失业率2.72%。预计城乡居民人均可支配收入分别增长8.6%、8.5%。

（二）目前经济运行中存在的问题

1. 投资增长乏力

虽然与全省、全国比，我市投资增速比较快，但优化投资结构还有空间。特别是全市民间投资增长4.4%，低于全市固定资产投资增速10.8个百分点，占比同比回落7.0个百分点。怎么促进民间投资？关键是要让那些已准入的领域真正取消“障碍”，让民间投资进得来。就我市来说，民间投资下滑主要原因是房地产，房地产投资基本上全都是民间投资，增长只有9.6%。另外，政府基础设施投资受债务约束，也是有限度的。

2. 部分重点企业增长乏力

1～6月，全市工业前20强仍有4家企业负增长，1～6月工业用电增长13.47%，但制造业用电量仅增长2.5%，工业回升基础尚不牢固。

3. 财政收支平衡难度增大

一方面，政策性减收因素明显，如“营改增”后预计减税达50亿元。另一方面，下半年许多支出都是刚性的，年初预算缺口较大，预算执行中又有大量新增支出亟待安排。

4. 进出口增长下滑明显

1～6月，预计全市完成进出口额42亿美元，同比下降32%，仅完成年度任务30%，与时序进度差20个百分点。

二、全力以赴抓好下半年的经济工作

7月8日，习近平总书记主持召开经济形势专家座谈会，作出了“四个没有变”的判断，即经济发展长期向好的基本面没有变；经济韧性好、潜力足、回旋余地大的基本特征没有变；经济持续增长的良好支撑基础和条件没有变；经济结构调整优化的前进态势没有变。“四个没有变”的判断对我们抓好下半年工作有着重要的指导意义。

（一）目前，长沙总体上呈现“四期”特征

1. 农业处于优化升级期

长沙的农业有优势，但优化升级的空间还很大，关键要在互联网+农业、农业组织化程度上做文章，特别是农村电商要大力予以支持。

2. 新经济处于培育孵化期

新兴产业发展势头非常好，要抢占新的制高点。比如，智能制造是我们的总抓手，长沙装备制造业有1000余家企业、近5000亿元销售收入，转型升级需要智能制造来促进。特别作为第四次工业革命的智能化要抢占先机。最近我们把无人驾驶汽车作为一个方向，国内外许多城市也在尝试，要将其作为一个制高点来抢占，因为这个与制造业是可以结合的，与北斗导航等新兴产业也是紧密相关的。

3. 制造业处于深度调整期

调整是一个过程，需要自我适应，但要发挥外力作用，努力缩短适应期。控制系统里面有自适应系统，它是有内生动力的，但如果没有外力加入，仍会比较慢。政府要通过优化服务、购买两型产品等措施，帮企业一把。

4. 现代服务业处于加速发展期

目前我市服务业比重只有46.8%，远低于全国平均水平，要保持经济10%左右的增速，三产业必须有更高的增速。长沙现代服务业有基础，也逐步进入加速发展期，要看到这个趋势。

（二）下半年重点要在五个方面着力

1. 在项目建设上着力，促进投资稳定增长

力促招商引资。筹备好“沪洽周”“2016中国500强企业高峰论坛”、楼宇经济专题招商推介会等重点招商活动，瞄准世界500强、行业100强，招引一批大项目、好项目。加快建设进度。抓住三季度项目建设的黄金季节，抓好重大产业项目、基础设施项目和民生项目建设，加快推进轨道交通、棚户区和城中村改造等项目建设。年底要继续开展项目建设现场观摩。优化项目前期。目

前仍有不少项目停留前期阶段，要认真落实“一意见、两办法”，优化审批流程，推动审批提速，着力解决手续办理、征拆、融资等难题，强化要素保障，确保一批新项目尽快开工。

2. 在发展新经济上蓄力，助推产业转型升级

高举智能制造旗帜。大力推进智能制造三年行动计划，发挥各研究院作用，推进产学研结合，促进技术与市场结合。抓实智能制造试点企业项目，促进企业生产过程智能化和产品智能化改造。高标准筹办中国（长沙）智能制造峰会，使智能制造成为长沙的新名片。突出新兴产业发展。关注和瞄准产业前沿，大力发展新材料、移动互联网、智能驾驶、北斗导航、新能源汽车、虚拟现实、生物医药、节能环保等新兴产业，为经济增长提供有力支撑。比如虚拟现实技术不仅可以在娱乐、旅游等文化领域应用，还可以应用于体验式网上购物、工业设计等，发展潜力大，我市有些企业已经起步，下一步要加大引导和扶持力度。释放创新创业潜能。充分发挥58众创、三一众智新城和示范性创客平台作用，助推小微创新企业成长、科技成果孵化，激发创业热情、释放创新潜能。同时，切实抓好企业入规、协调调度、精准服务等基础工作。

3. 在现代服务业上加力，培育新的经济增长极

要转变思路，像抓新型工业化一样抓服务业发展，着力提高服务业占GDP比重。近期将召开服务业推进大会，落实《关于进一步加快发展现代服务业的实施意见》，重点推动现代金融、现代物流、高技术服务、会展、文化创意等十大产业率先发展。完善服务业统计制度和考核办法，促进现代服务业加速发展。

4. 在供给侧结构性改革上发力，提高供给质量和效率

供给侧结构性改革是一场输不起的战争。要落实好我市供给侧结构性改革的“1+7”政策，推动装备制造业供应链优化升级，培育新的经济结构，强化新的经济动力。加快房地产去库存。深化户籍制度改革，多措并举打通棚户区和城中村改造与保障房去库存通道。特别是要高度重视商业地产去库存，降低商业地产空置率。加快补齐外贸短板。加快黄花综保区建设，确保如期完成项目一期建设，顺利封关验收。支持高桥市场启动旅游购物贸易方式试点和金霞跨境电子商务发展，引导企业开拓海外市场。切实降低企业成本。落

实降低企业制度交易性、融资、人工、物流等成本的相关政策，“真金白银”为企业减负。

5. 在干事创业上聚力，强化工作保障

突出“四抓”：要聚精会神抓经济。市县乡已经进入集中换届，要做好工作统筹，使换届工作和经济工作两手抓、两不误。要对接政策抓谋划。近期国务院密集出台了一系列重大政策（如《进一步做好民间投资有关工作的通知》《关于深化制造业与互联网融合发展的指导意见》等），各部门要认真研究，结合长沙实际谋划好具体措施。要一以贯之抓落实。对照《政府工作报告》，跟踪工作进度，加强督促检查，确保如期交账。要积极主动抓服务。帮助企业排忧解难，密切关注企业运行情况，采取有效措施稳定重点企业增长。

（三）与此同时，要着眼当前，切实抓好几项重点工作

1. 防汛度汛

当前仍处于主汛期，前阶段防汛工作反应及时、组织有力、措施到位，取得了阶段性胜利，但仍不能松懈，重点防范山洪、泥石流、山塘库坝险情、城市内涝等。

2. 安全生产

当前是高温时节，道路交通、企业生产、烟花鞭炮、危化品等重点领域一刻也不能放松，特别是当前各项工作比较多，又面临区县（市）集中换届，请各区县（市）党政“一把手”亲力亲为，抓实、抓细、抓好。

3. 信访维稳

要抓好维稳排查，及时处理群众来信来访，妥善化解社会矛盾，确保长沙社会大局和谐稳定。

同志们，做好经济工作既要立足长远，又要狠抓当前。让我们在市委的坚强领导下，集中精力促经济，凝心聚力干事业，确保经济平稳健康发展，努力实现“十三五”开门红！

2016年7月13日

在湖南湘江新区2016年上半年经济形势分析会上的讲话

胡衡华

同志们：

刚才，几位区县、园区和新区党工委的负责同志分别作了汇报，分析到位，讲得很好。特别是正贵主任回顾总结了新区上半年的经济工作，并对下半年工作进行了部署，我完全赞同。下面，我再讲3个方面的意见。

一、肯定成绩，客观估计上半年经济形势

上半年，在省委、省政府和市委、市政府的坚强领导下，新区紧扣定位，紧盯目标，抓住重点，抓好落实，经济实现平稳较快发展，各项指标继续走在全市前列。

（一）具体呈现“四有”特点

1. 引领有作为

纵向分析，上半年新区地区生产总值增长12.1%，高于全市2.9个百分点；固投、规工、社零、财税分别增长20.1%、16.2%、13.6%、11.0%，分别高于全市4.9、8.4、2.2、2个百分点。横向比较，2015年和今年一季度，湘江新区经济总量在全国18个国家级新区中排名靠前（第7位），成绩来之不易。

2. 产业有亮点

上半年新区规模工业增加值连续6个月实现了两位数的增长，到6月底增速为16.2%，在宏观环境趋紧、传统产业不振的情况下，有这样的增速非常难得。最大的亮点是新兴产业加速成长，电子信息、新材料、新能源与节能环保、生物医药、智能制造等新兴产业增速连续6个月高出全市平均10个点以上，新兴产业产值占规模工业比重达60.0%。

3. 投资有力度

1～6月，新区固投增长20.1%，高于全市投资增幅5.8个百分点，对全市投资增长贡献率达33.9%，新区以占全市10.2%的国土面积创造了全市26.7%的投资总量。同时，投资结构不断优化，高技术产业和新兴产业投资增长34.0%，增速高于全市约10个百分点。

4. 发展有后劲

上半年，新区签约重大项目140个，合同投资总额7400亿元。创新创业氛围浓厚，成功获批全国首批双创示范基地，高新区上半年企业注册2144家，相当于2015年全年的注册总数；岳麓区新增市场主体1.16万个，增长77.1%。

（二）发展中的问题

1. 支撑作用有待增强

地区生产总值在全市的比重为18.3%，与全国其他新区相比仍然偏低。包括主要经济指标的增速，与省委、省政府的期望还有差距。

2. 新兴产业有待壮大

新经济发展虽然速度较快、来势较好，但规模仍然偏小，亟需加快壮大。比如移动互联网企业总数达2460家，但企业营业收入只有125亿元，平均每家企业营收仅500万元。

3. 民间投资有待激活

上半年，新区完成民间投资增速（16.4%）高于全市平均水平，但增速远低于政府性投资26%的增速。

4. 发展短板有待补齐

开放型经济发展滞后、服务业总量偏小、房地产商业库存较大、财政收入结构不合理，等等，这些短板需要加快补齐。

二、创新理念，以新思维引领新区发展

一季度新区经济形势分析时，我讲过新区的发展要把握“市场+政府”“差异+融合”“责任+担当”三大理念，具体落实中，还要用好“创新、效率、法治”三大法宝。

（一）用活创新的法宝

一方面，新区要成为产业创新的引擎。现在新区“双创”来势好，一批创业创新群体如雨后春笋般成长，这也是长沙未来的希望所在。有的产业现在很小，但“星星之火，可以燎原”，未来可能成为长沙发展的重要动力。新区要担当新兴产业孵化器这个功能，让更多的新技术、新产品、新业态、新产业在这里孵化，再带动全市，辐射全省。各区县特别是园区负责同志要密切关注产业动向，善于捕捉发展机遇，加快新兴产业培育，除了已经明确要大力发展的新材料、移动互联网、新能源汽车、检验检测、生物医药、节能环保等产业外，还要高度关注智能驾驶、北斗导航、虚拟现实等前沿产业，各园区要加强研究，提前谋划。另一方面，新区要成为深化改革的标杆。深化改革是新区的重要使命，虽然我们已推行了一系列改革，但形成影响和创造经验的还不多，特别是具有独创性的新动作偏少。这就需要我们解放思想、开动脑筋，以更大的魄力推动改革，着力形成一批可复制、可推广的改革经验。以投融资为例，上半年的投资增长主要是政府投资在支撑，但政府性资金是有限的，从长远来说也是不可持续的，还是要创新投融资体制，充分激活民间投资。

（二）用好效率的法宝

效率是新区发展致胜的生命线和核心竞争力。如果跟原有的行政区一样，

新区就没有存在的价值了。这次省委、省政府关于支持湘江新区加快改革发展的若干意见，赋予了我们更多政策支持，要继续加快推进园区行政审批和负面清单制度改革，全力打造办事效率最高的新区。现在仍有差距，比如前段时间我了解到，重庆两江新区一个项目从签约到入驻只需8天，2个月后就开始营业了，这是值得我们学习的。这里，我要特别强调，审批可以放松，监管还得抓紧，一定要完善事中、事后的监管，该作为的要积极作为。

（三）用实法治的法宝

新区发展是一项开创性的事业，要逐步完善容错机制，为创新者开路，为担当者担当，但也要坚守法律底线，容错不是容罪、容贪、容腐，更不是乱作为、不作为的“护身符”，凡事要依法依规、依程序进行，改革要于法有据，我们可以容忍探索性的失败，但决不能容忍违纪违规行为。当前，新区开工建设项目多、涉及资金体量大，每个环节都要规范管理，一定要经得起历史的检验。新区纪工委要发挥作用，严格监督。特别是征地拆迁、拆违控违要认真吸取“7·7责任事故”教训，守住底线、把握细节，依法依规、稳妥推进。

三、突出重点，全力抓好下半年经济工作

刚才，正贵主任提出了新区“四提”的工作举措，下一步要突出重点，培育动能，全面或超额完成全年各项工作目标任务。

（一）突出项目建设，培育增长动能

项目建设始终是新区发展的牛鼻子，要以优质项目扩大有效投资。要全力抓项目引进。组织好走进中国500强企业、“沪洽周”湖南湘江新区专场推介等专题招商推介活动，力争下半年再引进落地一批大项目、好项目。要突出抓项目落地。对有重大合作意向的项目，要逐个明确项目落地与服务的责任人和时限，加强跟踪对接，确保落地、落实。要集中抓项目攻坚。深入推进项目建设“百日会战”，集中精力抓好下半年重大项目开工建设，确保如期完成年度目标。

（二）突出智能制造，增强产业动能

按照“主动减量、优化存量、引导增量”的要求，不断完善现代产业体系。要在抢占新兴产业制高点上求突破。发挥智能制造统领作用，加快传统优势产业转型升级，推进制造业向中高端化发展。重点加快新材料、移动互联网、智能驾驶、北斗导航、新能源汽车、虚拟现实、检验检测、生物医药、节能环保、大数据、文化创意等新兴产业发展。要在服务业集聚发展上求突破。推动生产性服务业向专业化和价值链高端延伸、生活性服务业向精细和高品质升级，促进现代制造业与服务业有机融合、互动发展。重点要加快推动恒大海花谷、华强文化产业园、湘江欢乐城、月亮岛文旅新城、梅溪湖国际医疗健康城等服务业项目建设。要在开放型经济发展上求突破。着力引进一批出口加工型企业，出台政策支持出口规模大、多基地生产的企业将外贸订单转移到内地基地生产。

（三）突出创业创新，集聚发展动能

把国家自主创新示范区和国家双创示范基地建设结合起来，把高端创新与草根创业结合起来，让创新创业成为一种生活，成为一种生态。要着力构建支撑体系。按照“一核一圈多点”（一核即长沙高新区麓谷科技新城；一圈即泛岳麓山创新创意产业圈；多点覆盖各园区）的空间布局，构建“城市服务与创新服务—创新平台—生产集群”三个层面的创新功能支撑体系。要着力做强创新主体。强化企业创新主体地位，培育创新联盟，开展产业共性技术研发攻关，完善产业创新链，比如北斗开放实验室，已经成为北斗导航产业发展的重要公共平台。再比如，要围绕高端制造的产业链来补链，引进创新型团队、平台和企业。要着力优化双创服务。新区产业发展基金通过跟投等方式，加大对双创的支持，打造“大帮小，小抱团”的众帮模式。

（四）突出统筹融合，释放成长动能

探索行政区与功能区融合发展的体制机制，充分激发和调动新区范围内各方的积极性。要以产城融合做大、做美新区。规划建设长沙西中心，加快推进

湘江西岸、梅溪湖—雷锋湖城市中轴线等重点区域建设，精心雕琢城市细节，打造具有湖湘特色、文化内涵和时代风貌的“长沙新名片”“湖南会客厅”。要以区域统筹做强做实新区。落实《推进统筹融合发展的若干意见》，统筹城乡规划、统筹土地收储、统筹统计分析，增强“国家级新区+”的发展格局。要以改革发力做优、做特新区。创新土地管理制度，完善差别化地价形成机制和评估制度，建立统一的片区地价体系。完善生态文明建设制度设计和绿色生态指标体系，构建多元化的生态建设投资和管理机制。

同志们，新区建设重任在肩，新区发展时不我待。让我们以只争朝夕的精神，真抓实干的作风，加快新区建设、发展，奋力实现“十三五”良好开局，为全市、全省发展作出更大的贡献！

2016年7月19日

以供给侧结构性改革引领经济行稳致远
——湖南省半年经济工作会议材料

中共长沙市委
长沙市人民政府

2016年以来，在省委、省政府的坚强领导下，长沙坚持“稳住、进好、调优”的总基调，从实际出发，出台供给侧结构性改革三年行动实施意见和“增动能、去产能、去库存、去杠杆、降成本、补短板、优投资”7个专项实施办法，形成了“1+7”政策体系，以“组合拳”引领经济行稳致远。上半年，长沙经济转型创新发展的良好态势得到巩固和加强，预计地区生产总值增长9.2%，财政总收入增长9.16%，规模工业增加值增长7.8%，固定资产投资增长15.2%，社会消费品零售总额增长11.4%，各项经济指标稳中向好、逐月回升，符合预期。

一、做实“一增一优”，确保“稳得住”

正确处理短期与长远的关系，坚持把增动能与优投资作为供给侧结构性改革的重要组成部分，在稳增长的同时，为促改革提供了有力支撑。

（一）着力在增动能上出实招

组建智能制造、机器人、3D打印、新材料研究院，首批28个智能制造示范项目顺利推进，新启动200家试点企业项目。大力发展新材料、移动互联网、检验检测、智能驾驶、北斗导航、虚拟现实、新能源汽车等新兴产业，长沙经济保持中高速增长。1～6月，新材料、生物医药等产业实现20%以上的增长；移动互联网企业突破2500家，电子商务实现交易额达2145亿元；农业生产持续稳定，主要农产品供应有序。

（二）着力在优投资上下功夫

坚持早铺排、早调度、早开工，以大项目、好项目支撑供给侧结构性改革，1～6月全市808个重大项目完成年度预估投资的63.6%，进度同比快10.6个百分点。2～6月，全市固定资产投资保持两位数以上的增速并逐月上升。重点瞄准世界500强、行业100强企业，突出产业招商、二次招商和小分队招商，1～6月，引进海信生产基地等过50亿元项目20个。磁浮工程、地铁1号线试运营，长沙进入地铁“换乘时代”。

二、突出“一降一补”，推动“进得好”

坚持把降成本和补短板作为长沙推进供给侧结构性改革的重中之重，为经济发展实现“进好”化解阻力、增强助力。

（一）突出降成本，为企业“减负”

坚持多措并举，全面清理规范涉企收费，市本级取消、暂停和免征收费项目21项，企业直接减负3.02亿元。规范调整行政审批中介服务事项25项、取消24项。“营改增”整体减税50.9亿元。整合1亿元财政资金，建立智能制造贷款风险补偿资金池；智能制造试点示范项目运营成本降低、产品生产周期缩短、不良频率降低均达30%。同时，从今年5月至2018年4月，阶段性调低企业职工养老保险1%、失业保险0.5%，企业用工成本有效降低。

（二）突出补短板，为发展“加油”

加快补齐现代服务业短板，采取整合专项资金、出台扶持政策、加强考核引导、密集协调调度等举措，统筹推进金融、物流等“十大”重点服务业发展，服务业增加值占GDP比重同比提升4.4个百分点，贡献率达56%。加快补齐开放型经济短板，1~6月，全市实际利用外资、利用市外境内资金完成固定资产投资、实际到位省外境内资金均实现“双过半”。黄花综合保税区成功获批。长沙新港三期3个千吨级泊位启动建设，开通至荷兰阿姆斯特丹、澳大利亚悉尼的跨境海外仓线路。湘欧快线开行出口班列1737车，货值2.5亿美元；金霞保税中心报关4361票。

三、把握“三去”重点，实现“调得优”

坚持市场化运作、树立法治化思维，使市场在资源配置中起决定性作用，更好发挥政府作用，着力去产能、去库存、去杠杆，提高供给效率。

（一）创新思路去产能

加大落后产能淘汰力度，宁乡的煤炭产业全部关闭；浏阳今年退出烟花爆竹企业200家以上。建立两型产业目录，大力拓展本地市场和本土产品采购，推动工程机械租赁业务，全方位促进工业企业去库存。积极对接“一带一路”战略和国家、省国际产能合作计划，鼓励和支持工程机械、生物医药、电子信息产业“走出去”，中联重科、山河智能、三诺生物收购一批海外企业，国际化步伐加快。大力推进工程机械降幅逐步收窄，三一集团、铁建重工等企业新产品产值占总产值比重达40%以上。

（二）多措并举去库存

加强土地有效供给，源头控制房地产开发步伐。实施棚改2.8万户，支持棚户区和城中村改造居民购买商品房，内五区货币化安置率达75%。1~6月，内六区新建商品房网签增长24.54%，网签均价同比上涨3.61%，去化周期降至10个月以内，全市房地产开发投资增长9.6%，房地产市场正在逐步理性回暖。

（三）主动作为去杠杆

加强平台公司债务管理，调整债务结构，降低负债成本。着力盘活闲置和沉淀资金，明确财政资金拨付时限，资金使用效率得到提高。推动金融创新，建立产业引导基金，支持企业利用资本市场融资，探索投贷联动试点，新增上市公司2家、新三板挂牌企业22家。

下一步，我们将认真落实今天的会议精神，纵深推进供给侧结构性改革，集中精力谋发展，凝心聚力干事业，确保经济平稳健康发展。

2016年7月25日

专题分析案例

2017年1～2月长沙工业结构性改革持续深化

2017年，长沙工业以“调结构、稳增长”为发展主线，在保稳定增长的同时，继续加大经济结构调整力度，工业经济结构性改革持续深化。1～2月，规模以上工业实现增加值479.84亿元，同比增长6.3%。

一、结构改革持续深化

（一）园区工业高效引领

新年伊始，长沙园区工业继续保持较高增速，集聚效应有效发挥，引领作用持续释放。1～2月，园区规模以上工业实现增加值278.65亿元，同比增长11.2%，高于规模以上工业增速4.9个百分点，增长贡献率为93.5%，同比提高11.0个百分点，占规模以上工业增加值的58.1%，同比提高5.4个百分点。其中，长沙高新区、长沙经开区、宁乡经开区、浏阳经开区和望城经开区5大国家级园区分别增长5.0%、13.6%、10.0%、13.4%和10.1%。

（二）县域经济持续发力

中心城区受环境、资源、交通、成本等多方面因素影响，不宜过度发展工业经济，县域经济将是未来工业经济转型发展的主要阵地。1～2月，望城区、长沙县、宁乡县和浏阳市4个区县（市）分别实现规模以上工业增加值42.95亿元、68.14亿元、81.77亿元和98.86亿元，增速继续保持两位数增长，分别是

12.1%、12.3%、12.1%和11.5%，高于规模以上工业增速5.8、6.0、5.8和5.2个百分点，发展情况普遍好于内五区。

（三）主要行业结构优化

增加值总量排名前十大行业占比超过八成，是规模以上工业发展的主力军，也是工业结构转型升级的重点所在。当前，长沙规模以上工业主要行业结构日趋优化，新旧行业地位发生有效转换，一是十大行业总量差距有所减小，二是新兴产业规模快速扩大，三是占据主导地位的传统行业占比降低。1～2月，十大主要行业增加值占比最大差距为23.9个百分点，同比缩小5.7个百分点，其中比重最高的烟草制品业增加值占比为27.0%，同比下降5.1个百分点，产能相对过剩的专用设备制造业占比为7.7%，同比下降1.4个百分点，电子信息设备制造业和汽车制造业等新兴行业占比提高比较明显，同比分别提高2.9和1.0个百分点，行业排名比去年各进一位，分列第2位和第5位。

（四）高新产业快速发展

高新产业是工业经济转型升级的重要方向，是创新发展的主要领域，其发展进度一定程度上体现工业经济结构性改革总体成效。近年来，长沙规模以上工业高新产业高速发展，在助力工业经济增长稳定的同时，实现了工业结构的有效调整。1～2月，高新技术企业实现增加值223.34亿元，同比增长13.1%，高于规模以上工业增速6.8个百分点，增长贡献率为90.2%，占规模以上工业增加值的比重为46.5%；高技术产业实现增加值74.95亿元，同比增长20.0%，高于规模以上工业增速13.7个百分点，增长贡献率达45.7%，占规模以上工业增加值的比重为15.6%。

（五）耗能产业占比降低

高耗能产业资源消耗量大，投入产出比低，经济效益及可持续发展性不佳，是国家重点调控的主要对象。1–2月，6大高耗能产业实现增加值89.86亿元，同比增长5.2%，低于规模以上工业增速1.1个百分点，占规模以上工业增加值的比重为18.7%。其中，化学原料和化学制品制造业、有色金属冶炼和压延加工、非金属矿物制品业3个主要行业增速同比均有所降低，分别增长8.2%、-0.5%、6.5%，同比下降6.1、20.7和1.0个百分点。

二、稳定增长面临压力

（一）企业发展两极分化

大型企业是工业经济发展的核心力量，对中、小企业有较强的带动与辐射作用，长沙规模以上工业大型企业发展速度不佳，不仅一定程度上影响了工业经济发展稳定，长远看还会有向中、小企业的传导效应。1～2月，规模以上工业大型企业实现增加值254.60亿元，同比增长1.6%，低于规模以上工业增速4.7个百分点；中型企业实现增加值81.90亿元，同比增长12.1%，高于规模以上工业增速5.8个百分点；小微型企业实现增加值143.34亿元，同比增长12.5%，高于规模以上工业增速6.2个百分点。

（二）公有经济持续低迷

公有制经济是工业经济发展的主体力量，其中国有制经济是当前所有制改革的重点对象。当前，长沙工业两种所有制类型经济发展极不均衡，非公有制经济持续高速增长，公有制经济在起伏中整体回落。1～2月非公有制经济实现增加值315.20亿元，同比增长13.0%，增长贡献率为126.5%，占规模以上工业增加值的65.7%；公有制经济实现增加值164.64亿元，同比下降4.3%，占规模以上工业增加值的比重为34.3%。

（三）工业投资增速回落

工业投资增速很大程度上决定工业经济发展后劲，工业技改投资水平则体现传统经济转型力度。当前，长沙工业投资增速有所下降，技改投资增速明显回落，转型发展后劲不足。1～2月，全市完成工业投资152.51亿元，同比增长20.3%，增幅回落6.8个百分点；完成工业技术改造投资61.49亿元，同比回落13.7个百分点。

三、促进发展对策建议

（一）关注主要企业情况

一是加强部门联动。相关部门要建立重点企业联动预警机制，加强对重点企业的运行监测，及时了解企业运行情况，促进信息共享，提升服务水平。二是加强企业合作。建立企业经验与信息交流分享机制，节约信息成本，扩展发展思路，实现资源共享，携手共求发展。

（二）加快国有企业改革

国有企业改革包括企业管理体制、生产运营模式、主要产品结构及主要生产工艺等多个方面。一是国有企业去行政化管理，引入职业经理人模式，提升管理理念与水平。二是精准把握市场需求，以需求为导向调整产品结构，提升工艺水平，生产市场真正需要的高质量产品。

（三）加大招商投资力度

工业经济要转型发展离不开资本投入。一是以优化行业布局为导向，整合现有资源，打造优质的投资环境，提升可持续发展能力，增强融资吸引力。二是加大对重点发展行业的招商引资与政策鼓励力度，争取大项目来长沙落户。三是积极引导现有企业转型升级，加大技术改造投资力度，促进企业优化升级。

2017年3月22日

2017年一季度长沙规模以上工业企业生产经营稳步向好

近期，长沙市统计局对全市513家规模以上工业企业生产经营及景气状况进行了一次抽样调查。从调查结果看，工业企业认为当前的生产总体向好，发展信心增强，经营效益好转，但工业投资增速回落、企业资金不足等困难仍较突出，需引起重视。

一、企业生产经营稳步向好

（一）经营状况逐步趋好

调查显示，认为一季度本企业经营状况“良好”的企业占43.3%，比上季度（去年四季度，下同）提高3.2个百分点；认为一季度本企业经营状况“一般”的企业占53%，比上季度提高0.8个百分点；认为一季度本企业经营状况“不佳”的企业占3.7%，比上季度下降4个百分点。企业经营情况向好，工业增速稳步回升，一季度长沙规模工业增加值同比增长8%，增速提升0.8个百分点。同时，企业经营状况分化，大型企业经营状况“良好”占比明显高于中型企业和小微型企业。大型企业认为一季度本企业经营状况“良好”的占比为54.2%，比上季度提高6.3个百分点，同时分别比中、小微型高8.1和19.4个百分点。

（二）企业发展信心增强

随着国家一系列支持实体经济发展政策的实施，企业家对企业所处行业运行状况预期有所提高。企业家对二季度本行业运行状况持乐观态度的占49.9%，比一季度占比提高7.2个百分点；认为一般的占46.7%；不乐观的企业占3.7%，比一季度下降0.4个百分点。

（三）利润增速明显回升

从调查情况看，一季度企业盈利比上季度增加或持平的企业合计占76.8%，其中盈利增加的企业占22.2%，持平的占54.6%。从行业大类看，受工程机械回暖和春节食品饮料消费旺季影响，一季度盈利比上季度增加的企业主要集中在专业设备制造业（36.4%）、金属制品业（35.3%）、黑色金属冶炼和压延加工业（33.3%）、酒、饮料和精制茶制造业（30.8%）、汽车制造业（30%）和食品制造业（30%）等重点特色行业。从企业规模看，大型、中型、小微型企业中，盈利比上季度增加的企业分别占25%、25.3%、15.5%；盈利与上季度持平的企业分别占45.8%、52%、62.1%。从利润总额增速看，规模工业企业利润总额累计增长27.8%，增速同比提高24.8个百分点，扭转了上年全年利润负增长的状况，比上年全年增速提高32.5个百分点，总体呈现恢复性增长。

二、面临的挑战

（一）生产虽向好，但投资增速回落的总趋势没有变

工业投资增速很大程度上反映着工业经济发展后劲，工业技改投资水平则一定程度体现传统经济转型力度。当前，随着上海大众、蓝思科技等重大产业项目建设进入尾声，支撑力度逐渐减弱，长沙工业投资下行压力加大，工业投资增速持续下降，技改投资增速明显回落，转型发展后劲不足。一季度，全市完成工业投资341.74亿元，同比增长4.5%，增速创下2016年一季度以来

新低（长沙工业投资2016年1～4季度累计增速分别为28.4%、17.8%、12.8%和10.7%）；完成工业技术改造投资166.07亿元，同比下降14.8%。

（二）利润虽有回升，但资金紧张的总态势没有变

一季度，有24.2%的企业反映存在资金周转紧张情况，仅有6.8%的企业反映资金充裕。从企业规模看，大、中、小微型企业中认为资金紧张的企业占比分别为27.1%、22%、27.3%，大型和小微型企业认为资金紧张的比例高于平均水平。企业反映，一季度资金紧张主要缘于工资等刚性支出较多（75.8%）、融资成本高（71.8%）、融资难（60.5%）、存货资金占用较多（57.9%）等原因。

（三）政策虽有支持，但税费负担并未明显改善

调查显示，一季度有36.6%的企业表示受益于相关政策的帮助和支持，其中创新支持、简政放权、降息或降低融资成本和促进外贸稳定增长等政策使企业受益最大。不过与上季度相比，73.9%的企业感觉税费负担变化不大，且17.2%的企业反映税费负担上升，比反映下降的企业占比高出8.2个百分点。制造业企业中反映税费负担上升的较多，占比达19.1%，比认为下降的企业占比高出15个百分点。

三、对策建议

从调查结果看，当前全市工业企业生产情况、经营效益状况和资本投入情况总体平稳向好，但也面临运行环境复杂、工业投资增速回落、资金依然趋紧等诸多挑战。要加强引导、精准发力，为全市工业经济提质增效加快发展扫清障碍，具体建议如下。

（一）进一步抓好项目建设

项目建设是工业发展的重要支撑。要坚持激活内资、招商引资、争取国家投资一起抓，在全市形成大上项目、上大项目、上好项目的良好局面。引进一

批适合长沙发展的重点项目，从“招商引资”向“择商选资”转变，从“项目招商”向“产业招商”转变，依托资源优势和产业优势努力打造长沙工业品牌。

（二）进一步降低融资成本

加大金融服务实体经济的力度，加快产品创新与业务拓展，提供专项融资服务，着力帮助企业解决“融资难”“融资贵”等资金问题。加大融资担保力度，鼓励商业对市场前景好、成长性好但暂时有困难的企业不断贷、不抽贷，降低融资中间环节费用。

（三）进一步减轻企业负担

要采取有效措施，把中央、省、市出台的一系列支持实体经济发展的政策落在实处。要切实做好“放管服”，进一步精简行政审批事项，提高行政审批效率，提升监管和服务水平，进一步激发市场活力。进一步清理、取消涉企收费项目，切实减轻企业税费负担，降低企业运行成本。

2017年4月20日

2017年1～4月长沙工业保持稳定发展态势

稳定是经济发展的必要前提。1～4月长沙规模以上工业实现增加值1004.83亿元，同比增长7.5%，比1～2月提高1.2个百分点，与同期持平，保持了稳定增长态势。

一、5个积极因素力保工业稳定增长

（一）两大主导行业逐步复苏

专用设备制造业在历经4年持续调整后，本年形势有所好转，增长速度逐步提高。烟草制品业拖累增长现状虽未根本改变，但拖累作用逐步减弱。1～4月，专用设备制造业实现增加值108.13亿元，同比增长7.5%，同比提高9.1个百分点，比年初提高2.2个百分点，拉动规模以上工业增长0.8个百分点，增长贡献率为10.8%，同比提高13.4个百分点；烟草制品业实现增加值223.06亿元，同比下降5.4%，同比提高4.7个百分点，比年初提高1.9个百分点，拖累规模以上工业增长1.4个百分点，增长贡献率为-18.4%，同比提高24.7个百分点。

（二）三大主要行业高速增长

电子通信设备制造业、汽车制造业，以及电气机械和器材制造业三大行业本年实现快速增长，为长沙规模以工业增加值增长稳定提供了高效动力。1～4月三大行业合计实现增加值214.29亿元，拉动规模以上工业增长4.6个百分点，增长贡献率达61.1%，增加值占比21.3%。其中，增加值增速分别为28.2%、23.2%和15.4%，增长贡献率分别为34.6%、20.1%和6.4%。

（三）四个区县（市）快速发展

县域经济是工业发展的重心所在，也是长沙工业增长的核心力量。1～4月，望城区、长沙县、宁乡市、浏阳市4个区县（市）分别实现增加值88.94、173.49、202.36和162.42亿元，同比增长11.0%、12.9%、12.1%和10.8%，分别高于规模以上工业增速3.5、5.4、4.6和3.3个百分点，合计占比62.4%。

（四）五个国家园区有效推动

工业园区作为工业发展主战场，保持了较快的增长速度，有效推动长沙工业实现稳定增长。1～4月，园区实现规模以上工业增加值621.10亿元，同比增长13.1%，增长贡献率为101.2%，是长沙规模以上工业增长的绝对支撑力量。其中，长沙高新区、长沙经开区、宁乡经开区、浏阳经开区、望城经开区5大国家级园区增速分别为8.7%、14.7%、12.9%、14.2%和10.5%，高于规模以上工业增速1.2、7.2、5.4、6.7和3.0个百分点，合计占比75.9%。

（五）两高产业较快引领

高技术产业、高加工度产业有着突出的技术优势及较好的市场适应性，近年来保持了快速增长态势，对工业发展起到了较为明显的引领作用。1～4月，高技术产业实现增加值152.23亿元，同比增长22.4%，增长贡献率为41.0%，占比15.1%；高加工度产业实现增加值346.82亿元，同比增长14.8%，增长贡献率为63.7%，占比34.5%。

二、三个不利因素制约工业增速提高

（一）两大传统行业增速持续回落

有色金属冶炼和压延加工业、化学原料和化学制品制造业两大传统行业是长沙规模以上工业增长的重要支撑因素，是产业转型升级的主要过渡力量。本年，受价格指数快速上涨、国家环保督查及市场需求情况影响，两大行业增速明显回落，增长贡献显著降低。1～4月，化学原料和化学制品制造业实现增加值79.20亿元，同比增长3.9%，同比回落8.1个百分点，增长贡献率为4.1%，同比降低7.8个百分点；有色金属冶炼和压延加工业实现增加值63.14亿元，同比增长2.9%，同比回落30.8个百分点，增长贡献率为2.5%，同比降低22.4个百分点。

（二）两种类型企业增速有所放缓

中型、小微型企业因其较强的经营灵活性、较快的主体成长性及较好的市场适应性，一直保持了较快的增长速度，对规模以上工业增长起到了关键性推动作用。但在部分主要企业长期调整情况下，两种规模企业增长潜力逐步降低，增长速度明显放缓。1～4月，中型企业实现增加值 171.91亿元，同比增长8.9%，同比回落5.9个百分点，增长贡献率为19.7%，同比降低7.7个百分点，占比17.1%；小微企业实现增加值315.13亿元，同比增长10.1%，同比回落7.0个百分点，增长贡献率为40.1%，同比降低24.9个百分点，占比31.4%。

（三）三类经济主体拖累作用明显

国有经济、集体经济、股份合作经济3个类型主体增速全面下降，特别是占主导地位的国有经济下降趋势不改，对规模以上工业增长拖累作用明显。1～4月，国有经济实现增加值229.35亿元，同比下降5.1%，增长贡献率为-17.8%；集体经济实现增加值3.19亿元，同比下降8.3%，增长贡献率为-0.4%；股份合作经济实现增加值0.30亿元，同比下降21.7%，增长贡献率为-0.1%。

三、三个建议力争工业发展稳中有进

（一）稳住传统行业实现平稳过渡

传统行业发展虽面临环境、资源等压力，但是工业发展稳定的中坚因素，现阶段仍需平稳发展，争取产业结构优化升级的有效过渡。一抓产品结构优化升级。传统企业要以供给侧改革理念为指导，紧盯市场需求，顺应市场变化，不断调整产品结构，推出市场需求度高、产品附加值大的新产品，提升市场适应力。二抓技术标准推陈出新。传统行业技术标准相对落后，资源需求相对较高，环境压力相对较大，不技术革新必将被市场淘汰。因此，要加大对传统行业投入力度，加快技术标准升级进程，积极淘汰落后产能，推广使用最新技术，提高生产效率及资源利用率，提升发展潜力。

（二）培育中小企业补充新生力量

中小企业数量众多，转型发展相对灵活，是工业经济发展的有生力量，要高度重视中小企业培育，争取做大、做强。一抓新增项目达产见效。进一步加大招商引资力度，引进更多优质项目，推进项目施工进度，争取早建设、早投产、早入规，为工业发展注入新力量。二抓现有企业发展壮大。加大对发展潜力好的中小企业的扶持力度，缓解其人、财、物及技术压力，争取做大、做强、做优，为打造千亿产业提供后备力量。

（三）壮大新兴产业争取加速转型

新兴产业是经济发展的主要领域，是国家政策引导的重点方向，是长沙工业转型升级的关键所在，要进一步加大发展力度，加速工业经济转型进程。一抓重点起步产业做大。新一代信息技术、新材料、工业机器人等产业是未来工业发展的重点领域，也是运用于生产实践提升生产效率的重点对象，长沙工业在这些领域已有所涉及或具有较强的研发能力，要立足现状、放眼长远，加快相关产业发展力度，抢占市场先机。二抓现有优势产业做优。长沙新能源汽车、电子通信设备制造、医药制造产业已初具规模，获得了一定的市场影响力，在此基础上要争取做优、做精，打造一批技术领先企业，取得更多的行业话语权，提升品牌知名度和市场主导权，实现产业发展向高技术难度、高产品附加值的末端链转移，为改善产业结构、加速转型进程提供根本保证。

2017年5月24日

2017年1～5月长沙规模以上工业较快增长

1～5月，长沙规模以上工业实现增加值1298.05亿元，同比增长8.0%，比1～4月提高0.5个百分点，高于全省增速0.9个百分点，高于全国增速1.3个百分点，增速位居全省第2位，比1～4月前进1位。

一、拉动增长主要动力

（一）主导行业企稳回升

1～5月，烟草制品业、专用设备制造业两大主导行业生产形势进一步好转，累计增速较快提升。烟草制品业实现增加值275.30亿元，同比下降1.1%，比1～4月提高4.3个百分点，增长贡献率比1～4月提高15.1个百万分点；专用设备制造业实现增加值146.76亿元，同比增长8.7%，比1～4月提高1.2个百分点，拉动增长1.0个百分点，增长贡献率为12.2%，比1～4月提高1.4个百分点。

（二）优势行业持续拉动

电子通信设备制造业、汽车制造业、电气机械和器材制造业3大优势行业继续保持较快增长，为长沙规模以上工业发展提供了持续动力。1～5月，3大行业分别实现增加值133.72、96.97和44.71亿元，同比增长27.0%、23.1%和14.9%，高于规模以上工业增速19.0、15.1和6.9个百分点，增长贡献率为30.7%、19.1%和5.9%，合计增长贡献率超过50%。

（三）主要园区平稳增长

1～5月，园区工业保持较快增长，实现增加值808.18亿元，同比增长12.5%，高于规模以上工业增速4.5个百分点，增长贡献率为91.8%。长沙高新区、长沙经开区、宁乡经开区、浏阳经开区、望城经开区5大国家级园区分别实现增加值106.92、201.68、90.94、130.99和87.03亿元，同比增长9.0%、14.6%、12.0%、14.1%和10.2%，高于规模以上工业增速1.0、6.6、4.0、6.1和2.2个百分点，合计占规模以上工业增加值的47.6%。

（四）外资经济快速引领

从经济类型来看，外商和中国香港、中国澳门、中国台湾的投资经济是工业增长的一大主要支撑因素，以蓝思科技、广汽三菱、澳优乳业为代表的外资经济已成为当前长沙工业增长的主要拉动因素。1～5月，外商和中国香港、中国澳门、中国台湾的投资经济实现增加值206.13亿元，同比增长26.0%，增幅同比提高12.5个百分点，比1～4月提高0.9个百分点，高于规模以上工业增速18.0个百分点，增长贡献率为44.8%，占比15.9%。

二、后续增长主要压力

（一）传统行业较快回落

今年以来，化学原料和化学制品制造业及非金属矿物制品业增速持续放缓，对规模以上工业增长拉动作用明显下降；有色金属冶炼和压延加工业增速继续回落，增长拖累作用有所加大。1～5月，3大行业合计实现增加值239.74亿元，同比增长1.5%，低于规模以上工业6.5个百分点，增长贡献率为3.6%，同比下降36.4个百分点，比1～4月下降4.7个百分点。其中化学原料和化学制品制造业同比增长2.8%，有色金属冶炼和压延加工业同比下降1.0%，非金属矿物制品业同比增长3.0%。

（二）工业投资有所放缓

实体经济仍处于持续调整期，资本运作更加谨慎，工业投资增速有所放缓，工业技改投资同比有所下降。1～5月，长沙完成工业投资总额765.66亿元，同比增长4.0%，低于固定资产投资增速9.5个百分点，占比29.6%；完成工业技改投资387.32亿元，同比下降9.9%，低于固定资产投资增速23.4个百分点，占比15.0%。

（三）新增企业拉动减弱

去年年报以来新增企业（主要是规下升规上企业）数量及总量均有所下降，增长拉动作用减弱，企业成长性有待进一步提升。1～5月，年报以来新增企业159家，同比减少80家；实现增加值10.44亿元，占比0.8%，同比降低0.5个百分点；增长贡献率为2.6%，同比降低4.2个百分点。

三、促进增长对策建议

（一）加速传统行业转型

转型升级是传统行业持续发展的必然选择，也是工业经济结构调整的重点领域。一是要淘汰落后产能，特别是国家政策限制生产规模或限期逐步淘汰的落后生产线，避免有限资源的过度浪费。二是要改进生产工艺，提高生产效率，降低资源与环境压力，延长传统产品生命周期。三是要研发新型产品，改善产品结构，提升企业市场竞争力，实现传统行业优化升级。

（二）注重招商引资成效

投资仍是促进经济发展的主要引擎，而技改投资则是转型升级的基本保证。一是要引入优质大项目，优化产业结构，增加发展新动能。二是要鼓励加大技改投入，快速提升产品能力与市场竞争力，焕发发展新生机。三是要推进项目投产见效，提升服务能力，简化中间环节，加速项目从资金向生产力的转换进度。

（三）抓好新增企业入规

新增企业体现经济发展活力，是工业发展的有效动力。一是要主动关注新项目、新企业投产进度，做好入库申报准备工作，一旦达规及时纳入统计。二是要全面排查未纳入统计的达规企业，保证应统尽统，真实反映工业现状。三是要做好服务工作，优化企业发展环境，出台鼓励发展相关政策，提升企业成长性。

2017年6月27日

专项分析案例

创新驱动发展的重要引擎
——对长沙跨境电子商务产业发展的调查

跨境电子商务是互联网时代的新型贸易形态，融合了跨境和电商两个核心要素，从而实现分属不同关境交易主体的商业活动，对推动传统产业转型升级、支持实体经济发展、提高开放型经济水平、促进外贸增长方式转变具有积极的推动作用。长沙作为国家“一带一路”重要节点城市、长江经济带中心城市，拥有湖南湘江新区、长株潭国家自主创新示范区、两型社会建设综合配套改革试验区等国家级战略平台，黄花综合保税区即将获批，正在探索建立临空经济示范区和自由贸易园区。长沙引导和支持跨境电子商务快速发展，既有利于运用“互联网+外贸”实现优进优出，扩大海外营销渠道，合理增加进口，补齐外贸进出口短板，也有利于增加就业，推进大众创业、万众创新，打造开放型经济新的增长点。为深入了解长沙跨境电子商务产业发展情况，我们就此进行了联合调研，并提出了对策建议，供领导决策参考。

一、长沙跨境电子商务产业发展的现状分析

2014年1月2日，海关总署批准长沙市成为全国第8个开展跨境电子商务服务试点城市，长沙以此为契机，以金霞保税中心为试点承接基地，大力推进跨境电商综合试验区建设，跨境电子商务产业取得长足发展。

（一）平台建设取得突破

2015年全市电子商务实现交易总额3300亿元，占社会消费品零售总额89%（图1）；外贸进出口总额不断增长，2015年达129.68亿美元（图2），其中跨境电子商务（注：金霞经济开发区）进口308万美元，出口292万美元。园区平台有序布局，长沙高新技术产业开发区、雨花现代电子商务产业园和长沙金霞经济开发区3个园区成为首批认定的国家电子商务示范基地，快乐购、鹰皇商务、御家汇等企业为全国电子商务示范企业。长沙先后获批国家跨境电子商务服务试点城市和创建国家电子商务示范城市。良好的平台为跨境电子商务产业的发展提供了土壤与基础。

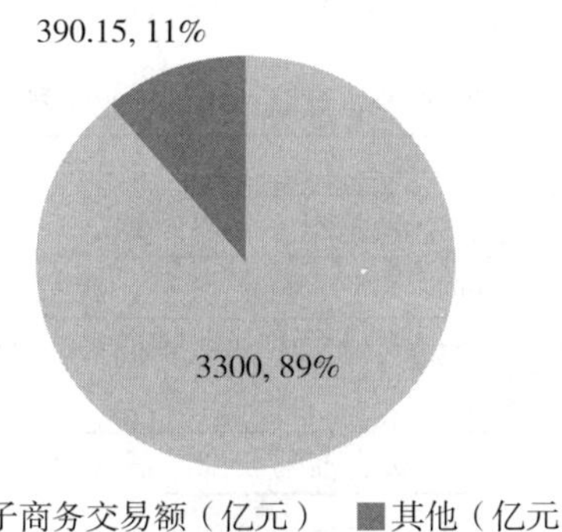

图1　2015年跨境电子商务企业交易总额占比情况

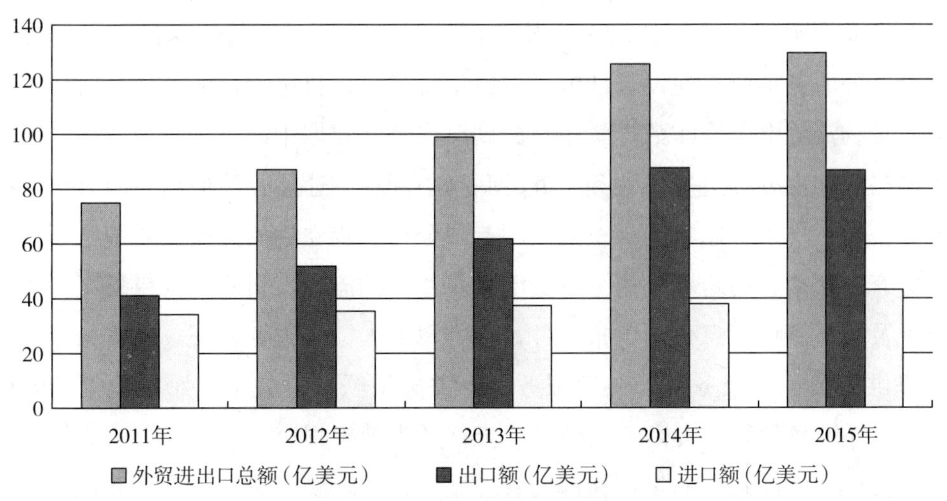

图2　近5年外贸进出口总额

（二）发展基础更为坚实

电子商务特别是跨境电商的发展必须以产业为支撑，否则将会导致“空心化”。目前，长沙已形成新材料、工程机械、电子信息、食品烟草、旅游、文化创意6大千亿产业集群，汽车及零部件和节能环保产业高速增长，有望形成新的千亿产业集群。移动互联网产业模式不断创新，产业生态不断完善，产业集群不断壮大，2016年4月底企业数量达2450家（2015年为1825家，同比增长65.3%；实现营业收入302.2亿元，同比增长58.1%），初步形成了移动游戏、移动生活、移动金融和移动电商等4大产业集群（表1）。在跨境电子商务模式由消费为主转向B2B大贸易为主的拓展时期，长沙拥有高度集聚的特色产业，为跨境电子商务的发展奠定了坚实的产业基础。

表1　长沙移动互联网4大产业集群

产业集群	企业情况
移动游戏产业集群	拓维信息、中清龙图、天磊网络、草花互动等
移动生活产业集群	58到家、远大美宅、喜鹊筑家、智慧眼等
移动金融产业集群	58金融、易宝支付、中移电子商务、步步高支付、掌钱、邮易通、慧支付等
移动电商产业集群	快乐购、御泥坊、友阿云商、步步高电子商务、奥睿科、智慧农村等

（三）管理服务不断创新

设立金霞联检大厅，为关、检、汇、税、工商、银行、保险等部门提供联合办公服务场所；建设长沙电子口岸信息平台，将进出口业务信息流、资金流、货物流等电子底账数据集中存放到口岸公共数据中心，为企业及中介服务机构提供网上办理进出口业务服务；联合中国邮政速递物流股份有限公司湖南省分公司、广东卓志集团、三湘集团有限公司，成立湖南金霞通跨境电子商务服务有限公司，为跨境电商平台、电商企业、物流及支付企业提供备案咨询、线上及线下三单信息代理申报服务，落实海关国检通关通检现场监管指令，配套提供转关运输服务等公共性服务；海关国检联合进驻金霞跨境电商监管中心，优化业务流程，提高通关效率，推行“提前申报、运抵验放”、无纸化通关等便捷通关模式。通过创新部门管理服务，为跨境电子商务发展营造了较好的政务环境。

（四）物流配套加快完善

全市规划有“五园十中心”，已形成规模物流企业800余家，5A级物流企业8家，4A级物流企业24家（表2）。拥有通往国际、国内118个大中城市航线139条，2015年旅客吞吐量1871.5万人次（居全国第14位、中部地区第2位）、货邮吞吐量12.2万吨。FedEx（美国联邦快递）、DHL（敦豪航空货运）、TNT（天地快件）等全球主流快递企业落户长沙。高效的物流配套，为跨境电子商务发展提供了良好的环境支持。同时，开放通道不断拓展，出口方面，开通从长沙飞阿姆斯特丹和长沙飞悉尼等两条跨境海外仓线路；进口方面，通过移植改造青岛海关进口监管系统，建立了长沙跨境进口系统。

表2　　长沙4A级以上物流企业情况

企业名称	级别	地址
湖南金霞粮食产业有限公司	5A	长沙市芙蓉中路一段160号
湖南全洲医药消费品供应链有限公司	5A	长沙市雨花区时代阳光大道216号全洲大厦
湖南湘通物流有限公司	5A	长沙市五一大道175号
湖南一力物流有限公司	5A	长沙市新开铺路1348号
大汉物流股份有限公司	5A	长沙市芙蓉区五一大道湘域中央一栋22楼
国药控股湖南有限公司	5A	长沙市开福区华宁路299号
湖南星沙物流投资有限公司	5A	长沙市芙蓉区隆平科技园雄天大道98号
物产中拓股份有限公司	5A	长沙市五一大道235号
长沙联运物流有限公司	4A	长沙市雨花区黎托街道川河社区（黎托货运大市场对面）
湖南中南物流有限公司	4A	长沙经济技术开发区中南汽车世界凉塘西路311号
湖南京阳物流有限公司	4A	长沙市雨花区韶山北路243号宏景名厦京阳座21楼
长沙畅通物流有限公司	4A	长沙市开福区青竹湖路18号
湖南白沙运输有限公司	4A	长沙市雨花区曙光南路79号
湖南鸿胜物流有限公司	4A	长沙市开福区芙蓉北路388号中石化大楼11-12F
华润湖南医药有限公司	4A	长沙市高新区麓谷大道698号
湖南达嘉维康医药有限公司	4A	长沙市岳麓区茯苓路30号
湖南博瑞新特药有限公司	4A	长沙市桔园路7号
湖南双舟医药有限责任公司	4A	长沙经济技术开发区潇湘路30号
长沙同安医药有限公司	4A	长沙市天心区工业园新电路97号同安医药大厦
招商局物流集团湖南公司	4A	长沙经济技术开发区螺丝塘路1号
湖南时代阳光医药有限公司	4A	长沙市雨花区时代阳光大道149号

续表

企业名称	级别	地址
华润湖南瑞格医药有限公司	4A	长沙市八一路95号
湖南晟通集团物流有限公司	4A	长沙市望城区金星路109号晟通长沙产业园
湖南恒邦物流有限公司	4A	湘湖跃进湖社区公园路仓储2～7号（王府花园东北面）
长沙长远物流有限公司	4A	长沙市高桥新村二区 7 栋西一门
浩通国际货运代理有限公司	4A	长沙市芙蓉中路二段111号华菱大厦13楼
湖南顺丰速运有限公司	4A	长沙市芙蓉区东二环一段364号
长沙市实泰物流有限公司	4A	长沙市长沙县黄兴镇接驾岭路88号
长沙恒广物流有限公司	4A	长沙市星沙开发区开元西路中南物流园Y05栋130–134号
湖南龙骧洪鑫物流集团有限责任公司	4A	长沙市雨花区花侯路1056号星城新宇·黎雅苑
湖南湾田实业有限公司	4A	望城县丁字镇商住南区D7栋
湖南中飞物流有限公司	4A	长沙市雨花区大桥商贸城东一、二楼

（五）招商引资成效明显

近年来，长沙重点瞄准与跨境贸易电子商务运营相关的电商、物流商、贸易商及服务商等，签约引进了广州卓志、快乐购、湖南嘉德、西班酒业、厦门优传、香港天赐、美乐购、香港爱町堡等企业，目前长沙共有电子商务企业3000多家，其中与跨境贸易电子商务运营相关的企业35家（表3）。

表3　　长沙跨境贸易电子商务运营相关企业引进情况

类别	企业名称
跨境电商企业	湖南金霞通跨境电子商务有限公司
	长沙爱町堡进出口贸易有限公司
	湖南省天赐电子商务有限公司
	湖南美乐购网络科技有限公司
物流企业（含供应链企业）	湖南汇峰国际货运代理有限公司
	长沙润川供应链管理有限公司
	湖南恒峰国际仓储物流有限公司
	浩通供应链管理（湖南）有限公司
	湖南友联供应链管理有限公司
	湖南速易得供应链有限公司
	湖南品优供应链有限公司
	湖南华光供应链有限公司
	湖南嘉德保税物通服务有限公司

续表

类别	企业名称
电商服务企业	湖南华海报关贸易有限公司
	湖南安惠克电子商务有限公司
	湖南百英信息科技有限公司
	湖南千斯仓电商服务有限公司
	湖南网邦软件科技有限公司
	湖南西班优生活电子商务有限公司
其他企业	湖南嘉德投资置业有限公分司
	湖南嘉德进口汽车有限公司
	湖南嘉德科技发展有限公司
	湖南嘉德国际贸易有限公司
	湖南嘉德贸发控股有限公司
	湖南金土地生物科技有限公司
	湖南嘉德商业发展有限公司
	湖南国皓科技发展有限公司
	湖南国皓发展置业有限公司
	湖南西班国际文化传媒有限公司
	西班国际投资控股（湖南）有限公司
	湖南西班逸香葡萄酒商学院有限公司
	湖南西班酒业有限公司
	湖南西班国际仓储物流有限公司
	湖南湘欧快线物流有限公司
	长沙爱町堡企业管理有限公司

二、长沙跨境电子商务产业发展存在的突出瓶颈

作为一种新业态和贸易新方式，近年来长沙跨境电子商务发展较快，但总体来看，仍然处于起步阶段，存在诸多问题。

（一）市场发育不充分

一是交易规模较小。尽管近年来我市电子商务交易额和外贸进出口总额不断增长，但跨境电子商务发展仍显滞后。2015年我市跨境电子商务交易额仅3600万元。同时，进出口结构不均衡，以金霞跨境保税直购体验中心为例，从2015年12月19日开业运营以来，截至今年4月底累计实现进出口交易额5341

万元，其中进口交易额4549万元，占85.2%；出口交易额792万元，占14.8%。从跨境电商进出口结构分布情况来看，超过85%的交易规模由进口电商贸易贡献，出口电商贡献比重较低。二是龙头企业缺乏。2015年全市电子商务服务企业约5000家，其中跨境电子商务企业仅20多家。特别是缺乏象阿里巴巴、京东、亚马逊等知名度高、辐射力强的跨境电商服务平台，通过阿里巴巴、亚马逊等服务平台的企业数量有限，与杭州等先进城市相比差距较大。三是发展水平偏低。受到跨境物流、关税、支付安全、诚信体系以及售后保障等基础环节制约影响，我市跨境电商企业出口商品主要集中在服装、饰品、小家电等日用消费品，进口主要集中在化妆品、护肤品、母婴用品、食品及保健品等，高端商品、奢侈品、数码电子消费品等跨境电子商务进口较少。同时，跨境电商领域不广，多集中在城区，在农村区域、研发设计领域、中低收入群体中没有涉及或涉及极少。

（二）监管体系不健全

一是监管模式滞后。我市传统对外贸易主要是以B2B的形式为主，原有监管机制大多针对B2B大宗货物交易，而现在大量的跨境贸易采用的是多品种、小批量的包裹形式，原有监管制度导致跨境电子商务进出口报关、报检频次过多，手续烦琐，涉及中介费用高，企业难以承受。二是统计系统滞后。出口集中申报数据无法及时纳入海关统计，存在“海关总署出口申报系统与辅助系统、QP系统对接不完善”和“集中申报通道不合理”问题。不仅政府无法获取准确的电子商务外贸出口数据，对电子商务企业进行征税，而且企业无法正常结汇、退税和享受现有国家优惠政策，最终影响政府决策和企业发展。三是支付体系滞后。长沙开展跨境贸易电子商务的企业均为获得具备跨境支付业务资质的第三方支付牌照，不能独立开展国际业务结算。目前，长沙跨境电子商务支付体系主要通过阿里巴巴国际支付平台等具有跨境支付业务资质的第三方机构支付。由于这些支付机构所连接的国外金融机构数量不够多、覆盖的国家地区范围不够广、能够处理的货币种类较少，不利于及时实现跨境支付。

（三）综合配套不完善

一是传统物流无法满足市场发展需求。目前我市企业开展跨境电子商务很多还是以邮寄样品的名义，采用快递、包裹、邮政EMS等传统物流方式进行，其中突出的问题是物流费用高、运输时间长、损坏率高、退货退款流程复杂等。而境外消费者对网上购物、对运输时间和后期退换货都有较高要求，传统物流不能很好地适应跨境电子商务"数量少、种类多、交货快、个性化"的特点，制约了企业跨境业务发展。二是航空货运无法满足企业发展需求。金霞跨境进出口货物主要的物流方式是依托黄花机场仅有的几班国际航线的航空运输，物流成本偏高，航线副仓仓位有限，运力无法满足电商企业走货需求，部分电商企业已经开始主动控制订单量（下调至3000～4000单/日）。三是人才短板无法满足长远发展需求。跨境电子商务面对世界各地顾客，涉及支付、物流、通关、网络等综合知识技能，这样的复合型人才更是缺乏。而且相比上海、深圳等城市，我市电商企业员工薪资水平又相对较低，这在一定程度上导致我市电商人才流失率较高。据统计，国防科技大学、中南大学、湖南大学、湖南师范大学4所"211"高校的毕业生，留在长沙的仅18%，76.84%的毕业生流向了深圳、北京、上海、广州等国内一线城市和杭州、成都、重庆等二线城市（图3）。

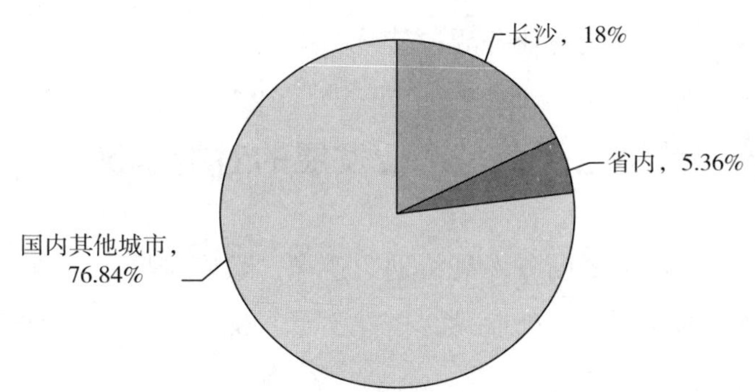

图3　长沙高校毕业生流动情况

（四）政策优势不明显

一是从政府引导来看，目前，我市的电商产业园大多以企业自发为主，绝大多数电商企业，特别是跨境电商企业无法获得相关补助，投资压力较大，且贷款困难，这在一定程度上降低了电商企业来我市投资、创业、发展的吸引力。金霞跨境保税直购体验中心作为全市跨境电商产业发展平台，对跨境电子商务发展十分有利，但目前受仓储备货等因素制约严重，与广州、郑州等相比，投入明显不足，发展层次偏低。二是从扶持力度来看，郑州、西安、兰州、杭州等很多城市针对跨境贸易电子商务制定了许多优惠政策，如杭州仅跨境电商就设立了4000万元的财政扶持资金，今年还计划增加，而长沙尚未制定全市统一的相关扶持政策，缺乏促进本土企业、吸引外地企业发展跨境电子商务的政策措施，政府对跨境电子商务发展的引领作用没有充分发挥。特别是对开展跨境物流企业未制定相应的扶持政策，无法吸引国际大型物流企业入驻长沙，设立分拣中心和集散中心。三是从平台支撑来看，跨境电商具有体量小、频次高、种类多的特点，需要建设一个统一的通关服务平台，统筹解决好外贸电商结汇、退税、海关监管等问题，目前长沙没有跨境贸易统一的通关服务平台。此外，长沙铁路和港口均为二类口岸；金霞港只能过2000吨级的船，先天不足；金霞保税物流中心为B类保税区；黄花机场虽然为一类口岸，但黄花综合保税区一直未批。在政务平台支撑方面，海关、工商、质检、商务等管理部门信息孤立，未实现互联互通，无法完成跨境电子商务中外贸订单、运单、支付单“三单合一”的通关管理要求，导致海关、检验检疫等监管部门监管成本高、通关效率低，难以支持业务规模持续扩大。

三、促进长沙跨境电子商务产业发展的对策建议

长沙应抓住跨境电子商务发展机遇，遵循“政府主导，企业运作，政策扶持，整体推进”的原则，突破瓶颈，搭建平台，优化政策，推进跨境电子商务快速发展。

（一）理清发展思路

一是坚持服务国家发展战略。发挥长沙智能制造和高端装备制造优势，主动对接融入国家“一带一路”战略，探索打造“网上丝绸之路”，为推动形

成"一带一路"线上线下新格局作贡献。二是坚持立足外贸优进优出。跨境电商不是简单的"国内老百姓买国外商品"，而应该依托"互联网+外贸"打开外贸转型发展新通道，巩固拓展B2C业务，加快发展B2B业务，全面提升一般贸易比重。三是坚持发挥企业主体作用。支持龙头企业积极参与、主导国际规则和标准制定，增强在全球贸易体系中的话语权。四是坚持全面深化改革创新。李克强总理提出，"跨境电子商务综合试验区不是政策洼地，而是制度高地"。下一步，建议加强部门协同协作和相关政策衔接，推动关、税、汇、检、商、物、融一体化发展，建好线上"单一窗口"平台和线下"综合园区"平台，形成具有长沙特色、适应产业发展的监管模式和制度体系。

（二）强化顶层设计

一是加强组织领导。建议成立市跨境电商工作领导小组，由分管副市长任组长，市政府副秘书长、市商务局局长任副组长，小组成员包括商务、发改、财政、海关、商检、外汇、国税、工商、口岸、机场、航空公司等部门的有关负责人，建立定期调度机制，协力推进长沙跨境电商发展。二是制定发展规划。建议市政府及相关部门把发展跨境电子商务作为推动新经济发展的重大举措。从市场开拓、产业基地、人才培训、统计监测、溯源体系等方面建立健全政策支撑体系，制订出台发展规划，加快申报长沙跨境电商综合服务试验区。参考深圳做法，尽早启动制定《关于促进跨境贸易电子商务市场健康快速发展的若干意见》。三是明确发展目标。以企业创新为主体，以制度创新为动力，做大、做强跨境电子商务平台经济，持续推动制造业、商贸业、物流业、金融业跨境电子商务应用，建设跨境电子商务产业新体系，逐步形成完善的跨境电子商务生态链，促进长沙"十三五"时期在跨境电商发展方面走在全国前列。

（三）推动产业发展

一是优化园区布局。探索建立跨境贸易电子商务产业集聚区，整合电商平台企业、电商应用企业、物流企业，以及金融、会计师事务所等，实现规模化、集约化。发挥长沙空铁联运以及金霞保税物流中心优势，以空港新城为主要载体，全力打造全省乃至全国的跨境电子商务高地。已经投入运行的电商产业园要努力创建国家电子商务示范园区，拓展跨境业务，扩大知名度，并更好地向专业、高端方向发展。二是引进优质企业。关注阿里巴巴、京东等二次布局调整，着力引进亚马逊、天猫国际等国内外电商平台落户长沙设立区域总部，发挥其巨大辐射作用；着力引进一批为企业提供报关、退税、国际物流、海外仓储、汇兑等专业化服务的跨境电商服务企业，为有意愿开展跨境电子商务活动的传统企业提供培训、海外法律与财务咨询、海外售后支持、国际运输、全球仓储等全方位的跨境贸易电子商务解决方案。三是引导企业转型。培育一批本土跨境电子商务企业，鼓励其自建平台或利用第三方平台大力拓展B2B、B2C、C2C、O2O等外贸新业态；推动中小企业普及电子商务，"触电上网"；鼓励各类专业市场发展电子商务，促进网上市场与实体市场互动发展，为中小企业应用电子商务提供良好条件。四是拓展海外市场。做大金霞跨境保税直购体验中心出口业务，进一步拓展海外市场，注重海外仓的资源整合，使跨境电商出口成为长沙外贸出口新的增长点。建立产品大数据库和展销平台，打造具有湖南特色的全产业链行业垂直跨境电子商务交易平台。借助国内知名跨境电子商务平台，拓宽"湘货"品牌销售渠道。整合省内外优势外贸代理企业，加快网上湖南跨境电商产业园建设。此外，拓宽跨境电子商务领域，向农村地区、研发设计领域和中低收入群体倾斜，满足广大城乡群众消费需求。

（四）创新管理服务

一是建立统计监测体系。探索建立以申报清单、平台数据等为依据进行统计、管理的新模式，共同制定跨境电子商务数据监测制度。探索建立交易主体信息、电子合同、电子订单等标准格式和跨境电子商务进出口商品的简化统计分类标准，以及跨境电子商务多方联动的统计制度。探索建立"长沙跨境电子商务指数"并定期发布。二是建立新型监管制度。制定《海关跨境贸易电子商务货物监管办法》《跨境贸易电子商务检验监管办法》，加快"单一窗口"综合监管服务平台建设。加快跨境电子商务综合服务平台建设，实现海关、国检、国税、外管、电商企业、物流企业之间的互联互通。建立商品溯源数据库，实现"源头可溯、去向可查、风险可控、责任可究"。引导电子商务企业开发建立业务系统，对接口岸执法单位监管通关系统。加强跨境电子商务信用体系建设，引导跨境电子商务建立行业自律体系。三是大力创新金融服务。在政策和法律允许的范围内，鼓励金融机构、支付机构、第三方电商平台和外贸综合服务企业，积极创新互联网金融产品和服务，为跨境电子商务企业提供更快捷、精准的资金清算、出口信用保险、供应链金融等多种形式的金融服务，加大政策性金融机构参与力度。

（五）完善综合配套

一是加强政策扶持。协调长沙海关向海关总署申请跨境电商出口B2B政策，利用国家鼓励出口的政策优势，以“小步快走”的方式，推动跨境电商出口业务规模化发展。在产业引导基金中建立跨境电子商务专项支持基金，吸引外地龙头企业，做大、做强本地企业；建立市场化投融资多元机制，为跨境电商企业提供融资担保、奖励扶持及战略入股等；积极争取国家和省相关部门在政策、资金等方面给予倾斜支持。二是强化人才保障。以市场理念强化职业教育，依托国内外高校和知名互联网企业开展电子商务、物流配送和互联网金融等领域的中高端人才培养，支持有条件的电子商务企业与科研院所、高校合作建立教育实践和培训基地，创新电子商务人才培养机制，建立高素质专业人才队伍。完善电子商务人才激励措施，引进适合我市电子商务发展的高端人才和复合人才。三是加强智力支撑。建议成立长沙市跨境电子商务产业发展智囊团，集聚高校长期从事对外贸易、电子商务、企业营销、物流等专业研究的专家学者，以及企业界从事跨境贸易电子商务的知名人士，运用他们的智慧、才能和实际工作经验，出谋划策，促进长沙跨境电子商务产业健康发展。四是构建物流枢纽。充分发挥我市保税物流的优势，建设跨境电子商务仓储中心。支持经海关监管资质认证的物流快递企业入驻跨境电子商务园区，提供“仓配一体化”业务。出台跨境物流规划方案，推进空铁联运，大力发展航空货邮运输、通用航空和相关高附加值产业，利用“渝新欧”国际铁路大通道、湘欧快线等物流通道，开辟广州、厦门机场等新的跨境直购进出口转关通道，支撑先进制造业和现代商贸业发展。

2016年5月

附件：

国内城市跨境电商产业发展的主要特点

近年来，跨境电子商务通过打造数字化的线上交易平台，突破了传统贸易的时空限制，成为我国进出口贸易的新形式。据商务部数据显示，截至2014年底，我国跨境电子商务企业已经超过20万家，平台企业已经超过5000家，成交额达到3.75万亿，同比增长39%，预计今年交易额将达到6.5万亿人民币。先后有宁波、郑州、上海、重庆、杭州、广州、深圳、福州、平潭等城市获批国家跨境电商进口服务试点城市（见文末图表）。据调研掌握的情况，我们重点对跨境电商产业发展较好的上海、杭州等地进行梳理和分析，以期对我市跨境电商产业发展提供借鉴。

（一）“上海模式”

自2012年成为跨境电商首批试点城市以来，上海对跨境电商进行了积极的探索。

1. 强化组织领导

成立了上海市跨境电商工作领导小组，由分管副市长任组长，市政府副秘书长任副组长，小组成员包括市发改、商务、财政、地税、口岸、海关、自贸区等13个部门和单位的有关负责人。

2. 深化顶层设计

印发《关于促进本市跨境电子商务发展的若干意见》，在主体企业、公共服务平台、物流体系、跨境园区、新型业态等方面提出具体意见，为上海跨境电商提供明确的发展路径。

3. 细化操作办法

出台跨境电子商务检验检疫管理办法，引进“负面清单”“以风险分析为基础的质量安全监管”等制度。推出“行邮税担保实时验放”“货到及时备案”“负面清单关键字商品备案审核”等措施，大幅提高了通关时效。

4. 优化监管服务

从海关、商检、外管、税务以及财税金融等方面发力，重点解决跨境电商中的通关、检验检疫、跨境支付及结售汇、出口退（免）税、补贴优惠及供应链金融等问题。同时，积极引进民营电商企业和互联网金融平台，改变当前国营垄断的“跨境通+东方支付”格局，并将跨境电商试点从自贸区向其他行政区延伸。

（二）“杭州经验”

2015年3月，杭州获批首个跨境电子商务综合试验区。今年1月6日，国务院常务会议决定，推广先行试点的中国（杭州）跨境电子商务综合试验区初步探索出的相关政策体系和管理体制。“杭州经验”主要表现为以下两大方面。

1. 构建6大体系

包括企业、金融机构、监管部门等信息互联互通的信息共享体系；一站式的在线金融服务体系；全程可验可测可控的智能物流体系；分类监管、部门共享和有序公开的电子商务信用体系，以及为企业经营、政府监管提供服务保障的统计监测体系和风险防控体系。

2. 建设两个平台

建设线上“单一窗口”和线下“综合园区”两个平台，实现政府部门间信息互换、监管互认、执法互助，为跨境电子商务打造完整产业链和生态圈。以更加便捷高效的新模式释放市场活力，促进企业降成本、增效益，支撑外贸优进优出、升级发展。

部分跨境电商试点城市情况

城市	模 式
上海	“跨境通”：消费者通过“跨境通”网站订购商品可跨境外汇支付，经电子报关报检，再经海关征收个人行邮税后，商品快速入境并由物流公司送到消费者手中 直购模式：境外商户必须在国内设立分支机构或委托第三方机构处理售后服务事宜 自贸模式：企业必须入驻自贸区开设账册企业，或在自贸区寻找有资质的代理企业保税进口

续表

城市	模 式
杭州	“阳光海淘”：比如消费者在天猫国际下单时，订单信息就会第一时间同步到海关信息系统，系统立即根据商品种类价格计算出税费，消费者只要通过支付宝付款，订单信息就会在海关系统中同步显示
宁波	“保税备货模式”：即跨境电商企业在国外批量采购商品，通过海运备货到保税区指定的跨境仓内，消费者通过网络下订单，电商企业办理海关通关手续，商品以个人物品形式申报出区，并缴纳行邮税海关审核通过后，商品包裹通过快递公司派送到消费者
郑州	“E贸易”平台：跨境B2C营销模式，所售商品直接与海外生产商联系合作，中间不经过任何代购、代销环节，直接到消费者手中；下一步，将通过“逆向O2O 电子商务模式”新型销售模式，在全国各地建立进口商品体验馆，让线下消费者实物体验后，再到线上进行商品交易，给消费者提供全新的跨境消费体验
重庆	重庆跨境电子商务公共服务平台：先行先试省略了物流企业的申报环节，以海关认可的条形码作为跨境物品的通关依据，减少了中间环节和人力、物力消耗，为电商节约大量的代理申报费用，每票订单节约通关费用约15元
广州	“直购模式”：由于在商品进口前已完成企业及商品海关备案手续，消费者购买商品后，电商企业、物流企业、支付企业分别向海关提交电子订单、电子运单及电子支付凭证，三方信息之间有极高的相互印证性，海关可基于数据来源的真实性给予跨境商品最大的通关便利 “网购保税进口”模式：消费者通过电商渠道网购后，商品以个人物品形式向海关申报，直接从境内保税区快递到消费者手中

着力打造富有特色的区域金融中心

——长沙市金融业发展比较分析及对策建议

金融是现代经济的核心，是经济运行的血液，是当之无愧的高端服务业。近年来，长沙大力培育金融机构，推进金融体制改革，优化金融生态环境，提升金融服务水平，金融工作发展较快，资本市场持续繁荣，金融产业成为推动长沙经济稳步增长、结构持续优化的重要动力。为全面掌握长沙金融产业发展状况，推动我市金融产业持续健康发展，更好服务全市经济社会建设，我市组织开展了专题调研，并对照其他先进城市进行比较研究，在此基础上提出相关对策建议，供领导决策参考。

一、长沙金融产业发展比较分析

（一）从经济总量看，金融产业规模持续壮大，增加值占GDP比例逐年攀升，但与发达城市相比仍有较大差距

1. 产业规模偏小

一个城市金融机构的资金总量，反映着城市财富总量，代表着发展潜力。至2015年底，长沙市共有金融机构282家（表1），金融机构本外币各项存款余额14065.66亿元，金融产业增加值426.35亿元，分别为2011年的1.91倍、2.1倍，均居中部省会城市第3位，比郑州少2870.64亿元和240.45亿元，分别相当于武汉的72.53%、50.91%（图1）。

表1　　2015年末长沙市金融机构情况　　单位：家

机构	银行	证券公司	期货公司	保险公司	信托公司	财务公司	汽车金融公司	融资性担保机构	小额贷款公司
数量	43	59	3	52	1	5	1	72	46

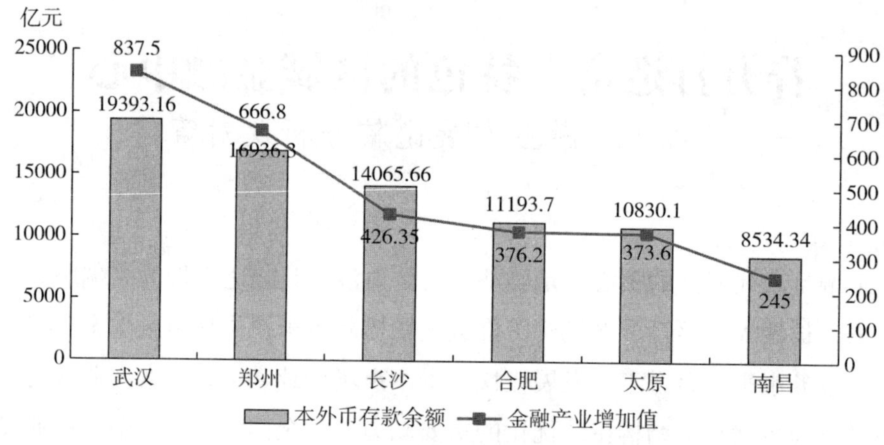

图1　2015年末中部6省会城市金融产业规模比较

2. 地方金融实力不强

本地商业银行、证券机构、保险机构是衡量地方金融实力的重要标志。当前，长沙本地银行数量较多，个别银行竞争力较强，如长沙银行总资产达3600亿元，跻身中国银行业50强，但7家本地商业银行资产总规模分别比合肥、武汉商业银行资产总规模少1347.87亿元、113.69亿元；证券产业发展较好，方正、财富、湘财3家法人证券公司的资产总规模、综合竞争力等优势突出；本地保险业发展滞后，仅有一家吉祥人寿保险公司，且资产规模太小（表2）。

表2　　2014年中部5省会城市地方金融机构实力比较　　单位：亿元、%

	本地商业银行	资产总规模	本地证券机构	资产总规模	本地保险机构	资产总规模
武汉	3	4423.65	2	824.91	3	777.11
郑州	7	2158.89	1	282.69	1	—
合肥	6	5657.83	2	761	1	55.53
南昌	4	1932.11	2	203.41	1	—
长沙	7	4309.96	3	1296.78	1	38.58

3. 增长速度加快

从金融业增加值来看，2011～2015年长沙年均增长17.6 %，呈现出加速发展的明显态势。2015年增幅达24.8%，居中部六省会城市第1位，增幅比排名第二的合肥高3.4个百分点（图2）。从金融业增加值的构成来看，代表传统银行业的货币金融服务业增长最快，由2011年的145.74亿元增加到2015年的325.53亿元，5年翻一番多，年均增幅达22.25 %；资本市场服务业由2011年的41.72亿元增加到74.95亿元，增长79.65%；相对而言，保险业及其他金融业体量较小，增幅比较平稳，还有较大的提升和拓展空间（表3）。

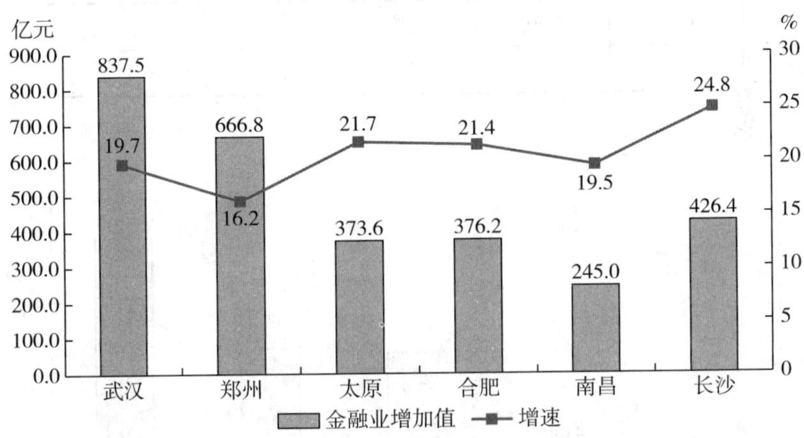

图2 2015年中部6省会城市金融业增加值及增速情况

表3 2011～2015年长沙市金融产业分行业增长变化情况 单位：亿元、%

	2011年		2012年		2013年		2014年		2015年	
	绝对值	增幅	绝对值	增幅	绝对值	增幅	绝对值	增幅	绝对值	增幅
货币金融服务	145.74	9.3	188.01	24.3	222.9	16.5	251.93	10.7	325.53	21.2
资本市场服务	41.72	5	27.67	–33.5	36.82	28.9	49.39	31.4	74.95	40.6
保险业	14.08	–7.7	13.06	5.8	14.89	12	17.45	14.8	22.14	14.6
其他金融业	1.8	10.3	2.38	26.2	2.73	12.2	3	13	3.73	22.2

4. 经济贡献有待加强

2011～2015年，长沙金融产业占GDP的比重稳定上升，分别为3.62%、3.61%、3.88%、4.11%、5.01%，逐步成长为支柱产业，但仍处于中部六省会城市末位，2015年分别比太原、郑州低8.7、4.1个百分点（表4）。从金融业税收来看，全市金融业年度实现税收从2011年的29.52亿元增加到2015年的139.91亿元，年均增长47.5%，对服务业增长、经济增长的贡献率持续提升（图3），但与武汉、郑州等城市相比仍有较大差距。

表4　　2015年中部6省会城市金融业加值占GDP的比重　　单位：%

	武汉	郑州	太原	合肥	南昌	长沙
占GDP 比重	7.7	9.1	13.7	6.6	6.1	5.01

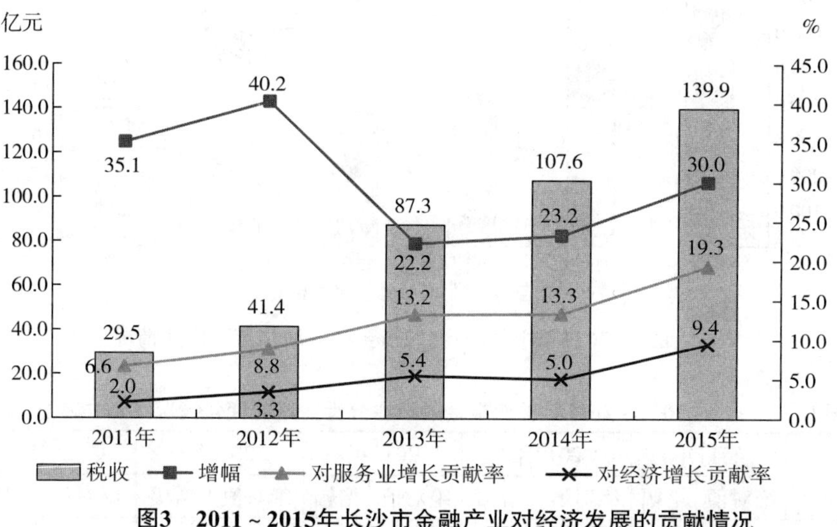

图3　2011～2015年长沙市金融产业对经济发展的贡献情况

（二）从产业结构看，银行业相对发达，证券、保险业稳步发展，金融新兴产业和金融总部严重滞后

1. 银行业占比高，但一级分行、外资银行、股份商业银行较少

9月12日，雨花、天心、芙蓉、开福4家农村合作银行和望城农村商业银行整合为长沙农村商业银行。至此，全市现有银行机构39家，其中政策性银行

3 家、国有商业银行省级分行5家、股份制商业银行省级分行11家、外资银行5家，市级分行、支行、营业部、ATM机布点较多，形成可以满足市民需求的金融服务网络，货币金融服务业增加值占全市金融业增加值的76.34%。但相比武汉，长沙的银行一级分行少7家，外资银行少4家；而郑州成为全国第11个集齐12家股份制商业银行的城市，发展步伐明显快于长沙。

2. 非银行金融产业发展总体较快，但保险业明显较弱

近年来，长沙的证券、期货、保险等非银行金融机构呈稳步发展态势，目前共有本土证券公司3家、省级分公司14家、营业部294家，本土期货公司3家，保险省级分公司52家，有效满足了市民多样化金融服务需求。但保险业规模、盈利能力、创税能力亟待进一步提升。到2015年，长沙保险省级分公司比武汉少19家，各类保险业保费总收入199.27亿元，为武汉的61.4%，保险深度（保费收入占该地国内生产总值之比）低0.62个百分点（表5）。

表5　　2015年长沙市与武汉市保险业发展情况比较　　单位：家、亿元、%

	省级分公司	保费总收入	保险深度
长沙市	52	199.27	2.34
武汉市	71	324.57	2.98

3. 新兴产业逐步壮大，但金融产业创新滞后

“十二五”期间，长沙的信托、财务、汽车金融等新型金融机构实现了从无到有、从小到大。目前，全市有融资性担保机构73家，基本满足了多种金融需求。但与其他中部省会城市相比，金融产业创新还有较大差距，新的金融产品数量偏少、体量不大，突出表现为第三方支付、P2P、众筹、网络理财、网络小贷等互联网金融刚刚起步，发展较慢，金融后援产业尚未真正破题。而走在全国互联网金融业发展前沿的杭州市，近年来互联网金融发展迅猛，2015年2月成功引进全国首座互联网金融大厦；6月国内第一家互联网金融资产交易中心“网金社”启动、网商银行开业；蚂蚁金服互联网金融业务规模、效益领先全国，实现支付、众筹、理财、信贷、征信等互联网金融“全牌照”布局；11月成功举办2016中国（杭州）互联网金融博览会。在2016年5月公布的全国主要城市第二期互联网金融发展指数排名中，杭州超过北上广深排全国第1

位，长沙排第23位，武汉、郑州分别位居第9位和第18位（表6）。贵阳市充分发挥大数据产业优势，着力打造全国性金融后援服务中心，大力建设贵阳互联网金融产业园，设立互联网金融特区，聚集了包括全国首家金融创客平台——贵阳FINMAKER中心在内的新金融企业100多家，运用区块链技术等创新金融业态，预计3年后票据交易达2万亿元、创税5亿元。

表6　　2016年5月全国主要城市第二期互联网金融发展指数

排序	地区	发展指数	排序	地区	发展指数	排序	地区	发展指数
1	杭州市	1123.98	11	金华市	728.19	21	成都市	594.8
2	深圳市	1038.1	12	宁波市	685.39	22	常州市	585.95
3	广州市	943.26	13	东莞市	660.89	23	长沙市	582.58
4	珠海市	820.73	14	中山市	654.43	24	佛山市	582.28
5	厦门市	812.75	15	嘉兴市	643.73	25	南昌市	570.35
6	南京市	799.39	16	温州市	636.74	26	西安市	569.54
7	上海市	796.35	17	三亚市	617.07	27	合肥市	557.92
8	北京市	791.43	18	郑州市	609.57	28	绍兴市	549.51
9	武汉市	752.92	19	福州市	606.49	29	台州市	532.31
10	苏州市	740.76	20	无锡市	595.58	30	湖州市	531.94

（三）从功能分区看，金融集聚区多点布局、多方发力，但产业发展同质化、存量搏弈严重等问题较为突出

1. 集聚区初具规模

2014年，市政府制定了“一主（芙蓉中路金融街）、一副（沿江金融集聚带）、一区（金融后台园区）、一园（科技与金融结合的创新园）”的金融产业集聚区发展布局规划，推进产业聚集。其中芙蓉中路金融街聚集了金融监管部门4家、银行一级总部机构13家、证券一级总部机构26家、保险一级总部机构18家、融资性担保公司26家、小额贷款公司5家，2015年被授予“湖南省金融创新特色产业园”。但与武汉华中金融城、郑州龙湖金融岛、合肥金融港、贵州国际金融中心等相比，芙蓉中路金融街还存在聚集度不高、聚集企业不多等问题，竞争力、品牌效应亟待提高（表7）。

表7　长沙、武汉、郑州、合肥、贵州等城市主要金融集聚区发展比较

	面积	机构总量	定　位	主要业态
长沙芙蓉中路金融街	—	92家	金融功能区	银行、保险、证券、期货、基金、担保、小贷
武汉华中金融城	4.57平方公里	113家	立足华中、服务全国、面向世界	银行、保险、证券、担保、典当
郑州龙湖金融岛	1.07平方公里	270家	国际化区域金融中心	银行、保险、证券、信托、期货
合肥金融港	1.14平方公里	200家	全国性金融中后台产业聚集区	银行、保险、证券、金融中后台机构、互联网金融
贵阳国际金融中心	4.5平方公里	—	西部具有较大影响力的区域性金融中心	金融、商贸、服务、会展、商务办公、酒店、高级公寓

2. 存量竞争激烈

当前，国内商业银行基本完成区域布点，而市内各区县（市）都在争相打造金融集聚区，为引进更多的金融机构落户辖区，纷纷通过降低地价、减免税收等办法，吸引市内金融机构迁入，存量博弈较为严重，再加上各金融机构对自身发展的考量，2012～2016年10月，长沙市内五区有23家金融机构市内迁址（表8），金融存量资源的博弈，影响金融产业的竞争秩序，一定程度上导致全市金融集聚区同质化发展较为严重，出现布局分散、业务单一、品牌不响等问题。而其他中部省会城市的金融产业集聚区非常注重错位发展，聚集的企业种类较多，业态较丰富，形成产业互补、差异发展的金融产业体系。

表8　2012～2016年10月长沙市金融机构市内搬迁情况

金融机构	搬迁时间	原所在区	现所在区
中国光大银行长沙分行	2012年	雨花区	天心区
邮政储蓄银行湖南省分行	2012年12月	天心区	开福区
五矿证券长沙芙蓉中路营业部	2013年	开福区	雨花区
渤海财险湖南分公司	2013年9月	天心区	开福区
中华联合财险湖南分公司	2013年12月	雨花区	天心区
新时代证券长沙五一大道营业部	2014年4月	天心区	芙蓉区
中信银行长沙分行	2014年12月	芙蓉区	开福区
大有期货	2015年	开福区	天心区
天安财险湖南分公司	2015年	开福区	雨花区
英大证券湖南分公司	2015年3月	芙蓉区	开福区

续表

金融机构	搬迁时间	原所在区	现所在区
都邦财险湖南分公司	2015年3月	天心区	雨花区
新华保险湖南分公司	2015年6月	芙蓉区	开福区
长城人寿保险湖南分公司	2015年6月	雨花区	天心区
中国大地财险湖南分公司	2015年6月	雨花区	天心区
中信证券芙蓉路营业部	2015年10月	芙蓉区	天心区
民生人寿保险湖南分公司	2015年10月	雨花区	天心区
华安财险湖南分公司	2016年5月	芙蓉区	开福区
中国银联湖南分公司	2016年6月	芙蓉区	开福区
中国人寿财险湖南分公司	2016年10月	芙蓉区	开福区
永安期货长沙营业部	2016年10月	芙蓉区	开福区
阳光财险	2016年8月	芙蓉区	天心区
进出口银行湖南省分行	2016年10月	雨花区	天心区
中投证券	2016年9月	芙蓉区	天心区

（四）从资本市场看，多层次资本市场持续发展，但直接融资明显偏低、资金效益有待进一步提升

1. 银行业存贷款总额占全省比重较大

2015年底，长沙银行业金融机构存、贷款余额分别为14065.66亿元和12323.87亿元，占全省比重连续多年保持在35%以上，2015年占比分别更达38.83%、50.88%。从存、贷款余额规模看，长沙均为武汉的70%多一点，比郑州分别少2870.64亿元、26.43万元；从增幅看，2015年长沙存款余额增幅显著高于其他五市，贷款余额增幅则差距不大，存贷比为87.62%，在中部省会城市中排第4位（图4）。

2. 上市企业较多，扶持政策处于中等水平

得益于对企业上市的有力指导和支持，截至2016年10月底，全市共有上市公司57家（其中A股上市公司50家，境外上市公司7家），新三板挂牌公司113家，直接融资达 537.34亿元。和中部其他省会城市相比，在主板上市方面，长沙上市企业数量、首发融资额分别为50家、326.4亿元，分别居第2位、第1位，相对靠前；在新三板方面，长沙挂牌企业仅为武汉的一半左右，比郑州少

21家，有所落后（图5）；在上市支持方面，太原市对主板上市企业奖励1000万元，中小板和创业板上市企业奖励500万元，挂牌新三板企业奖励165万元；武汉经开区对主板上市企业根据融资额奖励200万元～600万元，对挂牌新三板企业奖励70万元；长沙对企业主板、新三板上市的奖励分别为200万元、80万元，扶持力度稍高于郑州、合肥，但远低于太原、武汉。

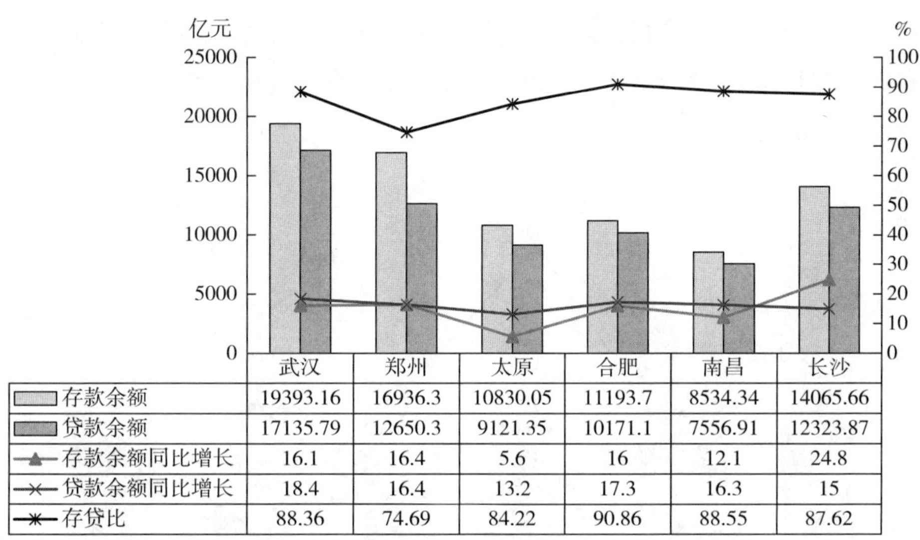

	武汉	郑州	太原	合肥	南昌	长沙
存款余额	19393.16	16936.3	10830.05	11193.7	8534.34	14065.66
贷款余额	17135.79	12650.3	9121.35	10171.1	7556.91	12323.87
存款余额同比增长	16.1	16.4	5.6	16	12.1	24.8
贷款余额同比增长	18.4	16.4	13.2	17.3	16.3	15
存贷比	88.36	74.69	84.22	90.86	88.55	87.62

图4　2015年中部六省会城市存贷款规模比较

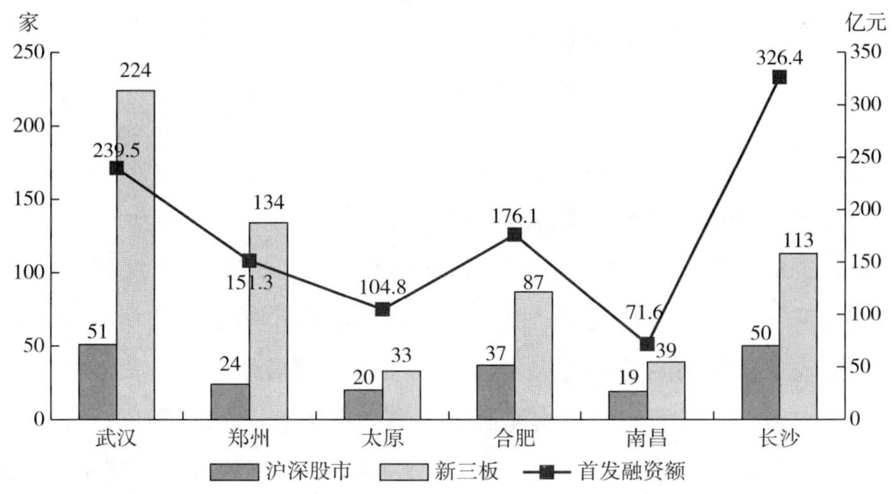

图5　至2016年10月中部省会城市上市公司数量及首发融资额

3. 保险业加快发展态势明显

全市有保险机构52家，保费收入总额由2011年的111.31亿元增加到2015年的199.28亿元，年均增长15.67%。其中人寿保险保费收入逐年快速增长，增幅由2011年的-9.15%扩大到2015年的26.7%，“十二五”期间年均增长13.49%；财产保险始终保持了较高增长水平。与中部其他省会城市比较，2015年长沙财险、寿险收入总额均居第3位，比郑州市分别少24.9%和49.5%左右；增幅排第4位和第3位，分别比排名第1位的南昌和太原低20.2和38.1个百分点（图6）。

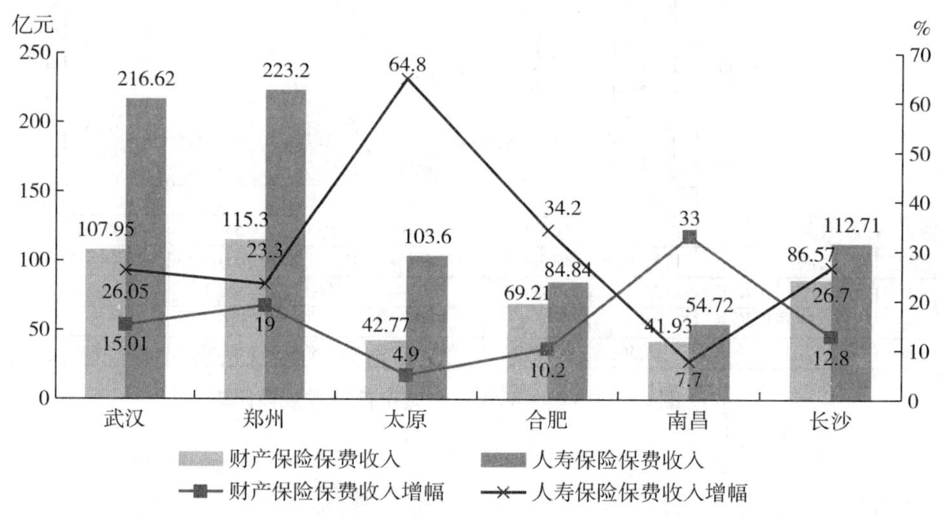

图6 2015年中部省会城市保险业发展比较

4. 小额贷款公司发展相对滞后

2015年，全市有小额贷款公司46家，注册总资本51.76亿元，累计为中小企业融资62.07亿元，平均年化利率约15 %，在一定程度上缓解了中小企业的融资需求。但与中部其他省会城市相比，我市小额贷款公司放贷规模较小、融资成本较高的问题较为突出。如武汉市小额贷款公司比长沙多64家，注册总资本多146.41亿元，平均注册资本多6763万元，2015年累计为中小企业融资253.77亿元，是长沙的4.09倍，但平均年化利率约18%，高出长沙3个百分点。

（五）从发展环境看，金融风险总体可控，政策体系不断健全，但扶持政策、人才引进等有待优化

1. 金融业运行基本稳健

近年来，长沙市银行业存贷比逐步回归合理区间，不良贷款余额和比率略有增加，但资产总体效益稳定，金融风险可控。尤其是2015年建成了市级信用信息共享交换平台（一期），制定金融产品信用管理办法，落实守信联合激励、失信联合惩戒制度，近年来没有发生任何重特大金融事件，有效保障了金融业运行秩序（图7）。同时，长沙还进一步加大对互联网金融等新兴业态的监督管理，将网络借贷纳入征信体系进行统一监管，有效保障互联网金融产业持续健康发展。

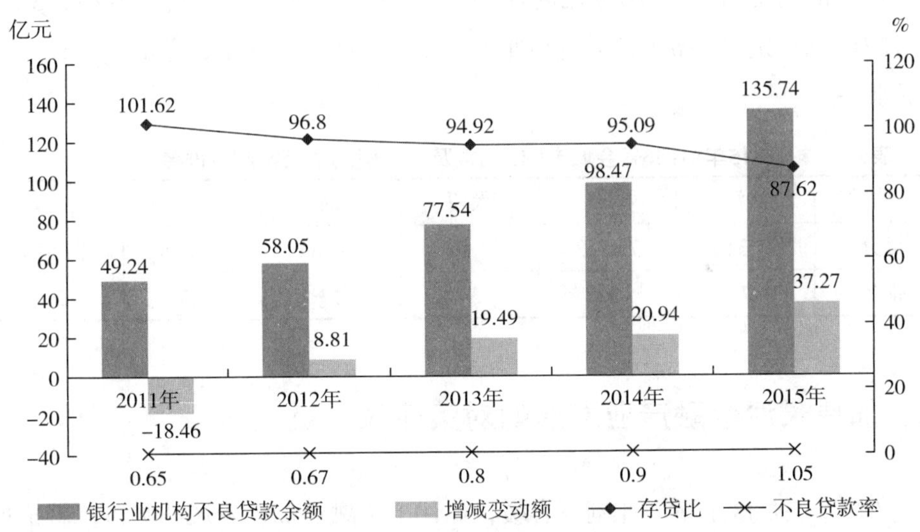

图7　2011～2015年长沙市银行业金融机构运行情况

2. 政策扶持力度不断加大

2011～2015年，长沙先后出台《关于进一步加快发展资本市场若干意见的补充规定》《关于加快发展现代金融业的若干意见》《关于加快发展现代保险服务业的实施意见》《长沙市产业投资基金管理办法》等政策，每年归集资金6000万元用于扶持金融产业发展，将金融人才引进列为全市高端人才引进计

划、“3635计划”，政策出台之密集，扶持力度之大，居中部城市首位。但和其他城市相比，长沙还缺乏金融产业发展顶层设计，专项规划迟迟没有出台，金融产业发展定位、方向等还不明确，导致工作推进难。而武汉市2015年4月发布《武汉区域金融中心建设总体规划（2014—2030年）》，提出到2020年，全面建成中部地区区域性金融中心、全国性专业金融中心、全国性金融后台服务基地，努力实现金融业增加值达1200亿元。

3. 城市信用环境有待优化

近年来，长沙持续加大防范金融风险宣传力度，加强对非法集资的专项整治和风险排查，有效维护了金融市场正常的秩序和环境，改善了城市信用环境。从2011、2012、2013、2015年中国城市商业信用环境指数（CEI①）来看，长沙的得分在71～76分之间浮动，分别排全国35个大城市第23、32、28、27位，分别排中部6省会城市第4、5、3、4位（表9），总的来说还处于较低水平。

表9　2015年中部6省会城市CEI指数及在全国35个大城市中排名

	武汉	郑州	太原	合肥	南昌	长沙
得分	77.316	73.753	73.168	76.653	74.635	74.593
排名	7	31	34	13	26	27

二、加快长沙金融产业发展的对策建议

加快发展长沙金融产业刻不容缓，抓住了金融业加快发展的契机，就抢抓了转型发展的先机。在区域金融业发展竞争加剧的重要节点，长沙既要科学定位，抓好顶层设计；更要突破瓶颈，着力解决金融业加快发展中的关键问题，大手笔、大格局、大力度推动长沙金融创新。

---

① CEI是中国城市商业信用环境指数的英文缩写，其主要用途包括评价一个城市的信用交易风险程度、信用环境对企业生存和发展的影响、城市信用体系（各子系统）的完善程度和运行情况、城市信用经济发展的潜力、各城市之间的信用经济发展差异。

（一）高定位——打造特色独具的区域金融中心

1. 明确一个金融中心

即湘江新区滨江金融中心。将湘江新区滨江金融中心打造成湖南的“陆家嘴”，彻底改变长沙多区发展金融中心的现状，避免资源浪费、竞争无序。充分利用长株潭城市群品牌优势，发挥政府的推动作用、市场配置资源的基础性作用，以完善金融市场体系为核心，以改革创新和营造环境为突破口，以湘江新区滨江金融中心为核心，立争在10年内将长沙打造成立足中部、辐射西部的区域金融中心。市内已有的其他金融产业集聚区宜立足现有基础优势，做精做特，升级发展。

2. 强化两个规划指导

一是制订长沙市金融业发展中长期规划。在“十三五”规划的基础上，细化我市金融业发展中长期专项规划，进一步明确工作任务和工作重点。各功能区制定的产业规划，要在细分产业领域的选择上做好文章。同时要完善各功能区金融产业差异化发展的考核评价机制，建立差异化考核评价指标体系，注重对产业规划落实情况的考核，将考核指标纳入市政府绩效管理考核体系，强化金融产业区整体布局的有序性。二是重新制订湘江新区滨江金融中心中长期规划。将金融中心面积扩大，明确今后长沙乃至湖南新引进和创立的金融机构，要优先进驻湘江新区滨江金融中心。进一步完善湘江新区滨江金融中心的软、硬件基础设施，充分考虑未来技术发展需要，完善宽带、通讯、电动车充电桩、未来交能等基础设施。

3. 统筹三个政策扶持

一是建议省委、省政府将长沙区域性金融中心建设上升为省级战略，在对上协调、项目布局等方面予以大力支持。二是出台全面促进金融产业发展的综合政策，明确加快发展银行业、证券业、保险业、本土法人金融机构、金融功能区、金融后台园区、投融资平台和互联网金融发展的各项措施。三是在金融机构引进和创设、金融创新、风险补偿、金融地产、金融人才引进培养、企业上市融资和再融资、股权投资、融资性担保等方面，加大更具实际操作性的政策支持。

4. 突出四个产业特色

根据长沙产业特点，大力发展科技金融、物流金融、制造业金融、文化金融等产业金融，推进金融与产业的融合。一是拓宽科技金融的融资渠道。以长沙高新区首获国家促进科技和金融结合试点园区为基础，发展科技金融。借鉴北京中关村质押融资“智融宝”产品等模式，创新推出以知识产权质押融资服务及相关产品。二是重点鼓励发展物流业金融。在物流行业实现商流、物流、信息流和资金流“四流合一”的现代供应链物流。三是打造制造业金融。以工程机械、汽车等传统制造业及新兴智能制造业为依托，大力发展制造业金融。四是打造文化产业金融。以文化产业为基础，加大对文化企业上市的金融扶持力度。

（二）补短板——精心培育区域竞争力

1. 补齐金融总部短板

重点引进在支持中小企业发展方面发挥重要作用的农村商业银行，以及其他金融机构的区域性总部或管理总部、业务营运总部、村镇银行控股公司总部等入驻湘江新区，打造在全国具有领先影响力的中小金融机构总部基地。建设金融后台园区与科技金融结合的创新园区。加快金融后援服务产业园区的规划建设，大力引进国内外各类金融机构后台服务机构和金融软件外包企业入驻，打造金融后援服务中心。对于入驻湘江新区的金融机构总部和金融后台总部，均可按照注册资本给予100万元～500万元不等的奖励，其中注册资本2亿元～5亿元之间、逾5亿元的，一次性分别奖励200万元、500万元。

2. 补齐保险业短板

建立支持保险业发展的工作机制，定期召开由分管市领导和相关部门参与的联席会议。统筹谋划湘江新区保险产业园建设，完善保险主产业和上下游全产业链。引导创新型保险业态发展，积极推进科技保险发展，为产业升级和技术创新提供保障。建立信息共享平台，提升保险机构的风险管控能力。制定实施新一步加快保险业发展的相关政策措施，对加强相关学科专业建设的高校进行政策扶持。鼓励政府购买保险服务，降低公共服务运行成本。

3. 补齐互联网金融短板

支持符合条件的机构依法发起设立网络银行、网络证券、网络保险、网络基金销售等创新型网络金融机构。支持互联网企业依托互联网技术和线上线下资源，发起或参与第三方支付、移动支付、网络信贷、电商金融、众筹融资机构和金融服务平台。鼓励金融机构、小额贷款公司、融资性担保公司等中介服务机构支持互联网金融企业融资。

4. 补齐中介服务短板

加快培育和发展金融中介服务机构。设立金融中介服务机构发展专项资金，鼓励金融中介服务机构在长沙开设中国总部、地区总部和筹建地方机构。完善多形式激励机制及税收优惠制度，在金融中介机构的引进、年终考评等方面给予政策奖励，在办公用房、土地使用、户外广告规划、高管人员落户等方面提供支持。在长沙设立第三方支付机构、金融服务配套机构等，给予100万元、200万元不等的一次性落户奖励。

5. 补齐地方领头企业短板

推动长沙银行通过增资扩股、并购、股权置换等方式发展壮大，力争尽快上市。壮大长沙农村商业银行，支持其扩大业务规模，通过设立分支机构、村镇银行和入股外地农村金融机构等方式，适时开展跨区域发展，注重资本化运作，力争实现上市挂牌。

（三）促集聚——发展金融产业全业态集聚区

1. 完善多层次资本市场融资

加快健全资本市场体系进程，鼓励股权投资类企业加快发展，发挥政府产业投资基金作用，加大对风投、创投的扶植力度，培育做大本土股权投资机构。抓住国家发展债券市场和推动资产证券化的趋势，积极推动产业投资、创业投资等股权投资市场发展，力争把湘江新区滨江金融中心建设成为中部地区股权建设资金和资产管理中心。

2. 打造产业集群

大力支持两型产业集群的发展，为两型产业集群提供更多的金融支持和资金引导。对于工程机械产业集群、汽车及零部件集群、轨道交通设备集群等，继续加大金融支持力度；对于代表未来发展方向的智能制造业集群等战略新兴产业，以产业投资基金、创业投资基金、私募基金等为抓手，撬动杠杆，鼓励并引导民间资本积极参与其产业链整合。

3. 完善基础配套

一要加强规划，招商选资，提高金融集聚区的硬件基础设施水平。在集聚区附近配套建设高档写字楼与酒店，满足金融企业需要。二要针对产业集群发展的金融需要，积极探索开发新型金融产品与服务方式。除提供贷款、银行承兑汇票、信用证之外，同时还提供投资银行业务、财务顾问、咨询业务、国际业务、资信调查等综合性金融服务。三要开发差异化的金融产品和服务，支持集群产业链的中小型配套企业发展。延伸对产业链上下游企业的金融关注与服务，使产业集群内不同规模和地位的企业都能获得高效的资金支持和金融服务。

4. 多渠道扩大信贷规模

把握好国家货币政策走向，积极引导信贷适度增长，力争在“十三五”期间，长沙市年均新增贷款达到1200亿元。积极发展银行贷款二级交易市场，提高贷款资产流动性，分散信贷风险。积极支持银行通过打包、分拆、回购、证券化等方式出售中长期贷款。

（四）抓创新——着力完善立体、多元的投融资体系

1. 引导险资参与经济社会建设

一要鼓励和引导保险资金通过债权投资计划、股权投资计划等形式，为全市重大基础设施、棚户区改造、城镇化建设等民生工程、重大项目建设提供中长期资金支持。二要探索社会保险的商业承办运作模式，推动符合资质的商业保险机构参与全市各类养老、医疗保险经办服务，鼓励开展与社保有关的业务创新试点。

2. 做大本土股权投资机构

加快培育完善区域性产权（股权）交易市场，探索技术产权等交易。证券

公司、基金公司设立的各类专业子公司，注册资本达到一定规模，可一次性奖励200万~500万元不等。期货公司设立专业子公司，根据注册资本不同，一次性奖励100万~200万元不等。

3. 大力发展产业投资基金

鼓励支持各区县（市）创立政府产业投资基金，以市政府产业投资基金为标杆，引导资金流向智能制造、节能环保、新能源与新材料等战略性新兴产业领域，培养一批极具创新能力、市场前景好的初创企业快速成长，为商业化创业投资机构进一步投资规避风险，并引导其后续投资，用“接力棒”方式将企业做强、做大，最终建立起政府资金和商业资金相互促进的创业投资体系。

4. 加快融资担保行业发展

坚持“政府为主导、企业为主体、多渠道筹资”的原则，建立国有融资担保机构增资长效机制，充分发挥政策和财政资金的导向作用。支持担保协会主动作为，促进融资担保行业规范发展，提高信用度。依托产业集聚区，支持由行业协会或龙头企业牵头，组织设立互助性会员制信用担保机构，对会员提供封闭式融资性担保服务。推动民营融资担保机构发展，鼓励银行与担保机构合作，对商业融资担保机构与国有融资担保机构一视同仁。

（五）优环境——推动金融风险防控全覆盖

1. 构建互联互通的征信体系

进一步推进信贷征信体系建设，加快非银行信用信息采集步伐，进一步完善企业和个人信用信息基础数据库；建立奖励守信、惩戒失信的机制；严禁逃废银行债务；向社会公布不讲诚信的“黑名单”，增强全社会的信用观念。

2. 实现互联网金融在线监管

在全市推广芙蓉区互联网监管机制创新经验，即构建机构评审、登记备案、证据链备案等系统，通过互联网实时掌握P2P平台的动态数据，有效管控平台运营情况，确保投资人方便了解P2P平台网站运营、上线时间、业务类型、资金托管、交易结构、公司资质以及平台高管等基本信息。

3. 严厉打击非法集资犯罪

全面建立健全各级防范和处置非法集资工作机制，落实属地责任，加强网格化管理，并针对非法集资案件高发领域，开展专项清查整治行动，坚持打早、打小、打苗头。建立重大案件挂牌督办制度，加大积案清理力度。

4. 严格稳控资本市场风险

进一步完善长沙市金融联席会议制度，确保金融稳定与风险处置机制沟通顺畅、衔接高效、协调及时。积极发挥金融仲裁院在金融纠纷中的灵便协调作用。进一步加强与人民银行、银监部门的合作，加强对民间融资的监测，推动其规范发展。加强对公众投资的风险意识宣传，引导公众理性投资，自觉抵制非法融资。

（六）强保障——全面提高金融工作水平

1. 加强金融工作组织领导

建立健全高规格的领导保障机制，强化工作调度，定期研究解决金融业改革创新发展中遇到的困难问题。加大财政资金扶持，建立逐年增长机制，按照“政府搭台、政策引导、市场运作、银企双赢”的方针，建立方便快捷的信息沟通机制、信息定期发布机制和银企融资洽谈合作机制，积极构建新型银企政合作关系。

2. 加强金融人才的培养与引进

加大国内外高端金融业人才的引进力度，对金融高管个人所得税市级留成部分的50%予以补贴，期限5年。探索建立地方党政班子与金融机构人才交流制度。有计划地选拔金融机构中层以上干部与市、县政府及有关部门负责人相互交叉挂职任职，增强地方政府与金融机构的沟通协调能力，培养熟悉金融管理业务的党政干部。积极探索建立高层次金融人才国际培训计划。联合中南大学、湖南大学和湖南师范大学等，建立由高等院校、科研机构和金融机构三方共建共享，市政府积极支持的多层次金融人才培养体系。

3. 加强金融发展激励政策落实

完善现有金融发展激励政策，对其实施效果进行评估，对政策效果不明显的进行修订，对政策尚未覆盖到的角落及时出台相应政策，发挥其在支持股权投资业发展、促进企业上市、吸引金融机构总部及后台进驻、鼓励各类金融创新、引进金融专业人才、建设信用担保体系和“支小支农”贷款风险补偿等方面的激励引导效应。

4. 规范存量竞争

坚持各区在发展金融产业时，对内减少内耗，对外形成合力。针对企业注册地与生产经营地不在同一个区县的情况，对市与区之间如何分配税收，企业税种及区县税收如何缴纳等进行专题研究。针对金融前后台分离、金融机构注册地和办公地分离现状，可考虑税收联动机制，减少区县之间由于税收分配带来的资源内耗。完善金融产业项目落地统筹审批和统筹调整机制。对于各金融功能区拟引进的产业项目，应实现统一受理、集中研究、科学布局。

（鸣谢：长沙市统计局、长沙市金融业联合协会提供相关数据）

2016年12月

以市场为导向加快构建开放崛起的国际大通道

——关于中欧班列（长沙）运营建设发展的调查与建议

中欧班列（长沙）是长沙乃至全省实施“一带一路”倡议的主要载体，实现开放崛起的重要平台，是长沙创建国家中心城市的重要抓手。在省、市的高度重视和大力支持下，经过两年的运营建设，中欧班列（长沙）开始逐步进入常态化运营轨道。但受国内其他主要班列激烈竞争和运营主体自身因素的影响，常态化运营的基础尚不牢固，面临着一些亟待破解的瓶颈问题。为加快推进中欧班列（长沙）运营扩容提质，市政府研究室和市商务局联合进行了专题调研，力求客观全面地了解现状、剖析问题，并提出对策建议，供市委、市政府决策参考。

现状：起步相对较晚、步入常态轨道、发展潜力较大

到目前为止，全国已有27个城市开通中欧班列，和重庆、成都、武汉、郑州等城市相比，中欧班列（长沙）起步相对较晚，但总体运营态势较好。呈现以下几方面的特征。

（一）运营常态化

随着国家“一带一路”倡议深入推进，市场需求、辐射范围快速扩大，中欧班列（长沙）需求不断增加，从2015年9月以来实现常态化运营，开行频率由最初每周至多1班提高到每周至少2班，峰值期间（2016年9月）达到一周3班，形成了由满洲里或二连出境，途经蒙古、俄罗斯、白俄罗斯、波兰至德

国汉堡（全程11800公里，运行16天）、杜伊斯堡（全程11200公里，运行16天）的欧洲线；由阿拉山口或霍尔果斯出境，途径哈萨克斯坦至乌兹别克斯坦塔什干（全程6000公里，运行9天）的中亚线。新开通了至匈牙利布达佩斯的班列，并在筹划开通至越南胡志明的东盟线、至伊朗德黑兰的中东线、至俄罗斯莫斯科的班线，加快形成连接欧洲、中亚、中东、东盟市场，辐射我国中、东、南部地区的新格局。

（二）发展速度快

省、市政府高度重视中欧班列（长沙）发展，市财政局、市商务局等部门不断加大协调力度，中欧班列（长沙）把握发展机遇，步入了常态化运行、快速化发展的阶段。2016年共开行班列66列，在全国27个城市中欧班列中排名第6位（表1）。发运进出口货物17.3万吨，货值4.93亿美元；其中欧洲61列11.38万吨，货值4.14亿美元；中亚1.82万吨，货值0.19亿美元；回程4.1万吨，货值0.6亿美元。今年一季度，中欧班列（长沙）开行19列，同比增长25%（图1）；发运货物1054标箱，同比增长23.5%；货重2.64万吨，同比增长24.2%，保持了良好增长势头，在全国中欧班列中的竞争力、影响力持续提升。

表1　　2016年国内主要中欧班列基本情况

班列名称	开行时间	起讫点	运输里程	运输时间	主要货类	2016年开行情况
渝新欧	2011年3月	重庆—德国杜伊斯堡	11000公里	15~17天	IT产品、服装、机械、家具	413列
汉新欧	2012年10月	武汉—捷克、波兰	10700公里	15~17天	电子产品、服装、机械及医用产品	234列
蓉欧快铁	2013年4月	成都—波兰罗兹	9965公里	12~14天	IT产品、汽车零配件、家电产品、服装鞋帽	453列
郑新欧	2013年7月	郑州—德国汉堡	10245公里	16~18天	电子产品、高档服装、轻工业消费品、机电产品等	251列
苏满欧	2013年9月	苏州—波兰华沙	11200公里	12~15天	电子产品、机械、服装、小商品	120列
义新欧	2014年11月	义乌—西班牙新德里	13052公里	21天	小百货、五金工具等	52列

续表

班列名称	开行时间	起讫点	运输里程	运输时间	主要货类	2016年开行情况
湘欧快线	2014年10月	长沙—德国汉堡、杜伊斯堡	11800公里	16天	电子产品、工业机械、玩具、化工产品、茶叶、陶瓷、医疗器械	66列（注）

注：全年财政补贴2715个车皮，每列班列有41～50个车皮，按41个车皮计算，共开行66列班列。

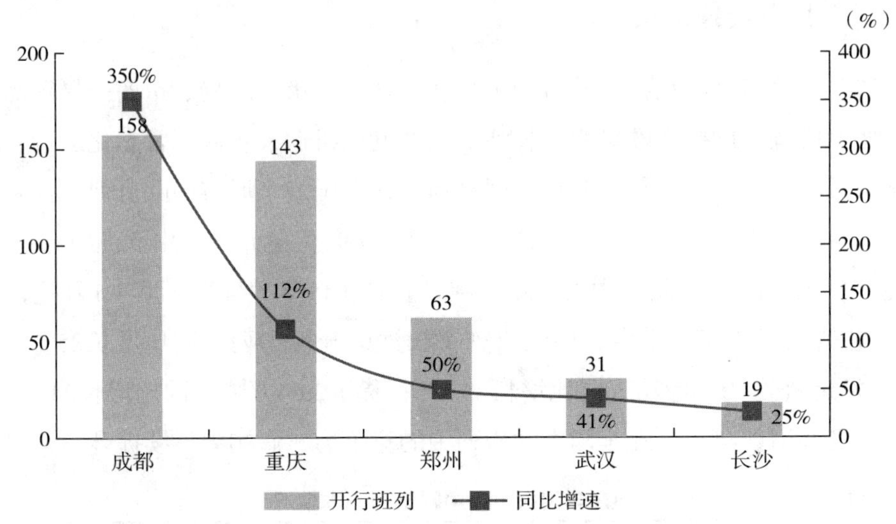

图1　2017年一季度主要中欧班列开行情况

（三）“双节点”凸显

随着中欧班列（长沙）战略地位的提升，2016年10月，国家推进“一带一路”建设工作领导小组办公室颁布《中欧班列建设发展规划（2016—2020年）》，将长沙确定为内陆主要货源地节点和铁路枢纽节点的“双节点”城市，中欧班列（长沙）的辐射范围不断扩大，运输成本、发运效率等因素叠加效应明显，吸引了广东、上海、江苏、福建、江西、广西等省外地区大量货物（图2），为周边地区对外贸易提供了便捷、高效的国际物流通道。同时，中欧班列（长沙）对提升消费层次、引进先进设备等发挥了积极作用。2015年5月～2017年3月，回长沙货物1726标箱，货重4.31万吨，占全省回程货物78.8%，满足了长沙对机械设备、化工品、奶粉等商品的进口需求。此外，中欧班列（长沙）对招商引资的支撑作用也更趋重要，从与惠普公司、富士康科技集团等企业洽谈情况来看，中欧班列（长沙）持续稳定运行，有效增强了长沙乃至湖南招商引资的竞争力。

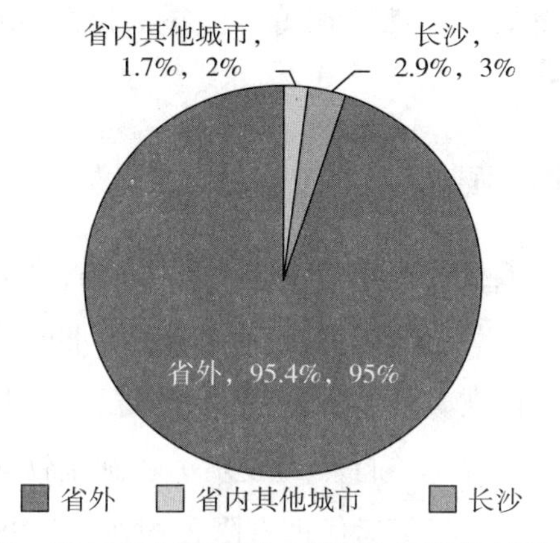

图2　2016年中欧班列（长沙）现有货源分布情况

（四）发展潜力大

一方面，国家鼓励支持重点发展，根据《中欧班列建设发展规划（2016—2020年）》，2020年我国中欧班列开行总量将达到5000列左右，截至2016年全国仅开行1702列，各城市均具有很大运力提升空间。另一方面，经过多年探索，国家对中欧班列管理更趋规范，财政部将出台规范中欧班列财政支持政策的文件（正在征求意见），实行补贴退坡管理，避免各地通过提高补贴标准、延长补贴时限等方式争抢货源，营造有序竞争的市场环境。补贴退出后，随着市场秩序的规范，运营经验的增多，规模效应的产生，以及延伸服务的展开，未来运营成本将逐渐下降，市场竞争力将整体提升。特别是依托霞凝货场申报建设铁路一类口岸项目（已纳入《国家口岸发展“十三五”规划》）扩建工程（二期）2018年全部建成，正式投入使用之后，货场面积由36.8公顷增容到120.7公顷，设计运量由500万吨提升到1800万吨，货场承载和配套能力大幅提升。中欧班列（长沙）区位优势明显、交通方便快捷、辐射范围广泛，在平等竞争条件下，优势将更加凸显。

瓶颈：运营主体不强、综合成本较高、扶持有待加强

尽管目前中欧班列（长沙）运营呈现较好的发展态势，但对比国内领先城市的中欧班列的建设发展，仍然存在着一些重大瓶颈急亟解决，突出表现为4个方面：

（一）运营主体不强

中欧班列（长沙）承载着国家“一带一路”、省开放崛起和长沙创建国家中心城市等重大战略，运营主体起着决定性作用。湘欧快线公司作为中欧班列（长沙）的运营主体，存在着两个方面的明显不足：一是公司实力相对较弱。湘欧快线物流公司现由程晓芝（自然人股东）、湖南铁诚物流公司、湖南中诚物流有限公司、广州金满国际货运代理有限公司按股比28%、28%、24%、20%共同设立，注册资本1000万元（未实缴到位），流动资金不足，正式员工仅24人，难以保证湘欧快线的稳定高效运行。同时，国有股和民营股东之间利益取向难以统一，股东多方力量未被整合且纠葛不断，无大型投融资平台支持，后续发展乏力。重庆、成都、武汉、郑州、西安各地平台都有国有大公司或国有控股大公司支持（表2），实力雄厚，抵抗市场风险的能力强。二是平台架构先天不足。平台公司为单纯的轻资产公司，主要开展物流组织业务，缺少产业拓展和转化资源的能力。经营方式、服务功能单一，外贸综合服务转化能力不足，难以将过境外贸数据留存当地。开行以来，班列实际所贡献的进出口贸易额不到货值的5%。平台层次不高、功能不全还影响了对延伸项目投融合作的开展，与助推长沙乃至湖南开放型经济发展的要求差距较大。

表2　　国内主要城市中欧班列运营主体情况

班列名称	运营主体	基本情况
渝新欧	渝新欧（重庆）物流有限公司	注册资本300 万美元，由中铁、俄铁、哈铁、德铁及重庆交运集团“四国五方”共同合资组建，中方控股，业务主管部门为重庆市经信委，主要经营管理人员由市国资委任命，重庆市政府对班列运营情况有指标考核任务
汉新欧	武汉汉欧国际物流公司	由武汉新港投资集团和中铁国际多式联运公司合资组建

续表

班列名称	运营主体	基本情况
蓉欧快铁	成都亚欧班列物流有限公司	注册资本3000万人民币，由波兰HATRANS物流有限公司和江苏飞力达国际物流股份有限公司、深圳越海全球物流有限公司共同出资组建
郑新欧	郑州国际陆港开发建设有限公司	由郑州经济技术开发区管委会和河南物资集团公司联合组建，现有员工近600余人。拥有郑欧班列、多式联运海关监管中心、郑州国际陆港保税物流中心、多式联运集疏中心、汽车整车进口口岸、郑州国际陆港跨境电商仓储物流中心、亚欧国际冷链物流集疏中心、进出口商品集疏交易中心
长安号	西安国际陆港多式联运有限公司	为西安国际陆港投资发展集团下属西安国际陆港保税物流投资建设有限公司国有全资子公司。按照“港—区—城”的发展路径，重点发展国际贸易、现代物流、临港产业、金融服务、融资租赁、商业保险、电子商务、文化体育等8大产业，打造跨境电商文化创意基地、对外文化贸易基地、粮油加工贸易基地、冷链物流集散基地，建设大宗商品交易中心和国际人才孵化高地、国际金融活跃高地
湘欧快线	湖南湘欧快线物流有限公司	注册资本1000万元，由程晓芝（自然人股东）、湖南铁诚物流公司、湖南中诚物流有限公司、广州金满国际货运代理有限公司按股比28%、28%、24%、20%共同设立

（二）综合成本较高

综合成本反映的是运营主体的资源整合能力和市场竞争能力。长沙到德国汉堡的直接成本约6723美元/大箱（主要包括租箱、国外铁路运费等），单位成本约为0.57美元/大箱·公里，而重庆、成都、郑州等均在0.55美元/大箱·公里以下，财政部即将明确的标准为0.5美元/大箱·公里。综合成本偏高，使中欧班列（长沙）在与其他城市中欧班列竞争中处于不利地位。原因主要有3个方面：一是铁路运费较高。中欧班列（长沙）站出口货物分散、体量小，相较重庆、成都、武汉、郑州等平台，湘欧快线公司与中外铁路公司议价能力不够，不能分段计价，境外运费全部为4200美元/大箱。境内运费也是实行量价挂钩，且境内铁路运程高于重庆、成都、郑州等市，运费也偏高（折合1517美元/大箱）。二是公司运营成本高。湘欧快线公司运转资金紧张，无力购买自有集装箱，完全靠租赁，成本比较高（租赁费900美元/大箱·次，租3次费用可购买1个箱子）。省内货源支撑不足，省外货源较分散，组织货源费时费力。运送货物价值偏低，2016年平均货值为13万美元/大箱（约90万元/大箱），直接导致收取运费较低，视货量和货值情况为3200～4000美元/大箱。三是空返率高。自2015年9月常态化运营以来，中欧班列（长沙）没有一个整列回程车，不能有效摊薄成本。空返率高既有公司没有海外设点、主动营销的原因，也有长沙口岸功能不足的原因。重庆、成都、武汉、郑州的铁路口岸是一类口岸（或拥有一类口岸功能），且均位于获批的国家自由贸易试验区范围内。长沙的铁路口岸是二类口岸，没有进口汽车整车、冷冻肉类、水果、粮食等资质，不少进口业务难以开展。长沙霞凝货场口岸设施和功能不完善，口岸作业区规模偏小、功能受限，无法开展大规模口岸作业。正因如此，湖南湘欧快线物流有限公司盈利能力不足，以长沙到德国汉堡线为例，直接成本6723美元/大箱，按收货主3200～4000美元/大箱计算，加上政府补贴2.4万元/大箱（2016年9月前补3万元/大箱），实际收益为-41美元/大箱～759美元/大箱（2016年9月前为833美元/大箱至1633美元/大箱），导致企业对政府补贴资金的依赖性大（表3）。

表3　　中欧班列运营成本—收益情况

	2016年9月前		2016年9月后	
运营成本	6723美元/大箱			
收费	3200美元/大箱（低）	4000美元/大箱（高）	3200美元/大箱（低）	4000美元/大箱（高）
政府补贴	3万元/大箱（折合4352美元/大箱）		2.4万元/大箱（折合3482美元/大箱）	
收益	829美元/大箱	1629美元/大箱	-41美元/大箱	759美元/大箱

（三）扶植力度偏弱

当前，中欧班列正处于加速扩张窗口期，实行政府补贴是现阶段全国中欧班列运行的主要特征和重要支撑，相对而言，我省的扶植力度总体处于偏弱的水平。一是补贴政策多变。2014年以来，省里对中欧班列的补贴政策先后3次调整，给政策执行带来较大难度。近期，财政部又将出台规范文件，预计省里补贴政策也将再次调整（表4）。二是审核程序繁杂。省、市、区各级政府高度重视口岸建设，但由于实行多级多头协商（省市协商、口岸与财政协商），各职能部门在政策标准、补贴范围及期限上意见难以达成一致；在单证审核及资金拨付上，属于多部门线性流程审核，缺乏统一规范的审核程序和具体的操作办法；审核反复且资金拨付流程时间较长，企业需要对接省市两级多个部门；尽管省、市财政补贴实行预拨付（2016年先后4次预拨付4224.5万元），但由于资金管理办法缺位，补贴标准不明确等因素影响了资金到位时间。三是支持政策单一。重庆、成都、武汉、郑州、西安等地有资金、土地、营销等多方面支持，均以中欧班列为核心规划建设了临铁国际物流园；长沙扶助政策只有资金一项，且支持力度不够（表5）。

表4　　　　中欧班列（长沙）享受补贴政策变化情况

时间	依据	标准	其他
2014年8月	省政府领导对省口岸办呈报的《关于开行湘欧国际货运班列的请示》的批示	对长沙至德国、俄罗斯、中亚班列分别按150万、50万、25万的标准补贴	省市按4:6比例分担
2015年9月	湘府阅〔2015〕70号	补贴：长沙至中亚及俄罗斯亚洲地区（叶卡捷琳堡以东）0.5万元/车皮；至俄罗斯内叶卡捷琳娜堡以西1万车皮；至其他欧洲国家3万元/车皮	省市按4:6比例分担
2016年9月	湘府办阅〔2016〕18号	常态化运营3年内（2015年9月～2018年9月），第二、三年分别按照第一年所执行标准的80%和60%进行补贴；新开线路按第一年标准补足；班列发运空箱按实际空箱数的50%进行补贴	省财政每年对中欧班列（长沙）补贴资金上限为7700万；省市按4:6比例分担
2017年	财政部《关于征求对规范中欧班列财政支持政策的通知（征求意见稿）意见的函》	补贴标准以全程货运价格0.5美元/箱·公里为依据；已开行及2017年新开行的中欧班列新路，2017年财政补贴标准上限为全程货运价格的50%，以后逐年降低10个百分点，至2022年实现全面市场化运营；2018年起新开行线路，参照实行退坡管理，开行后第一年相应为40%	制定中欧班列财政补贴资金管理办法，报财政部备案；对违反政策的，年终结算时予以扣款

表5　　　　2015年国内主要城市中欧班列补贴情况

班列名称	起讫点	2015年发车频次（周）	当前发车频次（周）	补贴政策
渝新欧	重庆—杜伊斯堡	3～4列	3～5列	3500～4000美元/大箱

续表

班列名称	起讫点	2015年发车频次（周）	当前发车频次（周）	补贴政策
蓉欧快铁	成都—波兰罗兹	1~2列	5列	3000~3500美元/大箱
汉新欧	武汉—捷克\波兰	1~2列	2列	4000~5000美元/大箱
郑新欧	郑州—德国汉堡	2列	2~3列	3000~7000美元/大箱
苏满欧	苏州—波兰华沙	2列	3列	1000美元/大箱，现已取消
湘欧快线	长沙—德国汉堡	1~2列	2列	4352美元/大箱（2016年9月后为3482美元/大箱）

（四）市场竞争激烈

各地高度重视中欧班列战略平台建设，都将其作为省、市“一把手”工程，加快推进自贸区、一类口岸、多式联运监管中心申报及建设。核心城市均是采用“政府引导、企业运作”运营机制，政府或明或暗加大补贴力度，不断增开新班列、新线路，2016年共新增了10个城市新线路。目前全国城市中欧班列已达27条。2017年，多个城市提出了“运力翻倍”计划，其中重庆和成都开行计划分别达1000列。各地运营公司（平台）之间存在价格竞争，通过高额补贴彼此争抢货源，有的班列只收取成本一半的运费，有的班列按海运价收费，仅相当于成本的1/2。我市与武汉、重庆、成都、郑州4市竞争尤为激烈，今年一季度，重庆、成都分别开行144列、158列，长沙仅为19列。重庆、成都、武汉、郑州、西安、兰州、昆明、义乌等地千方百计争取各级支持，在中央主流媒体都宣传过，而中欧班列（长沙）还没有在中央媒体上宣传过，品牌知名度相对较弱。

对策：坚持市场导向、加快扩容提质、打造核心竞争力

当前，中欧班列（长沙）运营发展具备良好基础和巨大潜力，正从以物流组织为主的起步阶段，进入以产业拓展和扩容提质为主的新阶段。必须学习、借鉴渝新欧、蓉欧快铁、郑欧、汉新欧等的典型做法与成功经验，加强顶层设

计、平台构建、政策引导，加快市场化运作、规范化管理、优质化服务，着力打造湖南内陆开放高地的标志性平台。

（一）理顺管理体制

重点要明确省市区三级共同作为管理主体，完善体制机制，既分工又合作，其中省主决策、市主监督、区主执行。在决策层面，省口岸办、省财政厅等部门负责“三定一调整”：定任务、定标准、定流程、政策调整。在监管层面，市口岸办、市财政局等部门负责审计、评估、监督资金使用情况。在执行层面，省市将补贴资金集中拨付至开福区或金霞经开区，授权开福区或金霞经开区负责政策执行，直接审核相关资料，进行资金预拨付或审核拨付；省市审计部门按年度进行审计。建议省财政厅牵头制定资金管理办法，明确各级资金拨付时间及方式，明确补贴范围、标准及审核所需资料等。严格执行资金管理办法，对于不符合标准及范围要求的部分，区级无权支付；确属合理的，需报省市共同认定，形成会议纪要后，方可支付。

（二）做强运营主体

结合省市投融资体制改革，按照“通道+平台+产业园”的总框架进行设计和调整，理顺管理体制，打造“平台公司、陆港集团、产业基金”3个层次，分“三步走”，实现市场运营主体逐步升级。第一步，搭平台。组建中欧班列（长沙）平台公司。由省政府口岸办、长沙市政府、广铁集团和第三方机构共同出资，组建中欧班列（长沙）平台公司，对湘欧快线物流有限公司进行混合所有制股权改造，负责中欧班列（长沙）经营管理。省市两级政府确定出资比例，控股平台公司；广铁集团重点负责运价协调、车皮保障等业务，增强平台公司专业化管理水平；第三方机构以大型国有或民营企业为主，扩大平台公司融资渠道。第二步，拓空间。组建中南陆港集团，整合霞凝货场片区资源，以下设平台公司（如中欧班列（长沙）平台公司等）、服务公司（如进口木材、肉类、平行汽车和进口汽车零配件市场等市场建设投资管理公司）为支撑，以产业园区、外向型产业为基础，并统筹区域内的铁、水、公等口岸建设和运营。第三步，引资本。建立“一带一路”产业基金，由省市政府主导、银行等金融机构参与设立，充分发挥资金杠杆作用撬动金融资本、社会资本进入，形成50亿元以上的产业基金，服务通道、平台和产业园建设，打造“物流+”产业生态圈。

（三）完善口岸功能

由于国家政策调整，暂停一类口岸审批程序，只能待《国家口岸工作条例》出台后，尽快启动申报一类口岸。当前，积极争取中央和省里支持，高位协调、专人对接，向国家口岸办公室申请将长沙霞凝铁路口岸设为国家临时对外开放口岸，确保2017年获批并尽快对外开放业务，进一步拓展和提升口岸功能。按照一类铁路口岸标准、66.7公顷用地规模加快规划建设霞凝货场二期海关特殊监管区，给予霞凝铁路货场两厢土地调规支持，将铁路一类口岸、进境指定口岸（整车、邮件、木材、药品、肉类、粮食、水果等）以及多式联运海关监管中心的申报建设纳入霞凝货场二期整体规划，尽快明确规划选址、建设主体、相关政策及出资方式，加速启动一批重大开放型项目。将口岸业务从霞凝货场运输主业中单列出来，明晰铁路口岸的资产及产权。同时，按照“谁出资谁受益”原则，明确临时开放口岸建设资金投入主体，预留霞凝货场扩建工程用地，落实霞凝货场铁路口岸建设相关费用。

（四）积极开发货源

全面摸清我市企业进口、出口业务情况，以市场为导向，不断创新物流服务模式，全面提升中欧班列（长沙）运营能力与水平，增强市场竞争力。特别是对本地产品到外地通关出口企业要主动上门服务，争取在本地通关出口，扩大出口货源。利用铁路深耕湘西、湘南地区，使该地区货物无需进入广东、广西沿海地区，直接通过中欧班列实现出口，扩大省内货源。将现有通道向南连接石龙线、深圳港区，使华南地区货物北上畅通无阻，同时覆盖醴陵等湘东地区，紧密联系赣西地区，吸引湘赣边地区货物，夯实腹地货源。同时，对接海关总署、铁路总公司等，开展班列运邮试点，开通浏阳烟花运输出境通道，建立稳定的主力货源。积极申报进口整车、肉类、粮食、木材等口岸资质，让更多欧洲优质产品搭乘班列回国，增加返程货源。

（五）提高通关效益

最大限度争取省里支持，按照“权限下放，主体下沉”的原则，充分发挥市、区在管理协调中的主动作用和主体作用，通过明确责任、理顺机制，减少省市两级管理、多部门审批带来的低效率等不利影响。积极参与建设国家大通关协作机制，加快电子口岸建设，尽早实现口岸管理相关部门信息互换、监管互认、执法互助，提高班列出入镜通关能力。加快购买自有集装箱，逐步达到占比50%左右，减少集装箱租赁成本（集装箱租赁成本占运输成本12%以上）。增加高附加值货物（汽车及零配件、机械及设备等）和时效优先型货物（电子产品、食品等）的运输比例，降低单位价值货物的运输成本。积极开通返程班列，减少返程空箱率，摊薄双程运输成本。

（六）调整补贴政策

根据财政部关于规范中欧班列财政支持政策的文件要求测算，中欧班列（长沙）全程货运价格约4万元/箱，2017年补贴标准上限约2万元/箱，2018年约1.6万元/箱，并以此逐年递减（表6）。现行的补贴标准为2.4万元/箱，已超过财政部规定标准上限。在财政补贴即将实行退坡管理的情况下，要参考其他班列做法，结合中欧班列（长沙）实际，有序进行调整，避免拉开城市之间财政补贴的差距，确保运营资源不流向外地；同时，明确对空箱、散柜的补贴范围及标准。积极推行多种支持方式，着重在货源优化、产业延伸、联合宣传等方面给予全面支持，提升中欧班列（长沙）的竞争优势和可持续发展能力。同时，建立投融资平台，允许长沙银行等商业银行参与集合委托贷款，支持运营公司发行中短期融资债券。

表6　　中欧班列（长沙）补贴标准上限测算情况

年度	2017年	2018年	2019年	2020年	2021年	2022年
补贴标准上限	2万元/箱	1.6万元/箱	1.2万元/箱	0.8万元/箱	0.4万元/箱	0

（七）全面整合资源

以开放的意识、务实的精神，加强对外合作，不断提升辐射水平和运营效益。积极争取国家支持，主动与国家“一带一路”建设工作领导小组办公室、商务部、财政部、海关总署等相关部委对接协调，积极争取在线路优化、货源组织、通关便利等方面的政策支持。加强周边省市合作，探索与广东、广西、江西、贵州、湖北等周边省及重点城市联合成立中欧班列联盟，建立利益共享机制，处理好外贸绩效归属问题，着力把中欧班列（长沙）打造成中南地区的公共班列，减少周边新增班列，避免同质竞争。加强已开班列合作，按照“1+1＞2”的理念，加强与其他已开行较为成熟班列间的合作，特别是要处理好与渝新欧、汉新欧、郑新欧的关系，统一运行价格，集体竞价降低境内外成本，在班列运行时间、运行线路设计上尽量差异化、错位发展。加强境外运营合作，支持省市企业在班列沿线国家和重点城市，通过收购、合资、合作等方式，加快办事机构、物流基地、分拨集散点、海外仓等建设，建立运营网络，加强联络推介，扩大产能合作、贸易往来，提高班列双向满载率。

（八）强化营销服务

一方面，要针对潜在客户，定期开展营销宣传活动，组织企业实地考察，吸引更多企业选择中欧班列（长沙）。协调中央、省市媒体加大宣传报道，从不同角度解读中欧班列（长沙）的优势和特点，提高品牌知名度。充分发挥中欧班列（长沙）物流集聚效应，对金霞片区的铁路、港口、保税物流中心等海关监管场所进行整体包装，吸引跨国机构、企业落地，引导企业更好利用“中欧班列”平台，带动贸易和产能聚集，通过枢纽优势、物流优势实现产业集聚、规模发展。另一方面，要顺应市场需求，丰富货运方式，为客户提供冷链运输、保温运输等差异化服务。扩展服务对象，既为大型制造企业提供专列服务，也为中小企业提供公共班列服务，甚至为小微企业、跨境电商乃至个人提供拼箱服务。创新“一票式”物流供应链模式，在国内建立货物集疏服务机构，在沿途各国城市设立集疏服务网点，开展包括上门收货、拼箱、短导、报关报检，到站后的吊装、清关、分拨以及配送到指定地点的“门到门”保姆式服务。

2017年7月5日

附件：

中欧班列（长沙）问题及解决措施建议清单

<table>
<tr><th colspan="2">问题</th><th>措施</th><th>责任单位</th></tr>
<tr><td rowspan="5">运营主体不强</td><td>（1）公司实力相对较弱</td><td>组建中欧班列（长沙）平台公司</td><td>市商务局、市财政局、市国资委</td></tr>
<tr><td rowspan="4">（2）平台架构先天不足</td><td>建立“一带一路”产业基金</td><td>市商务局、市财政局、市金融办</td></tr>
<tr><td>组建中南陆港集团</td><td>市商务局、市财政局、市国资委</td></tr>
<tr><td>完善口岸功能：加快申报国家临时对外开放口岸；高标准建好霞凝货场二期；尽快明晰运营主体；着力提高通关效率</td><td>市口岸办、金霞保税物流中心</td></tr>
<tr><td>（3）铁路运费较高</td><td>加强各城市中欧班列合作；通过做大规模提高议价能力</td><td>市商务局、湘欧快线物流公司</td></tr>
<tr><td rowspan="6">综合成本较高</td><td rowspan="4">（4）公司运营成本高</td><td>积极开发货源</td><td rowspan="3">湘欧快线物流公司</td></tr>
<tr><td>切实优化服务：提供差异化服务、门到门服务</td></tr>
<tr><td>着力降低成本：购买自有集装箱，加强货物集疏点建设，提高运送货值</td></tr>
<tr><td>加强营销宣传</td><td>湘欧快线物流公司、金霞保税物流中心</td></tr>
<tr><td>（5）空返率高</td><td>加强与商务部相关机构合作，优化资源整合，拓展返程货源</td><td>市商务局、湘欧快线物流公司</td></tr>
<tr><td rowspan="6">扶持力度偏弱</td><td rowspan="2">（6）补贴政策多变</td><td>调整补贴政策</td><td rowspan="2">市商务局、市财政局</td></tr>
<tr><td>制定管理办法</td></tr>
<tr><td>（7）审核程序繁杂</td><td>明确责任主体</td><td>市商务局、市财政局、开福区政府、金霞经开区</td></tr>
<tr><td rowspan="3">（8）支持政策单一</td><td>丰富支持方式</td><td>市商务局、开福区政府</td></tr>
<tr><td>加强运营合作</td><td>市商务局、湘欧快线物流公司</td></tr>
<tr><td>加强宣传推广</td><td>市商务局、市委宣传部、湘欧快线物流公司</td></tr>
</table>

长沙市房地产工作情况汇报

中共长沙市委

长沙市人民政府

近年来，在省委、省政府的坚强领导下，长沙认真贯彻落实中央、省系列房地产调控政策措施，加快房地产业转型升级，提升房地产开发品质。全市房地产市场整体健康可控，在支撑经济增长、改善人居环境、促进社会稳定中发挥了重要作用。

一、长沙房地产市场基本情况

近年来，长沙房地产业持续健康平稳发展，房地产开发投资占固定资产投资的比重连续两年低于20%，居中部省会城市第5位（略高于南昌），全市经济增长对房地产业的依赖程度相对减弱。目前，全市房地产市场呈现四个基本特点。

（一）市场均价保持稳定，价格指数趋于合理

2017年1～5月，全市新建商品住宅成交均价为每平方米6373元，同比上涨8.46%，但相比2016年10月（每平方米6435元）下跌0.97%，每月都稳定在2016年10月水平，房价指数走势趋于平稳。内六区新建商品住宅成交均价为每平方米7388元，比2016年10月（每平方米7290元）上涨1.34%，居中部6省会城市末位（比第1位的合肥每平方米12008元低4620元，比第5位的太原每平方米8390元低1002元），其中1～5月成交均价分别为每平方米7248元、7296

元、7407元、7364元、7591元，环比增长 1.02%、0.66%、1.52%、-0.58%、3.08%。总体来看，实施调控后，新建商品住宅环比价格指数基本稳定在1%以下（据国家统计局公布，2016年10月为104.5，2017年1月回落到100.6，5月份为100.9），达到调控预期目的。但中心城区还是存在一定的上涨，各区域新增上市面积以超过去年10月均价线为主，洋湖、梅溪湖、滨江等高档热点片区均价达到每平方米10969元以上。中心城区的房价上涨与长沙城市品质的提升、人口的快速增长等密切相关，2016年长沙是全国5个人口净增量超过20万人城市之一，增长2.9%，增幅为近年来最高。

（二）市场供需总体平衡，潜在供应较为充足

2017年1～5月，全市新建商品住宅供应472.42万平方米，同比减少12.93%，其中内六区为341万平方米，同比减少16.06%；内六区新增供应居省会城市第9位、中部六省会第3位（次于郑州、武汉）；全市新建商品住宅成交量637.53万平方米，同比减少29.19%，其中内六区417.71万平方米、同比减少40.11%、住宅成交居于省会城市第13位、中部6省会第3位（次于武汉、郑州）。目前已开工建设未进行预售的住宅为1780.82万平方米，市场上的潜在供应规模仍较大，供需总体保持平衡，但由于项目建设周期比较长、部分开发项目延迟入市等原因，导致短期内存在供需偏紧的现象。

（三）市场预期趋于理性，二手市场比较活跃

"炒房"现象得到有效遏制，首次置业者保持在80%以上，非本市户籍购房者占比从2016年10月的68.33%降至2017年6月（6月1日～18日）的45.99%，其中外省、本省其他市州户籍购房者占比分别从22.85%、45.49%降至7.4%、38.59%，市场预期理性平稳。同时，针对新建商品房短期供给偏紧，积极引导二手房市场发展，既补充供给，又有效消化存量空置房。2017年1～5月，全市二手住宅成交325.38万平方米，同比增长63.53%，短期呈现量价齐升，特别是4月份非常活跃，环比价格指数达104.3，居70个大中城市的第1位、30个省会城市的第1位；5月份在调控规范下逐步回归理性，环比价格指数下降为100.8，居70个大中城市的第21位、30个省会城市（拉萨除外）的第6位（与哈

尔滨、杭州持平），16个热点及4个潜在热点城市的第4位（次于无锡、武汉、青岛）。

（四）产业发展更加多元，开发品质逐步提升

两型房地产业稳步发展，一大批高品质开发项目涌现，绿色建筑、装配式建筑、全装修住宅不断推广，绿色建筑面积达4900万平方米，实施比例超过40%；PC年产能、装配式建筑实施面积均突破1000万平方米，新建商品住宅建筑容积率、小区绿化、停车位等公共配套品质明显改善，长沙房地产由“量”的扩张进入“质”的提升新阶段，城镇居民人均自有住房建筑面积超过45.34平方米。

二、房地产市场调控重点举措

近年来，我们始终坚持“讲政治、顾大局、树优势”调控思路，严格按照习近平总书记提出的“房子是用来住的，不是用来炒的”定位，突出将房价长期比较优势转变为发展竞争优势，紧紧围绕“确保房价、指数水平维持在2016年10月份零增长”和增强市民获得感的目标，将房地产市场调控作为重点工作来抓，重点从供给、需求两侧发力，认真贯彻落实中央、省加强房地产市场调控的各项政策措施，努力做到“四个精准”。

（一）坚持精准施策

始终坚持问题导向，紧扣土地供应、资金管理、市场规范等核心环节的突出问题，出台系列组合政策。为防止“炒房”现象发生，持续抬高房价，2017年3月18日出台《关于进一步促进房地产市场平稳健康发展的通知》（“318政策”），暂停非本市户口二套房；市外省内户籍限购一套房；首套房、二套房首付比例分别调到30%、45%；暂停第三套房贷款，外省购房者占比下降了15.45%；5月20日再次升级调控措施，推出《关于进一步做好房地产住宅市场调控工作的通知》（“520”政策），对本市户籍有2套房及以上、非本市户籍有1套房及以上的暂停购房，并明确发证2年后方可上市交易，本省其他市州购

房者占比下降了6.9%。同时，还就土地市场、放贷利率等出台配套政策，不断升级房地产调控力度，切实遏制了投机、炒房行为，保障了市民刚性需求，稳定了房价。

（二）实施精准调控

突出政府主导、市场主体，加强房地产市场量价监测，精准制定调控方案，切实稳定房价。落实住建部"控均价、控指数"要求，借鉴兄弟城市做法，坚持"区内平衡、先低后高、高低对冲、有序签约"原则，建立"市区联动、以区为主"的工作机制，实施房地产定向精准调控。将部分高价房交易政策性积压，积极引导低价房网签，实行高低对冲，确保全市均价可控。同时，根据政策不溯及既往的原则，妥善处理"318政策"前及"318"至"520"期间已认购未签约房源，保证了调控效果和行业稳定。坚持分类精准指导，依托房地产大数据平台，细化各区县（市）在售楼盘的调控管理，严格实行商品房开发项目政府监制，使房价始终保持在去年10月份水平内。

（三）加强精准监管

完善监管措施，健全监管体系，加大监管力度，确保房地产市场规范有序。明确由市发改委牵头，市住建、规划、统计等部门及各区县（市）政府参与，建立房地产价格会商机制、价格监制机制，从资金、房地产中介、信用等方面制定监管措施，有效稳控均价和房价指数。严格土地竞买保证金来源审查，避免违规资金进入房地产市场。加强商品房预售资金监管，确保全部用于本项目工程建设。要求各楼盘销售备案时必须先通过预售审查，未取得资格的不予网签备案。

（四）强化精准引导

采取系列措施，合理引导市场预期。一方面，扩大有效供应，特别是运用土地供给对房地产市场的调控作用，重点清理闲置土地及批而未供、供而未建土地，加快土地协议出让、二次出让速度，有效缓解房地产市场供应偏紧的矛盾，引导房地产市场健康发展。2017年全市住宅用地计划供应619.3公顷，同比增加36.4%，其中内五区计划供地315.3公顷，同比增加57%，确保建成更多普通商品住宅上市交易，形成有效供应。另一方面，加大违法打击，严厉打击捂盘惜售、哄抬房价等行为，开展地毯式执法，引导房地产市场不偏离正常轨道。2016年11月以来共检查房地产销售项目1348家次、房地产经纪机构352家次，对43个房地产经纪机构的违规行为予以曝光，同时加强正面宣传，严控不实舆论，切实稳定了房地产市场信心。

三、当前调控存在的主要问题

当前，全国房地产调控的持续性、长期性未发生变化，各城市调控趋势日渐从紧，尽管我市在强化房地产市场调控上采取了很多措施，但结构性问题仍然较为突出，保持房地产市场持续健康稳定发展的压力越来越大。

（一）房价结构性上涨与价格调控之间的矛盾突出

目前，从各方面因素来看，都是支撑长沙房价上升的，给房地产价格调控带来了很大压力。一是我市高品质项目较前期明显增加，供应集中于高价的热点片区，比如岳麓区20个预售项目中，洋湖6个、梅溪湖6个、滨江3个，预售均价都超过1万元，面积占岳麓区预售总面积的56.21%，房价上涨压力大。二是我市房价居于全国后位，明显低于中部其他省会城市，房价收入比合理，成为省内外购房者关注的目标，市场看涨压力大。三是人口持续流入，2016年增长21.34万人，形成大量的住房刚性需求。四是我市2016年10月成交均价明显低于市场实际情况，主要是因为当月长沙县签约大量保障房，浏阳、宁乡开展了房交会，3县市成交量创新高而均价创新低，以此均价作为调控目标，让我们面临极大的调控压力。五是2016年11月以来我市贯彻高低对冲政策实现有效调控，而目前可供对冲的低价盘基本售罄。

（二）短期供应紧张与潜在供应之间的矛盾突出

长远看房地产供给充足，但短期内供应紧张，需要加快盘活存量土地及存量空置房。一是潜在存量供应规模较大，当前批而未供的土地可形成房产

12250万平方米，供而未建土地可形成房产6086.96万平方米，建而未售可形成房产1780万平方米，暂未形成市场有效供应，住宅库存仅582.84万平方米（去化周期3个月），短期供应紧张与长期潜在供应规模较大的结构性问题突出。二是现有存量房空置率较高（二手房潜在供应大），据抽样调查，内五区2016年住房空置率达27.21%、约2000万平方米。三是非住宅去化压力大，截止2017年5月底，非住宅库存1172.55万平方米，去化周期达32个月，其中内六区882.76万平方米，去化周期30个月。

（三）强化行政调控与市场调节之间的矛盾突出

虽然当前我市采取“政府+市场”的调控方式，通过系列限购政策有效将房价稳定在2016年10月水平，短期内取得了立竿见影的效果，但长时间限制网签、严格限价等手段对房地产企业的资金链和高品质商品住宅的发展带来不利影响。

（四）品质需求与价格跟涨之间的矛盾突出

近年来，我市大力推进品质长沙建设，购房者对住房品质要求越来越高，越来越多的开发项目提升产品类型、装修、人居等品质，势必带来申报价格的上扬，影响稳控房价的目标，有待找到合理的平衡点。

四、下阶段市场调控工作打算

下一步，我们将切实增强政治定力，认真落实国务院“控房价、防泡沫、防风险”的要求，坚持行政调控与市场调节两手抓，坚决打赢房价“保卫战”，把长沙房价在全国的比较优势变成创新创业、振兴实体经济的持续优势，变成提升民生福祉的显著标志。重点抓好六个方面工作：

（一）加强监管调控房地产市场

严格限购资格审核和期、现房交易网签备案，严防市场热钱“炒房”行为。强化房地产市场资金管控，坚决打击非法集资，重点防范投机购房带来的金融风险。完善并落实商品房销售价格会商制度，强化对房屋销售价格的监督、调控和指导。必要时适当提高购房首付比例，用足用好金融政策。实施项目从拿地、设计、施工到物业管理的全流程监管和预警预报，及时防控、有效应对风险。

（二）引导刚需进入二手房市场

针对当前新建商品住宅供给放缓，积极引导刚需逐步进入二手房市场，有序消化现有约2000万平方米的二手住宅存量，防范空置和滞售风险。加快信息平台建设，完善二手房交易市场，让交易更加透明。提高中介机构备案率，清理规范经营服务性收费，建立诚信信用体系，同步监测、监管一、二手房量价变化，实现联动发展、良性增长。

（三）着力激活住房租赁市场

实行购租并举，培育和发展住房租赁市场。加快发展公共租赁住房，允许将商业用房按规定改建为租赁住房，解决各类低收入群体的住房需求。大力培育市场供应主体，支持住房租赁企业发展，鼓励房地产开发企业建设租赁住房、发展租赁地产，同时规范住房租赁中介市场，支持和规范个人出租住房。鼓励住房租赁消费，发放租赁补贴，简化公积金用于租金支付的手续，让承租人享受基本公共服务。

（四）优先满足人才置业市场

落实“人才新政”，实施人才安居工程，更好地释放人才红利、形成产业红利。对在长沙工作，具有专科及以上学历或技师及以上职业资格的人才，首套购房不受户籍和个税、社保缴存时间限制；对新落户并在长沙工作的本科以上全日制高校毕业生，两年内发放生活和租房补贴；对博士、硕士毕业生在长沙工作并首次购房的给予购房补贴。打造人才安居乐业家园，吸引更多人才来长沙安居创业。

（五）多措并举平衡供需市场

合理确定土地出让、开发、建设时序，加快按年度计划供地，并研究制定土地市场熔断机制，确保“面粉价格不高于面包价格”。督促已开工未预售的1780万平方米在建项目如期完工、尽快入市。鼓励房企在二级市场收购土地、加快建设。归集近2000万平方米经济适用房、农民安置房、保障房等低价房源，有序网签，对冲待网签的高价房。

（六）发挥政府公司作用稳定市场

盘活政府公司土地资源，尽快开发建设，形成有效住房供给。降低开发建设成本，以政府让利降低房地产价格，平抑房价水平。

2017年6月24日

比较分析案例

中部五省会城市2013年上半年经济运行情况比较分析

6月中旬，国务院发展研究中心分5个片组织全国省会城市及计划单列市召开半年经济形势分析会，就相关情况综合汇总后形成专题报告，并呈报党中央、国务院。20日，国务院发展研究中心副主任韩俊主持召开武汉、长沙、郑州、合肥、南昌中部5省会城市半年度经济形势分析会议，与会代表就各地上半年经济运行情况和当前经济形势进行了全面分析、讨论交流，并结合本地实际提出了富有建设性的对策建议。为让市领导更全面地掌握中部省会城市经济发展情况，我们综合与会人员的发言，对中部5省会城市上半年经济发展情况进行比较分析，供决策参考。

一、对比经济指标找差距

在严峻的宏观经济形势下，各市面临融资难、拆迁难、招工难等共性问题，但因应对措施、引导政策、工作力度等方面的差异，各城市的发展速度、发展成效也有差距。

（一）经济总量比较

1～5月，长沙实现地区生产总值2607.3亿元，同比增长11.8%。从一季度的数据看，武汉达到1912亿元，长沙排在武汉之后，但与郑州的差距仅在100亿元。从其他城市反映的情况看，经济发展均呈“低开高走、快速回升”的态势，预计上半年将实现较大幅度提升（图1）。

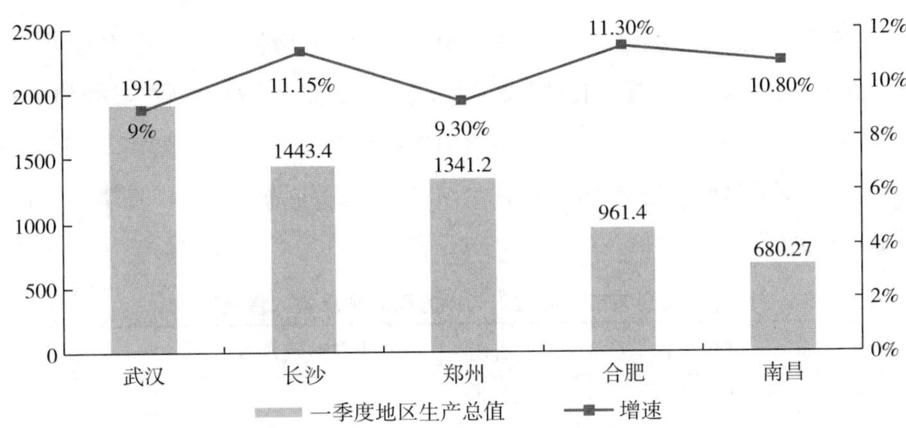

图1　中部五省会城市2013年一季度地区生产总值比较

（二）固定资产投资比较

1～5月，长沙固定资产投资为1486.3亿元，增长13.8%，与全年增长20%的目标存在较大差距；总额不仅落后于武汉（1902亿元，同比增长20.5%），而且落后于合肥（1887.4亿元，同比增长23.2%），和郑州基本持平（1488.3亿元，同比增长24.6%）。但4城市固定资产投资增速均超过了20%（南昌同比增长24.4%），投资力度都比长沙大（图2）。

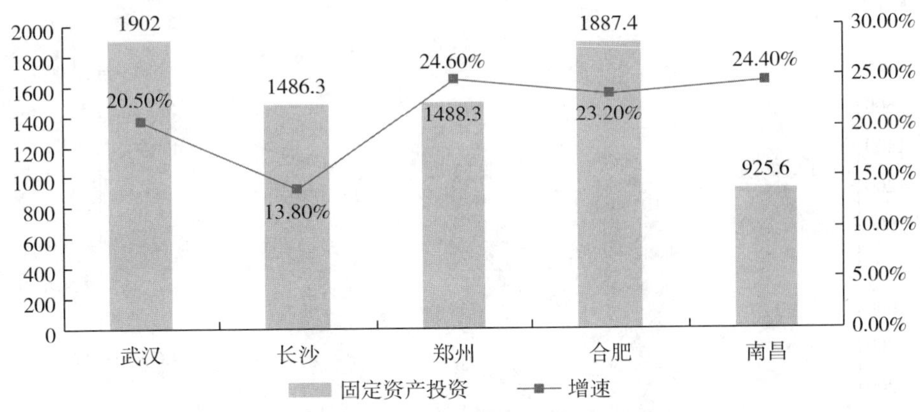

图2　中部五省会城市固定资产投资情况比较

（三）财政收入比较

1～5月，长沙完成财政总收入381.6亿元，同比增长8.3%；公共财政预算收入228.0亿元，增长9.4%。在中部5省会城市中，武汉财政总收入达到1068亿元，同比增长21.6%，位居首位；郑州地方财政预算收入同比增长23.4%，位居首位。长沙市财政总收入和地方财政预算收入均落后于郑州，且增速均排在最后1位（表1）。

表1　　中部五省会城市财政收入与地方财政预算收入情况比较

城市	财政总收入	增速	地方财政预算收入	增速
武汉	1068亿元	21.6%	402亿元	16.6%
长沙	381.6亿元	8.3%	228.0亿元	9.4%
郑州	464.6亿元	15.4%	293.5亿元	23.4%
合肥	324.5亿元	11.3%	182.4亿元	17.9%
南昌	235.7亿元	8.5%	127.2亿元	23.6%

（四）社会消费品零售总额比较

长沙内需市场持续旺盛，1～5月实现社会消费品零售总额1054.6亿元，同比增长13.5%。在中部五省会城市中，总额仅排在武汉之后，增速排第3位，落后于南昌和合肥。从数据来看，长沙近年来在消费方面的比较优势正在逐渐缩小（图3）。

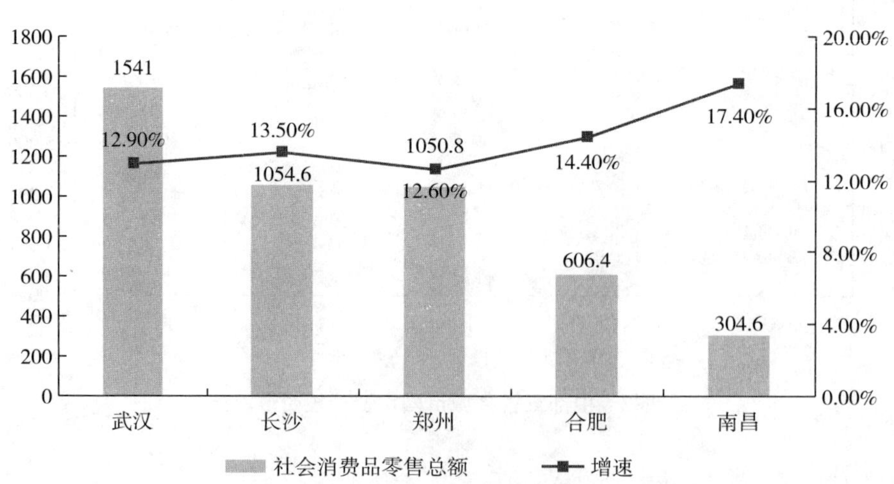

图3　中部五省会城市社会消费品零售总额情况比较

总体来看，中部省会城市经济发展稳定，没有出现大的滑坡，稳中有进。但各市经济下行的压力大，发展也面临一些共同的问题，主要体现为以下几点。

1. 消费和出口软

经济发展仍然是投资驱动型，消费特别是居民消费、公共消费软。住宿餐饮方面，武汉仅增长8%、合肥仅增长8.6%，分别回落8.2个百分点和3.6个百分点；武汉、长沙的出口都是负增长，武汉出口下降5.5%，降幅达4.8个百分点。这说明长期依靠投资增长的经济发展模式转变难度大。

2. 融资和用工难

政府投资和企业发展融资难，特别是中小企业融资难仍未明显改变，且融资成本高，部分企业融资综合成本达15%以上；同时大学生就业难、农民工找工作难，企业招聘技工和高素质人才难、成本高，就业结构性矛盾依然突出。

3. 改革和开放弱

出台实质性改革措施风险大，下决心难，以致雷声大雨点小，特别是土地、资金、人才等稀缺资源没有完全实行市场配置；对外开放基本是简单地“走出去”，招商引资缺少新的视角、新的办法，特别是服务业开放力度有待加强。

二、对照先进经验找不足

通过比较分析，与中部其他省会城市相比，我市经济发展有不少地方应向兄弟城市学习和借鉴。主要有以下几个方面。

（一）重大项目建设

项目建设是支撑大建设、大发展的源泉。目前各市正在掀起“大抓项目、抓大项目”的热潮。如武汉市有神龙三厂、联想武汉生产基地等5个投资过50亿的新投产项目；南昌市今年实施100个重大项目，总投资2159亿元，年度投资538亿元，其中总投资400亿元的万达文化旅游城项目已开工，总投资30亿元的江铃30万辆整车项目已投产；郑州市1～5月开工重点项目221个，省市重点项目完成投资1168亿元，同比增长69.6%。

（二）产业结构调整

各市把调整产业结构、培育产业壮大作为经济可持续发展的重要载体。比如，武汉市实施“工业倍增计划”，在服务业方面重点加快武汉中央文化区、武汉国际博览中心会展区、汉正街文化旅游会展区等服务业集聚区建设，计划到2016年服务业增加值突破7000亿元，比2012年翻一番以上。郑州市确立汽车及装备制造业、电子信息产业、现代食品制造业等主导产业，着力打造5个超1000亿级和2个5000亿级产业基地；郑州大力发展现代服务业，1～5月服务业完成固定资产投资925亿元，同比增长40.6%，占全市固定资产投资的62.2%。

（三）发展战略设计

各城市加强区域发展战略规划和概念设计，成效显著，新增了不少“国字号”的金字招牌。比如，武汉市早在2009年12月就争取武汉东湖高新区建设国家自主创新示范区，成为全国继中关村之后第二家国家自主创新示范区；郑州市积极谋划临空经济发展，2017年3月7日国务院正式批复《郑州航空港经济综合实验区发展规划》，成为国务院批准的首个以航空港经济为主题的实验区。合肥市抓住2011年行政区划调整的契机，组织编制环巢湖生态文明示范区规划，力争使环巢湖生态文明示范区发展成为国家战略，目前已启动一期113个项目建设，总投资500多亿元。

（四）政策扶持力度

为应对不利的宏观经济形势，各地密集出台有针对性的扶持或引导措施，政策的精准性和可操作性明显增强。如武汉市自去年以来，出台《关于进一步鼓励和支持民营经济发展的意见》，每年10亿元支持民营经济发展；出台《促进东湖国家自主创新示范区科技成果转化体制机制创新若干意见》；制定工业稳增长13条、工业保增长16条等一系列政策支持企业发展。合肥市今年出台《关于打造创新高地加快创新型城市建设的实施意见》，着力构建现代产业发展新体系；为吸引金融机构资金支持，创新制定“资金池”还款计划，每年从水利建设基金的50%、经营性用地出让收入的5%等筹资不低于22亿元，不足部分由市财政统筹安排。郑州市为加快主导产业发展，明确园区必须按照“一区一主业”要求，主导产业的占地面积要占到产业集聚区的70%，另外30%用于高新技术产业发展。

三、立足未来发展谋对策

长沙要赶超先进城市，实现经济社会发展走在前列，如果不进一步加快发展速度、加大工作力度，很有可能被郑州年内反超、被合肥快速赶超、与武汉差距扩大。因此，我们不仅要“稳增长”，更要追求“快增长”“好增长”，实现由“追赶型发展”向“引领型发展”转变，突出在以下方面下大力气：

（一）将新型工业化作为走在前列的第一推动力

一是做强支柱产业。以产业集群为方向，以终端消费品生产为重点，巩固提升工程机械、烟草食品等支柱产业的质量和效益；以上海大众、广汽菲亚特、比亚迪等汽车龙头企业为重点，完善汽车配套产业链，努力将长沙打造成为中国汽车产业的新板块；积极培育节能环保、生物医药、电子信息、文化创意产业等战略性新兴产业，鼓励发展3D打印等具有前沿性、先导性的新兴技术，抢占未来产业竞争的制高点。未来3年，力争新增电子信息和汽车制造两个千亿产业集群。二是提升自主创新能力。以国家创新型城市试点为契机，发挥自主创新对结构调整的带动作用，支持企业牵头实施引领产业发展的重大科技项目，加快新技术、新产品、新工艺研发应用，大力培育一批有品牌影响力的科技型、创新型企业，提高拥有自主知识产权企业的比重，以科技助推“长沙制造”向“长沙创造”转变。三是壮大园区经济。突出园区在经济发展中的主战场作用，以“五区九园”为重点，完善支持园区发展的配套政策，进一步明确每个园区的功能定位、产业导向，积极引进、培育科技含量高、产业带动力强、环境影响小的产业向园区集中，提高园区的单位土地产出率。未来3年，将浏阳经开区、宁乡经开区培育成为新的千亿工业园区。

（二）将现代服务业作为撬动内需的有效支点

一是全面提升传统服务业。以建设区域消费中心为目标，充分运用信息化、连锁经营等手段对传统服务业进行改造，提升传统服务的专业化水平和商业承载力。善于挖掘文化内涵，强化品牌营销，提升“老字号”品牌价值和经济效益。二是加快发展生产性服务业。以驻长沙高校、科研院所、高科技企业为基础，积极发展技术咨询、工业设计等生产性服务业，努力将长沙打造成为科技教育和高新技术服务高地；以芙蓉路、湘江路、潇湘路、五一路为“王”字格局，吸引国内外金融企业来长沙发展，将长沙打造成为中部金融中心；重点扶持高新区、青竹湖等服务外包示范区（企业），力争跻身全国服务外包十强示范城市。三是大力培育新兴服务业。高度重视电子商务的发展，鼓励发展B2B、C2C等新兴商务业态，引导更多的传统商贸企业“上网”经营。不断创新经营模式，增强物联网、嵌入式软件、图像识别等软硬件研发实力，开拓物联网产品的应用市场，拓展金融物流、保税库物流、供应链管理等业务，力争将长沙打造成为中南地区最大的物流基地。

（三）将新型城镇化作为挖掘潜能的重大战略

一是加快城市扩容步伐。充分发挥望城“县改区”的体制优势，按照花园式城区的标准推进望城区建设，实现望城区与老城区规划、建设、管理的无缝对接。适时启动长沙县“县改区”，支持将宁乡县“县改市”，将宁乡、浏阳建设成区域卫星中心城市。二是推进城市重点片区建设。加快大河西先导区开发建设，推进黎托新城、滨江新城、梅溪湖片区等重点区域建设，完善片区基础设施配套功能，通过重点片区建设扩大城市承载力，提升城市品质。三是促进重点城镇建设。推进城乡一体化战略，重点加快5个小城市、5个重点镇、5个特色镇建设，提升农村公共服务水平，引导农村人口向城镇集中，带动相关产业发展，实现中心城镇与周边乡镇协调发展。

（四）将项目建设作为助推发展的第一抓手

一是加强项目包装策划。认真策划、包装一批科技含量高、市场前景好、发展潜力大、带动效应强的好项目、大工程，积极利用各种招商会、交易会主动推介，吸引世界500强、中央国企、行业龙头等战略投资者。二是破解征地拆迁和融资难。坚持节约集约用地，努力盘活存量土地，积极向上争取用地指标，优先保障重大产业项目、重大民生工程、重大基础设施用地需求，完善工业园区用地需求评价机制，杜绝园区工业用地浪费现象。进一步加强与各金融机构的沟通对接，争取更多信贷支持，充分运用企业上市、发行债券等方式从资本市场直接融资，保障项目建设资金供应。三是强化项目全程跟踪服务。对于有合作意向的项目特别是重大项目，发扬“钉钉子精神”，及时跟进，实现洽谈、签约、开工、投产环环紧扣、步步推进，真正将项目从纸上落到地上，从意向变成投资。

（五）将激活要素作为政策导向的首要选择

重点加强对实体经济的政策扶持。对企业扶持政策既要体现公共、公平、公开、公正原则，更要遵循市场原则。整合工业、科技、能源等发展资金，将传统的资金直补改为贷款贴息、资本金投入等方式，积极引导科技型中小企业发展，发挥财政资金的最大效益。同时加强对重大战略的政策研究。着眼长远发展，积极争取国家支持，促进重大战略的实施。比如，加强与国家相关部委的沟通对接，重点推进空港城、高铁站、霞凝港、火车北站等枢纽经济区建设，着力打造总部型、枢纽型、生态型、科技型核心产业区；拓展对外贸易市场，拉长开放型经济“短腿”，促使出口成为拉动长沙经济增长的新动力。

2013年6月25日

新区发展进入新常态

——基于18个国家级新区主要经济运行指标的比较分析

国家级新区是由国务院批准设立承担国家重大发展和改革开放战略任务的综合功能区。截至2016年6月，全国已批复的国家级新区达18个。受发展时间、基础条件等因素影响，新区的发展各具特色，进入新常态，但发展并不均衡。

一、经济总量比较分析

（一）国家级新区按经济总量可划分为四大方阵

按经济总量划分，18个新区大体可分为四大方阵（图1）。

第一方阵，经济总量接近10000亿元，滨海新区、浦东新区分别达9270亿元、7898亿元，这些新区设立较早，隶属直辖市，规划面积大、经济基础好，经过较长时间发展，逐步从综合功能区发展成为行政区。

第二方阵，经济总量稳定在2000亿元以上，青岛西海岸新区、金普新区、两江新区分别为2595亿元、2167亿元、2020亿元，这些新区系副省级城市或直辖市，区域面积大、具有较好的经济基础、技术条件和较高的人力资本水平，拥有良好区位优势。

第三方阵，经济总量在近两年基本保持在1000亿~2000亿元，天府新区、湘江新区（按规划面积1200平方公里计算，下同）、江北新区、福州新区、南沙新区、舟山群岛新区、长春新区分别为1811亿元、1603亿元、1465亿元、

1150亿元、1133亿元、1095亿元、1020亿元，这些新区地处省府或具经济战略意义区域，具备现代城市基础、汇聚了省内优势资源。

第四方阵，经济总量在1000亿级以下，赣江新区、西咸新区、贵安新区、兰州新区、滇中新区、哈尔滨新区分别为720亿元、570亿元、522亿元、432亿元、171亿元、126亿元，这些新区的区位条件一般，基本上处于工业老区或城市新兴发展区域，发展受到较大约束。

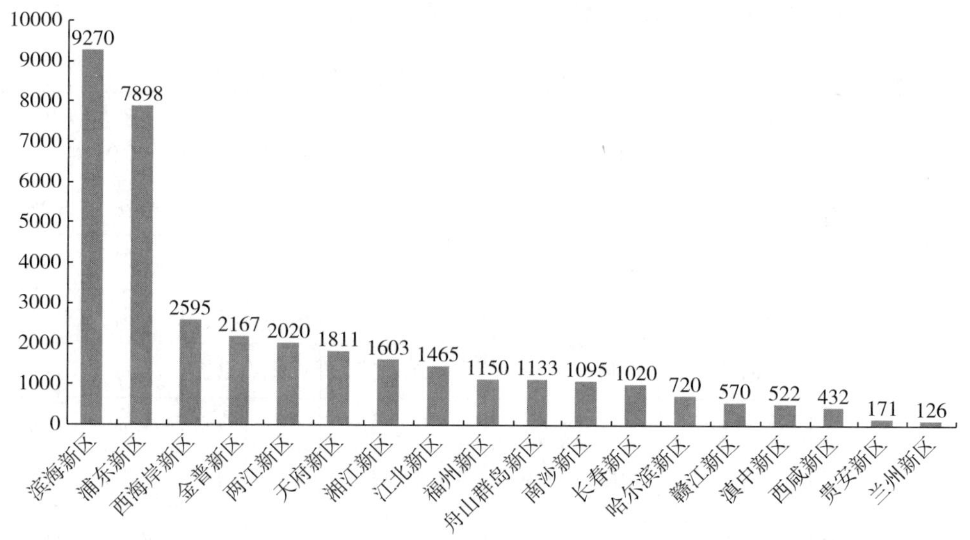

图1　2015年国家级新区GDP对比分析

从发展方阵上来看，第一方阵的新区经济总量是第二方阵的约3倍，是第三方阵的约6倍，是第四方阵约10倍，除区位因素外，主要是第一方阵的浦东、滨海新区分别成立于1992年、1994年，历经20余年的发展，各方面都比较成熟，而其他新区都是2010年以后成立的，时间相对较短，特别是西咸新区、贵安新区、西海岸新区、金普新区、天府新区、湘江新区、江北新区、福州新区、滇中新区、哈尔滨新区、长春新区、赣江新区等12家新区都是2014年以后成立的，时间非常短，基本上处于起步阶段。

（二）国家级新区经济增速明显快于所在城市发展水平

2015年，GDP增速居前5位的新区分别为：贵安新区（20.2%）、兰州新区（20.0%）、南沙新区（13.3%）、两江新区（13.0%）、滨海新区（12.8%）。其他新区GDP增速依次为西海岸新区（12.0%）、湘江新区（11.5%）、福州新区（10.5%）、江北新区（10.0%）、西咸新区（9.5%）、舟山群岛新区（9.2%）、浦东新区（9.1%）、天府新区（7.3%）、滇中新区（6.5%）。金普新区、哈尔滨新区、长春新区、赣江新区未上报同比增速。由于国家级新区政策和体制机制优势特独，各方面的支持力度较大，经济增速都明显快于所在城市，示范引领作用比较强（表1）。

表1　　2015年国家级新区GDP与所在城市GDP增速及排序

<table>
<tr><th>新区名称</th><th>GDP增速</th><th>排序</th><th colspan="2">所在城市GDP增速</th><th>新区名称</th><th>GDP增速</th><th>排序</th><th colspan="2">所在城市GDP增速</th></tr>
<tr><td rowspan="2">贵安新区</td><td rowspan="2">20.2%</td><td rowspan="2">1</td><td>贵阳</td><td>12.5%</td><td rowspan="2">西咸新区</td><td rowspan="2">9.5%</td><td rowspan="2">10</td><td>西安</td><td>8.2%</td></tr>
<tr><td>安顺</td><td>13.6%</td><td>咸阳</td><td>8.7%</td></tr>
<tr><td>兰州新区</td><td>20.0%</td><td>2</td><td>兰州</td><td>9.1%</td><td>舟山群岛新区</td><td>9.2%</td><td>11</td><td>舟山</td><td>9.2%</td></tr>
<tr><td>南沙新区</td><td>13.3%</td><td>3</td><td>广州</td><td>8.4%</td><td>浦东新区</td><td>9.1%</td><td>12</td><td>上海</td><td>6.9%</td></tr>
<tr><td rowspan="3">两江新区</td><td rowspan="3">13.0%</td><td rowspan="3">4</td><td rowspan="3">重庆</td><td rowspan="3">11.0%</td><td rowspan="3">天府新区</td><td rowspan="3">7.3%</td><td rowspan="3">13</td><td>成都</td><td>7.9%</td></tr>
<tr><td>眉山</td><td>10.2%</td></tr>
<tr><td>资阳</td><td>8.8%</td></tr>
<tr><td>滨海新区</td><td>12.8%</td><td>5</td><td>天津</td><td>9.3%</td><td>滇中新区</td><td>6.5%</td><td>14</td><td>昆明</td><td>8.0%</td></tr>
<tr><td>西海岸新区</td><td>12.0%</td><td>6</td><td>青岛</td><td>8.1%</td><td>金普新区</td><td>—</td><td>—</td><td>大连</td><td>4.2%</td></tr>
<tr><td>湘江新区</td><td>11.5%</td><td>7</td><td>长沙</td><td>9.9%</td><td>哈尔滨新区</td><td>—</td><td>—</td><td>哈尔滨</td><td>7.1%</td></tr>
<tr><td>福州新区</td><td>10.5%</td><td>8</td><td>福州</td><td>9.6%</td><td>长春新区</td><td>—</td><td>—</td><td>长春</td><td>—</td></tr>
<tr><td rowspan="2">江北新区</td><td rowspan="2">10.0%</td><td rowspan="2">9</td><td rowspan="2">南京</td><td rowspan="2">9.3%</td><td rowspan="2">赣江新区</td><td rowspan="2">—</td><td rowspan="2">—</td><td>南昌</td><td>9.6%</td></tr>
<tr><td>九江</td><td>9.7%</td></tr>
</table>

按批复规划面积计算，每平方公里GDP产出排名前5位的分别是：浦东新区（6.53亿元）、滨海新区（4.08亿元）、长春新区（2.04亿元）、两江新区（1.68亿元）、哈尔滨新区（1.46亿元）。其他新区每平方公里GDP产出依次为南沙新区（1.41亿元）、湘江新区（1.34亿元）、西海岸新区（1.24

亿元）、赣江新区（1.23亿元）、天府新区（1.15亿元）、滇中新区（1.08亿元）、金普新区（0.94亿元）、舟山群岛新区（0.76亿元）、福州新区（0.61亿元）、江北新区（0.60亿元）、西咸新区（0.49亿元）、兰州新区（0.07亿元）、贵安新区（0.07亿元）（图2）。从每平方公里GDP产出来看，2个新区超过了4亿元，9个新区超过了1亿元，7个新区不到1亿元，从侧面反映了各个新区开发程度、核心产业产出率的不同。

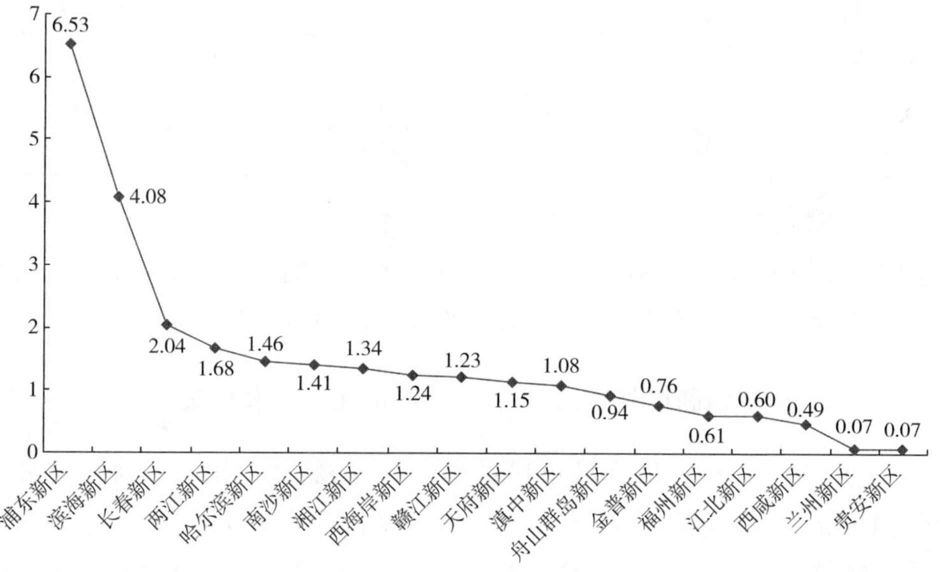

图2　2015年国家级新区单位GDP产出对比分析

按人均GDP计算，排名前5位的新区分别是：滨海新区（31.2万元）、长春新区（20.4万元）、哈尔滨新区（20.0万元）、金普新区（17.9万元）、南沙新区（14.5万元）。其他新区人均GDP依次为西海岸新区（14.4万元）、浦东新区（14.4万元）、江北新区（10.5万元）、湘江新区（10.3万元，按常驻人口156万人计算）、舟山群岛新区（9.5万元）、赣江新区（8.8万元）、两江新区（8.4万元）、兰州新区（7.9万元）、福州新区（7.4万元）、天府新区（7.2万元）、滇中新区（6.9万元）、西咸新区（4.5万元）、贵安新区（2.2万元）（表2）。

表2　　2015年国家级新区人均GDP及排序对比分析

新区名称	人均GDP（万元）及排序		新区名称	人均GDP（万元）及排序	
滨海新区	31.2	1	舟山群岛新区	9.5	10
长春新区	20.4	2	赣江新区	8.8	11
哈尔滨新区	20.0	3	两江新区	8.4	12
金普新区	17.9	4	兰州新区	7.9	13
南沙新区	14.5	5	福州新区	7.4	14
西海岸新区	14.4	6	天府新区	7.2	15
浦东新区	14.4	7	滇中新区	6.9	16
江北新区	10.5	8	西咸新区	4.5	17
湘江新区	10.3	9	贵安新区	2.2	18

从数据分析，全国新区的经济总量数据基本符合4大阵营的新区特点和发展趋势，即地处新兴发展区域、社会经济处上升期的新区发展速度较快，具有较好的经济基础、技术水平和人力资源的新区单位产出能力较强。

（三）国家级新区经济总量占所在城市比重分化明显

2015年，GDP占所在城市比重排名前5的新区分别是：舟山群岛新区（100.0%）、滨海新区（56.1%）、浦东新区（31.6%）、金普新区（28.1%）、西海岸新区（27.9%）。其他新区GDP占所在城市比重依次为福州新区（20.5%）、湘江新区（18.8%）、长春新区（18.4%）、江北新区（15.1%）、天府新区（13.8%）、滇中新区（13.1%）、两江新区（12.9%）、哈尔滨新区（12.5%）、赣江新区（9.7%）、南沙新区（6.3%）、兰州新区（6.0%）、西咸新区（5.4%）、贵安新区（4.9%）。需要说明的是，由于西咸新区、贵安新区、天府新区、赣江新区均是跨两个及两个以上行政区域，因此计算是以新区所在几个城市的GDP之和为基数（表3）。从上面的数据可以看出，GDP占所在城市比重低于20%的新区基本上集中在中西部地区，说明中西部新区核心牵引能力有待提升，这既是中西部新区未来的使命所在，也是实现西部大开发、中部崛起国家战略的希望所在。

表3　　2015年国家级新区GDP占所在城市比重对比分析表

<table>
<tr><th>新区名称</th><th colspan="2">所在城市GDP（亿元）</th><th>新区GDP（亿元）</th><th colspan="2">新区GDP占所在城市比重及排序</th></tr>
<tr><td>浦东新区</td><td>上海</td><td>24964.99</td><td>7898</td><td>31.6%</td><td>3</td></tr>
<tr><td>滨海新区</td><td>天津</td><td>16538.19</td><td>9270</td><td>56.1%</td><td>2</td></tr>
<tr><td>两江新区</td><td>重庆</td><td>15719.72</td><td>2020</td><td>12.9%</td><td>12</td></tr>
<tr><td>舟山群岛新区</td><td>舟山</td><td>1095</td><td>1095</td><td>100.0%</td><td>1</td></tr>
<tr><td>兰州新区</td><td>兰州</td><td>2095.99</td><td>126</td><td>6.0%</td><td>16</td></tr>
<tr><td>南沙新区</td><td>广州</td><td>18100.41</td><td>1133</td><td>6.3%</td><td>15</td></tr>
<tr><td rowspan="2">西咸新区</td><td>西安</td><td>5810.03</td><td rowspan="2">432</td><td rowspan="2">5.4%</td><td rowspan="2">17</td></tr>
<tr><td>咸阳</td><td>2155.91</td></tr>
<tr><td rowspan="2">贵安新区</td><td>贵阳</td><td>2891.16</td><td rowspan="2">171</td><td rowspan="2">4.9%</td><td rowspan="2">18</td></tr>
<tr><td>安顺</td><td>625.41</td></tr>
<tr><td>西海岸新区</td><td>青岛</td><td>9300.07</td><td>2595</td><td>27.9%</td><td>5</td></tr>
<tr><td>金普新区</td><td>大连</td><td>7700</td><td>2167</td><td>28.1%</td><td>4</td></tr>
<tr><td rowspan="3">天府新区</td><td>成都</td><td>10801.2</td><td rowspan="3">1811</td><td rowspan="3">13.8%</td><td rowspan="3">10</td></tr>
<tr><td>眉山</td><td>1029.86</td></tr>
<tr><td>资阳</td><td>1270.4</td></tr>
<tr><td>湘江新区</td><td>长沙</td><td>8510.13</td><td>1603</td><td>18.8%</td><td>7</td></tr>
<tr><td>江北新区</td><td>南京</td><td>9720.77</td><td>1465</td><td>15.1%</td><td>9</td></tr>
<tr><td>福州新区</td><td>福州</td><td>5618.10</td><td>1150</td><td>20.5%</td><td>6</td></tr>
<tr><td>滇中新区</td><td>昆明</td><td>3970.00</td><td>522</td><td>13.1%</td><td>11</td></tr>
<tr><td>哈尔滨新区</td><td>哈尔滨</td><td>5751.2</td><td>720</td><td>12.5%</td><td>13</td></tr>
<tr><td>长春新区</td><td>长春</td><td>5530.3</td><td>1020</td><td>18.4%</td><td>8</td></tr>
<tr><td rowspan="2">赣江新区</td><td>南昌</td><td>4000.01</td><td rowspan="2">570</td><td rowspan="2">9.7%</td><td rowspan="2">14</td></tr>
<tr><td>九江</td><td>1902.68</td></tr>
</table>

二、投资及其增速比较分析

（一）处于建设初期的国家级新区固定资产投资都比较大

从固定资产投资的体量来分析，由于新区大多处于建设初期，因而固定资产投资总额都比较大，且占所在城市固定资产投资总额的比重也都比较大。

2015年，固定资产投资总额排名前5的新区分别是：滨海新区（4206亿元）、两江新区（1978亿元）、浦东新区（1773亿元）、湘江新区（1763亿元）、西海岸新区（1715亿元）。其他新区固定资产投资总额依次为西咸新区（1512亿元）、金普新区（1467亿元）、江北新区（1364亿元）、天府新区（1310亿元）、舟山群岛新区（1135亿元）、福州新区（1130亿元）、南沙新区（621亿元）、贵安新区（615亿元）、哈尔滨新区（602亿元）、滇中新区（541亿元）、兰州新区（476亿元）。长春新区、赣江新区缺少固定资产投资总额数据（下同）。新区固定资产投资总额占所在城市固定资产投资总额的比重分别为：舟山群岛新区（100%）、滨海新区（32.2%）、金普新区（32.1%）、浦东新区（27.9%）、湘江新区（27.7%）、兰州新区（26.4%）、西海岸新区（26.2%）、江北新区（24.9%）、福州新区（23.1%）、贵安新区（18.4%）、西咸新区（18.4%）、滇中新区（15.5%）、天府新区（14.4%）、哈尔滨新区（13.1%）、两江新区（12.8%）、南沙新区（11.5%）（表4）。

表4　2015年国家级新区固投及占所在城市固投比重对比分析

新区名称	所在城市2015年固投总额（亿元）		新区固投总额（亿元）及排序		新区固投占所在城市固投比重及排序	
浦东新区	上海	6352.7	1773	3	27.9%	4
滨海新区	天津	13065.9	4206	1	32.2%	2
两江新区	重庆	15480.3	1978	2	12.8%	15
舟山群岛新区	舟山	1134.8	1135	10	100%	1
兰州新区	兰州	1803.8	476	16	26.4%	6
南沙新区	广州	5406.0	621	12	11.5%	16
西咸新区	西安	5166.0	1512	6	18.4%	10
	咸阳	3063.2				
贵安新区	贵阳	2804.5	615	13	18.4%	10
	安顺	535.4				
西海岸新区	青岛	6555.7	1715	5	26.2%	7
金普新区	大连	4559.3	1467	7	32.1%	3

续表

<table>
<tr><th>新区名称</th><th colspan="2">所在城市2015年固投总额（亿元）</th><th colspan="2">新区固投总额（亿元）及排序</th><th colspan="2">新区固投占所在城市固投比重及排序</th></tr>
<tr><td rowspan="3">天府新区</td><td>成都</td><td>7007.0</td><td rowspan="3">1310</td><td rowspan="3">9</td><td rowspan="3">14.4%</td><td rowspan="3">13</td></tr>
<tr><td>眉山</td><td>1032.4</td></tr>
<tr><td>资阳</td><td>1045.7</td></tr>
<tr><td>湘江新区</td><td>长沙</td><td>6363.3</td><td>1763</td><td>4</td><td>27.7%</td><td>5</td></tr>
<tr><td>江北新区</td><td>南京</td><td>5484.5</td><td>1364</td><td>8</td><td>24.9%</td><td>8</td></tr>
<tr><td>福州新区</td><td>福州</td><td>4893.9</td><td>1130</td><td>11</td><td>23.1%</td><td>9</td></tr>
<tr><td>滇中新区</td><td>昆明</td><td>3497.9</td><td>541</td><td>15</td><td>15.5%</td><td>12</td></tr>
<tr><td>哈尔滨新区</td><td>哈尔滨</td><td>4596.0</td><td>602</td><td>14</td><td>13.1%</td><td>14</td></tr>
<tr><td>长春新区</td><td>长春</td><td>4400.0</td><td>—</td><td>—</td><td>—</td><td>—</td></tr>
<tr><td rowspan="2">赣江新区</td><td>南昌</td><td>4000.7</td><td rowspan="2">—</td><td rowspan="2">—</td><td rowspan="2">—</td><td rowspan="2">—</td></tr>
<tr><td>九江</td><td>2116.0</td></tr>
</table>

2015年，固定资产投资增速排名前5的新区分别是：南沙新区（54%）、西咸新区（33.7%）、贵安新区（22.7%）、湘江新区（21.7%）、两江新区和舟山群岛新区（18.1%）。其他新区的固定资产投资增速依次为：西海岸新区（15.8%）、天府新区（12.8%）、兰州新区（9.5%）、滨海新区（5.0%）、浦东新区（0.4%）。金普新区、江北新区、福州新区、哈尔滨新区、滇中新区、长春新区、赣江新区缺乏固定资产投资增速数据（表5）。

从数据分析，新区固定资产投资情况大致可分为3个层次。

表5　　2015年国家级新区及其所在城市固投增速与排序比较

<table>
<tr><th>新区名称</th><th colspan="3">所在城市固定资产投资增速及排序</th><th colspan="2">新区固投增速及排序</th></tr>
<tr><td>浦东新区</td><td>上海</td><td>5.6%</td><td>20</td><td>0.4%</td><td>11</td></tr>
<tr><td>滨海新区</td><td>天津</td><td>12.1%</td><td>11</td><td>5.0%</td><td>10</td></tr>
<tr><td>两江新区</td><td>重庆</td><td>17.1%</td><td>6</td><td>18.1%</td><td>5</td></tr>
<tr><td>舟山群岛新区</td><td>舟山</td><td>18.1%</td><td>4</td><td>18.1%</td><td>5</td></tr>
<tr><td>兰州新区</td><td>兰州</td><td>11.99%</td><td>12</td><td>9.5%</td><td>9</td></tr>
<tr><td>南沙新区</td><td>广州</td><td>10.6%</td><td>15</td><td>54.0%</td><td>1</td></tr>
<tr><td rowspan="2">西咸新区</td><td>西安</td><td>12.5%</td><td>10</td><td rowspan="2">33.7%</td><td rowspan="2">2</td></tr>
<tr><td>咸阳</td><td>22.9%</td><td>2</td></tr>
</table>

续表

新区名称	所在城市固定资产投资增速及排序			新区固投增速及排序	
贵安新区	贵阳	20.1%	3	22.7%	3
	安顺	25.3%	1		
西海岸新区	青岛	14.2%	9	15.8%	7
金普新区	大连	-32.7%	22	—	—
天府新区	成都	5.8%	19	12.8%	8
	眉山	11.9%	13		
	资阳	15.1%	8		
湘江新区	长沙	17.1%	5	21.7%	4
江北新区	南京	0.4%	21	—	—
福州新区	福州	10.5%	16	—	—
滇中新区	昆明	11.5%	14	—	—
哈尔滨新区	哈尔滨	10.1%	17	—	—
长春新区	长春	—	—	—	—
赣江新区	南昌	17.0%	7	—	—
	九江	9.7%	18		

第一个层次即滨海新区、浦东新区，这两个新区的投资增速比较缓慢，一方面说明历史基数比较大，持续维持高速增长受到内在资源的约束；另一方面也说明这些比较成熟的新区已主动开始转型，由过去依靠生产要素高投入向依靠科技创新转型。第二个层次即湘江新区、西海岸新区、金普新区、江北新区、天府新区等，这些新区不仅固投体量相当，在1300亿元和1800亿元之间，而且固投增速也保持较高水平。第三个层次即南沙新区、西咸新区、贵安新区，这几个成长型新区，不仅基数相对较小，加上基础设施、产业培育密集投入，投资增速高于其他新区。

（二）国家级新区固定资产投资强度都很大，但投资效果有待观察

从投资强度来看，2015年每平方公里固定资产投入居前5位的新区是：滨海新区（1.85亿元）、西咸新区（1.71亿元）、两江新区（1.65亿元）、湘江新区（1.47亿元）、浦东新区（1.46亿元）。其他新区每平方公里固定资产投入强度依次为：哈尔滨新区（1.22亿元）、滇中新区（1.12亿元）、南沙新区（1.09亿元）、天府新区（0.83亿元）、西海岸新区（0.82亿元）、舟山

群岛新区（0.79亿元）、金普新区（0.64亿元）、福州新区（0.60亿元）、江北新区（0.56亿元）、贵安新区（0.34亿元）、兰州新区（0.28亿元）。总体来看，新区的投资强度都很大，是全国平均水平（0.057亿元）的16.54倍。比如，湘江新区按规划面积1200平方公里计算，每平方公里1.47亿元的固定资产投入，以占全市10.2%的国土面积创造了全市27.7%的投资量，对全市投资增长贡献率达到35.2%（表6）。

表6　　2015年国家级新区固定资产投资强度比较

新区名称	固定资产投资（亿元）及排序		辖区面积（平方公里）及排序		投资强度及排序	
浦东新区	1773	3	1210.41	10	1.46	5
滨海新区	4206	1	陆域2270 海域3000	3	1.85	1
两江新区	1978	2	1200	12	1.65	3
舟山群岛新区	1135	10	陆域1440 海域20800	9	0.79	11
兰州新区	476	16	1700	7	0.28	16
南沙新区	621	12	陆域570 海域233	14	1.09	8
西咸新区	1512	6	882	13	1.71	2
贵安新区	615	13	1795	6	0.34	15
西海岸新区	1715	5	陆域2096 海域5000	4	0.82	10
金普新区	1467	7	2299	2	0.64	12
天府新区	1310	9	1578	8	0.83	9
湘江新区	1763	4	1200	11	1.47	4
江北新区	1364	8	2451	1	0.56	14
福州新区	1130	11	1892	5	0.60	13
滇中新区	541	15	482	17	1.12	7
哈尔滨新区	602	14	493	16	1.22	6
长春新区	—	—	499	15	—	—
赣江新区	—	—	465	18	—	—
合计	22208	—	24522.41	—	0.943	—

注：滨海新区、舟山群岛新区、南沙新区、西海岸新区仅以陆域面积计算。

从投资效果看，现阶段，大多数新区受开放型经济发展滞后、消费市场对经济的支撑作用尚未完全形成、产业发展仍处于培育壮大期等影响，新区经济发展存在对投资依赖性较高的特点，投资效果尚未显现，经济结构有待进一步优化。具体可通过投资效果系数进行比较分析（投资效果系数=国内生产总值增加额/固定资产投资总额，反映一定时期内国民收入增加额与同期社会投资额之间的比例关系）。投资效果系数最佳的为浦东新区（111.59），依次为天府新区（1.21）、兰州新区（0.75）、西海岸新区（0.61）、南沙新区（0.54）、湘江新区（0.53）、两江新区（0.53）、舟山群岛新区（0.42）、江北新区（0.22）、西咸新区（0.19）、贵安新区（0.13）、金普新区（0.10）、福州新区（0.10）、哈尔滨新区（0.07）、滇中新区（0.03）。长春新区、赣江新区因缺少固定资产投资总额数据，未能测算投资效果系数（表7）。实践证明，投资效果系数越高的地区越容易吸引高产出的项目，从而形成发展的良性循环。

表7　　　　2015年国家级新区固定资产投资效果比较

新区名称	投资效果系数	新区名称	投资效果系数
浦东新区	111.59	江北新区	0.22
滨海新区	2.55	西咸新区	0.19
天府新区	1.21	贵安新区	0.13
兰州新区	0.75	金普新区	0.10
西海岸新区	0.61	福州新区	0.10
南沙新区	0.54	哈尔滨新区	0.07
湘江新区	0.53	滇中新区	0.03
两江新区	0.53	长春新区	—
舟山群岛新区	0.42	赣江新区	—

三、产业发展状况比较分析

（一）国家级新区主导产业和产业规划布局特色更加鲜明

现阶段，重大项目、政策扶持和国家产业战略布局已经成为推动国家级新区快速发展的重要要素，助推新区成为区域产业集聚与转型升级的领跑者和经济发展的新引擎。纵观现有18个新区，因区位不同、基础不一，定位各有侧重，产业布局和发展规划各不相同，各具特色，呈现以下几个特点：第一，产业发展与当地资源禀赋、产业基础紧密结合。多以工业为主导、新兴产业为引领、现代服务业为补充；大多数新区都是新技术、新产业、新业态的“摇篮”和聚集区，区域特色明显；例如，浦东新区的金融业、贵安新区的大数据产业、舟山群岛新区的港贸物流业和远洋渔业；第二，产业发展方向有一定的相似性和重合度，例如，高端制造、新材料、汽车及零部件、信息技术、生物医药等新兴产业在多个新区产业规划中都有涉及，产业布局和竞争存在同质化的倾向（表8）。第三，发展程度高或规划布局晚的新区产业发展方向和门类更为明细化。

表8　全国新区产业布局及规划对比分析表

新区名称	所在城市	主导产业
浦东新区	上海	自贸（区）、科技创新、金融服务等
滨海新区	天津	电子通讯、石油开采与加工、海洋化工、现代冶金、机械制造、生物制药、食品加工等
两江新区	重庆	汽车、电子信息、高端装备、通用航空、生物医药为主的先进制造业；以物流、金融、商贸、会展为主的现代服务业等
舟山群岛新区	舟山	港贸物流、临港装备、绿色石化、海洋旅游、远洋渔业等优势产业为主导的海洋经济等
兰州新区	兰州	石油化工、装备制造、生物医药、食品加工、现代物流等
南沙新区	广州	航运物流服务业、高端商务和商贸服务业、科技智慧产业、高端装备及技术产业、健康休闲产业等
西咸新区	西安、咸阳	现代农业、高新技术、先进装备制造业、临空仓储物流业、生态文化旅游业和高端现代服务业等
贵安新区	贵阳、安顺	大数据、高端电子信息制造、高端特色装备制造、高端文化旅游养生、高端服务业等
西海岸新区	青岛	港口航运、石油化工、家电电子、船舶海工、汽车及零部件、机械影视文化等
金普新区	大连	装备制造、生物医药、新能源汽车、汽车零部件、电子信息、保税物流等
天府新区	成都、眉山、资阳	互联网大数据、科技研发与创意设计、智能制造、创新型金融、会展博览、商业服务等

续表

新区名称	所在城市	主导产业
湘江新区	长沙	装备制造、电子信息、智能家电、创新创意、食品加工、有色金属材料、生物医药、新能源等
江北新区	南京	智能制造、生命健康、新材料、高端交通装备、现代物流、科技服务两大生产性服务业等
福州新区	福州	港口及航空配套服务业、物流仓储、机械装备制造业、轻纺、化纤、电子信息产业等
滇中新区	昆明	现代服务业、汽车和装备制造、电子信息、通用航空、生物医药等
哈尔滨新区	哈尔滨	高端制造业、绿色食品、信息技术等
长春新区	长春	高端制造、高端服务、现代农业等
赣江新区	南昌、九江	电子信息、智能装备、新能源汽车、新材料、生物医药、航空物流等

（二）国家级新区基本上有若干百亿级甚至千亿级工业行业

工业在国家级新区发展中占有极其重要的地位，是辐射带动区域经济发展的有力支撑，是实现国家战略任务的关键。从各国家级新区的工业发展情况看，产值居前3的工业行业产值之和占新区规模以上工业总产值比重排名前5的新区分别是：舟山群岛新区（84.4%）、江北新区（83.4%）、两江新区（80%）、滨海新区（77.5%）、天府新区（63.6%）。其他新区进出口总额占所在城市比重排序依次为兰州新区（53.7%）、浦东新区（49.0%）、西咸新区（45.8%）、西海岸新区（45.5%）、金普新区（45.1%）、湘江新区（43.4%）、南沙新区（41.2%）。同时，滨海新区拥有一个6000亿级工业行业和一个3000亿级工业行业，浦东新区、两江新区、江北新区均有2000亿级工业行业，这些主导产业都能代表新区在某一产业领域的竞争优势，对于新区发展具有显著的带动作用。相比之下，舟山群岛新区、兰州新区、南沙新区、西海岸新区、天府新区、湘江新区、西咸新区等无1000亿级工业行业，这也从一定程度说明新区主导产业的培育和发展有自身规律和成长周期，部分国家级新区的传统优势产业处于调整期、新兴产业尚未形成规模，产业特色和影响力的形成还需时日，更应当主动融入国家战略，紧跟国家产业发展方向，抢抓国家重大战略机遇，扎实培育一批符合自身发展战略定位、具有强大带动能力的主导产业。贵安新区、金普新区、福州新区、福州新区、滇中新区、哈尔滨新区、长春新区、赣江新区缺乏相关数据（表9）。

表9　2015年国家级新区产值排名前3的工业行业占比情况分析表

新区名称	新区前3强工业行业产值（亿元）		新区规模以上工业总产值（亿元）	占比	排序
浦东新区	计算机、通信和其他电子设备制造业	2223.5	9495.42（2014年）	49.0%	7
	汽车制造业	1550.1			
	电力、热力的生产和供应业	880.6			
滨海新区	汽车及装备制造业	6543.7	15506.4	77.5%	4
	石油化工业	3000			
	电子信息业	2481.0			
两江新区	汽车产业	2500	4697.5	80%	3
	电子信息产业	840			
	装备制造产业	418			
舟山群岛新区	船舶修造业	860.0	1682.5	84.4%	1
	石油化工业	269.5			
	水产品加工业	182.6			
兰州新区	金属制品业	43.48	169.41	53.7%	6
	专用设备制造业	25.67			
	汽车制造业	21.9			
南沙新区	汽车产业	846.55	2960.0	41.2%	12
	船舶制造业	122.97			
	电器制造业	249.08			
西咸新区	石油加工、炼焦和核燃料加工业	250.9	909.6	45.8%	8
	非金属矿物制品业	93.8			
	黑色金属冶炼和压延加工业	71.8			
贵安新区	—		601	—	—
西海岸新区	家电产业	900.35	5261.3	45.5%	9
	石化产业	801.49			
	机械装备产业	694.60			

续表

新区名称	新区前3强工业行业产值（亿元）		新区规模以上工业总产值（亿元）	占比	排序
金普新区	汽车制造业	322.7	2021.8	45.1%	10
	化学原料和化学制品制造业	321.5			
	石油加工、炼焦和核燃料加工业	265.9			
天府新区	电子信息业	1264	3078	63.6%	5
	汽车制造业	432			
	新能源、新材料产业	262			
湘江新区	专用设备制造业	699.4	3497	43.4%	11
	有色金属压延加工业	573.51			
	电气机械及器材制造业	244.79			
江北新区	汽车产业	2547.45	4569.99	83.4%	2
	电子产业	845.85			
	装备制造	417.88			
福州新区	—	—	736.7		—
滇中新区	—	—	—	—	—
哈尔滨新区	高端制造	529.2	—	—	—
	绿色食品	513.3			
	—	—			
长春新区	—	—	—	—	—
赣江新区	—	—	—	—	—

四、外向型经济发展状况比较分析

（一）国家级新区几乎都有对外开放平台

自由贸易区、综合保税区、保税区和保税港区等海关特殊监管区是新区对外开放、发展国际贸易、保税加工和外向型经济的核心地带和重要经济功能区，也是体现新区对外开放的主要平台。现阶段，全国18个新区，除湘江新区、江北新区、哈尔滨新区、赣江新区等4个新区没有海关特殊监管区，其他新区都有一个以上的综合保税区、保税区或保税港区，大多数新区依托保税区优势，开展保税仓储、出口加工、转口贸易业务。其中，浦东新区、滨海新区、南沙新区、福州新区规划范围中有自由贸易区划定区域；两江新区等新区自由贸易区还在审批中（表10）。

表10　　18个国家级新区对外开放平台对比分析表

新区名称	综保区、保税区或保税港区	获批时间	规划面积（km^2）	功能定位及重点产业
浦东新区	外高桥保税区（含外高桥保税物流园区）	1990.6	10	重点建设国际贸易示范区，大力发展进出口贸易、保税展示、仓储分拨等服务贸易功能
	洋山保税港区	2005.6	8.14	重点建设国际航运发展综合试验区，大力发展国际中转、现代物流、商品展示、保税仓储、期货保税交割等多层次业务
	浦东机场综合保税区	2009.8	3.59	重点建设临空功能服务先导区，发展航空口岸物流、贸易和金融服务等功能
滨海新区	天津港保税区	1991.5	8.5	重点发展国际贸易、现代物流、保税加工等产业
	东疆保税港区	2006.8	10	主要拓展国际中转、国际配送、国际采购、国际转口贸易和出口加工5大功能
	滨海新区综合保税区	2008.3	1.96	重点发展航空产业
两江新区	两路寸滩保税港区	2008.11	8.37	“水港+空港”一区双核的综合保税区，具有港口作业、空运服务、保税贸易、保税物流、研发加工、金融、多式联运等功能
舟山群岛新区	舟山港综合保税区	2012.9	5.85	本岛分区重点发展海洋装备制造业、海洋生物产业、电子信息产业等先进制造业及仓储物流、进出口贸易；衢山分区则重点发展煤炭、矿石、油品等大宗商品的仓储、配送业务，建设大宗商品仓储、中转基地
兰州新区	兰州新区综合保税区	2014.7	3.39	重点建设精细化工、高端装备制造、农产品、生物医药等产业的保税加工制造、仓储物流等功能

续表

新区名称	综保区、保税区或保税港区	获批时间	规划面积（km^2）	功能定位及重点产业
南沙新区	广州南沙保税港区	2008.1	7.06	重点发展船舶制造、海洋工程等临港产业和航运及保税物流、离岸数据服务等功能
西咸新区	西咸空港保税物流中心	2014.1	0.33	重点建设电子商务、保税物流、保税仓储、转口贸易、全球采购及国际分拨配送、流通性简单加工及增值服务等功能
贵安新区	贵安新区综合保税区	2015.1	2.2	重点发展电子信息、航空航天、绿色能源装备制造、大数据产业和保税研发检测等产业
青岛西海岸新区	前湾保税港区	2008.9	9.72	重点发展保税物流、保税加工、国际贸易、港航服务、航运金融、航空、新材料和临港装备制造等产业，建设大宗商品交易基地
金普新区	大连保税区	1992.5	1.25	重点发展汽车产业
	大窑湾保税港区	2006.8	6.88	重点发展港口作业、国际中转、国际配送、国际采购、转口贸易、出口加工、商品展示等7大功能性业务，并拓展金融贸易、信用保险等相关功能
天府新区	成都高新综合保税区	2010.1	4.68	重点发展笔记本电脑、平板电脑制造，晶圆制造及芯片封装测试，电子元器件、精密机械加工以及生物制药产业
湘江新区	—	—	—	—
江北新区	—	—	—	—
福州新区	福州保税区	1992.11	1.8	重点发展国际贸易、保税仓储、城市物流配送、冷链物流、进口商品展示交易和总部经济，促进区域资源盘整和产业升级发展
	福州出口加工区	2005.6	1.14	以电子信息、精密机械、设备制造、精细化工、现代物流、临港工业为产业导向，以承接国际制造业为重点，拓展国际物流配送产业

续表

新区名称	综保区、保税区或保税港区	获批时间	规划面积（km^2）	功能定位及重点产业
福州新区	福州保税港区	2010.5	9.26	重点以汽车整车进口口岸为依托，积极打造汽车进出口贸易、汽车物流、整车改装、汽车配件以及金融、保险等汽车产业链；以福州外贸集装箱航线下移江阴为契机，充分发挥区港联动和港铁联运优势，实现港口、航运、物流和加工贸易联动发展
滇中新区	昆明综合保税区	2016.02	2	发展具有云南省及周边国家特色优势的资源性产业、珠宝玉石、生物医药及食品等产业，突出保税加工、保税物流功能。重点发展国际转口贸易、仓储、加工等产业，突出保税贸易、保税服务、保税物流、保税加工、保税展示等功能
哈尔滨新区	—	—	—	—
长春新区	长春兴隆综合保税区	2011.12	4.89	重点发展汽车电子产品为主的高科技电子产品加工制造业，以及交通装备工业零部件制造与模块组装两大主导产业
赣江新区	—	—	—	—

（二）国家级新区的外贸发展水平差距明显

从外资利用情况看，实际利用外资占所在城市比重排名前5的国家级新区分别是：舟山群岛新区（100%）、滨海新区（65.4%）、两江新区（38.6%）、浦东新区（35.0%）、湘江新区（27.2%）。其他新区实际利用外资占所在城市比重依次为西海岸新区（26%）、南沙新区（18.9%）、金普新区（18.5%）、天府新区（12.9%）、贵安新区（5.4%）、西咸新区（2.4%）。兰州新区、江北新区、福州新区、滇中新区、哈尔滨新区、长春新区、赣江新区缺乏相应数据（表11）。从数据看，有6个新区实际利用外资占所在城市比重超过20%，从侧面说明新区对外资更有吸引力，外资更青睐在新区投资置业。

表11　　2015年国家级新区实际利用外资分析表

<table>
<tr><th>新区名称</th><th colspan="2">所在城市实际利用外资（亿美元）</th><th colspan="3">新区实际利用外资（亿美元）占所在城市实际利用外资比重及排序</th></tr>
<tr><td>浦东新区</td><td>上海</td><td>184.7</td><td>64.6</td><td>35.0%</td><td>4</td></tr>
<tr><td>滨海新区</td><td>天津</td><td>211.3</td><td>138.2</td><td>65.4%</td><td>2</td></tr>
<tr><td>两江新区</td><td>重庆</td><td>107.65</td><td>41.6</td><td>38.6%</td><td>3</td></tr>
<tr><td>舟山群岛新区</td><td>舟山</td><td>7.8</td><td>7.8</td><td>100%</td><td>1</td></tr>
<tr><td>兰州新区</td><td>兰州</td><td>—</td><td>—</td><td>—</td><td>—</td></tr>
<tr><td>南沙新区</td><td>广州</td><td>54.2</td><td>10.23</td><td>18.9%</td><td>7</td></tr>
<tr><td rowspan="2">西咸新区</td><td>西安</td><td>40.1</td><td rowspan="2">1.0</td><td rowspan="2">2.4%</td><td rowspan="2">11</td></tr>
<tr><td>咸阳</td><td>1.3</td></tr>
<tr><td rowspan="2">贵安新区</td><td>贵阳</td><td>9.3</td><td rowspan="2">0.5</td><td rowspan="2">5.4%</td><td rowspan="2">10</td></tr>
<tr><td>安顺</td><td>—</td></tr>
<tr><td>西海岸新区</td><td>青岛</td><td>66.9</td><td>17.4</td><td>26%</td><td>6</td></tr>
<tr><td>金普新区</td><td>大连</td><td>27.0</td><td>5</td><td>18.5%</td><td>8</td></tr>
<tr><td rowspan="3">天府新区</td><td>成都</td><td>75.2</td><td rowspan="3">9.7</td><td rowspan="3">12.9%</td><td rowspan="3">9</td></tr>
<tr><td>眉山</td><td>—</td></tr>
<tr><td>资阳</td><td>—</td></tr>
<tr><td>湘江新区</td><td>长沙</td><td>44.1</td><td>12（估）</td><td>27.2%</td><td>5</td></tr>
<tr><td>江北新区</td><td>南京</td><td>33.4</td><td>—</td><td>—</td><td>—</td></tr>
<tr><td>福州新区</td><td>福州</td><td>16.8</td><td>—</td><td>—</td><td>—</td></tr>
<tr><td>滇中新区</td><td>昆明</td><td>22.0</td><td>—</td><td>—</td><td>—</td></tr>
<tr><td>哈尔滨新区</td><td>哈尔滨</td><td>30.0</td><td>—</td><td>—</td><td>—</td></tr>
<tr><td>长春新区</td><td>长春</td><td>12.0</td><td>—</td><td>—</td><td>—</td></tr>
<tr><td rowspan="2">赣江新区</td><td>南昌</td><td>26.2</td><td rowspan="2">—</td><td rowspan="2">—</td><td rowspan="2">—</td></tr>
<tr><td>九江</td><td>16.3</td></tr>
</table>

从进出口情况看，进出口总额占所在城市比重居前5的国家级新区是：舟山群岛新区（100%）、滨海新区（69.3%）、浦东新区（56.4%）、两江新区（39.5%）、金普新区（36.6%）。其他新区进出口总额占所在城市比重依次为西海岸新区（27.3%）、福州新区（24.4%）、湘江新区（23.2%）、南沙新区（17.0%）、贵安新区（10.3%）、江北新区（5.2%）。兰州新区、西咸新区、天府新区、滇中新区、哈尔滨新区、长春新区、赣江新区缺乏相应数据（表12）。

表12　　2015年国家级新区进出口额分析表

新区名称	所在城市进出口总额（亿美元）		新区进出口额（亿美元）占所在城市进出口总额比重及排序		
浦东新区	上海	4517.3	2548.5	56.4%	3
滨海新区	天津	1143.5	792.23	69.3%	2
两江新区	重庆	749.4	296.07	39.5%	4
舟山群岛新区	舟山	109.5	109.5	100%	1
兰州新区	兰州	50.6	—	—	—
南沙新区	广州	1338.7	227.26	17.0%	9
西咸新区	西安	282.9	—	—	—
	咸阳	4.3			
贵安新区	贵阳	91.2	9.5	10.3%	10
	安顺	1.4			
西海岸新区	青岛	702.0	191.6	27.3%	6
金普新区	大连	560.3	205.2	36.6%	5
天府新区	成都	395.3	—	—	—
	眉山	2.1			
	资阳	3.4			
湘江新区	长沙	129.5	30	23.2%	8
江北新区	南京	532.4	27.57	5.2%	11
福州新区	福州	311.7	76.2	24.4%	7
滇中新区	昆明	123.6	—	—	—
哈尔滨新区	哈尔滨	47.8	—	—	—
长春新区	长春	139.9	—	—	—
赣江新区	南昌	114.6	—	—	—
	九江	59.95			

从以上数据分析来看，开放型经济比例较高的浦东新区、滨海新区、两江新区、舟山群岛新区、西海岸新区都有着临海、临江的优势，港口设施相对完善，具有发展开放型经济的先天优势，而其他开放型经济比重不高的新区，开放型经济发展平台仍不完善，经济增长对投资的依赖性较高，迫切需要补齐“短板”，提升开放型经济发展水平。

2016年8月

长沙市建设国家中心城市的国内国际比较及对策建议

国家中心城市是在经济、政治、文化、社会等领域具有全国性重要影响的主要城市，是一个国家综合实力最强、集聚辐射和带动能力最大、能代表国家参与国际竞争的“塔尖城市”。2010年2月，住建部发布的《全国城镇体系规划纲要（2010—2020年）》明确提出5大（北京、天津、上海、广州、重庆）国家中心城市的规划和定位。2016年5月，国家发改委和住建部联合印发的《成渝城市群发展规划》指导文件中将成都定位为国家中心城市。特别是目前，国家正在编制新的《全国城镇体系规划》，提出构建“十百千万”的城镇体系，包括建设“十个国家中心城市”规划，武汉、成都、杭州、南京、郑州等纷纷提出建设国家中心城市的战略目标，拉开了新一轮城市竞争的序幕。长沙作为中部省会城市，于2016年9月市第十三次党代会上确定了“建设国家中心城市”的战略目标，湖南省十一次党代会明确“支持长沙建设国家中心城市”，特别是家毫书记在长沙代表团分团讨论会上要求，“要在国际上找准对照系和坐标点，高起点规划、高标准建设国家中心城市”，为长沙推进国家中心城市建设指明了路径、增强了信心。为进一步研究分析国内外城市建设国家中心城市的经验和做法，找准国内国际对照系和坐标点，本文分别选取了对长沙有参照意义的6个国内城市和6个国际城市，进行对标分析研究，找出可比之处和差距所在，为长沙高起点、高标准建设国家中心城市提出对策建议。

一、长沙建设国家中心城市的国内参照

目前，我国有16个城市已经成为或相继提出了建设国家中心城市，其中已经有6个城市明确为国家中心城市。长沙在建设国家中心城市过程中，应学习借鉴这些城市的理念、做法和经验。在国内参照城市上，根据长沙发展现状和特点，考虑到北京、上海、天津、重庆已经是取得了巨大的发展成就，形成了弥足珍贵的发展经验，但都是直辖市，我们选取了广州、成都，以及明确提出也要建设国家中心城市的武汉、南京、杭州、郑州等6座城市，分析共同点，找出不足之处，供长沙建设国家中心城市参考（表1）。

表1　长沙与国内对标城市发展目标与路径比较

城市	城市定位或目标	发展路径
广州	2016年2月，国务院批复《广州市城市总体规划（2011—2020年）》，指出广州是我国重要的中心城市、国际商贸中心和综合交通枢纽	1. 大力发展高端产业和总部经济，提升经济控制功能；2. 集聚高端创新资源，提升科技创新功能；3. 高水平发展文化教育，提升文化引领功能；4. 携领区域一体化发展，提升辐射带动功能；5. 积极参与国际竞争合作，增强国际服务功能；6. 加强枢纽型交通设施建设，增强城市承载功能
成都	2016年5月，经国务院同意，发改委和住建部联合印发《成渝城市群发展规划》指导文件，文件中将成都定位为国家中心城市	1. 建设面向亚欧辐射全国的经济中心；2. 建设具有全球影响力的科技中心；3. 建设广聚全球资源的对外交往中心；4. 建设国际知名的文创中心；5. 建设通达全球的综合交通枢纽
武汉	2016年8月，武汉市委十二届十次全体（扩大）会议，提出加快实现武汉从中部地区中心城市向国家中心城市、世界城市的跨越	1. 加快建设具有全球影响力的产业创新中心；2. 加快建设具有国际竞争力的经济中心；3. 加快建设现代化国际性综合交通中心；4. 加快建设具有国际知名度的科教中心；5. 加快建设中部地区国际交往中心；6. 加快建设长江文明传承与创新中心
杭州	2016年10月，《浙江省新型城市化发展"十三五"规划》提出，杭州要争取创建国家级中心城市	充分利用举办G20峰会和亚运会契机，扩大全球影响力，全力打造国际化门户中心和科技创新中心
南京	2010年12月，中共南京市委关于十二五规划的建议，提出建设国家中心城市	1. 加快建设长三角辐射带动中西部地区发展的重要门户；2. 综合性枢纽城市；3. 国家科技创新中心和国际城市

续表

城市	城市定位或目标	发展路径
郑州	2016年9月，郑州市第十一次代表大会提出建设国家中心城市	基本建成“一枢纽一门户一基地四中心”，即国际性现代化综合立体交通枢纽、中西部对外开放门户、全国重要的先进制造业基地、国际物流中心、国家区域性现代金融中心、具有国际竞争力的中原创新创业中心、华夏历史文明传承创新中心
长沙	2016年9月，长沙市第十三次代表大会提出建设国家中心城市	要着力打造“三个中心”（国家智能制造中心、国家创新创意中心、国家交通物流中心）；要加快建设能量更大、实力更强、城乡更美、民生更爽的“四更”长沙

（一）国内对标城市

1. 广东广州

是广东省会、副省级市、国家中心城市，经济总量居中国大陆城市第3位，服务业对经济增长的贡献率达70.6%，中国大陆最佳商业城市第1位。对标广州，长沙4个方面相近：一是加快创新创意步伐。广州深入开展“双创”行动，现有高新技术企业1919家、各类孵化器174家、众创空间83家。长沙同样积极打造众创空间30多家，全市孵化器面积达240万多平方米，高新技术产业增加值达2730.0亿元，年均增速达28.2%。二是加快新城新区建设。广州加快新城新区建设，珠江新城汇聚众多世界500强、跨国公司总部、大型集团总部和银行总部。长沙以全球视野、国际水准完善提升湘江新区规划设计，仅今年签约重大项目160个，合作投资8000多亿元。三是实施沿江建设开发。广州以珠江为天然轴线，实施沿江布局开发，“三十公里精品珠江”呼之欲出；长沙精心设计湘江两岸整体风貌、建筑形态以及天际线，形成富有特色的“百里滨水走廊”。四是加强航空枢纽建设。广州主要依托南沙新区、广州港，建设国际航运枢纽；基于白云国际机场、空港经济区，建设国际航空枢纽。长沙申报建设临空经济示范区，空港基础设施和重大产业项目有序实施（表2）。

表2　　　　长沙与国内对标城市市域面积与经济体量比较

单位：平方公里、平方公里、亿元

城市	城区面积	市域面积	经济总量	三次产业比
广州	1237.55	7434	18100	1.26：31.97：66.77
成都	1000	14605	10801	3.5：43.7：52.8
武汉	863	8594	10905	3.3：45.7：51.0
杭州	701.8	16596	10053	2.9：38.9：58.2
南京	502	6597	9720	2.4：40.3：57.3
郑州	392.8	7446	7315	2.1：49.5：48.4
长沙	336.25	11819	8510	4.0：52.6：43.4

2. 四川成都

是四川省会、副省级市，是我国西南地区的科技、商贸、金融中心和交通枢纽，西部地区中心城市。对标成都，长沙4个方面相近：一是均实施了行政区划调整。2015年开始成都陆续将双流县改区、代管简阳市，着手郫县撤县改区，行政辖区面积达1.21万平方公里。2011年长沙将望城改区，城区面积达1923.6平方公里。二是均重视自主创新能力。成都依托国家自主创新示范区建设，打通政产学研，用协同创新和军民深度融合创新“两个通道”。长沙同样以自主创新示范区建设为契机，出台“自主创新33条”，建设创新驱动引领区、科技体制改革先行区、军民融合创新示范区。三是均致力于城市空间优化。成都逐渐形成“一区双核六走廊”的城镇空间格局和多中心、组团式、网络化、集约型的城镇体系。长沙也在积极推进“多中心、网络状、串珠式”的城市空间格局，形成主城区、副中心、功能镇、新农村相协调的城镇体系。四是均重视航空通道建设。成都机场2015年吞吐量超4200万人，并开始建设第2个机场。长沙黄花国际机场迈入“双跑道时代”，也在谋划建设长沙第2机场。

3. 湖北武汉

武汉是中部六省唯一的副省级市，是全国重要的工业基地、科教基地和综合交通枢纽。对标武汉，长沙4个方面相近：一是均为长江中游城市、两型社会试验区、自主创新示范区。按照《长江中游城市群发展规划》，武汉、长沙均被列入长江中游城市；2007年，武汉城市圈和长株潭城市群被国家确定为“两型社会”试验区，武汉和长沙分别于2009年和2015年成为国家自主创新示范区。二是均为历史文化名城。武汉有着3500余年的建城史，是中国历史上建城史最为悠久的特大城市之一；长沙同样拥有3000余年的建城史。三是均为高铁枢纽城市。根据《中长期铁路网规划》长沙、武汉都有3条以上高铁通过，形成米字型高铁枢纽。四是均为高校强市。武汉高校有98所，普通高校和本科院校数居全国第二；长沙市拥有普通高校51所，在全国主要城市中排第8位，但与武汉比相对偏少（图1）。

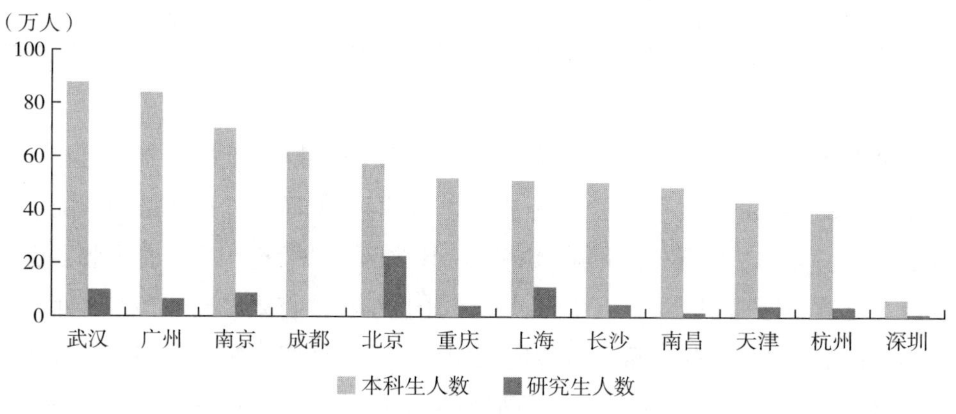

图1　国内主要城市大学生数量比较

4. 江苏南京

作为江苏省会、副省级市、南京都市圈核心城市，是国务院批复确定的中国东部地区重要的中心城市、全国重要的科研教育基地和综合交通枢纽。对标南京，长沙4个方面相近：一是经济总量实现赶超进位。2015年南京经济总量在副省级城市中分别由2010年第10位跃升为第6位；同样长沙在2015年城市GDP排名由15位上升到13位。二是创新驱动战略深入实施。加快建设苏南国家自主创新示范区，全市科技进步贡献率达61%以上。长沙每万人有效发明专利拥有量居全国省会城市第4位，应用型科技成果转化率达85%。三是稳妥推进国企国资改革。南京推进17家市属国企混合所有制改革，42家企业关闭清算和双集中管理，22家企业（股权）从传统工商领域退出。长沙也积极推进国资国企改革，实施“4+2+2+X”市属国企战略重组，市属国家出资企业将由152

户整合到36户。四是打造对外开放新优势。推进海峡两岸产业协同发展和创新试验区、南京综保区建设，实施空港外国人72小时过境免签政策。长沙亦获批黄花综合保税区。根据海关总署评选的2015年度“中国外贸百强城市”名单显示，南京全国排第12位，长沙排第63位（表3）。

表3　　2015年国内对标城市外贸情况　　单位：亿美元

城市	进出口总额	综合得分	位次	主要外贸平台
广州	1338.70	74.5	9	南沙新区、广州开发区、白云机场综合保税区、琶洲电商总部区
武汉	280.72	71.6	22	武汉东湖综合保税区、武汉东湖综保区保税物流园
成都	395.3	71.1	26	进口商品展示中心、高新综合保税区、国际空港保税中心
杭州	665.66	71.8	21	杭州保税物流中心、杭州出口加工区
南京	532.70	72.9	12	海峡两岸产业协同发展和创新试验区、南京综保区建设
长沙	129.53	69.5	63	黄花综保区、金霞保税物流中心、湖南进出口商品展示交易中心
郑州	570.3	72.5	14	新郑综合保税区、河南保税物流中心

5. 浙江杭州

是长江三角洲中心城市之一、长三角宁杭生态经济带节点城市、中国重要的电子商务中心之一。对标杭州，长沙4个方面相近：一是都重视小微企业发展。目前杭州每千人企业拥有数为43.95户，高出全国平均一倍以上，达到发达国家水平。长沙获评首批“全国小微企业创业创新示范城市核心基地”，为小微企业争取9亿元的创业创新资金。二是都致力城市风貌塑造。杭州从整体平面和立体空间统筹协调城市景观风貌，更好体现地域特征、江南特色和时代风貌；长沙也加强对城市空间立体性、平面协调性、风貌整体性、文脉延续性规划管控，充分彰显湖湘文化元素。三是都注重特色小镇建设。杭州的云栖小镇、梦想小镇、机器人小镇等特色小镇显示出较大的发展潜力。长沙重点支持15个中心镇（小城市）、特色镇先行先试，涌现了金井、浔龙河、灰汤等为代表的一批特色小镇。四是都积极打造“1小时都市圈”。杭州初步建成都市圈“半小时高铁圈”和“一小时半都市圈”。长沙的长株潭、长益常、长浏等城铁建设，构建长株潭“45分钟城际交通网”、以长沙为中心的“1小时都市圈”。

6. 河南郑州

作为河南省会，郑州是中原经济区核心城市、国家重要的综合交通枢纽。对标郑州，长沙4个方面相近：一是高度重视服务业发展。2015年，郑州实现服务业在经济中的比重超工业的历史性转型。长沙2015年服务业增加值3690亿元，增速超过规模工业增速2.6个百分点，第三产业增加值占GDP比重持续提升。二是加快城市地铁建设。郑州开通了地铁1号线，1号线二期、2号线一期、5号线、3号线一期加快建设；长沙已开通3条（地铁1、2号线、中低速磁浮），在建3条（地铁3、4、5号线），构建起联通东南西北的大“十” 字地铁骨架。三是加快开放平台建设。郑州航空港区获批首个国家级航空港经济实验区，货邮吞吐量增速连续4年居全国前列，郑欧班列境内外货运总量和满载率均居中欧班列前列（表4）。长沙黄花综合保税区获批；霞凝货运站获批国家一级铁路货运基地；湖南进出口商品展示交易中心建成运营。四是加快政府效能提升。郑州加快行政审批制度改革、“五单一网”建设，构建“小政府、大服务”的政务服务格局。长沙推行权力清单、责任清单和负面清单制度，市级行政职权由9706项精简规范为3612项，行政审批较法定时限缩减65.4%。

表4　　国内对标城市轨道交通建设情况

城市	轨道交通数量
广州	已开通9条（1号线–6号线、8号线、广佛线及APM线）
成都	已开通4条线路（1、2、3、4号线），在建6条
武汉	已开通6条（1号、2号、3号、4号、6号，在建 11条）
杭州	已开通3条（1、2、3号线），在建6条
南京	已开通6条线路，在建5条
郑州	已开通地铁1号线，在建4条
长沙	已开通3条（地铁1、2号线、中低速磁浮），在建3条（地铁3、4、5号线）

（二）国内对标城市值得借鉴的经验

1. 切实明晰城市功能定位

广州提出重点建设“三大战略枢纽”，即国际航运枢纽、国际航空枢纽、国际科技创新枢纽的目标；杭州以美丽中国先行区为目标，着力打造“一基地四中心”，即建设高技术产业基地和国际重要的旅游休闲中心、国际电子商务中心、全国文化创意中心、区域性金融服务中心；成都建设国家中心城市的主要任务是建设“四中心一枢纽”，即西部经济中心、西部科技中心、西部文创中心、西部对外交往中心，西部综合交通枢纽。

2. 着力提升城市环境品质

广州广钢新城主要按照纽约曼哈顿规划理念整合商业中心、高端居住中心、生态中心3大黄金板块，目的是打造广州唯一的国际中央居住区；杭州近年以“十大新城”建设为主载体，实现杭州从“西湖时代”迈向“钱塘江时代”的历史性跨越，特别是其中的钱江新城，彰显了世界性商务区的品质；成都的天府新区正在以现代制造业和高端服务业为主，建设中国西部地区的核心增长极与科技创新高地、宜业宜商宜居的国际化现代新区。

3. 积极拓展对外开放通道

成都在建的第2个机场——天府国际机场是按照9000万人次的年吞吐量、200万吨货邮年吞吐量来规划设计。这意味着未来成都“一市两场”全面完成后，年旅客吞吐量将达到一亿五千万人次以上，年货邮吞吐量达到300万吨以上；广州主要依托南沙新区、广州港，建设国际航运枢纽；基于白云国际机场、空港经济区，建设国际航空枢纽。杭州萧山国际机场二期改造完成，成为全国第5大航空口岸。杭州港衔接长江和京杭运河两大水系，全年港口吞吐量已经突破1亿吨，位居同期国内内河港口年吞吐量前10位。

4. 不断做实对外开放平台

广州紧扣“一带一路”和自贸区两大国家战略，在建设“一带一路”进程中坚持贸易先行、投资跟进，以推动投资、贸易、人员、资金的便利化为核心；杭州有全球最大的B2B跨境电商平台“阿里巴巴”、全国最大的B2C交易出口平台“速卖通”、全国首个智能物流骨干网络“菜鸟网络”、全国首家B2C进口大型平台“天猫国际”等；成都被誉为“领馆第三城”，外国政府获批在成都设立领事机构达15个。成都的国际友城达29个。成都还是中国第4个实施72小时过境免签政策的城市。

5. 加快释放创新创业活力

广州建设国际科技创新枢纽主要依托科技创新走廊，其中面积6平方公里的“广州天河中央商务区”，创造了超过2400亿元的经济总量；杭州积极实施“创新创业新天堂”行动，依托阿里巴巴、浙江大学等打造220多平方公里的城西科创大走廊；成都加快建设面积73平方公里的成都科学城，加快建成创新要素富集、创新能力突出、创新经济活跃的西部创新第一城。

二、长沙建设国家中心城市的国际参照

世界范围内，美洲、欧洲、亚洲等一些国家的中心城市建设的经验和做法值得我们学习。特别是美国亚特兰大、英国曼彻斯特、德国慕尼黑、德国杜塞尔多夫、法国里昂、日本札幌等6座国际城市与长沙的发展背景和特点有着相近似之处，长沙应全方位对标这些国际城市，向标杆看齐，找准战略支点。

（一）国际对标城市

1. 美国亚特兰大

亚特兰大位于美国东南部，被誉为美国“新南方之都”，是美国东南部陆空交通中心、金融中心，洛克希德飞机公司和可口可乐公司总部设在此，被《时代》杂志评为美国富人最想创业的大城市。与长沙的可比性：一是地理区位可比。亚特兰大位居美国内陆，是全国11个巨型发展区域之一“皮埃蒙特大西洋城市带”的核心城市；长沙也是内陆城市、国家重要城市群——长江中游城市群核心城市。二是城市规模可比。亚特兰大是美国第9大都市区，城市人口为500万人，地区GDP居全美各都会区第10位，属Alpha-级世界城市；长沙城市常住人口突破400万人，未来几年也将发展成Beta级世界城市。三是产业

结构可比。亚特兰大的1800多家工厂生产包括飞机、汽车、家具，纺织品、化学原料，食品、纸、钢铁等3500多种产品，IT业工作岗位数量增长较快。长沙拥有新材料、工程机械、电子信息等6个千亿级产业集群，移动互联网产业迅速发展，仅长沙高新区移动互联网企业达2700家。亚特兰大以空港产业闻名；长沙黄花机场进入全球前100强（表5）。

表5　　　　长沙与国际对标城市基本情况比较

单位：平方公里、万人、亿美元、万美元

国家	城市	城区面积	总人口	GDP	人均GDP
中国	长 沙	1910	743	1372	1.87（2015年）
美国	亚特兰大	343	522	3072	5.56（2015年）
英国	曼彻斯特	115.65	51	923	3.5（2014年）
德国	慕尼黑	310	370	2020	5.45（2015年）
德国	杜塞尔多夫	217	57	360	6.31（2002年）
法国	里昂	47.95	50	746	4.33（2014年）
日本	札幌	414	207	79.4	3.83（2014年）

2. 英国曼彻斯特

是英国第二繁华城市，世界上第一座工业化城市，英国重要的交通枢纽与商业、金融、工业、文化中心，20世纪90年代初开始从以工业为主向以创意产业为主的经济结构转变，创意数字化与媒体行业在欧洲排名第2，金融服务业在英国排名第2，同时大力发展电子、化工和印刷等新兴工业。此外，曼彻斯特还是世界“最佳体育城市”，拥有世界著名的曼联、曼城两家足球俱乐部。与长沙的可比性：一是创新传媒享有盛誉。曼彻斯特传媒业发达，所辖格兰纳达电视台衍生了众多独立媒体制作公司，承担英国国家电视台BBC诸多业务。长沙也拥有中国收视率第一的地方电视台——湖南卫视，衍生出影视传媒、数字出版、演艺娱乐等众多传媒产业。二是创新人才集中汇聚。著名的曼彻斯特大学、曼彻斯特城市大学和皇家北方音乐学院都聚集在该市。长沙同样拥有著名的大学城，中南大学、湖南大学和湖南师范大学等高等学府均集中于此。三是文化产业非常发达。曼彻斯特的酒吧、音乐和剧场等文化娱乐产业十分发达。长沙文化演艺事业也特色突出，打造了“超女”“快男”“我是歌手”等品牌节目。

3. 德国慕尼黑

慕尼黑作为巴伐利亚州的首府，是德国南部第1大城、全国第3大城市，被称为德国的“硅谷”，是德国高科技产业孵化中心、欧洲半导体产品制造中心、世界博览会展中心，是全球最适宜居住城市之一，拥有极高的国际知名度。与长沙比较：一是城市规模类似。慕尼黑位于德国阿尔卑斯山北麓的伊萨尔河畔，市区面积310平方公里，分为老城与新城两部分；长沙位于岳麓山脉的湘江河畔，城市建成区面积369平方公里，被湘江划分为河东与河西。二是产业结构相似。慕尼黑主要产业是汽车制造、电子工业、化学工业、印刷业和服装制造业，智能制造非常发达；以工程机械、电子信息为代表的制造业则是长沙经济的重要支撑。三是发展理念趋同。慕尼黑不仅是德国工业中心，也是旅游胜地、全球宜居城市，保留着原巴伐利亚王国都城的古朴风情；长沙也是全国工程机械制造中心、文化旅游基地、全球绿色城市，是湖湘文化的发源地。

4. 德国杜塞尔多夫

是欧洲人口最稠密、经济最发达地区北莱茵-威斯特法伦州的首府，是世界著名的时装城市、欧洲物流中心城市，化学和生物制药领域世界领先，超过全行业50%的全球企业巨头和顶尖的研究机构聚集于此。杜塞尔多夫与长沙在很多方面类似：一是地理区位类似。杜塞尔多夫也是内陆城市，北邻德国最发达的鲁尔工业区，且在其所在区域有一个领先的对手城市——科隆。长沙是中国中部重镇，位于全国重要的长江经济带，所在区域亦有领先的竞争城市——武汉。二是城市布局类似。杜塞尔多夫是州的首府，是德国第九大城市，城市沿莱茵河建设，河西部分只有13平方公里的辖区；长沙作为省会，也是“一江两岸、沿江发展”的城市格局。三是产业发展类似。两者都重视发展现代工业。杜塞尔多夫有德国工业的“办公桌”之称，工业以钢铁、煤炭、化工、汽车、电机、玻璃、精密仪器、纺织、造纸等为主，德国大公司蒂森克虏伯、曼内斯曼、费巴、汉高总部都设在这里。四是传媒水平类似。两个城市的传媒业都闻名。杜塞尔多夫的歌剧场、话剧院等在德国负有盛名，是德国著名诗人海涅的诞生地，WDR（西德电视广播）、奥美集团等传媒业巨头都位于该城市。

5. 法国里昂

里昂是法国重要的工业城市和除巴黎之外最重要的科教中心，是法国乃至欧洲重要的文化与艺术中心，是国际刑警总部的所在地。古代以丝绸贸易而闻名，里昂老城是世界文化遗产。对标里昂，长沙四个方面相近：一是特殊的交通区位。里昂是欧洲的十字路口，法国高速铁路东南线、地中海线和罗讷河–隆河线在此交汇。长沙也是高铁枢纽城市，京广、沪昆、渝长厦高铁“米”字交汇，高铁直通19个省会城市和直辖区。二是相近的工业产业。里昂机械、电子、化工、重型汽车、计算机等产业实力雄厚，拥有20余所高等院校和科研机构，拥有欧洲最重要的汽车工业基地之一。长沙近年也形成了以轿车、轻中重载货汽车、越野车、专用车、客车、新能源汽车6大类整车为核心的汽车产业集群。三是典型的消费城市。里昂是一个消费城市，在欧洲城市圈排名第13位。长沙同属消费发达型城市，刚刚结束的“双11”消费数据统计显示，长沙以16.6亿元位列全国城市第13位。四是方便的物流条件。作为欧洲物流中心，多个国际性物流公司都将里昂作为欧洲重要的仓储和中转基地。长沙目前是区域性物流节点城市，也有希望升级成为中部物流中心城市。

6. 日本札幌

札幌为全日本人口第五多的城市，是国际知名的观光都市，曾举办过冬季奥运会、冬季亚运会等国际盛会。札幌的“静脉产业”已经成为日本建设“循环型社会”的主力军，其产业总值占日本环保产业总值5%。札幌与长沙的可比性主要体现在3个方面：一是城市所处腹地有一致性。两地均为本国重要内陆城市，且不是国内一线城市。札幌是北海道首府，是日本唯一人口过百万的内陆城市，全国第五大城市，也是日本的政令指定都市之一。二是交通区位优势有一致性。作为北海道的政经中心，札幌也与长沙一样，属于综合交通枢纽城市，拥有非常完备的交通便利条件，两条高速公路在此交汇，拥有3条高铁和两个机场。三是城建规划布局有一致性。两者均属于沿江发展的城市布局，札幌有洋槐之都的美称，两者在城市发展、产业布局上可以借鉴。

（二）国际对标城市值得借鉴的经验

1. 注重强化特色产业支撑

札幌将环保产业发展作为支柱产业，建设“生态环保城”，形成全产业链条；慕尼黑注重产业融合发展，充分借助德国工业4.0计划实施产业空间重组，制造业与服务业比重稳定在23∶77左右；杜塞尔多夫积极打造“移动之都”，占据德国50%以上的手机销售额；里昂充分运用丰富的历史遗迹、旅游资源带动了餐饮、娱乐等产业发展，第三产业就业人数达95%；札幌致力发展区域性总部经济，利用国际赛事带来的知名度，建设9大产业集聚区吸引外来资本，国内外大企业总部纷纷落户于此；杜塞尔多夫是欧洲第三大日本人聚居地，1000多家日本公司在此设立办公场所。

2. 注重完善基础设施配套

亚特兰大建设了22英里的绕城火车轨道、33英里多功能通道，促进了城乡一体发展；里昂1981年就建成了欧洲第一条高速铁路，成为法国第二大航空枢纽；慕尼黑注重现代文明与自然生态的和谐统一，禁止建设超36米的高楼；亚特兰大倡导健康、充满艺术气息和高质量的生活，花费大量资金用于人行和自行车基础设施建设；曼彻斯特打造了大西洋至英国海底光缆周转通讯枢纽，成为英国通讯交换中心。

3. 注重优化创新创业环境

亚特兰大实施科技村支持计划，培养高层次教育和技能型劳动力，着力建设全球认可的创新中心；慕尼黑创立了著名“弗朗霍元夫模式”，架起了高校基础研究和产业技术需求间的桥梁；曼彻斯特成立了创意产业发展服务局，设立了政府小贷公司和创投基金，对创意企业进行全方位指导和扶持。

4. 注重拓展对外开放通道

杜塞尔多夫作为内陆城市，一直注重航空设施建设，其国际机场成为德国第三大机场。亚特兰大拥有19个机场，其中哈特菲尔德杰克逊机场占地面积世界第三，是全球最繁忙的机场，美国80%人口处于其2小时航程内。

5. 注重提升国际影响力

札幌通过承办国际体育赛事扩大影响力，1972成功举办奥运会后，陆续举办了一系列国际体育赛事，逐步成为国际性大都会。亚特兰大以一个电视台（CNN）、一次奥运会（1996年）和一本名著（《飘》）为基础，整体打造文化与体育产业，很有国际影响力；杜塞尔多夫持续发展会展经济，成为了世界性的会展城市，举办的国际船艇展、国际医院及医疗设备展览会、欧洲生物医药大会都是世界最大的行业展览会。

三、长沙与国内国际对标城市的主要差距

与国内和国际对标城市相比，长沙在城市规模、人口集聚、资源禀赋、产业基础、城市品质等方面有着诸多相似之处，具有建设国家中心城市综合基础优势，但在发展的能级、辐射力、影响力上差距较大，必须主动作为，奋力赶超。主要体现在以下几方面。

（一）与对标城市相比，产业实力有待进一步提升

1. 产业总量不大

尽管长沙2015年工业增加值达3745.03亿元，但除工程机械极少数产业外，大部分产业总体规模还太小，尤其是衡量一个城市发展水平的现代服务业总量不大，仅占GDP的49%（产值4214亿元），而广州、亚特兰大、慕尼黑和曼彻斯特的现代服务业占GDP比重均在70%左右。长沙要重点发展的智能制造、创新创意和交通物流三大产业还处于起步阶段，对比差距更大。如15家机器人重点企业年产值只有5.6亿元，而2015年广州智能装备和机器人产业的产值近400亿元；武汉致力打造2～3个产值超百亿的智能制造产业群，智能制造产业总产值突破1000亿元；慕尼黑智能制造重点产业之一的半导体产业产值已占欧洲半壁江山；亚特兰大主导产业航空业仅2012年就实现经济收益240亿美元，贡献了全美0.2%的GDP；曼彻斯特发展成仅次于伦敦的创新创意城市，创意产业产值占GDP比重高达70%，远超长沙9.7%的发展水平。

2. 产业高端化不够

长沙虽然拥有超级计算机、北斗导航、碳碳复合材料等系列顶尖技术，但技术产业化还没有深度结合、及时跟进，如军民融合产业才刚刚起步，许多高精尖技术还没有及时转化为现实生产力。而慕尼黑、亚特兰大、曼彻斯特依托具有全球影响力的科技创新中心，推动制造业大规模应用互联网技术，发展高技术含量和高附加值的产业，有效推动亚特兰大打造世界第一的互联网安全产业；慕尼黑成为欧洲和德国的高端制造业中心；曼彻斯特成为欧洲媒体与信息产业最发达的城市。

3. 产业影响力不强

长沙还缺少有影响力的世界级企业总部，“有产品、无品牌”问题突出。目前落户长沙的世界500强企业仅有143家，总部没有一家，反而有三一重工等本土企业总部迁出。相比之下，广州总部经济位居中国第三位，仅天河CBD拥有跨国公司总部13家，境内500强20家；亚特兰大拥有世界500强中可口可乐、UPS等10家企业全球总部、432家区域总部；慕尼黑拥有宝马、西门子等几乎所有德国世界级公司总部；曼彻斯特拥有英国国家电视台BBC的核心传播与信息业务，均为本地区发展形成良好的产业带动效应（表6）。

表6　国内国际对标城市的指标比较　　单位：亿元、万人

城市名称	GDP		人口规模		城市定位或相关规划情况
	总量	排名	总量	排名	
广州	18100	2	1350	2	副省级市，已确定为国家中心城市
成都	10801	5	1465	1	副省级市，规划认可为国家中心城市
武汉	10905	4	1060	3	副省级市，已提出建设国家中心城市
杭州	10053	6	901	5	中国电子商务中心，G20后强有力竞争者
南京	9720	7	823	6	副省级市，已提出建设国家中心城市
郑州	7315	9	956	4	省会城市，已提出建设国家中心城市
长沙	8510	8	743	7	省会城市，已提出建设国家中心城市
亚特兰大	21243	1	522	8	美国东南部陆空交通中心、金融中心
曼彻斯特	6382	10	51	12	英国交通枢纽与商业、工业中心
慕尼黑	13968	3	370	9	欧洲半导体产品制造中心、世界会展中心
杜塞尔多夫	2489	12	57	11	世界著名时装城市、欧洲物流中心城市
里昂	5158	11	50	13	欧洲重要的文化与艺术中心
札幌	549	13	207	10	国际知名的观光都市

（二）与对标城市相比，开放发展有待进一步提升

1. 开放通道上的差距

黄花机场虽跻身全球百强机场，但2015年吞吐量仅排全国第14位，第二跑道刚刚建成；金霞港只能通过2000吨级的轮船，铁路和港口均为二类口岸，没有对接长江黄金水道的深水港口。相比之下，同为中部省会的郑州拥有中国首个获批的国家级航空港经济实验区，中部地区首个拥有双航站楼双跑道的机场，是新设立的中国（河南）自由贸易试验区的组成部分之一； 亚特兰大是全美航空中转枢纽，拥有全球唯一年旅客量过亿的哈茨菲尔德–杰克逊国际机场，2015年旅客吞吐量为黄花机场的5.34倍。慕尼黑是德国第二航运中心、全欧第9大机场，2011年旅客吞吐量就达3776万人次，从中央火车站可直达奥地利、匈牙利、意大利、瑞士、法国等国。曼彻斯特拥有英国第二大机场，2010年旅客吞吐量就超过3000万人次，货运总量超过25万吨，可以飞往全球165个目的地。

2. 开放经济上的差距

长沙经济外向度明显偏低，2015年进出口总额为129.5亿美元，仅占GDP的9.5%，只有郑州的22.71%、武汉的46.14%、合肥的63.69%。而国际对标城市慕尼黑主要工业产品50%以上销往国外，2008年制造业出口就达340.46亿欧元，其汽车工业70%的产能用于出口；亚特兰大2011年对外出口额就达172亿美元；曼彻斯特文化与传媒创意产品的60%用于出口，经济外向度均明显高于长沙。

3. 开放交流上的差距

目前长沙没有一个外国领事馆、办事处等机构，仅英、法、德等12个欧洲国家设有签证中心，而亚特兰大就有65个国家设立领事馆；成都被誉为“领馆第三城”，截至2015年底，外国政府获批在成都设立领事机构达15个。成都的国际友城达29个，成都还是中国第四个实施72小时过境免签政策的城市。与此同时，长沙的国际学生太少，吸引力不大，而曼彻斯特大学中的国际学生占到近50%（表7）。

表7　　长沙与国内国际对标城市旅游吞吐量比较　　单位：万人次

机场名称	旅客吞吐量（2015年）	排名	跑道数
广州/白云	5520	2	3条
成都/双流	4223	3	2条
武汉/天河	1894	9	2条
杭州/萧山	2835	5	2条
南京/禄口	1916	7	2条
郑州/新郑	1729	11	2条
长沙/黄花	1871	10	2条
亚特兰大/哈兹菲尔德-杰克逊	10149	1	5条
曼彻斯特	1899（2011年）	8	2条
慕尼黑	3776（2011年）	4	3条
杜塞尔多夫	2033（2011年）	6	2条
里昂/圣埃克苏佩里	860（年份未知）	13	2条
札幌/新千岁	1577（2011年）	12	1条

（三）与对标城市相比，宜居品质有待进一步提升

1. 规划引领作用不强

当前，长沙的城市规划还存在空间结构不合理、前瞻性不够、覆盖面不广等突出问题。比如，长沙虽然规划了“一轴两带多中心、一主两次五组团”的城市空间结构，但湘江以东聚集了城区约80%以上的人口以及主要设施，湘江新区等片区集聚功能还有待逐步增强，城市副中心及重点片区发展较慢。而成都逐渐形成“一区双核六走廊”的城镇空间格局和多中心、组团式、网络化、集约型的城镇体系；亚特兰大由高速公路体系构成一个“X+O”形的城市骨架，区域交通非常便捷，整个城市虽然无中心但布局合理、紧密有序。德国城市规划更是覆盖了全国每一寸土地。

2. 基础建设有待提质

当前，长沙还存在内外交通网络对接不够；枢纽之间快速联通、转换不便；道路、绿地、地下管网、公共服务设施等配套滞后；基础设施品质与其他城市相比还有差距。而杭州通过G20峰会，一个历史与现实交融、具有独特韵味的美丽杭州已经在全世界充分展示；广州提出建设国际性综合交通枢纽的目标，对内对外的城轨、地铁、高铁、高快速路和市政路桥等城市轨道交通走廊不断拓展；曼彻斯特在1850年就形成了主要铁路交通系统；亚特兰大在20世纪50年代就规划建立了公共轨道交通系统；慕尼黑首条12公里长的地铁U6线于1971年投入运营，但长沙直到2015年才开通首条地铁，2016年才进入换乘时代，构建健全的地铁网络尚需时日。

3. 综合治理需要强化

当前长沙城市综合治理的压力非常大，2010 ~ 2015年城市面积扩大了23.4%，更加大了治理难度，治理水平与国际城市差距明显。比如长沙的城市生活垃圾分类处理尚未真正破题，而欧盟生活垃圾处理率已达97.9%。

（四）与对标城市相比，创新活力有待进一步提升

1. 表现为科技成果转化不多

目前，长沙高校、科研院所科技成果真正实现转化、产业化的只有10%左右，远低于曼切斯特等发达城市水平（平均40%左右），特别是许多高校专利转移转化不畅，许多科技成果还处于“养在深闺无人识”状态。

2. 表现为创新扶持力度不大

近年来长沙R&D经费支出占GDP比重一直保持在2%左右，距离全面小康社会、创新型城市建设目标值2.5%有较大差距。2011 ~ 2015年，长沙R&D经费分别为112.1亿元、134.4亿元、153.7亿元、171.1亿元和188.3亿元，年均增长约13.8%，但绝对额与广州、武汉、杭州等城市相比较小。英国在曼彻斯特大学投资6100万英镑创建国家石墨烯研究院，2014年再次投资6000万英镑支持成立石墨烯工程创新中心（表8）。

表8　　2015 年长沙与国内主要城市发明专利授权数量比较

排名	城市	发明专利授权量（件）	排名	城市	发明专利授权量（件）
1	北京	35308	9	武汉	6003
2	上海	17601	10	西安	5992
3	深圳	16956	11	无锡	5481
4	苏州	10488	12	宁波	5412
5	杭州	8298	13	青岛	5170
6	南京	8268	14	天津	4624
7	广州	6626	15	长沙	4225
8	成都	6206	16	重庆	3964

（五）与对标城市相比，城市影响有待进一步提升

1. 文化品牌不响

长沙虽是湖湘文化发源地、首批国家历史文化名城、东亚文化之都，但湖湘文化的传播范围多限于国内，在国外的知名度、认同度不高。而曼彻斯特则打造了知名的曼城、曼联足球俱乐部以及可口可乐等国际品牌，赋予了城市文明新内涵。

2. 国际会展欠缺

长沙的会展场馆建设相对落后，之前仅有3个专业展馆，室内净展示面积8.2万平方米，相当于重庆的1/5、武汉的1/3、成都的1/2。今年11月8日长沙国际会展中心开馆运营，室内、室外净展示面积分别达17.75万平方米、8.5万平方米，但室外净展示面积也只有新慕尼黑博览中心的1/4，且国际性品牌会展几乎没有，影响力很弱。从国内对标城市来看，虽然2016年长沙会展位列中国会展城市活力前三，但是会展的活动数量、展览面积、会展业直接收入等与广州、武汉、成都等城市相比仍有差距。

3. 国际性活动不多

虽然长沙近年来先后成功举办了国际帆船赛、国际马拉松赛、洋湖国际雕塑文化艺术节等系列活动，但还缺乏真正属于世界性的活动，活动品牌还不响亮，带来直接的经济效益、社会效应不大。而杭州以承办G20峰会、第19届

亚洲运动会为契机扩大了世界影响；广州是我国第二个取得亚运会主办权的城市。从国际对标城市来看，亚特兰大仅1996年奥运会就给乔治亚州带来了19亿美元收入和7.7万个就业机会。

四、长沙建设国家中心城市的对策建议

目前，我国还没有明确的国家中心城市指标体系，但一些地方政府、专家学者和民间机构已经开展相关研究。如广州结合当前世界城市评价标准，并根据国内城市统计指标，综合形成了国家中心城市评价指标体系；武汉市制定了建设国家中心城市发展指标体系，从国家综合交通枢纽、国家商贸交通中心、国家先进制造业中心、国家创新示范中心、魅力文化之都等五个方面，明确了各阶段完成指标。在国家层面，中国城市规划设计研究院已经开始着手编制全国城镇体系规划初步方案，以全国所有直辖市、副省级市、省会城市和地级市（共295个市辖区）的人口、经济、文化、贸易、创新、交通等六个指标为基础（表9），进行了城市中心性评价分析，提出了"2+12+5"的国家中心城市名单，其中长沙市排名15位。本文通过比较研究广州、成都、武汉、南京、杭州、郑州等国内城市和亚特兰大、曼彻斯特、慕尼黑、杜塞尔多夫、里昂、札幌等国际城市，结合我市建设国家中心城市的优势条件和差距，对于长沙建设国家中心城市提出以下对策建议。

表9　　中规院关于城市中心性评价指标体系（六个维度）

<table>
<tr><td rowspan="4">规模指标</td><td rowspan="2">人口维度</td><td>城镇人口规模（第六次人口普查，城镇人口）</td></tr>
<tr><td>城镇人口增量（第六次人口普查，城镇人口）</td></tr>
<tr><td rowspan="2">经济维度</td><td>GDP总量（2014年城市统计年鉴，各地统计公报）</td></tr>
<tr><td>GDP增量（2014年城市统计年鉴，各地统计公报）</td></tr>
<tr><td rowspan="5">职能指标</td><td>文化维度</td><td>中国文化城市竞争力排行榜（2014年中国文化城市竞争力报告，社科院）</td></tr>
<tr><td rowspan="2">贸易维度</td><td>社会消费品零售总额（中国城市统计年鉴，各地2014年统计年鉴）</td></tr>
<tr><td>进出口总额（各省2014年统计年鉴，各市国民经济和社会发展统计公报）</td></tr>
<tr><td>创新维度</td><td>双创影响力：中国创新创业指数（中国经济研究院、中国科学院大学、中关村科技园区管理委员会、36氪）</td></tr>
<tr><td>交通维度</td><td>机场客流量（2014年马航机场吞吐量排名，中国民航局）</td></tr>
</table>

（一）对照“人口维度”标准，强化综合服务功能，提升城市人口集聚力

着力优化创新创业服务、政务服务，不断提升经济首位度和影响力，不断增强在中部地区乃至全国的辐射带动和引领能力，力争到2021年实现建成区面积650平方公里左右、总人口超过1000万人。

1. 完善社会保障体系

实施更加积极的创业、就业政策，让长沙更加适宜创业、就业。实施全民参保登记计划，拓宽基本社会保险覆盖面。实施精准扶贫，打赢精准脱贫攻坚战，确保2017年贫困村“摘帽”、贫困户脱贫。

2. 完善公共服务体系

推进城乡教育优质、协调发展，普及15年教育，逐步推行高中阶段免费入学，努力实现“校校成优校、师师做良师、生生皆成才”的目标。完善分级诊疗和双向转诊机制建设，加强基层医疗卫生服务机构建设，促进人口均衡发展，建成长沙国际体育中心，完善食品安全监管、养老服务等公共服务，打造健康长沙。

3. 完善社会治理体系

加强民主法治，形成与国家中心城市相匹配的治理体系和治理能力。推进“七五”普法，增强全民法治观念；推进行政决策法治化，保障公正文明执法。深化平安长沙建设，构建立体化防控体系，加强基层群众自治组织和社会组织培育，完善社会矛盾纠纷调处、社会稳定风险评估机制，探索“互联网+”治理模式，确保城市安全、市民安宁、社会安定。

（二）对照“经济维度”标准，强化产业集群功能，提升城市产业支撑力

着力打造要素集聚洼地，加快建设科技成果转移转化示范区、军民融合示范区，力争到2021年构建具有竞争优势的现代产业体系，培育一批“五千亿级”的园区和产业，基本建成国家智能制造中心。

1. 加快工业升级

实行生产过程智能化和产品智能化改造并举，促进长沙制造业向高端、智能、高效、绿色转型，大力发展高端装备、新材料、北斗导航、智能驾驶、机器人、3D打印、节能环保、生物医药、装配式建筑等新兴产业，创建“中国制造2025”试点示范城市。

2. 加快服务业升级

推动生产性服务业向专业化和价值链高端延伸、生活性服务业向精细化和高品质转变，大力发展移动互联网、现代金融、会展、体育、养老、旅游、检验检测等特色服务业，打造一批年营业收入“千亿级”“百亿级”服务业示范集聚区。

3. 加快农业升级

推动提升农业组织化、机械化、产业化、精细化水平，积极发展“互联网+”现代农业，大力发展都市休闲农业，加强农业品牌化建设，实现农产品加工业产值突破3000亿元。

（三）对照“文化维度”标准，强化人文凝聚功能，提升城市文化辐射力

着力丰富、凸显城市文化内涵，提升市民文明素养，进一步壮大影视、出版、演艺、设计等文化产业，不断增强文化市场竞争力、国际影响力和城市软实力，力争到2021年成为重要的世界旅游目的地。

1. 共建城市精神家园

大力培育和践行社会主义核心价值观，把弘扬时代精神与弘扬城市精神结合起来，让城市始终充满积极向上、创新、包容的正能量。率先建成现代公共文化服务体系，满足人民群众的精神文化需求。落实意识形态工作责任制，牢牢把握领导权、管理权、话语权，营造互联网时代的良好舆论生态。

2. 延续城市历史文脉

倍加珍惜和呵护老祖宗留下的文化遗产，让市民“记得住乡愁”。注重保

留城市记忆，保护古迹、古街、古村落、古建筑，规划建设历史文化风貌区、历史文化街区和历史步道，抓好铜官窑、炭河里、长沙国王陵三大国家考古遗址公园建设和运营，打造湖湘文化标识，申报世界文化遗产。加强城市街区和建筑的规划，充分融入湖湘文化、红色文化、民俗宗教文化等元素，打造一批具有长沙印记的文化地标和文化景观。

3. 升级文化创意产业

推进文化与科技、金融、旅游、互联网等深度融合，发展“文化+”新兴业态。建设创意设计之都、博物馆之城。深化文化体制改革，打造具有国际影响力的“产业航母”。加强文化创意研究中心、版权交易中心建设。以湘江文化创意产业带和浏阳河文化旅游产业带为主轴，以恒大海花谷、铜官窑国际文化旅游度假区等重点项目为支撑，以马栏山创意集聚区、后湖国际艺术区、长沙（国家）广告产业园、湘台文化创意产业园等新型园区为承载，打造文化创意产业升级版，提升“文化湘军”竞争力。加快文化国际化，打造“东亚文化之都”文化名片，推动“媒体艺术之都”建设取得新突破，积极申办国际国内重大体育赛事。以“快乐长沙”为形象定位开展全球营销，展示长沙文化魅力。

（四）对照“贸易维度”标准，强化开放高地功能，提升城市经济外向度

不断拓展对内对外双向开放格局，不断健全与国内外先进城市和地区多层次、宽领域的交流合作机制，力争到2021年实现外向型经济比重显著提升。

1. 对接国家开放战略

树立世界眼光，坚持主动开放、双向开放、全面开放、共赢开放，实施引进来与走出去并重、对外开放和对内开放并重、引资与引技引智并重，加快融入“一带一路”、长江经济带战略规划，充分利用长沙承东启西、接南转北的优势，加快形成城市群为主的区域合作，努力把长沙打造成联络“一带一路”的重要枢纽城市。积极参与国际经济合作与竞争，广泛开展对外经济、文化交流，构建全方位、多层次、宽领域的对外开放新格局。

2. 拓展对外贸易平台

以湖南湘江新区为引领，围绕“三区一高地”战略定位，推进产业高端化，完善功能配套，集中打造富有创新、开放、活力的国家品质新区。以空港新城、高铁新城、霞凝港为依托，大力发展临空、临铁、临港经济，建成黄花综保区，打造东部开放型经济走廊，加快形成“东西比翼、双轮驱动”开放发展新格局，努力将长沙打造成为内陆开放新高地。

3. 逐步优化外贸结构

深度融入全球产业链、价值链、供应链，引导优势企业开展国际产能合作。提升出口水平，加大对高新技术产品出口的扶持力度，充分发挥全市高新技术、装备制造业、农产品深加工以及烟花鞭炮等特色企业的传统优势，加快培育计算机信息服务、通信、金融、保险等新兴服务贸易，提升外贸依存度和贡献率。

（五）对照“创新维度”标准，强化创新引领功能，提升城市创新竞争力

全面推进国家自主创新示范区建设，促进创新链、资金链、产业链无缝对接，规划建设长沙未来科技城，力争到2021年，基本建成国家知识产权强市和科技创新强市，依靠科技创新提升工业竞争力。

1. 建设科技创新中心

坚持有所为有所不为的原则，选择长沙优势产业领域实施创新战略，不断提高区域综合创新能力，推动知识创新转化为产业创新，围绕知识创新、技术创新和产业创新大力发展以创新服务、生产流通服务、文化创意服务等为重点的现代服务业，将长沙建设成为在智能制造等一些领域具有国际影响力和国际辐射力的国家级科创中心。

2. 实施创新驱动发展战略

在加快形成新兴产业、高端产业的同时，高度重视传统产业的优势再造。更加重视大众创业、万众创新，激活市场主体活力，助推产业转型升级。让科

技成果市场化，加速转换成生产力。坚持企业在自主创新中的主体地位，政府要进一步营造鼓励创新的环境，培养造就创新人才，深化科技管理体制改革，优化科技资源配置，完善鼓励技术创新和科技成果产业化的法制保障、政策体系和激励机制。

3. 强化科技人才支撑

实施积极的人才政策，建立更加灵活的人才管理制度，优化人才创新创业环境，激发人才创新创造活力。改革人才计划选拔机制，探索建立“评用结合”的人才申报评审和使用分离机制，在世界范围内选拔优秀人才。大力培育创意产业人才队伍。注重发挥民间智库、社会组织在长沙经济社会发展中的外脑作用。

（六）对照“交通维度”标准，强化物流枢纽功能，提升城市要素流通力

不断完善现代交通体系，不断健全现代市场群体系，加快建设临空经济示范区，显著提升人流物流信息流快进快出、大进大出能力，力争到2021年基本建成国家交通物流中心。

1. 突出物流通道拓展

谋划建设长沙第二机场，推动渝长厦、长九高铁和河西高铁站建设，提升长沙通江达海能力，完成霞凝港三期及铁路专线建设，完善高速路网，促进交通物流一体化、集装化、网络化、社会化、智能化发展。

2. 强化基础设施对接

完善与武汉、南昌为中心的城际交通，实现省会城市间 2 小时通达，与周边城市之间 1～2 小时通达。主动加强长沙港与武汉港、宜昌港、岳阳港、南昌港、九江港等主要港口之间的合作，推动构建功能完善、布局合理、层次分明、紧密协作的长江中游港口群。强化长沙黄花国际机场的区域枢纽功能，增加国际国内运输航线，优化航线网络，提高与全国主要城市间航班密度。

2016年12月

长沙市人口增长状况及对策研究

当前，中国正处于以省会中心城市人口快速增长为主要特征的大城市化时期，人力资源、人才资源的竞争越来越成为新一轮城市竞争的战略焦点。为全面掌握我市人口现状，提高人口数量和质量，制定适应创建国家中心城市要求的人口发展战略，根据市委、市政府主要领导要求，长沙市人民政府研究室与长沙市公安局、长沙市统计局组成联合课题组进行了专题调研。现将情况报告如下，供决策参考。

人口总量与增长

实有人口总量突破1000万大关

长沙市统计报告显示，2016年末长沙市常住人口764.52万人，比2015年增加21.34万人，增长2.87%，增幅为近年来最高。其中城镇人口580.97万人，城镇化率75.99%；市区人口411.64万人，占全市总人口的53.8%，比上年增加14.4万人，增长3.6 %。据市公安局统计，截至2017年6月30日，户籍人口达707.8万人、流动人口341.54万人，实有人口达到[①]1012.3万人。

① 实有人口=户籍人口+流动人口+常住外国人+非本市户籍高校学生+未落户人员-本市域内流动人口-户在人不在户籍人口。因为流动人口是随时变化的，实有人口也只能是相对准确。

人口加速增长趋势明显

2011～2016年长沙净增常住人口55.4万，净增量居全国城市第10位。过去10年长沙人口增长大致可以分为3个阶段：第一阶段（2007～2012年），全市常住人口年度增幅在0.7%～1%之间（2010年因人口普查增加40万人除外）；第二阶段（2013～2015年），全市常住人口年度增幅在1%～1.7%之间；第三阶段（2016年起），长沙市年度常住人口年度增幅超过2%以上，达到2.87%；今年1～6月，全市常住人口增速达3%（图1）。从户籍人口进行分析，人口加速增长态势也较明显，2016年之前年均增幅均在2%以下，2016年起，增幅超过2%，与同期常住人口增长趋势一致。

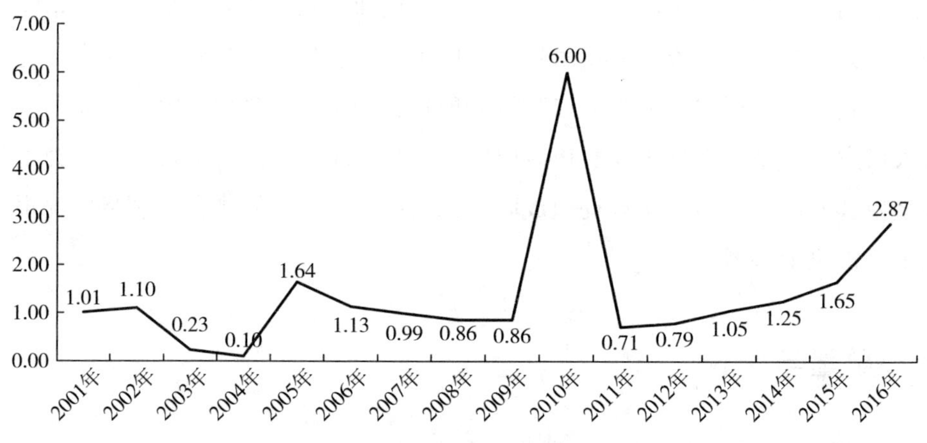

图1　2001～2016年长沙常住人口增速情况

人口增长居全国省会城市中上水平

2011～2016年，长沙常住人口年均增长1.09%，增速居全国城市第13位、省会城市第6位、中部省会城市第3位。据第一财经报道，2016年全国28个主要城市中常住人口净增量超过10万人的城市有11个，其中广州、深圳、重庆、长沙和杭州（图2）均超过20万人，长沙为21.34万人，居中部省会城市第1位，人口增量分别比郑州、武汉高出2.83 万人和 5.49万人，呈现爆发式增长的态势；2017年一季度，长沙人口吸引力位居全国省会城市第7位（图3）。

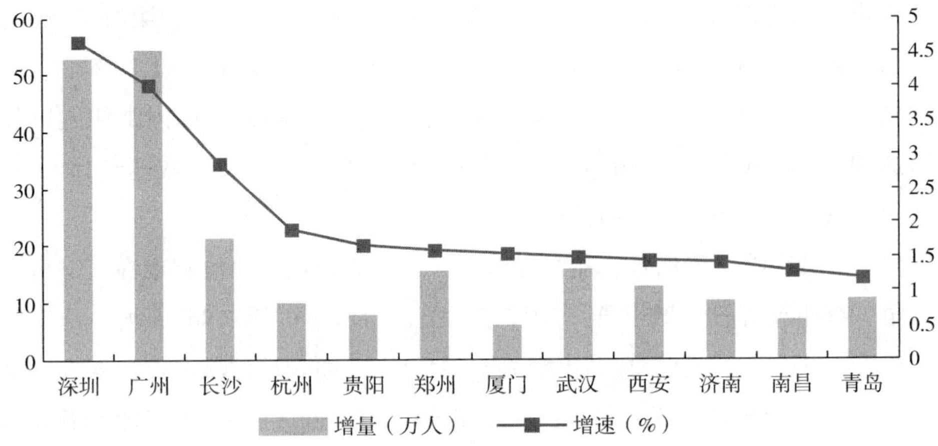

图2　2016年部分重点城市人口增量比较

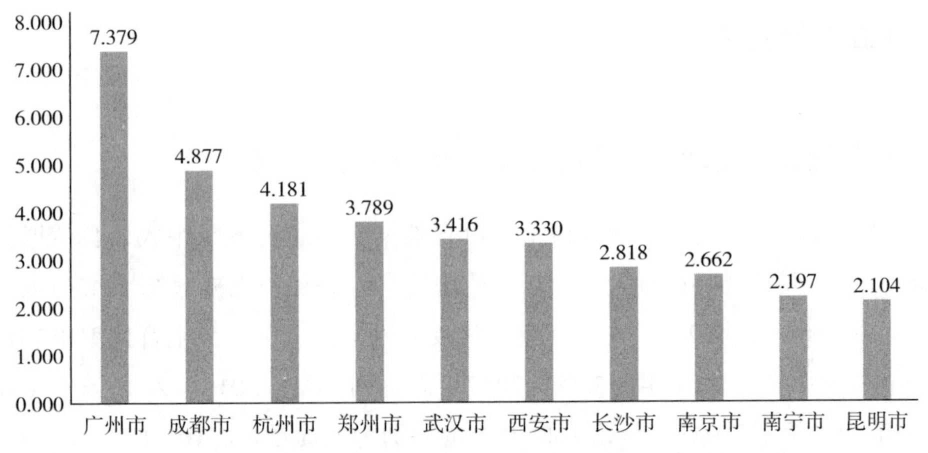

图3　2017年第一季度人口吸引力排名前10位的省会城市

城市扩张和城市圈的发展能有效促进人口集聚

上海、武汉和郑州三个人口千万级城市均通过城市合并实现了人口迅速增长。长沙市近33年没有进行辖区调整，没有因增加面积而增加人口。同时，随着长株潭城市群的统筹推进，三市的基础设施和综合功能协同提升，株州、湘潭两市流入长沙的人口相对较少，并对长沙的人口聚集产生了截流、分流作用。2014～2016年，省内城市迁入长沙落户17.24万人，其中湘潭、株州分别约占7.49%和7.40%，在全省14个市州中居第7位和第8位，而岳阳（11.74%）、邵阳（11.55%）、常德（11.46%）、益阳（11.33%）、衡阳（10.57%）迁入占比均超过10%。同时，湘潭、株洲两市期内常住人口分别增加到283.8 万人和401.63万人，长株潭城市群常住人口总数达到1449.95万，为武汉（1076.62万）的1.35倍。

从全国城市群人口增长变化情况来看，国内人口流入高度集中在长三角、珠三角、京津翼等三大城市群。2015年，长三角城市群流入863万人、珠三角城市群流入796万人、京津冀城市群流入684万人，而长株潭城市群流入人口仅53.08万人（其中长沙净流入62.82万人，株州净流出2.82万人，湘潭净流出6.92万人），相差甚远。

人口结构与质量

机械增长、流动人口等成为人口增长的主要支撑

“十二五”期间，长沙人口增长以自然增长为主，五年中人口自然增长2.48万人，年均增加近5万人，年均自然增长率为0.8%；机械增长[①]5.42万人，年均机械增长率为0.2%。其中落实二孩政策以来，全市二孩生育比率由2015年前的44%提高到2016年的52%，2017年已达到56%，2015、2016计生年度（上年10月至下年9月）全市人口出生量分别为9.01万人、10.21万人，2016年10月~2017年6月出生10.52万人。2016年，我市人口增长结构发生重大转变，机械增长率1.2%，高出自然增长率（1.1%）0.1个百分点，人口机械增长首次超过自然增长（图4）。在人口机械增长中，外地人口在长沙购房落户、企业员工增长、基础教育阶段来长沙就读、高校大学生随迁入户等成为主要途径。

① 机械增长是指因人口迁入迁出引起的增长。

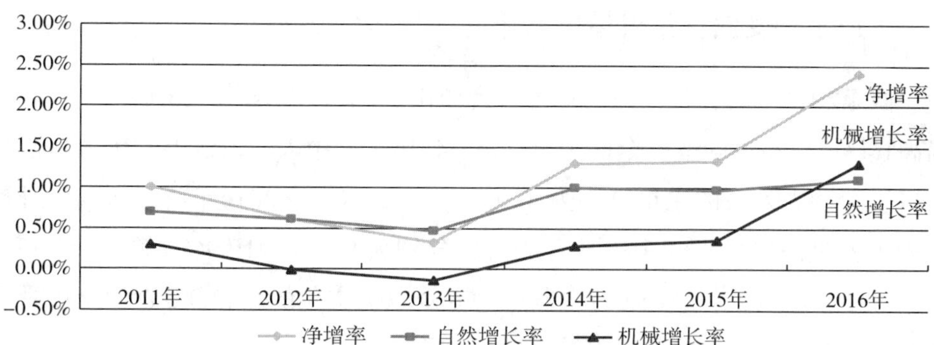

图4 长沙市2011～2016年户籍人口增长变化情况分析

劳动年龄人口①比重超过六成，但在逐年下降

统计数据显示，长沙劳动人口2010～2012年达到峰值，然后每年下降1个多百分点。2010年长沙常住人口中0～14岁占13.57%，15～59岁占72.78%，60岁以上占13.65%；2016年长沙常住人口中0～14岁占16.1%，15～59岁占66.7%，60岁以上占17.2%。2016年末长沙户籍人口中劳动年龄人口423.1万人，占比由2010年的67.9%下降到60.8%，呈逐年下滑的趋向（图5）。2011～2016年长沙新增户籍人口中劳动力占比为63%，新增常住人口中劳动力占比为84.3%，劳动年龄人口年均净流入2万以上，但全市劳动年龄人口总量仍逐年减少3万人左右。

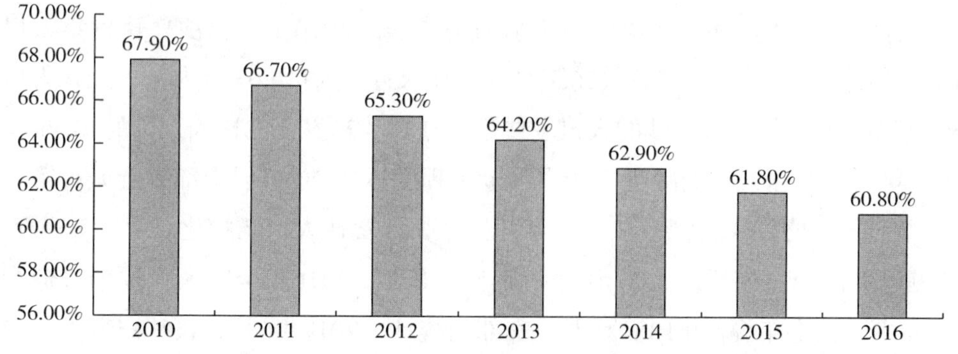

图5 2010～2016年长沙市户籍人口总数中劳动年龄人口比重变化

---

① 劳动年龄人口一般指法律规定的成年人口减去法定退休年龄的人员以后的人口总数。我国规定男子16～60周岁，女子为16～55周岁，这部分人口被视为劳动年龄人口。

人口平均受教育年限逐年上升

截至2016年底，长沙市人均受教育年限达到11.95年，比2010年的10.48年提高1.47年，超过湖南省全面小康标准1.45年，其中大专及以上学历人口占总人口、劳动力人口的比重分别为10.98%、16.21%。从2016年新迁入人口进行分析，受过高等教育和中等教育的占比分别为39.7%、19.9%（图6）。2016年，长沙净流入人口达68.5万，其中大专及以上文化的达27.0万，使全市受过高等教育的人口比例较上年提升了近1个百分点。

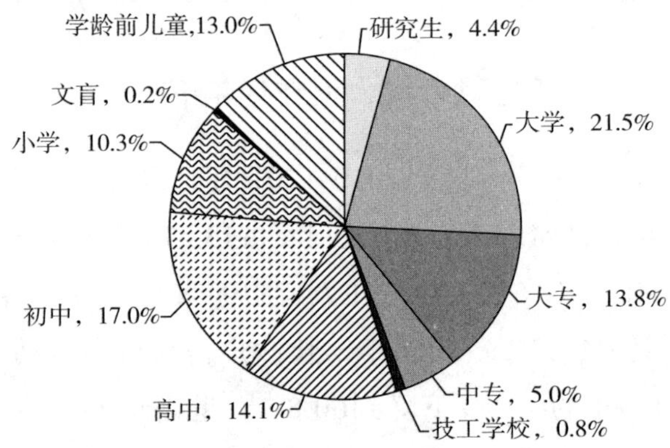

图6　2016年长沙市新迁入人员文化程度构结构图

青年人口[①]不足、老龄人口快速增长

青年人口数量和质量决定城市活力与未来。2016年，长沙户籍青年人口187.33 万人，占户籍人口总数26.88%；新迁入青年人口5.63 万人，占迁入人口50.64 %。2016年迁入长沙的人口主要集中在18～35岁，占迁入人员的50.5%。2016年长沙常住人口老龄化（60岁以上）程度达17.2%，居中部省会城市第二位（图7），略好于合肥；从2010年开始，长沙常住人口老龄化以每年0.5个百分点以上的速度递增。人均预期寿命不断提高，2016年全市人口预期寿命为77.38岁，比上年提高0.18岁。据公安部门统计，2017年6月，长沙户籍人口老龄化（60岁以上）率已达到20.5%。

① 通常情况下，青年人是指15～44周岁年龄阶段的人。本课题户籍青年人口统计口径为15～35周岁。

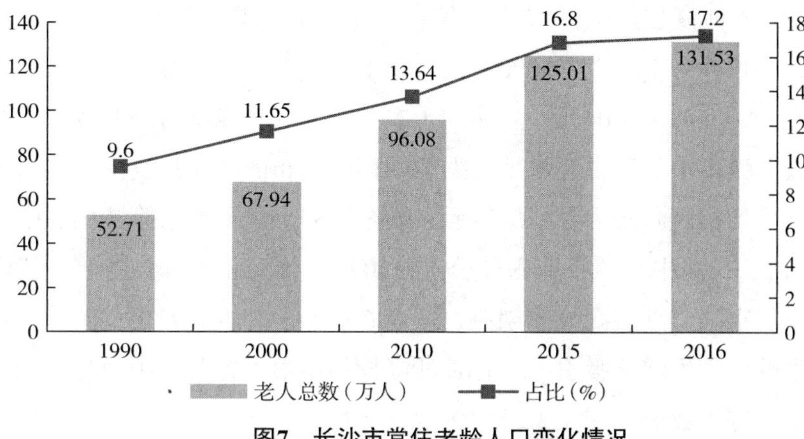

图7　长沙市常住老龄人口变化情况

人才流动与集聚

在长沙高校人才留长沙创业就业“一高一低”

“一高”就是在长沙高校人才留长创业就业总体比率较高。目前在长沙高等院校51所，年毕业生18.5万以上。2014～2016年，在长沙高校毕业生留在长沙就业创业达44.1%。据E朝朝数据显示，湖南省生源的毕业生选择留在长沙市创业就业的有一半左右（2016年为50.85%），体现了长沙对省内人才的较大吸引力。“一低”是在长“985”“211”高校留长沙创业就业比率偏低。2016年，中南大学、湖南大学、湖南师范大学3所高校毕业生留长沙比率分别为20.37%、22.72%、38.54%，而且近3年逐年下降5个百分点。湖南省外985或211院校只有华中科技大学、兰州大学、中国科学技术大学和复旦大学4所高校选择在长沙就业超过3%，其他均未超过2%。

吸引高层次人才和国外留学生短板较为突出

根据全国毕业生求职数据统计（2014～2017年2月），全国151所985或211高校，仅27所高校毕业生选择来长沙创业、就业，且比例均不足4%；选择来长沙就业的毕业生中，专科占39.93%，本科占55.62%，硕士和博士占比均不足5.00%。长沙高层次人才吸引力偏弱的主要原因是发展机会和薪酬水平偏低。2016年长沙月平均工资5000多元，在中部省会城市中排名第一，但与北京（7706元）、上海（6504元）、深圳（7480元）等一线城市差距较大，在15个“新一线”城市中处于中等水平。据智联招聘发布的《2017夏季平均薪酬》显示，长沙平均招聘薪酬为月薪6721元，居全国37个主要城市第20位、中部省会城市第2位。长沙中小微企业占非公经济市场主体总量的94%以上，就业的稳定性和发展空间与高层次人才创业、就业心理预期有较大差距。此外，长沙对发达国家的留学生缺乏吸引力，在长沙高校的留学生主要来源地是非洲国家以及巴基斯坦等少数亚洲国家，且大多数是文科类留学生，人口外向度较低。

人才回流和外流都比较频繁

近年来，北京、上海等一线城市已现人口拐点，2015年北京、上海常住人口均由正转负，2016年同比下降3%。根据艾普大数据分析，2017年第二季度离开北上广深人群后主要迁徙目的地是省会中心城市，回流长沙的人才量位居全国第8位（图8），高于武汉和西安。

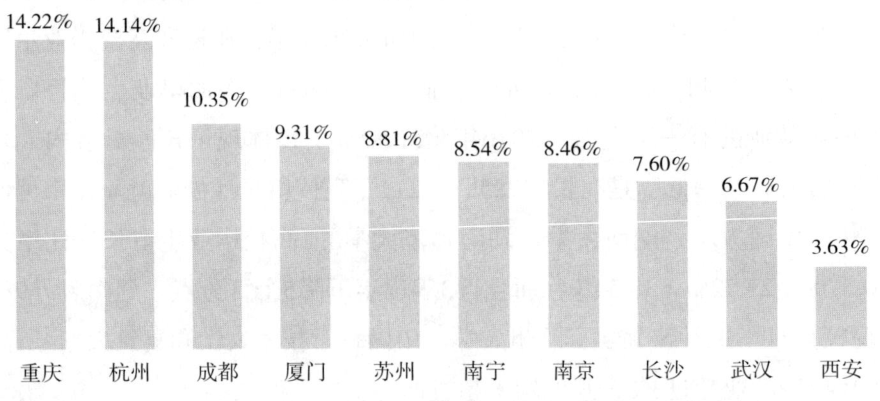

图8　离开北上广深人群迁徙目的地排名前10位的城市

长沙市每年高校毕业生外流9万多人，主要外流地是泛珠三角洲地区，其次是泛长江三角洲地区。近三年两区域分别吸纳长沙外流人才的80%和8.0%左右，其中10%到深圳、5%到广州。

政策实施与效应

户籍制度改革实施及效应

2014年7月，长沙实施新《长沙市常住户口登记管理办法》，有22种迁入落户政策，当年户籍人口增长率从2013年的0.3%提升到1.3%；2015年12月，《长沙市人民政府关于进一步推进户籍制度改革的实施意见》出台，建立城乡统一的居民户口登记制度，放宽户口迁移政策，户籍落户长沙更为便捷，2016年长沙户籍人口增加16万人，增长2.4%；2017年上半年增加10.93万人，新增人口比2011年和2012年两年的增加量还多。

人才政策实施及效应

近几年长沙市级财政累计投入8亿多元用于人才引进培育扶持服务和人才队伍建设。累计引进“313”人才102名、人才团队17个，引进储备青年人才近9000名，评审认定“3635”人才255名。据省社科院统计，我市人才总量为110.8万，占总人口的14.8%。重点扶持大学生就业创业，基本形成涵盖大学生创新创业全过程的政策套餐，全市近三年扶持1.4万名大学生创业。特别是8月21日实施的“人才新政22条”细则在全国引起强烈反响：一个月引进8544名优秀年轻人才（表1）。

表1　长沙人才新政实施一个月引进年轻人才表

总量	文化程度		年龄结构			性别		来源地	
	研究生	本科	20～25岁	26～30岁	31～35岁	男	女	省内	省外
8544	2070	6474	4004	3662	878	4427	4117	7079	1465
占比	24.23%	75.77%	46.86%	42.86%	10.28%	51.81%	48.19%	82.85%	17.15%

住房政策实施及效应

近年来，长沙始终坚持将住房价格优势作为促进人口增长、人才引进的重大基础优势。长沙房价一直“很亲民”，成为吸引人口落户长沙的巨大“磁石”。近四年，长沙新建商品住宅销售中市外购房者逐年增加，2016年占比

64.27%（表2）。2017年上半年因购房落户长沙占比达63.46%。

表2　　2014～2017年7月长沙市新建商品住宅购房者籍贯构成表

年份	总计	本市	本省其他市州	外省
2014年	132006套	50.00%	39.87%	10.13%
2015年	173350套	45.41%	36.88%	17.70%
2016年	244255套	35.73%	46.88%	17.39%
2017年1～7月	82042套	48.36%	42.73%	8.91%

公共服务政策实施及效应

长沙大力建设教育强市，实行优质教育集团化发展战略，基本消除义务教育起始年级“大班额”，公办与民办普惠性幼儿园入学率达67.8%。坚持进城务工人员子女与户籍人口子女入学一视同仁，近五年每年均有10万余名外来随迁子女在长平等接受义务教育，占全市义务教育阶段学生1/3。长沙促进流动人口公共服务均等化，除国家规定的卫生计生服务基本项目实现全覆盖外，流动人口社会保险、就业培训、子女义务教育等公共服务皆大步迈进。公共服务政策的优化和公共服务产品的完善，提升了长沙人口吸引力。

制约因素与潜力

城市承载空间亟待拓展

长沙市域总面积11819.5平方公里，其中城区规划面积1938平方公里。2016年底，长沙建成区347.97平方公里，居全国省会城市第23位、中部省会城市第4位，少于武汉、合肥、郑州。由于城市腹地没有打开，建成区面积过小，市政配套设施缺乏连贯性，城市功能布局不均衡，人口分布极不均衡。长沙中心城区平均人口密度达1.66万人/平方公里，远高于1万人/平方公里的城市规划建设标准。芙蓉、天心、雨花等人口密集区域，人口密度相对较高，而望城区、长沙县、浏阳市、宁乡市除城区外人口分布较分散。

战略平台建设还须加快

园区在优化城市产业结构和人口布局等方面具有重要作用。目前长沙拥有1个国家级新区、5个国家级园区、8个省级园区，园区已开发面积11243.27平方公里，但受区域位置、起步较晚等因素影响，临空经济示范区、高铁会展新城、马栏山视频文创园等园区公共服务配套相对滞后，人口集聚能力不强，产城融合有待增速。

就业吸纳能力有待增强

就业吸纳能力是影响人才引进和人口增长最根本、最持续的动力。2016年长沙三次产业占比为4.0：48.4：47.6，服务业占比未过一半，服务业短板明显影响长沙的就业吸纳能力。长沙缺乏央企总部和大型国企，经济以非公有经济为主体，虽然拥有中联、三一等世界知名企业，但近年来市场收缩，企业裁员比较多，就业的稳定性和发展空间与人才创业、就业心理预期差距较大。长沙缺少像华为、腾讯、阿里巴巴等国际知名的新兴产业巨型企业。例如深圳华为拥有17万多员工，如果算上带动配套产业，创造的就业岗位更是乘数效应。长沙名优企业不多，导致就业吸纳能力不强。

人才绿色通道仍然不畅

作为内陆城市，我市地缘优势不明显，引才手段单一，常态化人才交流平台、人才中介组织相对较少，在海外也没有设立人才工作点。人才政策与产业政策、科技政策等结合度不够，对于青年人才、高技能人才、企业家人才、国际化人才重视不够。人才引进、任用的服务政策相对较为分散，政策信息发布推介不全面、不及时，尤其是住房、家属就业、子女入学等人才高度关注的问题解决达不到预期。2016届毕业生对长沙市高校的就业创业工作满意度比2015届毕业生下降了2.57个百分点。

发展对策与建议

城市发展的竞争主要体现在人力、人才资源的竞争。按照目前的人口增速推算，2020年长沙市户籍人口约780万左右，常住人口约900万左右，离“十三五”末“常住人口超过1000万人”的预测有较大差距。下阶段，要加快构建与创建国家中心城市相适应的人口增长机制，让更多人“进得来、住得下、融得进、好就业、能创业”。

拓展发展空间，提升人口增长承载力

鉴于长沙人口总量不足但中心城区人口密度较大情况，要按照“一江两岸、一城多区”“多中心、网络状、串珠式”空间格局，加快城区相对均衡发展，合理引导人口流入，既增加人口总量，又优化人口生存质量。

1. 突出抓好以长沙为核心的城市群建设

长株潭三市经济总量超过1.4万亿元，形成了1500万人口的城市共同体，是全国最具城市群形态、同城化最紧密的城市群。要着眼全省发展大局，谋划推进长株潭城市群建设。一方面，充分发挥长沙在长株潭城市群和“一带一部”的核心引领作用，做优、做强以长沙为核心的“3+5”城市群（“3”为长株潭大都市区，是城市群核心区；“5”为岳阳、常德、益阳、衡阳、娄底等5个外围城市构成的城市群外圈，即2小时经济圈），形成与国家中心城市相匹配的空间规模、城市架构，促进人口和高端要素加速集聚，辐射带动“3+5”城市群又好又快发展，引领示范做出更大贡献，成为湖南乃至中部崛起的主要引擎，在全国城市群中发挥重要影响力。另一方面，促进浏阳、宁乡省会副中心建设。加快长沙至浏阳、长沙至宁乡的城市轨道交通和南、北横线建设，打造省会城市副中心。打造金阳新区和沩东新城，疏解省会功能。加快宁乡西拓步伐，建好岳宁大道与岳临高速互通，支持宁乡在规划、产业、功能、基础设施等方面与中心城市无缝融合，到2020年宁乡城区达75平方公里、70万人口规模。加快浏阳城市东进西延步伐，重点建好金阳大道，打通西接武广新城的快速通道，优化主城区、集镇规划区开发建设，加强湘赣边区域性合作，到2020年浏阳建成区达37平方公里、人口达37万人。支持浏阳、宁乡两市外出人员返乡就业、创业，并有效增强对江西萍乡、岳阳、株洲及益阳、常德、娄底、湘潭等地人口的吸引力，确保两市常住人口均增加30万、均达160

万以上。

2. 开发望城区沿湘江地带

目前望城建成区面积45.73平方公里、人口29.8万人，人口密度仅6516人/平方公里，远远低于中心城区。应充分利用35公里湘江岸线，按照现代都市区标准建好高塘岭、月亮岛、大泽湖、白沙洲等滨水城市核心区；加快推进18平方公里的金桥新城规划建设，打造以商贸物流、居住、旅游集散为一体的综合性功能区；把湘江古镇群打造成为中国最具魅力的古镇群，广泛吸引人员前来旅游、居住。力争到2020年望城建成区面积达80平方公里以上，全区总人口达75万人以上。

3. 加快长沙县融城步伐

力争2018年将长沙县改区，加快推进营盘路东延至星沙大道、三一路与洪山路对接、劳动路和湘府路东延至黄兴镇、地铁3号线等建设，完成黄花机场联络线提质改造，统筹长沙县城及长沙经开区、黄花、榔梨、江背、安沙、黄兴等建设，重点实施一批与长沙主城区对接融合的市政、交通、通讯等基础设施项目，打造长沙东部新城。四是力争调整行政区划。湘阴距长沙仅40多公里，置县1534年来有1215年隶属长沙管辖，1983年2月国务院12号文件决定将湘阴划归长沙，但一直没有落实。湘阴与长沙的经济社会交往十分密切，当前芙蓉路也已北延至湘阴，建议市委、市政府加强汇报，争取适时将湘阴划入长沙，可以增加1581.5平方公里国土面积、80万人口，增强长沙作为省会城市的辐射带动作用。

实现重点突破，形成人口增长聚集力

配套完善、功能齐全、环境良好的优质平台、重点区域是吸引人才、吸纳人口增长的关键。到2020年仅3年多的时间要实现“常住人口超过1000万人”的预测，长沙必须精准发力，着力建设一批发展富有特色、创新活力迸发的人口集聚“主磁场”，提升优质人口聚集效应。

1. 建好六大片区

岳麓山国家大学科技城、马栏山视频文创园、临空经济示范区、高铁会展新城、湖南金融中心和南部片区是未来长沙产业转型升级发展的聚集地、创新活力迸发的增长点、品质城市彰显的示范区，也必将成为人力人才新的集聚区。要以六大片区为载体，引导人口分类聚集。高铁会展新城及周边的黄黎组团规划人口57.5万人，目前实有人口不到12万，还可以引进掌握高铁运营、维修、服务及会展策划、布展、营销等优秀人才45万左右；40多平方公里的临空经济示范区核心地带目前不足8万人，还能再容纳熟悉航空运营、维修、物流、配套服务等专业人才32万人。岳麓山国家大学科技城、马栏山视频文创园规划面积分别为23、26平方公里，按1万人/平方公里密度估算，可增加40万人。南部片区、湖南金融中心也可以汇聚10万以上专业人才。

2. 提质工业园区

工业园区是经济建设的主战场、主阵地，也是人口增长的聚集区。目前"五区八园"（不含星沙工业园）已开发面积约112.4平方公里，人口密度明显低于全市平均水平。要坚持产城融合，就近配建生活区，完善教育、医疗、文娱等配套服务，就地安置园区员工，促其安居乐业。要积极对接世界500强、中国500强、民营500强企业，加大招商引资力度，抓好二次招商、产业链招商，提高产业集中度、企业集群度和人口集聚度，做到以人兴业、以业兴城、以城聚人，将园区打造成新的人口增长聚集区。

3. 用好人才新政

《长沙市建设创新创业人才高地的若干措施》（"人才新政22条"）及实施细则的出台，让青年人才欢欣鼓舞。要抢抓机遇，力争到2020年新增引进和留住各类人才不少于50万人。同时，适时邀请国内外知名大学来长沙开办分校，持续增强优质教育资源，形成新的人口增长点。

加快产业培育，增强人口增长原动力

加快培育产业、发展产业，增加创业、就业机会，是促进人口增长的基础前提。

1. 做大、做强高端制造业吸引高技能人才

以打造国家智能制造中心为契机，深入实施"智造强市"战略和"互联网

+”行动，积极培育工业机器人、增材制造装备、高档数控机床、智能成套设备、航空航天装备等产业集群，吸引更多高素质、高技能人才来长沙创业、就业。健全完善产业发展政策，加快结构调整步伐，推动高素质、高技能人才向高端制造业集聚，实现人口结构与产业结构双向互动、协同提升、协调发展。

2. 着力推动“双创”发展吸纳创新创业人才

实施创新驱动发展战略，加快建设国家自主创新示范区。聚焦移动互联网、文化创意、大数据等领域，建设一批国家技术创新中心、新型技术研究院和产业技术创新联盟，重点将岳麓山国家大学科技城建成全国创新高地，广泛吸纳国内外大学毕业生等群体来长沙创新创业。紧紧围绕“高精尖”产业，就创新创业场所、资金、人员等出台配套政策，浓郁“大众创业、万众创新”氛围，向各高校、科研院所引进高素质人才，推动创新发展。

3. 大力发展现代服务业吸纳各层次就业人员

补齐现代服务业短板，加快推动金融保险、文化创意、高端商务、总部经济发展，不断提高就业人员待遇，吸引外来人口来长沙就业。加快发展生活性服务业，提升教育、医疗、购物、休闲和康养等服务水平，让更多人更好体验到优质、高效的生活服务，选择定居长沙、落户长沙。推进全域旅游，打响“山水洲城、快乐长沙”品牌，将长沙打造成国际旅游集散地，吸引国内外游客来长旅游。

做优品质长沙，保持人口增长吸引力

保持生态优势，优化人居环境，有效提升城市品质，让城市更宜居宜业、更吸引人。

1. 完善基础设施

按照“生态良好、生活便利”的要求，尽快将长沙新西站建成高度现代化的综合交通枢纽，强力推进地铁3～7号线建设，确保轨道交通承担公共交通客运量的40%以上。完善城市路网和快速路、快捷路系统，畅通道路“微循环”，健全现代化立体交通体系，加快公交都市建设，公交出行分担率达35%，让市民出行更便捷。结合“两棚一改”政策，优先在外来人口集聚区配套建设公租房、廉租房等，优化居住环境、降低居住成本。加快推动城乡基础设施互联互通，建好南、北横线，提高对益阳、岳阳、娄底等周边城市的人口吸引力。

2. 提升配套功能

加快建设“千园之城”、海绵城市，加大城市绿化、美化、亮化力度，注重生态修复、城市修补，强化重点人口集聚区环境综合治理，以良好的城市生态环境吸引外地人口来长沙。加快智慧城市建设，推行基于数字化、信息化、智能化的网格化治理新模式，不断满足城市居民尤其是“新长沙人”的新需求。

3. 稳定中低房价

继续落实“3・18”“5・20”房地产市场调控政策，健全长效机制，打赢房价“保卫战”。对人口集中、房源紧张的地区加大土地供应，增加住房供给，稳定市场预期。从严、从重打击开发商“捂盘惜售”、外地人员“炒房”等行为，确保房地产价格整体平稳，保持价格优势。

4. 提质公共服务

着力提高长沙户籍的“含金量”，增加对市民的公园、博物馆、图书馆、音乐厅等公共服务消费“隐形福利”，提高娱乐休闲、健康养老、体育旅游等“折扣率”。完善就业、医保、社保、养老保险等保障体系。高度关注新生代农民工需求，重点为流动人口提供卫生、计生等健康服务，让他们同等享受到优质公共服务。

落实人才政策，打造人口增长核心竞争力

抢人才就是抢发展、抢未来，要落实人才新政、打造政策洼地，大力引进、培育、留住各类高素质人才。

1. 落实实施细则

建立常态化服务窗口，近期把人才新政及实施细则宣传好、解读好、贯彻落实好，确保政策落地见效。

2. 严格兑现奖励

加大专项资金整合、拨付力度，确保未来五年发放高精尖人才引进培育奖励资金8亿元以上，高校毕业生补贴资金20亿元以上，高技能人才奖励补贴资金3亿元以上，紧缺急需人才和国际化人才引进培育资金6亿元以上，同时组建规模不低于80亿元的各类产业扶持基金。

3. 提升服务水平

建立高端人才“市长直通车”制度，高端人才在创业、工作、生活中遇到问题可以直接找市长解决。开发人才一体化信息服务平台和手机客户端APP，为高素质人才创业、办税、购房、子女上学、就医保健、社保等开辟“网上绿色通道”。

优化基础管理，夯实人口增长服务力

将加强人口管理服务作为创新社会治理的重要内容，进一步加大改革力度，实行柔性管理，提升服务水平，有效增加人口净流入。

1. 科学制定人口发展规划

加强人口发展战略研究，以“建成常住人口1000万的现代化大都市”为目标，优化人口空间布局，提高人口综合素质，加快建成人口规模适度、结构优化、分布合理、流迁有序、素质优良的均衡型社会。加快新型城镇化建设，力争“十三五”末户籍人口城镇化率达70%以上、常住人口城镇化率80%以上。降低人口生育成本，将人口自然增长率保持在11‰以上。

2. 加快推动人口智慧管理

以公安人口信息为基础，整合教育、民政、人社、卫计、税务、统计等部门的人口数据和信息资源，搭建全市人口基础信息共建共享平台。运用“互联网+”技术创新人口管理办法，加快实现与周边地区人口信息互联互通，实现身份证、保险等异地办理、网上办理，让数据多流转、群众少跑路。

3. 协同提升人口服务水平

实行人才人口服务“一门式”办理模式，有效提高办事效率。落实好二孩政策的产假、生育津贴等配套服务，降低生育抚育成本，鼓励合法二胎申请，提高城市总和生育率。全面实施以“亲情化服务、市民化待遇、社区化管理”为内容的流动人口“融入工程”，帮他们实现“进城有工作、上岗有培训、报酬有保障、生产有安全、参保有办法、维权有渠道、生活有文化、发展有目标”。

2017年9月

附　录

湖南省统计局办公室文件

湘统办〔2016〕11号

湖南省统计局办公室
关于印发《季度地区生产总值核算方案（2016）》的通知

各市州统计局：

现将修订后的《季度地区生产总值核算方案（2016）》印发给你们，请认真贯彻执行。

湖南省统计局办公室

2016年4月7日

季度地区生产总值核算方案（2016年）

为了规范季度地区GDP核算方法，增强季度地区GDP核算方法的科学性，提高季度地区GDP数据质量和可比性，制定本方案。

第一部分　一般规定

一、核算目的

按照科学统一的方法核算各市州季度GDP，及时、真实、准确地反映各地区经济发展实际，更好地发挥GDP数据在树立科学发展观、正确政绩观和促进转型升级、提质增效中的引导作用。

二、基本核算方法

季度GDP与年度GDP在基本概念、口径范围上是一致的。与年度GDP相比，季度GDP核算的资料来源和计算方法有所不同，季度GDP核算资料远不如年度GDP核算资料翔实，所以它更多地依赖相关指标进行推算。

本方案中的GDP核算是指GDP生产核算，即增加值核算。季度各行业增加值核算包括不变价核算和现价核算。

（一）不变价增加值核算方法。

1. 缩减法

缩减法，指利用相关价格指数直接缩减现价增加值，求得不变价增加值，计算公式为：

不变价增加值＝现价增加值÷定基缩减指数

定基缩减指数＝（上年同期现价增加值÷上年同期不变价增加值）×当期价格指数

2. 速度推算法

速度推算法，指利用不变价增加值增长速度乘以上年同期不变价增加值，从而求得当期不变价增加值，计算公式为：

不变价增加值＝上年同期不变价增加值×（1+当期不变价增加值增长速度）

其中，

不变价增加值增长速度＝相关指标不变价增长速度×国家换算系数

国家换算系数利用上年年度不变价增加值增长速度和上年年度相关指标不变价增长速度计算，计算公式为：

国家换算系数＝上年年度不变价增加值增长速度÷上年年度相关指标不变价增长速度

如果某行业相关指标不变价增长速度为负数，换算系数采用1。

不变价增加值核算的价格基年每五年调整一次。2016～2020年不变价增加值计算以2015年为基期年份，2015年不变价增加值等于现价增加值。

（二）现价增加值核算方法。

根据基础资料情况，季度现价增加值核算主要采用增加值率法和价格指数推算法。

1. 增加值率法

增加值率法，指先核算现价总产出，再根据上年年报资料和当期有关生产情况确定现价增加值率，然后将二者相乘得出增加值，计算公式为：

现价增加值＝现价总产出×现价增加值率

2. 价格指数推算法

价格指数推算法，指利用当期不变价增加值和价格指数计算当期现价增加值，计算公式为：

现价增加值＝不变价增加值×定基价格指数

定基价格指数＝（上年同期现价增加值÷上年同期不变价增加值）×当期价格指数

三、核算分类

根据《国民经济行业分类》（GB/T4754–2011）和《三次产业划分规定》（国统字〔2012〕108号），季度地区生产总值核算分类划分如下：

季度地区生产总值核算分类表

	分类名称	对应《国民经济行业分类》（GB/T4754–2011）代码
行业分类	农林牧渔业	A
	工业	B、C、D
	开采辅助活动	11
	金属制品、机械和设备修理业	43
	建筑业	E
	批发和零售业	F
	批发业	51
	零售业	52
	交通运输、仓储和邮政业	G
	住宿和餐饮业	H
	住宿业	61
	餐饮业	62
	金融业	J
	房地产业	K
	房地产业（K门类）	7010、7020、7030、7090
	自有房地产经营活动	7040
	其他服务业	
	营利性服务业	I、L、O、R
	非营利性服务业	M、N、P、Q、S

续表

	分类名称	对应《国民经济行业分类》（GB/T4754–2011）代码
产业分类	第一产业	A（不含05大类）
	第二产业	B（不含11大类）、C（不含43大类）、D、E
	第三产业	F～S，以及05、11和43大类

三次产业现价和不变价增加值在行业增加值计算结果的基础上得到，计算公式如下：

第一产业增加值=农业增加值+林业增加值+牧业增加值+渔业增加值

第二产业增加值=工业增加值+建筑业增加值–开采辅助活动增加值–金属制品、机械和设备修理业增加值

第三产业增加值=按行业增加值汇总的GDP–第一产业增加值–第二产业增加值

四、数据上报和审核评估

各市州应在规定的报送日期前上报本地区的季度GDP数据（表式详见附表）。各市州在季度GDP核算中，要严格执行制度规定，按照实事求是、从严从紧的原则，认真做好本地区GDP核算。湖南省统计局核算处将对各地区季度GDP数据进行认真审核评估，并对不合理数据进行调整。

五、数据公布

湖南省统计局将审核评估后的季度GDP反馈给各市州，并在湖南统计信息网上统一对外公布。

六、适用范围

本方案适用于各市州统计局进行季度地区GDP生产核算。

第二部分　行业增加值核算方法

一、农林牧渔业

（一）核算范围

农林牧渔业增加值的核算范围包括国民经济行业分类中A门类的所有活动。

（二）资料来源

农经队：《农林牧渔业总产值》（M401表）

（三）核算方法

1. 现价增加值

农林牧渔业现价增加值，划分农业、林业、牧业、渔业、农林牧渔服务业五个大类分别计算汇总得到。

（1）农业、林业、牧业和渔业现价增加值。采用增加值率法计算，即总产值乘以增加值率。因为不同季节农林牧渔业生产结构差异很大，不同类别产品的增加值率也存在差异，因此计算季度增加值时，要根据当年农产品中间消耗的情况对上年度增加值率进行适当调整，形成相应季度的增加值率使用。计算公式（以农业为例）为：

当期农业现价增加值＝当期农业现价总产值×当期农业增加值率

根据《三次产业划分规定》，第一产业由农业、林业、牧业和渔业生产活动组成。第一产业现价增加值利用上述四个行业现价增加值汇总计算。计算公式为：

当期第一产业现价增加值＝农业现价增加值+林业现价增加值+牧业现价增加值+渔业现价增加值

（2）农林牧渔服务业现价增加值。可参照上年度农林牧渔服务业增加值占其他服务业增加值的比重或农林牧渔服务业劳动工资增长率计算。计算公式为：

当期农林牧渔服务业现价增加值＝当期其他服务业现价增加值×上年年度农林牧渔服务业现价增加值占其他服务业现价增加值比重

或者，

当期农林牧渔服务业现价增加值＝上年同期农林牧渔服务业现价增加值×本期农林牧渔服务业从业人员劳动工资增长率

当期农林牧渔业现价增加值、当期第一产业现价增加值，由农经队根据《农林牧渔业总产值》（M401表）资料统一计算。

2. 不变价增加值

农林牧渔业、第一产业的不变价增加值，根据可比价增加值增长速度推算，计算公式为：

当期农林牧渔业不变价增加值＝上年同期农林牧渔业不变价增加值×（1+当期农林牧渔业可比价增加值增长速度）

当期第一产业不变价增加值＝上年同期第一产业不变价增加值×（1+当期第一产业可比价增加值增长速度）

当期农林牧渔业可比价增加值增长速度、当期第一产业可比价增加值增长速度，由农经队根据《农林牧渔业总产值》（M401表）资料统一计算。上年同期农林牧渔业不变价增加值、上年同期第一产业不变价增加值，采用上年同期GDP核算中的不变价增加值。

二、工业

（一）核算范围

工业增加值的核算范围包括国民经济行业分类中的B门类、C门类和D门类的所有活动。

（二）资料来源

工业处：《地区工业增加值及其增长速度》（B401表）

工业处：规模以下工业统计资料

调查队：《工业生产者出厂价格指数》（V412表）

（三）核算方法

1. 不变价增加值

（1）全部工业不变价增加值。利用工业不变价增加值增长速度推算，计算公式为：

当期全部工业不变价增加值＝上年同期全部工业不变价增加值×（1+当期全部工业不变价增加值增长速度）

其中，

当期全部工业不变价增加值增长速度＝〔当期规模以上工业不变价增加值增长速度〕×〔上年年度规模以上工业现价增加值÷上年年度全部工业现价增加值）〕+〔当期规模以下工业不变价增加值增长速度×（上年年度规模以下工业现价增加值÷上年年度全部工业现价增加值）〕

当期规模以上和规模以下工业不变价增加值增长速度由工业处计算。当期全部工业不变价增加值增长速度由核算处根据规模以上工业和规模以下工业现价增加值比重和工业处提供的当期规模以上和规模以下工业不变价增加值增长速度加权计算。

关于规模以上工业和规模以下工业现价增加值比重数据的使用方法：2016年第一季度，采用核算处根据2014年各地区GDP年报统一计算并反馈的规模以上工业和规模以下工业现价增加值比重；从上半年开始，采用核算处根据2015年各地区GDP年报统一计算并反馈的规模以上工业和规模以下工业现价增加值比重。

（2）开采辅助活动以及金属制品、机械和设备修理业不变价增加值。利用上年年度各地区开采辅助活动，金属制品、机械和设备修理业不变价增加值占工业不变价增加值的比重计算，计算公式为：

当期开采辅助活动（金属制品、机械和设备修理业）

不变价增加值=当期工业不变价增加值×上年年度开采辅助活动（金属制品、机械和设备修理业）不变价增加值占工业不变价增加值的比重

上年年度开采辅助活动，金属制品、机械和设备修理业不变价增加值占该地区上年年度工业不变价增加值的比重，取自年度GDP核算资料。

2. 现价增加值

（1）全部工业现价增加值，利用全部工业不变价增加值和工业生产者出厂价格总指数计算，计算公式为：

当期全部工业现价增加值＝当期全部工业不变价增加值×当期工业定基价格指数

当期工业定基价格指数＝（上年同期工业现价增加值÷上年同期工业不变价增加值）×当期工业生产者出厂价格总指数

当期工业生产者出厂价格总指数取自《工业生产者出厂价格指数》（V412表）。

（2）开采辅助活动以及金属制品、机械和设备修理业现价增加值。利用上年年度各地区开采辅助活动，金属制品、机械和设备修理业现价增加值占工业现价增加值的比重计算，计算公式为：

当期开采辅助活动（金属制品、机械和设备修理业）现价增加值=当期工业现价增加值×上年年度开采辅助活动（金属制品、机械和设备修理业）现价增加值占工业现价增加值的比重

上年年度开采辅助活动，金属制品、机械和设备修理业现价增加值占工业现价增加值的比重，取自年度GDP核算资料。

三、建筑业

（一）核算范围

建筑业增加值的核算范围包括国民经济行业分类中E门类的所有活动。

（二）资料来源

投资处：建筑业企业统计资料

调查队：《建筑安装工程价格指数》（V415表）

（三）核算方法

1. 现价增加值

建筑业现价增加值采用增加值率法计算，即利用经营地总承包和专业承包建筑业企业（以下简称总专包企业）的总产值和增加值率，以及2013年经济普查资料等计算。计算公式为：

当期本地区全社会建筑业现价增加值＝当期本地区经营地总专包企业的建筑业增加值÷2013年本地区总专包企业增加值占全社会建筑业增加值的比重

其中，

当期本地区经营地总专包企业建筑业增加值=当期本地区经营地总专包企业的建筑业总产值×上年度的本地区总专包企业的建筑业增加值率

各地区当期全社会建筑业现价增加值由投资处统一核算并反馈。

2. 不变价增加值

建筑业不变价增加值采用缩减法计算。计算公式为：

当期建筑业不变价增加值＝当期建筑业现价增加值÷当期建筑业增加值定基缩减指数

当期建筑业增加值定基缩减指数＝（上年同期建筑业现价增加值÷上年同期建筑业不变价增加值）×当期建筑安装工程价格指数

当期建筑安装工程价格指数取自《建筑安装工程价格指数》（V415表）。

四、批发和零售业

（一）核算范围

批发和零售业增加值的核算范围包括国民经济行业分类中F门类的所有活动。

（二）资料来源

贸外处：《批发和零售业商品销售、库存情况》（E204表）

调查队：《商品零售价格指数》（V402表）

（三）核算方法

1. 不变价增加值

批发和零售业不变价增加值分批发业和零售业两部分。

（1）批发业不变价增加值。

批发业不变价增加值根据当期不变价增加值增长速度推算。计算公式为：

当期批发业不变价增加值＝上年同期批发业不变价增加值×（1+当期批发业不变价增加值增长速度）

当期批发业不变价增加值增长速度＝当期批发业商品销售额不变价增长速度×国家换算系数

当期批发业商品销售额不变价增长速度＝{〔（1+当期批发业商品销售额现价增长速度）÷当期商品零售价格总指数〕−1}×100%

国家换算系数＝上年年度国家批发业不变价增加值增长速度÷上年年度国家批发业商品销售额不变价增长速度

批发业商品销售额现价增长速度根据《批发和零售业商品销售、库存情况》（E204表）中批发业销售额的“1–本月”及“上年同期”资料计算。商品零售价格总指数取自《商品零售价格指数》（V402表）。

（2）零售业不变价增加值。

零售业不变价增加值根据当期不变价增加值增长速度推算。计算公式为：

当期零售业不变价增加值＝上年同期零售业不变价增加值×（1+当期零售业不变价增加值增长速度）

当期零售业不变价增加值增长速度＝当期零售业商品

销售额不变价增长速度×国家换算系数

当期零售业商品销售额不变价增长速度＝{〔（1+当期零售业商品销售额现价增长速度）÷当期商品零售

价格总指数〕-1}×100%

国家换算系数=上年年度国家零售业不变价增加值增长速度÷上年年度国家零售业商品销售额不变价增长速度

零售业商品销售额现价增长速度根据《批发和零售业商品销售、库存情况》（E204表）中零售业销售额的“1-本月”及“上年同期”资料计算。

国家换算系数，由国家统计局核算司统一计算，省统计局核算处在第一季度核算期间反馈各市州。原则上，换算系数用于当年各季度服务行业增加值核算。当相关指标增长速度出现异常值时，对应行业增长速度换算系数要进行适当调整（下同）。

2. 现价增加值

批发和零售业现价增加值分批发业和零售业两部分。

（1）批发业现价增加值。

批发业现价增加值利用不变价增加值和商品零售价格指数推算，计算公式为：

当期批发业现价增加值=当期批发业不变价增加值×当期定基价格指数

当期定基价格指数=（上年同期批发业现价增加值÷上年同期批发业不变价增加值）×当期商品零售价格总指数

（2）零售业现价增加值。

零售业现价增加值利用不变价增加值和商品零售价格指数推算，计算公式为：

当期零售业现价增加值=当期零售业不变价增加值×当期定基价格指数

当期定基价格指数=（上年同期零售业现价增加值÷上年同期零售业不变价增加值）×当期商品零售价格总指数

五、交通运输、仓储和邮政业

（一）核算范围

交通运输、仓储和邮政业增加值的核算范围包括国民经济行业分类中G门类的所有活动。

（二）资料来源

服务业处：《民航客货运输完成情况》（MH401表）
服务业处：《分地区铁路旅客周转量完成情况》（TL402表）
服务业处：《分地区铁路货物周转量完成情况》（TL403表）
服务业处：《全社会分地区公路营业性旅客运输量》（JT402表）
服务业处：《全社会分地区公路营业性货物运输量》（JT403表）
服务业处：《全社会分地区水路营业性旅客运输量》（JT404表）
服务业处：《全社会分地区水路营业性货物运输量》（JT405表）
服务业处：《分地区邮政行业业务总量及收入完成情况》（YZ402表）
调查队：《居民消费价格指数》（V401表）

（三）核算方法

1. 不变价增加值

交通运输、仓储和邮政业不变价增加值根据不变价增加值增长速度推算。计算方法为：

首先，根据上年GDP年报计算出铁路运输、道路运输、水上运输、航空运输、邮政业不变价增加值占交通运输和邮政业不变价增加值①的比重。

其次，利用当期各种运输方式的总周转量增长速度、邮政行业业务总量增长速度推算各运输方式和邮政业增加值增长速度。

再次，利用各运输方式和邮政业增加值增长速度和上述比重进行加权，计算出当期该行业不变价增加值增长速度。

最后，利用上年同期不变价增加值和当期不变价增加值增长速度计算出当期该行业不变价增加值。计算公式为：

当期交通运输、仓储和邮政业不变价增加值＝上年同期该行业不变价增加值×（1+当期不变价增加值增长速度）

① 交通运输和邮政业不包括管道运输业、装卸搬运和运输代理业、仓储业，下同。

当期不变价增加值增长速度＝〔当期铁路运输业不变价增加值增长速度×（上年年度铁路运输业不变价增加值÷上年年度交通运输和邮政业不变价增加值）〕+〔当期道路运输业不变价增加值增长速度×（上年年度道路运输业不变价增加值÷上年年度交通运输和邮政业不变价增加值〕〔+［当期水上运输业不变价增加值增长速度×（上年年度水上运输业不变价增加值÷上年年度交通运输和邮政业不变价增加值）〕+〔当期航空运输业不变价增加值增长速度×（上年年度航空运输业不变价增加值÷上年年度交通运输和邮政业不变价增加值）〕+〔当期邮政业不变价增加值增长速度×（上年年度邮政业不变价增加值÷上年年度交通运输和邮政业不变价增加值）〕

其中，

当期铁路运输业不变价增加值增长速度＝当期铁路运输总周转量增长速度×国家换算系数

当期道路运输业不变价增加值增长速度＝当期公路运输总周转量增长速度×国家换算系数

当期水上运输业不变价增加值增长速度＝当期水路运输总周转量增长速度×国家换算系数

当期航空运输业不变价增加值增长速度＝当期航空运输总周转量增长速度×国家换算系数

当期邮政业不变价增加值增长速度＝当期邮政行业业务总量增长速度×国家换算系数

各运输方式（邮政业）国家换算系数＝上年年度国家各运输方式（邮政业）不变价增加值增长速度÷上年年度国家各运输方式总周转量（邮政行业业务总量）增长速度

当期铁路运输业、航空运输业总周转量增长速度为全省统一增长速度，核算处统一反馈给各市州。

当期公路运输总周转量增长速度根据《全社会分地区公路营业性旅客运输量》（JT402表）和《全社会分地区公路营业性货物运输量》（JT403表）中的旅客周转量和货物周转量资料计算。

当期水路运输总周转量增长速度根据《全社会分地区水路营业性旅客运输

量》（JT404表）和《全社会分地区水路营业性货物运输量》（JT405表）中的旅客周转量和货物周转量资料计算。

当期邮政行业业务总量增长速度取自《分地区邮政行业业务总量及收入完成情况》（YZ402表）。鉴于邮政行业业务总量指标时效性难以满足季度核算需要，在交通运输、仓储和邮政业季度核算中，邮政行业业务总量指标采用错月数据，即各季度核算分别利用1～2月、1～5月、1～8月和1～11月数据。

在计算各种运输方式总周转量时，需要把客运周转量转换成货运周转量，客运、货运转换比例分别是：铁路1：1，公路10：1，水运2：1，航空13.7：1。各种运输方式总周转量的计算公式为：

铁路运输总周转量＝铁路货运周转量+铁路旅客周转量

公路运输总周转量＝公路货运周转量+（公路旅客周转量÷10）

水路运输总周转量＝水路货运周转量+（水路旅客周转量÷2）

航空运输总周转量=航空货运周转量+（民航旅客周转量÷13.7）

各地区铁路、公路、水路、航空等各运输方式总周转量增长速度、邮政行业业务总量增长速度，由核算处统一搜集资料计算并反馈。

鉴于相关部门的第四季度统计数据时间滞后，各地区在核算第四季度交通运输、仓储和邮政业增加值时，当期交通运输总周转量增长速度根据1～11月的铁路、公路、水运、航空客货运周转量资料计算。

2. 现价增加值

交通运输、仓储和邮政业现价增加值根据不变价增加值和加权平均价格指数推算，计算公式为：

当期交通运输、仓储和邮政业现价增加值＝当期交通运输、仓储和邮政业不变价增加值×当期交通运输、仓储和邮政业定基价格指数

当期交通运输、仓储和邮政业定基价格指数＝（上年同期交通运输、仓储和邮政业现价增加值÷上年同期交通运输、仓储和邮政业不变价增加值）×当期加权平均价格指数

当期加权平均价格指数＝［当期交通费价格指数×（上年年度交通运输仓储业不变价增加值÷上年年度交通运输、仓储和邮政业不变价增加值）］+〔邮递服务价格指数×（上年年度邮政业不变价增加值÷上年年度交通运

输、仓储和邮政业不变价增加值）〕

当期交通费价格指数、邮递服务价格指数取自《居民消费价格指数》（V401表）。

六、住宿和餐饮业

（一）核算范围

住宿和餐饮业增加值的核算范围包括国民经济行业分类中H门类的所有活动。

（二）资料来源

贸外处：《住宿和餐饮业经营情况》（S204表）

调查队：《居民消费价格指数》（V401表）

（三）核算方法

1. 不变价增加值

住宿和餐饮业不变价增加值分住宿业和餐饮业两部分。

（1）住宿业不变价增加值。

住宿业不变价增加值根据当期不变价增加值增长速度推算。计算公式为：

当期住宿业不变价增加值＝上年同期住宿业不变价增加值×（1+当期住宿业不变价增加值增长速度）

当期住宿业不变价增加值增长速度＝当期住宿业营业额不变价增长速度×国家换算系数

当期住宿业营业额不变价增长速度＝{〔（1+当期住宿业营业额现价增长速度）÷当期旅馆住宿价格指数〕−1}×100%

国家换算系数＝上年年度国家住宿业不变价增加值增长速度÷上年年度国家住宿业营业额不变价增长速度

住宿业营业额现价增长速度根据《住宿和餐饮业经营情况》（S204表）中

住宿业营业额总计的“1–本月”和“上年同期数”计算。当期旅馆住宿价格指数取自《居民消费价格指数》（V401表）。

（2）餐饮业不变价增加值。

餐饮业不变价增加值根据当期不变价增加值增长速度推算。计算公式为：

当期餐饮业不变价增加值＝上年同期餐饮业不变价增加值×（1+当期餐饮业不变价增加值增长速度）

当期餐饮业不变价增加值增长速度＝当期餐饮业营业额不变价增长速度×国家换算系数

当期餐饮业营业额不变价增长速度＝{［（1+当期餐饮业营业额现价增长速度）÷当期在外餐饮价格指数］−1}×100%

国家换算系数＝上年年度国家餐饮业不变价增加值

增长速度÷上年年度国家餐饮业营业额不变价增长速度

餐饮业营业额现价增长速度根据《住宿和餐饮业经营情况》（S204表）中餐饮业营业额总计的“1–本月”和“上年同期数”计算。当期在外餐饮价格指数取自《居民消费价格指数》（V401表）。

2. 现价增加值

住宿和餐饮业现价增加值分住宿业和餐饮业两部分。

（1）住宿业现价增加值。

住宿业现价增加值利用不变价增加值和价格指数推算，计算公式为：

当期住宿业现价增加值＝当期住宿业不变价增加值×当期定基价格指数

当期定基价格指数＝（上年同期住宿业现价增加值÷上年同期住宿业不变价增加值）×当期旅馆住宿价格指数

（2）餐饮业现价增加值。

餐饮业现价增加值利用不变价增加值和在外餐饮价格指数推算，计算公式为：

当期餐饮业现价增加值＝当期餐饮业不变价增加值×当期定基价格指数

当期定基价格指数＝（上年同期餐饮业现价增加值÷上年同期餐饮业不变价增加值）×当期在外餐饮价格指数

七、金融业

（一）核算范围

金融业增加值的核算范围包括国民经济行业分类中J门类的所有活动。

（二）资料来源

人民银行长沙中心支行：《金融机构人民币存、贷款分地区情况表》
证监会：分地区证券交易额资料
保监会：分地区保费收入资料
调查队：《居民消费价格指数》（V401表）
调查队：《固定资产投资价格指数》（V414表）

（三）核算方法

1. 不变价增加值

金融业不变价增加值根据当期不变价增加值增长速度推算。计算公式为：

当期金融业不变价增加值＝上年同期金融业不变价增加值×（1+当期金融业不变价增加值增长速度）

当期金融业不变价增加值增长速度＝〔当期货币金融服务及其他金融业不变价增加值增长速度×（上年年度货币金融服务及其他金融业不变价增加值÷上年年度金融业不变价增加值）〕+〔当期资本市场服务不变价增加值增长速度×（上年年度资本市场服务不变价增加值÷上年年度金融业不变价增加值）〕+〔当期保险业不变价增加值增长速度×（上年年度保险业不变价增加值÷上年年度金融业不变价增加值）〕

（1）当期货币金融服务及其他金融业不变价增加值增长速度。

当期货币金融服务及其他金融业不变价增加值增长速度＝当期人民币存贷款余额不变价增长速度×国家换算系数

当期人民币存贷款余额不变价增长速度＝{〔（1+当期人民币存贷款余额现价增长速度）÷当期价格指数〕−1}×100%

当期人民币存贷款余额现价增长速度＝{当期人民币存款余额现价增长速度×〔当期人民币存款余额÷（当期人民币存款余额+当期人民币贷款余额）〕}+{当期人民币贷款余额现价增长速度×〔当期人民币贷款余额÷（当期人民币存款余额+当期人民币贷款余额）〕}

当期价格指数＝（当期固定资产投资价格指数+当期居民消费价格指数）÷2

国家换算系数依据上年年度国家货币金融服务及其他金融业不变价增加值增长速度与上年年度国家人民币存贷款余额、社会融资规模的不变价增长速度的相关关系确定。

（2）当期资本市场服务不变价增加值增长速度。

当期资本市场服务不变价增加值增长速度＝当期证券交易额不变价增长速度×国家换算系数

当期证券交易额不变价增长速度＝{〔（1+当期证券交易额现价增长速度）÷当期价格指数〕−1}×100%

当期价格指数＝（当期固定资产投资价格指数+当期居民消费价格指数）÷2

国家换算系数＝上年年度国家资本市场服务不变价增加值增长速度÷上年年度证券交易额不变价增长速度

（3）当期保险业不变价增加值增长速度。

当期保险业不变价增加值增长速度＝当期保费收入不变价增长速度×国家换算系数

当期保费收入不变价增长速度＝{〔（1+当期保费收入现价增长速度）÷当期价格指数〕−1}×100%

当期价格指数＝（当期固定资产投资价格指数+当期居民消费价格指数）÷2

国家换算系数＝上年年度国家保险业不变价增加值增长速度÷上年年度国家保费收入不变价增长速度

各地区当期人民币存贷款余额增长速度、证券交易额增长速度、保费收入增长速度，由核算处统一搜集资料计算并反馈。当期固定资产投资价格指数、居民消费价格指数分别取自《固定资产投资价格指数》（V414表）和《居民消费价格指数》（V401表）。

鉴于中国人民银行的人民币存贷款余额、证监会的证券交易额和保监会的保费收入统计数据时间滞后，各地区在核算金融业增加值时，人民币存贷款余额增长速度、证券交易额增长速度和保费收入增长速度利用错月资料计算，即第一至第四季度核算分别利用1～2月、1～5月、1～8月和1～11月人民币存贷款余额、证券交易额和保费收入统计数据。

2. 现价增加值

金融业现价增加值利用不变价增加值和价格指数计算，计算公式为：

当期金融业现价增加值＝当期金融业不变价增加值×当期定基价格指数

当期定基价格指数＝（上年同期金融业现价增加值÷上年同期金融业不变价增加值）×当期价格指数

当期价格指数＝（当期固定资产投资价格指数+当期居民消费价格指数）÷2

八、房地产业

（一）核算范围

房地产业增加值的核算范围包括国民经济行业分类中K门类所有活动。

（二）资料来源

投资处：《房地产开发企业施工、销售和待售情况》（X402表）

人口处：《从业人员及工资总额》（202-1表）

调查队：房地产价格统计中《住宅销售价格指数（价格）汇总表》（V420表）、《居民消费价格指数》（V401表）、《建筑安装工程价格指数》（V415表）

（三）核算方法

房地产业分为两部分进行核算：一部分是房地产开发经营、物业管理、房地产中介服务和其他房地产业，简称“房地产业（K门类）”，另一部分是自有房地产经营活动。

1. 不变价增加值

房地产业不变价增加值＝房地产业（K门类）不变价增加值+自有房地产经营活动不变价增加值

（1）房地产业（K门类）不变价增加值。

房地产业（K门类）不变价增加值根据不变价增加值增长速度计算。计算方法为：

首先，根据上年GDP年报，分别计算出房地产开发经营业不变价增加值占房地产业（K门类）不变价增加值的比重，以及物业管理、房地产中介服务、其他房地产业不变价增加值占房地产业（K门类）不变价增加值的比重。

其次，利用当期商品房（包括期房和现房）销售面积增长速度、房地产业从业人员增长速度与工资总额不变价增长速度的算术平均增长速度和上述比重进行加权，推算出当期相关指标不变价增长速度，在此基础上乘以国家换算系数得到当期房地产业（K门类）不变价增加值增长速度。

最后，利用上年同期房地产业（K门类）不变价增加值和当期不变价增加值增长速度计算出当期房地产业（K门类）不变价增加值。计算公式为：

当期房地产业（K门类）不变价增加值＝上年同期房地产业（K门类）不变价增加值×（1+当期不变价增加值增长速度）

当期不变价增加值增长速度＝当期相关指标不变价增长速度×国家换算系数

当期相关指标不变价增长速度＝［当期商品房销售面积增长速度×（上年年度房地产开发经营业不变价增加值÷上年年度房地产业（K门类）不变价增加值）］+［（当期房地产业从业人员增长速度+当期房地产业从业人员工资总额不变价增长速度）÷2×（上年年度物业管理、中介服务、其他房地产业不变价增加值÷上年年度房地产业（K门类）不变价增加值）］

当期房地产业从业人员工资总额不变价增长速度＝{［（1+当期房地产业从业人员工资总额现价增长速度）÷（当期租赁房房租价格指数+当期二手住宅销售价格指数）÷2）］−1}×100%

国家换算系数＝上年年度国家房地产业（K门类）不变价增加值增长速度÷上年年度国家相关指标不变价增长速度

当期商品房销售面积增长速度根据《房地产开发企业（单位）施工、销售和待售情况》（X402表）中当期和上年同期累计商品房销售面积（包括现房和期房）计算。当期房地产业从业人员增长速度和工资总额现价增长速度根据《从业人员及工资总额》（202-1表）中当期和上年同期累计从业人员期末人数和从业人员工资总额资料计算。当期租赁房房租价格指数取自《居民消费价格指数》（V401表）。当期二手住宅销售价格指数取自《住宅销售价格指数（价格）汇总表》（V420表），各地区采用省会城市的二手住宅销售价格指数。

鉴于第四季度《从业人员和工资总额》免报，在核算1～4季度房地产业不变价增加值时，当期从业人员增长速度和从业人员工资总额现价增长速度根据1～3季度统计资料计算。

鉴于二手住宅销售价格指数统计数据时间滞后，在季度房地产业增加值核算时，二手住宅销售价格指数采用错月数据，即各季度核算分别利用1～2月、1～5月、1～8月和1～11月数据。二手住宅销售累计价格指数采用各月价格指数算术平均数计算。

（2）自有房地产经营活动不变价增加值。

当期自有房地产经营活动不变价增加值＝上年同期自有房地产经营活动不变价增加值×（1+当期自有房地产经营活动不变价增加值增长速度）

其中，当期自有房地产经营活动不变价增加值增长速度采用国家季度GDP核算中的固定速度（5%）核算。

2. 现价增加值

房地产业现价增加值＝房地产业（K门类）现价增加值+自有房地产经营活动现价增加值

（1）房地产业（K门类）现价增加值。

房地产业（K门类）现价增加值根据房地产业（K门类）不变价增加值和加权平均价格指数计算，加权平均价格指数利用房地产业相关价格指数计算，权数使用上年年度不变价增加值的比重，计算公式为：

当期房地产业（K门类）现价增加值＝当期房地产业（K门类）不变价增加值×当期房地产业（K门类）定基价格指数

当期房地产业（K门类）定基价格指数＝（上年同期房地产业（K门类）现价增加值÷上年同期房地产业（K门类）不变价增加值）×当期加权平均价格指数

当期加权平均价格指数＝〔当期新建住宅销售价格指数×（上年年度房地产开发经营业不变价增加值÷上年年度房地产业（K门类）不变价增加值）〕+{〔（当期租赁房房租价格指数+当期二手住宅销售价格指数）÷2）〕×（上年年度物业管理、中介服务、其他房地产业不变价增加值÷上年年度房地产业（K门类）不变价增加值）}

当期新建住宅销售价格指数取自《住宅销售价格指数（价格）汇总报》（V420表），各地区采用省会城市的新建住宅销售价格指数。

鉴于新建住宅销售价格指数统计数据时间滞后，在季度房地产业增加值核算时，新建住宅销售价格指数采用错月数据，即各季度核算分别利用1～2月、1～5月、1～8月和1～11月数据。新建住宅销售累计价格指数采用各月价格指数算术平均数计算。

（2）自有房地产经营活动现价增加值。

自有房地产经营活动现价增加值根据不变价增加值和建筑安装工程价格指数推算。计算公式为：

当期自有房地产经营活动现价增加值＝当期自有房地产经营活动不变价增加值×当期自有房地产经营活动定基价格指数

当期自有房地产经营活动定基价格指数＝（上年同期自有房地产经营活动现价增加值÷上年同期自有房地产经营活动不变价增加值）×当期建筑安装工程价格指数

当期建筑安装工程价格指数取自《建筑安装工程价格指数》（V415表）。

九、其他服务业

其他服务业由营利性服务业和非营利性服务业组成。

（一）营利性服务业

1. 核算范围

营利性服务业增加值的核算范围包括国民经济行业分类中I门类、L门类、O门类和R门类的所有活动。

2. 资料来源

服务业处：《财务状况》（F203表）

服务业处：《分地区电信业务总量及收入完成情况》（GX402表）

调查队：《居民消费价格指数》（V401表）

3. 核算方法

（1）不变价增加值。

营利性服务业不变价增加值根据当期不变价增加值增长速度推算。计算方法为：

首先，根据上年GDP年报，计算出电信、广播电视和卫星传输服务不变价增加值,以及其他营利性服务业（包括互联网和相关服务，软件和信息技术服务业，租赁和商务服务业，居民服务、修理和其他服务业，文化、体育和娱乐业，下同）不变价增加值分别占营利性服务业不变价增加值的比重。

其次，利用当期电信业务总量增长速度、其他营利性服务业营业收入不变价增长速度和上述比重进行加权，计算出当期该行业不变价增加值增长速度。

最后，利用上年同期不变价增加值和当期不变价增加值增长速度计算出当期该行业不变价增加值。计算公式为：

当期营利性服务业不变价增加值＝上年同期营利性服务业不变价增加值×（1+当期不变价增加值增长速度）

当期不变价增加值增长速度＝〔当期电信、广播电视和卫星传输服务业不变价增加值增长速度×（上年年度电信、广播电视和卫星传输服务业不变价增加值÷上年年度营利性服务业不变价增加值）〕+〔当期其他营利性服务业不变价增加值增长速度×（上年年度其他营利性服务业不变价增加值÷上年年度营利性服务业不变价增加值）〕

其中，

当期电信、广播电视和卫星传输服务业不变价增加值增长速度=当期电信业务总量增长速度×国家换算系数国家换算系数＝上年年度国家电信、广播电视和卫星传输服务业不变价增加值增长速度÷上年年度国家电信业务总量增长速度

当期其他营利性服务业不变价增加值增长速度=当期其他营利性服务业营业收入不变价增长速度×国家换算系数

当期其他营利性服务业营业收入不变价增长速度＝{〔（1+当期其他营利性服务业营业收入现价增长速度）÷当期服务价格指数〕−1}×100%

国家换算系数＝上年年度国家其他营利性服务业不变价增加值增长速度÷上年年度国家其他营利性服务业营业收入不变价增长速度

当期电信业务总量增长速度由服务业处根据《分地区电信业务总量及收入完成情况》（GX402表）统一搜集，核算处统一反馈各地区。当期其他营利性服务业营业收入现价增长速度取自规模以上服务业法人单位《财务状况》（F203表），由服务业处利用互联网和相关服务，软件和信息技术服务业，租赁和商务服务业，居民服务、修理和其他服务业，文化、体育和娱乐业的调查资料统一计算，核算处统一反馈各地区。当期服务价格指数取自《居民消费价格指数》（V401表）。

考虑到电信业务总量指标统计时间滞后的情况及规模以上服务业调查制度规定，电信业务总量和营业收入均采用错月数据，即各季度核算分别采用1～2月、1～5月、1～8月和1～11月数据。

（2）现价增加值。

营利性服务业现价增加值利用不变价增加值、通信服务价格指数和服务价格指数计算，计算公式为：

当期营利性服务业现价增加值＝当期营利性服务业不变价增加值×当期营利性服务业定基价格指数

当期营利性服务业定基价格指数＝（上年同期营利性服务业现价增加值÷上年同期营利性服务业不变价增加值）×当期加权平均价格指数

当期加权平均价格指数＝〔当期通信服务价格指数×（上年年度电信、

广播电视和卫星传输服务业不变价增加值÷上年年度营利性服务业不变价增加值）〕+〔当期服务价格指数 ×（上年年度其他营利性服务业不变价增加值÷上年年度营利性服务业不变价增加值）〕

当期通信服务价格指数取自《居民消费价格指数》（V401表）。

（二）非营利性服务业

1. 核算范围

非营利性服务业增加值的核算范围包括国民经济行业分类中M门类、N门类、P门类、Q门类和S门类的所有活动。

2. 资料来源

财政厅：《国家财政预算支出完成情况》

调查队：《居民消费价格指数》（V401表）

3. 核算方法

（1）不变价增加值。

非营利性服务业不变价增加值根据当期不变价增加值增长速度推算。计算公式为：

当期非营利性服务业不变价增加值＝上年同期非营利性服务业不变价增加值×（1+当期非营利性服务业不变价增加值增长速度）

当期非营利性服务业不变价增加值增长速度＝当期财政预算支出中8项支出合计不变价增长速度×国家换算系数

其中，

当期财政预算支出中8项支出合计不变价增长速度＝{〔（1+当期财政预算支出中8项支出合计现价增长速度）÷当期缩减指数〕−1}×100%

当期缩减指数=当期居民消费价格指数×国家缩减指数换算系数国家缩减指数换算系数=上年年度国家非营利性服务业增加值缩减指数÷上年年度居民消费价格指数

上年年度国家非营利性服务业增加值缩减指数=（上年年度国家非营利性服务业现价增加值发展速度÷上年年度国家非营利性服务业不变价增加值发展

速度）÷上年年度居民消费价格指数

国家换算系数＝上年年度国家非营利性服务业不变价增加值增长速度÷上年年度国家财政预算支出中8项支出合计不变价增长速度

当期财政预算支出中8项支出合计，包括一般公共服务支出、公共安全支出、教育支出、科学技术支出、社会保障和就业支出、医疗卫生与计划生育支出、节能环保支出及城乡社区支出，现价增长速度由省统计局核算处从财政部门统一搜集并反馈；当期居民消费价格指数取自《居民消费价格指数》（V401表）。国家缩减指数换算系数由国家统计局核算司统一计算，省统计局核算处在第一季度核算期间反馈给各市州。

鉴于财政部门第四季度统计数据时间滞后，在核算1～4季度非营利性服务业增加值时，当期财政预算支出中8项支出合计现价增长速度采用1～11月数据。

（2）现价增加值。

非营利性服务业现价增加值利用不变价增加值和缩减指数计算，计算公式为：

当期非营利性服务业现价增加值＝当期非营利性服务业不变价增加值×当期定基缩减指数

当期定基缩减指数＝（上年同期非营利性服务业现价增加值÷上年同期非营利性服务业不变价增加值）×当期缩减指数

附表

季度地区生产总值

表号：Q401表
制表机关：湖南省统计局
文号：湘统（2015）50号
有效期至：2017年1月

综合机关名称：　　20　年　季　　计量单位：万元

指标名称	代码	按当年价格计算				按不变价格计算					
		本年		上年同期		本年		上年同期		比上年同期的增长速度(%)	
		当季	累计	当季	累计	当季	累计	当季	累计	当季	累计
甲	乙	1	2	3	4	5	6	7	8	9	10
地区生产总值	01										
农、林、牧、渔业	02										
工业	03										
开采辅助活动	04										
金属制品、机械和设备修理业	05										
建筑业	06										
批发和零售业	07										
批发业	08										
零售业	09										
交通运输、仓储和邮政业	10										
住宿和餐饮业	11										
住宿业	12										
餐饮业	13										
金融业	14										
房地产业	15										
房地产业（K门类）	16										
自有房地产经营活动	17										
其他服务业	18										
营利性服务业	19										
非营利性服务业	20										
第一产业	21										
第二产业	22										
第三产业	23										

单位负责人：　　填表人：　　报出日期：20　年　月　日

附件1

主要修订情况的说明

本方案是在总结2015年《季度地区生产总值核算方案》（湘统办〔2015〕9号）实施经验的基础上，结合有关统计制度方法和基础统计资料情况制定的。与2015年《季度地区生产总值核算方案》相比，主要作了以下调整：

一、调整不变价增加值核算基年

为解决不变价基期固定时间过长而造成的不变价与现价GDP行业结构偏离较多的问题，每五年调整一次不变价GDP核算基年。2016～2020年不变价增加值计算以2015年为基期，2015年不变价增加值等于现价增加值。

二、行业分类中不再单列农林牧渔服务业

鉴于农经队在提供农林牧渔业增加值数据时，可以同时提供第一产业增加值和农林牧渔服务业增加值的数据，因此，在季度地区生产总值核算行业分类中不再单列农林牧渔服务业。

三、改进部分行业增加值核算方法

改进交通运输仓储和邮政业、住宿和餐饮业、金融业、房地产业（K门类）和非营利性服务业增加值的核算方法，以更客观全面地反映相应行业的发展变化。

一是交通运输、仓储和邮政业增加值核算。现价增加值计算中，将交通运输仓储业原使用的城市间交通费价格指数，调整为交通费价格指数；将邮政业原使用的邮政邮寄价格指数和其他邮寄价格指数的简单平均价格指数，调整为邮递服务价格指数。

二是住宿和餐饮业增加值核算。将住宿业原使用的宾馆住宿价格指数和其他住宿价格指数的简单平均价格指数，调整为旅馆住宿价格指数；将餐饮业原使用的在外用膳食品价格指数，调整为在外餐饮价格指数。

三是金融业增加值核算。鉴于有关指标统计数据时间滞后，中国人民银行的人民币存贷款余额增长速度和证监会的证券交易额增长速度采用错月资料计算，即第一至第四季度核算分别利用1～2月、1～5月、1～8月和1～11月统计数据。

四是房地产业（K门类）增加值核算。不变价增加值计算中，将当期房地产业从业人员工资总额不变价增长速度，由原来的居民消费价格指数，调整为租赁房房租价格指数和二手住宅销售价格指数的算术平均价格指数。现价增加值计算中，将房地产开发经营业价格指数，由原使用的新建住宅价格指数和租赁房房租价格指数的简单平均价格指数，调整为新建住宅销售价格指数；将物业管理、中介服务和其他房地产业价格指数，由原使用的居民消费价格指数，调整为租赁房房租价格指数和二手住宅销售价格指数的算术平均价格指数。

五是非营利性服务业增加值核算。原来利用财政预算支出中8项支出合计增长速度和居民消费价格指数核算非营利性服务业增加值，存在两方面问题。一是财政预算支出中8项支出合计增长速度，不仅包括增加值核算的工资等经常性业务支出的增长，还包括基本建设等资本性支出和社会保障等转移性支出的增长，在后两项支出增长与经常性业务支出增长不同步的情况下，财政预算支出中8项支出合计增长速度不能完全代表非营利性服务业现价增加值增长速度。二是居民消费价格指数不能充分反映调高工资等价格因素，造成高估非营利性服务业不变价增加值增长速度。为此，借鉴国家GDP核算做法，考虑非营利性服务行业平均工资指数因素，将原使用的居民消费价格指数调整为缩减指数，即：在非营利性服务业不变价增加值增长速度和现价增加值的计算中，都采用缩减指数进行缩减，缩减指数等于居民消费价格指数乘以国家缩减指数换算系数。

湖南省统计局办公室　　2016年4月7日印发

后　记

对区域经济形势的分析判断是一项非常重要的工作，因为它是区域经济发展科学决策的前提条件。对区域经济形势的正确判断，并由此而制定的科学决策，必然会指导区域经济的持续、稳定、协调、健康发展；反之，对区域经济形势的错误判断，必然会导致决策的失误，而决策的失误会在经济工作的实践中造成巨大的人力、物力、财力的浪费。

任何事物的发展都有规律可循，很多情况其实是可以预见的，通过微观结合宏观，就能把握住事物发展的趋势，进而做出科学的判断和正确的决策。科学的判断和正确的决策，来自于对形势的正确分析；而正确的分析，必须依赖于科学的分析方法。本书通过理论思考和实践案例两个维度对经济形势进行了分析，并运用综合分析、进度分析、专项分析、专题分析、比较分析等方法开展生动的案例分析，既具有理论指导性，又具有实践操作性。通过细微的数据变化，找到经济运行、发展的规律，用以指导实践，这是我编著《区域经济形势分析浅探》的初衷。

从策划、汇编到成书，经过一年多的努力，几易其稿，本书终于与读者们见面了。本书在编撰过程中，得到了各方面的关心和支持，在此一并致谢。书中采用了许多领导、专家、学者的理论成果，在此给予诚挚的感谢！由于资料收集范围广、时间跨度大等原因，难免会出现一些矛盾，有些引用的资料也没有一一注明来源，在此致以深深的歉意，敬请原谅。

由于水平有限，该书的观点有些还不很成熟，书中肯定存在不少疏漏，甚至有些观点不一定完全正确，期冀从事区域经济形势分析研究的专家、学者和同仁批评指正，敬祈读者不吝赐教，并期待更多的理论工作者和实际工作者关心并参与这一研究。

2018年3月25日